CURSO DE DIREITO CIVIL
DIREITO DAS SUCESSÕES

I. Livros publicados

1. *Manual de direito de família*, Belo Horizonte: RCJ Edições Jurídicas, 2001.
2. *Curso de direito civil*: direito de família, Rio de Janeiro: Renovar, 2004.
3. *Curso de direito civil*: direito das sucessões. Rio de Janeiro: Renovar, 2005.
4. *Curso de direito civil*: parte geral do Código Civil. Rio de Janeiro: Renovar, 2007.
3. *Responsabilidade Civil e o Novo Código Civil*, Editora Renovar – 2003 (2ª edição).
5. *Responsabilidade civil e o novo Código Civil*. 3. ed. Rio de Janeiro: Renovar, 2007.

II. Artigo publicado

Hermenêutica: interpretação e aplicação do direito. *Revista de Direito Civil, Imobiliário, Agrário e Empresarial*, São Paulo, Revista dos Tribunais, ano 4, n. 14, p. 30-40, out./dez. 1980.

III. Trabalhos inéditos

1. *Limitações ao direito do autor*
2. *Direito e ciência*
3. *Recursos trabalhistas*
4. *Coisa julgada*
5. *Revisão criminal*
6. *Os limites subjetivos da coisa julgada no art. 472, primeira parte, do Código de Processo Civil*
7. *Críticas aos sistemas que adotam simultaneamente o divórcio-sanção e o divórcio-remédio*
8. *O módulo rural*
9. Antecedentes Históricos do Estado Moderno.
10. Direito Medieval e Direito Moderno.

Antônio Elias de Queiroga

*Desembargador do Tribunal de Justiça da Paraíba (aposentado);
Professor de Direito Civil da Universidade Federal da
Paraíba (aposentado); Professor de Direito Civil no
Centro Universitário de João Pessoa – UNIPÊ*

CURSO DE DIREITO CIVIL
DIREITO DAS SUCESSÕES

2ª edição

RENOVAR
Rio • São Paulo • Recife • Curitiba
2012

Todos os direitos reservados à
LIVRARIA E EDITORA RENOVAR LTDA.
MATRIZ: Rua da Assembléia, 10/2.421 - Centro - RJ
CEP: 20011-901 - Tel.: (21) 2531-2205 - Fax: (21) 2531-2135
FILIAL RJ: Tels.: (21) 2589-1863 / 2580-8596 - Fax: (21) 2589-1962
FILIAL SP: Tel.: (11) 3104-9951 - Fax: (11) 3105-0359

www.editorarenovar.com.br   **renovar@editorarenovar.com.br**
                                 SAC: 0800-221863

© 2012 by Livraria Editora Renovar Ltda.

Conselho Editorial:

Arnaldo Lopes Süssekind — Presidente
Caio Tácito (*in memoriam*)
Carlos Alberto Menezes Direito (*in memoriam*)
Celso de Albuquerque Mello (*in memoriam*)
Luiz Emygdio F. da Rosa Jr.
Nadia de Araujo
Ricardo Lobo Torres
Ricardo Pereira Lira

Revisão Tipográfica: Luis Fernando Guedes

Capa: Sheila Neves

Editoração Eletrônica: TopTextos Edições Gráficas Ltda.

000817

CIP-Brasil. Catalogação-na-fonte
Sindicato Nacional dos Editores de Livros, RJ.

Q656c	Queiroga, Antônio Elias de
	    Curso de direito civil, direito das sucessões / Antônio Elias de Queiroga. — 2ª ed. — Rio de Janeiro: Renovar, 2012.
	    481p. ; 21cm
	
	    ISBN 978-85-7147-821-3
	
	    1. Direito civil — Brasil. 2. Sucessões (Direito) — Brasil. I. Título.
	
	                                                  CDD 346.810

Proibida a reprodução (Lei 9.610/98)
Impresso no Brasil
Printed in Brazil

"A amizade é a fonte das maiores alegrias. Sem amigos, até as atividades mais agradáveis perdem toda a graça".

Santo Tomás de Aquino

"A consciência jurídica do mundo assemelha-se a uma árvore ciclópica e milenar, cujos galhos nodosos rebentam os densos ramos e, deles, a floração do direito".

Altavilla

"Não esqueça o bom Juiz, ou quem aspirar a sê-lo, que não tem inimigo pior, nem mais traiçoeiro, do que as suas próprias paixões, e que a primeira coisa que deve possuir o julgador é a vontade de querer e amar de coração a Justiça".

Podetti

Dedicatória:

À minha dileta esposa Onélia, pelo amparo e pela dedicação que me propicia.

Aos meus filhos Onaldo, Antônio Carlos, André Avelino, Antônio Neto e Antônio Filho.

Às minhas noras.

Aos meus netos Onaldo Filho, Queiroga Neto, Onélia Maria, Onélia Ximenes, Olívia, Ana Beatriz, Maria Alice, Vito, Antônio Hortêncio, Giovanna e André II.

Aos meus irmãos Avelino e José (*in memoriam*) e as minhas irmãs Marly e Teresinha.

Aos meus mestres:

Dona Júlia (*in memoriam*), que me ensinou as primeiras letras, numa escola simples, no Município de São Domingos de Pombal, mas de grande significação para mim.

Monsenhor Manuel Vieira (*in memoriam*), que, no Ginásio Diocesano de Patos, foi o grande artífice dos alicerces estruturais do meu aprendizado.

Professor Mario Batista (*in memoriam*), da Faculdade de Direito do Recife, que me incentivou a estudar Direito Civil.

Aos meus pais Vicente Marques de Queiroga e Olívia Elias de Queiroga (*in memoriam*), pelo amor que me deram e pela educação que me legaram, bens mais valiosos por mim herdados, na ordem da vocação hereditária.

Apresentação

O direito civil sempre me fascinou. Na execução do projeto que idealizei, já consegui publicar cinco livros: Manual de direito de família, Curso de direito civil: direito de família, Curso de direito civil: direito das sucessões, Curso de direito civil: parte geral, e Responsabilidade civil e o novo Código Civil, 3ª edição.

Agora, passo às mãos dos operadores do direito a 2ª edição do *Curso de direito civil: direito das sucessões*, revisado e atualizado.

Todas as matérias que compõem esse vasto ramo do direito foram cuidadosamente examinadas. Procurei, no limite dos meus conhecimentos jurídicos, dar resposta às diversas questões controvertidas que o legislador nos legou com o Código Civil de 2002. Caberá aos tribunais, como intérpretes derradeiros das leis, decidir sobre o acerto ou não das posições adotadas.

O leitor haverá de observar que o livro ora apresentado, a exemplo dos anteriores, é um compêndio voltado para a didática e a praticidade. Não procurei filosofar. Aliás, já se disse que não se deve explicar o direito pela filosofia, mas ver o que pode existir de filosofia no direito.

Traçadas estas linhas, entrego o meu livro, *Curso de direito civil: direito das sucessões*, àqueles que me honrarem com a sua leitura, esperando, ao mesmo tempo, que me ofereçam as suas sábias sugestões.

Antônio Elias de Queiroga

Prefácio

Antônio Elias de Queiroga, desembargador do Tribunal de Justiça do Estado da Paraíba, professor de Direito Civil na Universidade Federal da Paraíba e arguto intérprete da norma civil, traz, agora, mais uma valiosa contribuição à literatura jurídica no campo do direito das sucessões.

Antes, já publicara obras nessa área, o que bem aponta a sua identificação com o Código Civil brasileiro. Aí estão títulos como *Manual de direito de família*, *Hermenêutica: Interpretação e aplicação do direito*, e *Responsabilidade civil e o novo Código Civil*.

Ontem, como hoje, o modelo é de um literato escrevendo sobre o que sabe: direito. Assim, o texto é fácil, ágil e elegante, ornando a linguagem do jurista. Há, inquestionavelmente, limpidez verbal e densidade temática nos ensaios que produziu.

Para os operadores do direito – lugar comum à parte – a síntese é um valor indispensável à sua ação, não somente para o universo restrito da chamada literatura formal, de que serve a clássica lição de Montaine, segundo a qual o estilo tem três virtudes: clareza, clareza e clareza. É, pois, com observação a esse cânone de escrever com sobriedade que o jurista Antônio Elias de Queiroga entrega às praças forenses do país o seu mais novo livro: *Curso de direito civil*: direito das sucessões.

O tema, realmente, é dos mais empolgantes e, por tal motivo, mereceu cuidado especial do autor. Li, com muito vagar e espírito investigativo, todos os seus trinta e oito capítulos para escrever este prefácio. A obra se me afigura completa. Todos os assuntos que integram o complexo mundo das sucessões são interpretados com sensibilidade e lógica cartesiana.

Com certeza, o professor Antônio Elias de Queiroga, na metodologia aplicada à hermenêutica, utiliza-se da lição lapidar de Carlos Maximiliano, na sua antológica obra *Hermenêutica e aplicação do direito*, quando classifica a hermenêutica "como a teoria científica da arte de interpretar".

No capítulo que escreveu sobre petição de herança, no subtítulo "Fundamento do direito de testar", o desembargador paraibano doutrina com segurança, aduzindo: "É controvertido, sob o ponto de vista filosófico, o fundamento do direito de testar. Há quem o atribua ao direito positivo, enquanto outros o colocam no âmbito do direito natural. Autores dizem que o ato de testar decorre da afeição; outros o reconhecem como o meio do testador dispor de seus próprios bens." E continua o autor: "Como o direito sobre os próprios bens está contido no direito de propriedade, é claro que ao direito de propriedade deve corresponder o direito de testar. Finalmente, uma terceira corrente aponta o direito de testar como derivação da liberdade pessoal". E arremata com segurança: "Portanto, existem três correntes: a) afeição do testador para com o herdeiro; b) consequência do direito de propriedade; c) derivação da liberdade individual."

Para concluir, afirma: "O fundamento não é a afeição, embora ela, como apregoa Mazzoni, pode, sem dúvida, considerar-se como causa que determina o exercício do direito de testar. Nem tampouco é o sentimento de liberdade individual, que somente pode ser considerado como condição para a existência do direito. O fundamento, na verdade, assenta-se no direito de propriedade, cujo titular pode dispor de seus bens como melhor lhe convier."

Observa, na exegese de todo o cenário, o autor usa régua e compasso, medindo cada palavra, esquadrinhando cada frase, com a paciência de um ourives.

O livro tem um valor que lhe timbra a estrutura de forma indelével: a sua proposta pedagógica. De fato, o desembargador Queiroga o escreveu como se estivesse ministrando aula na Faculdade de Direito da Universidade Federal da Paraíba. Foge, para tanto, da linguagem complicada e complexa dos que buscam ensinar o direito como se fosse uma equação matemática.

Ao texto do eminente e culto operador do direito se ajusta, como a mão à luva, a lição do também desembargador Carlos Roberto Gonçalves, do Tribunal de Justiça do Estado de São Paulo, quando, no seu livro *Principais inovações no Código Civil de 2002*, analisando o princípio da operabilidade, observa: "O direito é feito para ser efetivado, para ser operado. Por essa razão, foi evitado o bizantino, o complicado, afastando-se as perplexidades e complexidades."

Sem embargo, é esse o posicionamento do desembargador Antônio Elias de Queiroga no que tange ao emprego de uma terminologia menos árida e mais direta na estrutura do fraseado jurídico. Para ele, com certeza, vale a clássica observação de Lourival Vilanova, seu professor na Faculdade de Direito da Universidade Federal de Pernambuco, quando afirma: "O jurista é o ponto de interseção entre a teoria e a prática, entre a ciência e a experiência". Exagero de lado, o livro do eminente desembargador Antônio Elias de Queiroga é uma obra com o selo dos valores imperecíveis. Vale, pois, lê-lo e comentá-lo.

Paulo Gadelha
Desembargador Federal do
Tribunal Regional Federal da 5ª Região

SUMÁRIO

APRESENTAÇÃO vii
PREFÁCIO ix
CAPÍTULO I — DIREITO DAS SUCESSÕES 1
1. Noções 1
2. História do direito das sucessões 2
3. Espécies de sucessão 6
CAPÍTULO II — DA SUCESSÃO EM GERAL 7
1. Da sucessão legítima e testamentária 7
2. Abertura da sucessão 8
3. Da comoriência 10
4. Capacidade para ser herdeiro na sucessão legítima 10
   4.1. Pessoa nascida 11
   4.2. Nascituro 11
5. Capacidade para ser herdeiro na sucessão testamentária 16
   5.1. Prole eventual 16
   5.2. Pessoas jurídicas 18
   5.3. Fundações 20
6. Incapacidade testamentária passiva 22
   6.1. Pessoa que assinou ou escreveu a rogo o testamento
   e seus parentes 23
   6.2. Testemunhas do testamento 24
   6.3. Concubino do testador casado 24
   6.4. Tabelião, comandante ou escrivão 25

CAPÍTULO III — TRANSMISSÃO DA HERANÇA 27
1. Noções gerais 27
2. Lugar da abertura da sucessão....................................30
3. Efeitos da transmissão da herança 31

CAPÍTULO IV — DA HERANÇA E SUA ADMINISTRAÇÃO 33
1. Introdução...33
2. Responsabilidade do herdeiro por encargos da herança..........34
3. Cessão de direitos hereditários....................................35
4. Cessão gratuita a estranho 40
5. Outras regras sobre cessão de direitos hereditários...............42
    5.1. Capacidade plena..42
    5.2. O cessionário é sucessor a título universal 42
    5.3. O cessionário não é herdeiro 43
    5.4. A cessão não pode prejudicar os credores 43
    5.5. Legitimidade concorrente do cessionário 43
    5.6. Substituição ou direito de acrescer 43
    5.7. Ineficácia da cessão sobre bem singularizado 43
    5.8. Cessão de bem singularizado mediante autorização judicial..44
6. Prazo para o requerimento do inventário..................44

CAPÍTULO V — DA ACEITAÇÃO 47
1. Introdução...47
2. Formas de aceitação da herança.................................48
3. Aceitação da herança pelos sucessores do herdeiro..............50

CAPÍTULO VI — RENÚNCIA DA HERANÇA 53
1. Introdução...53
2. Fundamento da renúncia 54
3. Forma de renúncia 54
4. Capacidade para renunciar a herança 55
5. Renúncia parcial..56
6. Renúncia pura e simples 57
7. Renúncia translativa 58
8. Retratação da renúncia...59
9. Destino da quota hereditária do herdeiro renunciante............60
10. Renúncia de meação 62

11. Dos impostos devidos 63
12. Outras regras especiais sobre aceitação e renúncia
da herança 64

CAPÍTULO VII — DA EXCLUSÃO DA SUCESSÃO
POR INDIGNIDADE 67
1. Noções gerais 67
2. Causas de exclusão 70
3. Fundamento da exclusão 74
4. Ação de exclusão 75
5. Da reabilitação do indigno 78
6. Dos efeitos da exclusão 79

CAPÍTULO VIII — HERANÇA JACENTE E VACANTE 81
1. Conceito de herança jacente 81
2. Da arrecadação da herança jacente 83
3. Herança vacante 84
4. Natureza jurídica da sentença de vacância 85
5. Natureza jurídica da herança jacente e da herança vacante 89
6. Outras regras 90

CAPÍTULO IX — DA ORDEM DA VOCAÇÃO
HEREDITÁRIA 93
1. Introdução 94
2. Conteúdo do artigo 1.829 do Código Civil 95
3. Regras fundamentais da sucessão legítima 96
4. Dos descendentes 97
5. Concorrência do cônjuge sobrevivente 98
6. Requisitos para que o cônjuge sobrevivente seja herdeiro 100
   6.1. Separação judicial ou divórcio 100
   6.2. Nulidade ou anulação do casamento 101
   6.3. Separação de fato 103
7. Concorrência do cônjuge com os descendentes 105
8. Questões controvertidas 112
   8.1. Regime de comunhão parcial 112
   8.2. Regime de participação final nos aquestos 116
   8.3. Separação obrigatória 117
   8.4. Comunhão universal 119
   8.5. Quota hereditária do cônjuge em concorrência com
   os descendentes 122

9. Dos ascendentes: regras a serem observadas 125
10. Do cônjuge sobrevivente 126
    10.1. Herdeiro único 127
    10.2. Direito real de habitação 128
11. Direito ao usufruto 132
12. Dos herdeiros colaterais 133
    12.1. Irmãos 134
    12.2. Sobrinhos e tios 135
    12.3. Colaterais de quarto grau 136

CAPÍTULO X — SUCESSÃO NA UNIÃO ESTÁVEL 139
1. Introdução 140
2. Requisitos para a união estável 140
    2.1. Ausência de impedimento matrimonial 140
    2.2. Capacidade civil 141
    2.3. Diversidade de sexos 141
    2.4. Deveres recíprocos 142
    2.5. Convivência sob o mesmo teto 143
    2.6. Estabilidade 145
    2.7. Constituição de família 146
    2.8. Tempo mínimo na união estável 146
    2.9. Publicidade 148
3. Direito sucessório na união estável: Leis ns. 8.971/94 e 9.278/96 148
4. Direito sucessório na união estável: Código Civil de 2002 ... 150
5. Inconstitucionalidade do artigo 1.790 do Código Civil 150
6. Regime de bens na união estável 151
    6.1. Regime comum 152
    6.2. Regime contratual 152
7. Regras aplicáveis ao regime de bens na união estável 152
    7.1. Contrato por escritura pública 153
    7.2. Regime da separação obrigatória 153
8. Bens que compõem o patrimônio da união estável 155
9. Bens particulares 156
10. Forma de participação na herança 157
    10.1. Concorrência com filhos comuns 158
    10.2. Concorrência apenas com descendentes do autor da herança 158
    10.3. Concorrência com outros parentes sucessíveis 158

10.4. Falta de parentes sucessíveis 158
10.5. Concorrência com filhos exclusivos e comuns 159
11. Propostas legislativas em tramitação no Congresso Nacional 161
12. Direito real de habitação 162
13. Usufruto vidual 164
14. Dos alimentos 165
15. Crítica ao sistema sucessório da união estável 166

CAPÍTULO XI — CONCUBINATO 167
1. Introdução 167
2. Efeitos jurídicos do concubinato impuro 168

CAPÍTULO XII — DIREITO DE REPRESENTAÇÃO 179
1. Noções gerais 179
2. Fundamento do direito de representação 181
3. Requisitos do direito de representação 182
   3.1. Morte do autor da herança 182
   3.2. Morte do representado antes da morte do autor da herança 182
   3.3. Ser o representante descendente do representado 183
4. Quota-parte dos representantes 184
5. Direito de representação na linha colateral ou transversal 184
6. Direito de representação e a sucessão testamentária 185

CAPÍTULO XIII — DOS HERDEIROS NECESSÁRIOS 187
1. Conceito 187
2. Cálculo da legítima e da porção disponível 188
3. Exclusão dos herdeiros colaterais 189
4. Cláusulas impostas à legítima dos herdeiros necessários 190
5. Fundamentos das restrições estabelecidas no artigo 1.848 do Código Civil 191

CAPÍTULO XIV — PETIÇÃO DE HERANÇA 193
1. Noções gerais 193
2. Legitimidade ativa e passiva 194
3. O herdeiro aparente 195
4. Terceiro que detém a herança a justo título 196
5. Momento em que pode ser intentada a ação de petição de herança 197

6. Natureza da ação de petição de herança..................................198
7. Da prescrição 198
8. Da procedência da ação: consequência...........................199

CAPÍTULO XV — SUCESSÃO TESTAMENTÁRIA 201
1. Noções gerais 201
2. Conceito de testamento..205
3. Características do testamento......................................206
   3.1. Negócio jurídico revogável 206
   3.2. Negócio jurídico solene 208
   3.3. Negócio jurídico unilateral 210
   3.4. Negócio jurídico personalíssimo 210
   3.5. Negócio jurídico mortis causa 211
   3.6. Negócio jurídico gratuito...................................211
   3.7. Negócio jurídico imprescritível 212
4. Fundamento do direito de testar 212
5. Finalidade do testamento...213
6. Capacidade de testar 214
7. Testamento conjuntivo 215
   7.1. Testamento simultâneo 216
   7.2. Testamento recíproco...217
   7.3. Testamento correspectivo 217
8. Formas ordinárias de testamento................................217

CAPÍTULO XVI — DO TESTAMENTO PÚBLICO 219
1. Introdução...219
2. Requisitos e formalidades do testamento público 220
   2.1. Lavratura pelo tabelião ou seu substituto legal 221
   2.2. Leitura do testamento, em voz alta, pelo tabelião ao testador e a duas testemunhas 223
   2.3. Assinatura do testamento pelo testador, testemunhas e tabelião...226
3. Local e data do testamento..227
4. Publicidade do testamento público 227
5. Cumprimento do testamento 229

CAPÍTULO XVII — DO TESTAMENTO CERRADO 231
1. Introdução...231
2. O testamento cerrado e o Código Civil de 2002................232

3. Requisitos essenciais do testamento cerrado 233
4. Pessoas que podem fazer testamento cerrado 233
   4.1 O surdo-mudo 233
   4.2. O simplesmente surdo ou o simplesmente mudo 234
5. Elementos do testamento cerrado 234
6. Formalidades para o cumprimento do testamento cerrado ... 236

CAPÍTULO XVIII — DO TESTAMENTO PARTICULAR 239
1. Noções gerais 239
2. Inovações no Código Civil de 2002 242
3. Cumprimento do testamento particular 243

CAPÍTULO XIX — TESTAMENTOS ESPECIAIS 245
1. Introdução 245
2. Do testamento marítimo 246
3. Do testamento aeronáutico 247
4. Regras aplicáveis aos testamentos marítimo e aeronáutico.... 247
5. Do testamento militar 248

CAPÍTULO XX — DAS DISPOSIÇÕES
TESTAMENTÁRIAS 251
1. Introdução 252
2. Princípios gerais que regem a nomeação de herdeiro ou legatário 252
3. Regras permissivas de nomeação de herdeiro ou legatário 253
   3.1. Nomeação pura e simples 254
   3.2. Nomeação mediante condição 254
   3.3. Nomeação para certo fim ou modo 256
   3.4. Nomeação por certo motivo 256
4. Regras proibitivas ou restritivas de nomeação de herdeiro ou legatário 256
   4.1. Condição captatória 257
   4.2. Pessoa incerta, cuja identidade não se possa averiguar 258
   4.3. Pessoa incerta, determinada por terceiro 259
   4.4. Valor do legado arbitrado pelo herdeiro ou por outrem 259
   4.5. Favorecimento de pessoas a que se referem os artigos 1.801 e 1.802 do Código Civil 259

4.6. Erro na designação da pessoa do herdeiro, do legatário ou da coisa legada 261
5. Interpretação de testamento 262
   5.1. Regras de interpretação de testamento 263
   5.2. Regras de interpretação supletivas 265
6. Prazo para invalidar-se o testamento: caducidade 268
7. Da cláusula de inalienabilidade 270

CAPÍTULO XXI — DOS LEGADOS 273
1. Introdução 273
2. Sujeitos do legado 274
3. Objeto do legado 274
4. Modalidades de legado 275
5. Legado de coisa alheia 275
6. Legado de coisa do herdeiro ou do legatário 275
7. Legado de coisa que pertence em parte ao testador 276
8. Legado de coisa genérica 277
9. Legado de coisa singularizada 277
10. Legado de coisa ou quantidade localizada 278
11. Legado de crédito ou de quitação de dívida 278
12. Legado de alimentos 282
13. Legado de usufruto 283
14. Legado de imóvel 284

CAPÍTULO XXII — DOS EFEITOS DO LEGADO E DO SEU PAGAMENTO 289
1. Introdução 289
2. Momento da aquisição do legado 290
3. Dos frutos e dos juros da coisa legada 291
4. Legado de renda vitalícia ou de pensão periódica 292
5. Da escolha do legado 293
6. Pessoa legitimada para o cumprimento do legado 294
7. Despesas e riscos com a entrega do legado 295
8. Entrega do legado 295
9. Ações do legatário 296
   9.1. Reivindicatória 296
   9.2. Confessória 298
   9.3. Adipiscendae possessionis 298
   9.4. Ação de caução 298

CAPÍTULO XXIII — CADUCIDADE DO LEGADO 299
1. Conceito de caducidade 299
2. Causas de caducidade 300
   2.1. Modificação da coisa legada 300
   2.2. Alienação da coisa legada 301
   2.3. Perecimento ou evicção da coisa legada 301
   2.4. Exclusão do legatário da sucessão 301
   2.5. Morte do legatário antes do testador 301
3. Da invalidade do legado 302

CAPÍTULO XXIV — DO DIREITO DE ACRESCER 303
1. Noções gerais 303
2. Direito de acrescer entre coerdeiros 305
3. Direito de acrescer entre colegatários 307
4. Direito de acrescer no legado de usufruto 308

CAPÍTULO XXV — DAS SUBSTITUIÇÕES 309
1. Conceito 309
2. Espécies de substituição 310
3. Substituição vulgar ou direta 310
4. Substituição fideicomissária 311
   4.1. Fideicomisso e usufruto 313
   4.2. Da renúncia do fiduciário ou do fideicomissário 314
   4.3. Da caducidade do fideicomisso 314
   4.4. Dos graus do fideicomisso 316
   4.5. Dos encargos 317
5. Da substituição compendiosa 317

CAPÍTULO XXVI — DA DESERDAÇÃO 319
1. Introdução 319
2. Distinção entre deserdação e indignidade 320
3. Pressupostos da deserdação 320
4. Causas de deserdação 322
5. Efeitos da deserdação 324
6. Ação de deserdação 324

CAPÍTULO XXVII — DA REDUÇÃO DAS
DISPOSIÇÕES TESTAMENTÁRIAS 327
1. Introdução 327

2. Regras sobre redução 328
3. Aspecto formal da redução 331

CAPÍTULO XXVIII — DA REVOGAÇÃO DO
TESTAMENTO 333
1. Introdução 333
2. Formas de revogação 333
3. Efeitos da revogação 334
4. Revogação do testamento cerrado 335

CAPÍTULO XXIX — DO ROMPIMENTO DO
TESTAMENTO 337
1. Introdução 337
2. Condição para o rompimento 339
3. Situações especiais 340
    3.1. Rompimento de testamento por agnação do póstumo .. 340
    3.2. Rompimento de testamento pela existência de filho
    extramatrimonial não reconhecido 340
    3.3. Rompimento do testamento pela adoção de filho 341
    3.4. Rompimento do testamento pela existência de descendentes indignos 342
    3.5. Rompimento do testamento pela descendência proveniente de casamento putativo 342
    3.6. Rompimento do testamento pelo casamento posterior do testador 342
    3.7. Rompimento do testamento na ignorância de existirem outros herdeiros necessários 343
4. Causa impeditiva do rompimento do testamento 344

CAPÍTULO XXX — DO TESTAMENTEIRO 345
1. Noções gerais 345
2. Conceito e natureza jurídica do testamenteiro 346
3. Nomeação do testamenteiro 349
4. Da aceitação da testamentaria 349
5. Da posse e da administração da herança 350
6. Outras regras 350

CAPÍTULO XXXI — DO INVENTÁRIO 355
1. Introdução 356

2. Natureza da ação de inventário 356
3. Prazo para abertura da ação de inventário 357
4. Espécies de inventário 358
5. Inventário comum e suas fases 359
   5.1. Pedido de abertura e legitimidade 359
      5.1.1. O cônjuge sobrevivente 360
      5.1.2. O herdeiro 361
      5.1.3. O legatário 361
      5.1.4. O testamenteiro 361
      5.1.5. O cessionário do herdeiro ou do legatário 362
      5.1.6. O credor do herdeiro, do legatário, do autor da herança ou do cônjuge supérstite 362
      5.1.7. O síndico da falência do herdeiro, do legatário, do autor da herança ou do cônjuge supérstite 363
      5.1.8. O Ministério Público e a Fazenda Pública 363
   5.2. Do administrador provisório 365
   5.3. Do inventariante 366
   5.4. Das primeiras declarações 370
   5.5. Citações 374
   5.6. Impugnações 375
   5.7. Pedido de admissão para participar do inventário 376
   5.8. Avaliações 377
   5.9. Do cálculo 379
   5.10. Julgamento do cálculo 389
   5.11. Súmulas do Supremo Tribunal Federal sobre imposto de transmissão 389
6. Prestação de contas 390
7. Créditos do espólio 391
8. Dívidas do espólio 391
9. Discriminação do patrimônio do herdeiro 392
10. Dívida do herdeiro ao espólio 393
11. Dívidas de alimentos 394
12. Do seguro de vida 402
13. Conta bancária conjunta 404
14. Crédito trabalhista 404
15. Do inventário negativo 406
16. Do bem de família 407
17. Sucessões irregulares 409

CAPÍTULO XXXII — PARTILHA 413
1. Introdução 413
2. Conceito e espécies de partilha 414
   2.1. Partilha-doação 415
   2.2. Partilha-testamento 417
   2.3. Partilha amigável feita pelos herdeiros 421
   2.4. Partilha judicial 421
   3. Procedimento da partilha judicial 422
4. Outras regras a serem observadas 424
5. Sentença 425
6. Formal ou certidão de partilha 425

CAPÍTULO XXXIII — DO ARROLAMENTO 427
1. Conceito 427
2. Espécies de arrolamento 427
   2.1. Arrolamento sumário 428
   2.2. Arrolamento quando há um só herdeiro 430
   2.3. Arrolamento pelo valor dos bens 430
3. Teto (em reais) para arrolamento 431

CAPÍTULO XXXIV — INVENTÁRIO E PARTILHA POR ESCRITURA PÚBLICA 435
1. Introdução 435
2. Pressupostos 436
   2.1. Serem as partes capazes 436
   2.2. Concordância entre as partes 438
   2.3. Não haver testamento 438
   2.4. Presença de advogado 440
   2.5. Quitação dos tributos 442
3. Forma opcional da via extrajudicial do inventário e da partilha 442
4. Competência funcional do tabelião 442
5. Documentos necessários 443
6. Representante do espólio 444
7. Comparecimento das partes 444
8. Gratuidade dos atos notariais 445
9. Dívidas do espólio 445
10. Cessão de direitos hereditários 446
11. Renúncia de herança 446

12. Colação 447
13. União estável 448
14. Retificação de partilha 448
15. Inventário e partilha de posse 448
16. Sucessão aberta antes da vigência da Lei n. 11.441/20070 449
17. Inventário e partilha extrajudiciais, quando a viúva estiver grávida do autor da herança 449
18. Homologação 450
19. Inventário e partilha conjuntos 451
20. Resistência ao cumprimento da Lei n. 11.441/2007 451

CAPÍTULO XXXV — DA COLAÇÃO 453
1. Noções 453
2. Pressupostos da colação 454
3. Finalidade da colação 456
4. Valor da colação dos bens doados 457
5. Bens dispensados da colação 458
6. Outras regras 459
7. Redução das doações inoficiosas 461

CAPÍTULO XXXVI — DOS BENS SONEGADOS 465
1. Introdução 465
2. Elementos 466
3. Pena para o caso de sonegação de bens 466
4. Jurisprudência selecionada 467

CAPÍTULO XXXVII — DA GARANTIA DOS QUINHÕES HEREDITÁRIOS 469
1. Generalidades 469
2. Da responsabilidade dos herdeiros em caso de evicção .. 470

CAPÍTULO XXXVIII — DA NULIDADE DA PARTILHA ... 471
1. Generalidades 471
2. Sistema atual 472
3. Emendas da partilha por incorreções materiais 474

REFERÊNCIAS 475

CAPÍTULO I

DIREITO DAS SUCESSÕES

1. Noções. 2. História do direito das sucessões. 3. Espécies de sucessão.

1. Noções

As palavras "sucessão" e "suceder", na técnica jurídica, têm vários significados. No sentido lato, suceder a uma pessoa significa vir depois dela, tomar o seu lugar, recolhendo todo ou parte dos direitos que lhe pertencem. O vocábulo, nessa acepção, é aplicado aos vários tipos de aquisição da propriedade, especialmente à sucessão *inter vivos*, em que o comprador sucede ao vendedor, do mesmo modo que o donatário sucede ao doador. Nesses casos, uns tomam o lugar dos outros relativamente à coisa vendida ou doada.

No sentido restrito, que é o jurídico, empregado no Código Civil, a palavra "sucessão" designa um modo especial de aquisição: é a transmissão universal do patrimônio de uma pessoa falecida a uma ou mais pessoas vivas. Pode também ser conceituada sob dois aspectos: o subjetivo, que é o direito por força do qual a herança é devolvida a alguém; e o objetivo, que é a universalidade dos bens que ficaram de um falecido, com todos os seus encargos.

2. História do direito das sucessões

A origem do direito das sucessões vem da mais remota antiguidade, constituindo-se num prolongamento natural da família. O direito de propriedade era estabelecido para o cumprimento de um culto hereditário. Não podia extinguir-se ao cabo da curta vida do indivíduo. A esse respeito, ensina Fustel de Coulanges[1]: "O homem morre, o culto permanece; o fogo nunca deve apagar-se nem o túmulo ficar abandonado. Persistindo a religião doméstica, com ela permanece também o direito de propriedade". E continua: "Duas coisas estavam intimamente ligadas entre si, tanto nas crenças como nas leis dos antigos: o culto e a propriedade da família. Por isso — regra sem exceção, tanto no direito grego como no romano — não se podia adquirir a propriedade separada do culto, nem o culto sem a propriedade."

Dizia-nos Cícero[2]: "A religião prescreve que os bens e o culto de cada família sejam inseparáveis, e o cuidado dos sacrifícios seja confiado sempre a quem couber a herança. Em Atenas, um litigante usou os seguintes termos para reclamar uma herança: 'Juízes, refleti bem e dizei se devo ser eu ou o meu adversário a herdar os bens de Philoctemon a fazer os sacrifícios sobre o seu túmulo'."[3]

O cuidado do culto era claramente inseparável da sucessão. Na Índia, as oferendas do túmulo eram feitas pela pessoa herdeira, seja ela quem fosse. Assinala Fustel de Coulanges[4]

---

1 Fustel de Coulanges, *A cidade antiga*, p. 78.
2 Cícero, *De legibus*, II, 19, 20.
3 Iseu, VI, 51.
4 Fustel de Coulanges, op. cit., p. 78.

que desse princípio "se originaram todas as regras do direito sucessório entre os antigos". A primeira é que, sendo a religião doméstica e hereditária, de varão para varão, a propriedade também o era. Assim, sendo o filho o natural e necessário continuador do culto, herdava também os bens. Nesse fundamento reside o surgimento do princípio da hereditariedade.

Pelo visto, a herança não era o resultado de simples convenção entre os homens, porquanto derivava de suas crenças e religião. Não era a vontade do pai que fazia com que o filho herdasse. O filho herdava com base em seu pleno direito, *ipso jure heres exsistit*, sem que houvesse necessidade do pai fazer testamento. Em consequência, não tinha de aceitar nem de recusar a herança. A continuação da propriedade, como a do culto, era para ele uma obrigação e um direito. Quisesse ou não, cabia-lhe a sucessão, mesmo com encargos e dívidas. No direito grego, o benefício de inventário e a faculdade de desistência não eram admitidos para os filhos.

No direito romano, a filha casada não herdava do pai. Não tinha aptidão de dar continuidade à religião paterna, pois, se casasse, abjuraria o culto do pai para adotar o do esposo. Se o pai deixasse bens para a filha, a propriedade ficaria dissociada do culto, e isso não era admissível. Mesmo na vigência das *Institutas* de Justiniano, a herança passava apenas de um varão para outro. Regras absolutas penalizavam a mulher, destacando-se duas: a) jamais podia ser instituída herdeira; b) quando o pai deixava um filho e uma filha, ela não podia receber legado superior a um terço dos bens; c) se tinha filha única, ela só podia herdar a metade.

Mas, para que essa filha única pudesse herdar um terço ou a metade do patrimônio, era necessário que o pai fizesse testamento em seu favor, conforme esclarece Fustel de Coulanges[5]: "A filha não poderia nem cumprir o dever básico do

---

5 Fustel de Coulanges, *A cidade antiga*, p. 79.

herdeiro, ou seja, o de continuar os sacrifícios fúnebres, pois casando iria oferecer os sacrifícios só aos antepassados de seu marido. A religião proíbe-lhe, pois, herdar de seu pai"[6].

A Índia, a Grécia e Roma tiveram as mesmas leis: "Não que houvesse comunicação entre elas, mas porque tais leis tiveram origem em crenças comuns"[7]. Consta, por exemplo, no Código de Manu, a seguinte regra: "Depois da morte do pai, os irmãos partilhem o patrimônio entre si". O legislador recomendava aos irmãos que dessem dotes às suas irmãs, de onde se infere que as filhas não tinham direito algum à herança paterna. Foi nesse sentido que Catão fez aprovar a Lei Vocônia para proibir: a) que se instituísse a mulher como herdeira, embora filha única, casada ou solteira; b) que se legasse às mulheres mais de metade do patrimônio. Pretendia-se, com isso, colocar um freio à dissipação e à independência das mulheres.

Com relação aos colaterais, as leis antigas também estavam muito longe da ordem natural e da justiça. Se um homem morria sem deixar filhos, seu herdeiro era qualquer um que fosse o continuador do seu culto. Interessante era que a religião doméstica transmitia-se pelo sangue, de varão para varão. Assim, só a descendência em linha masculina estabelecia entre dois homens a ligação religiosa, permitindo que um continuasse o culto do outro. "Era-se parente porque se tinha o mesmo culto, o mesmo lar originário e os mesmos antepassados. Mas não se era parente por ter nascido da mesma mãe. A religião não admitia o parentesco pelas mulheres. Os filhos de duas irmãs, ou os de uma irmã e de um irmão, não tinham entre si laço algum, pois não pertenciam à mesma religião doméstica nem à mesma família."[8]

---

6   Ibidem.
7   Fustel de Coulanges, *A cidade antiga*, p. 80.
8   Fustel de Coulanges, *A cidade antiga*, p. 85.

A ordem de sucessão era regulada da seguinte forma: a) se o pai perdesse o filho e a filha, e deixasse apenas netos, só o filho de seu filho herdava; b) não havendo descendentes, o herdeiro seria o irmão, e não a irmã, ou o filho do irmão, e nunca o filho da irmã; c) na falta de irmãos e de sobrinhos, remontava-se à série dos ascendentes do falecido, sempre pela linha masculina, até se encontrar um ramo que se tivesse destacado da família por varão; d) depois tornava-se a descer esse ramo de varão em varão, até nele se encontrar um homem vivo: esse era o herdeiro.[9]

Convém lembrar que até mesmo entre os varões existiam injustos privilégios, como o decorrente do direito de primogenitura. Washington de Barros Monteiro[10] assinala que esse princípio, de origem mui remota, como se depreende do episódio de Esaú e Jacó, encontrou no direito feudal a mais forte expressão, impregnado do desejo de conservar a propriedade em mãos de um só ramo familiar. Nessa modalidade sucessória, recolhia o primogênito a totalidade da herança, permanecendo na opulência, enquanto os demais filhos ficavam desprovidos de bens.

Regras rígidas existiam também quanto aos emancipados e aos adotados. A emancipação desligava o filho do culto paterno e o excluía da herança. Já a adoção levava o adotado a iniciar-se na religião de outra família, tornando-se membro dela. Continuava o culto dos adotantes e adquiria direito à herança, porém não herdava da família natural.[11]

Como se verifica, as leis antigas eram rígidas e injustas. O direito atual dos povos procura igualar a distribuição da herança, banindo todo tipo de privilégio, com exceções raríssi-

---

9   Fustel de Coulanges, *A cidade antiga*, p. 85.
10 Washington de Barros Monteiro, *Curso de direito civil*: direito das sucessões, 35. ed., v. 6, p. 2.
11 Fustel de Coulanges, op. cit, p. 85.

mas. É o caso da Escócia, da Sérvia e do direito islâmico, que ainda conservam a desigualdade dos sexos em matéria sucessória. Exemplo marcante de avanço nessa área extrai-se da ordem da vocação hereditária. No direito antigo, não havia limitação de parentesco. Por mais distante que fosse o parente, poderia ser chamado a suceder.

A partir do Código de Napoleão, começaram as restrições. O parentesco, para efeito de sucessão, foi fixado no 12º grau. Depois, o Código italiano fixou-o no 10º, o da Romênia, Bélgica e países escandinavos no 4º, e o da Rússia no 3º grau. No Brasil, o Código Civil de 1916 fixou o parentesco, inicialmente, no 6º grau, na linha colateral. Mas o Decreto-Lei n. 9.461/46 o reduziu para o 4º grau, posição que foi mantida pelo artigo 1.829, IV, combinado com o artigo 1.592, ambos do Código Civil de 2002.

3. Espécies de sucessão

Quanto aos seus efeitos, a sucessão pode ser a título universal ou a título singular ou particular; quanto às fontes, pode ser legítima ou testamentária.

CAPÍTULO II

DA SUCESSÃO EM GERAL

1. Da sucessão legítima e testamentária. 2. Abertura da sucessão. 3. Da comoriência. 4. Capacidade para ser herdeiro na sucessão legítima. 4.1. Pessoa nascida. 4.2. Nascituro. 5. Capacidade para ser herdeiro na sucessão testamentária. 5.1. Prole eventual. 5.2. Pessoas jurídicas. 5.3. Fundações. 6. Incapacidade testamentária passiva. 6.1. Pessoa que assinou ou escreveu a rogo o testamento e os seus parentes. 6.2. Testemunhas do testamento. 6.3. Concubino do testador casado. 6.4 Tabelião, comandante ou escrivão.

1. Da sucessão legítima e testamentária

Sucessão legítima, também denominada de *ab intestato*, é a que provém exclusivamente da lei, sem que haja influência de qualquer tipo de vontade do autor da herança. A sucessão testamentária é a que resulta de testamento válido.

No direito romano, predominava a sucessão testamentária. Era a expressão viva do direito de propriedade, o seu prolongamento, de modo que não se justificava o direito hereditário atribuído a herdeiros legítimos. Essa ideia foi também preconizada por Le Play, em sua obra *La reforme sociale en France*.

Já o direito germano não tolerava a sucessão testamentária. Reconhecia válida apenas a sucessão legítima, sob a alegação de que era obra de Deus, em contraposição à primeira, que era obra do homem. O direito canônico procurou incentivar o ato de última vontade do autor da herança, combatendo, portando, a teoria de que a sucessão legítima fundava-se no direito natural.

O Código Civil brasileiro optou pelo sistema de dualidade de sucessões. Assim, no Brasil, se alguém morre sem deixar testamento válido, ou, deixando testamento, ele veio a caducar, a sucessão será legítima. É então deferida, por determinação legal, a certas pessoas chamadas de herdeiros legítimos. Havendo testamento, a sucessão será testamentária, sendo chamados a suceder os herdeiros instituídos ou nomeados no ato de última vontade.

Anote-se que a sucessão pode ser legítima e testamentária ao mesmo tempo. Isso acontece quando o testador falece com testamento que não alcança todos os seus bens. A outra parte que não integra o testamento será dos herdeiros legítimos.

2. Abertura da sucessão

A abertura da sucessão tem significação diversa da expressão "devolução da herança", como anota Mazzoni[12]. Abertura significa propriamente o nascimento do direito de herança, sem nenhuma relação com a pessoa supérstite, em favor da qual nasce; devolução da herança é expressão usada para indicar a atribuição do mesmo direito a um ou vários herdeiros.

A abertura da sucessão dá-se com a morte real ou presumida do autor da herança. Na morte presumida não se inclui

---

12 *Digesto*, livro 8.

a morte por profissão religiosa, abolida que foi das legislações modernas. Havendo morte real, basta esse fato para que se desencadeie, imediatamente e sem qualquer formalidade, a transmissão dos bens que constituem a herança.

A morte presumida está prevista no artigo 6º do Código Civil. Essa presunção ocorre quando é aberta a sucessão definitiva, após a declaração de ausência e o cumprimento de certas formalidades. Há também a morte presumida, sem decretação de ausência, nas hipóteses previstas no artigo 7º do Código Civil:

> Artigo 7º — Pode ser declarada a morte presumida, sem decretação de ausência:
>
> I — se for extremamente provável a morte de quem estava em perigo de vida;
>
> II — se alguém, desaparecido em campanha ou feito prisioneiro, não for encontrado até dois anos após o término da guerra.
>
> Parágrafo único — A declaração da morte presumida, nesses casos, somente poderá ser requerida depois de esgotadas as buscas e averiguações, devendo a sentença fixar a data provável do falecimento.

Vê-se, portanto, que a morte é de fundamental importância no direito das sucessões. Sem a sua constatação, não há direito de herança, existindo apenas uma mera perspectiva. Não basta, contudo, a prova da morte da pessoa que deixa a herança. É preciso provar-se a sobrevivência de pessoa a quem a herança é transmitida. Caso não sobreviva herdeiro para ocupar o lugar do falecido na nova relação jurídica que se forma, não haverá sucessão.

3. Da comoriência

Casos existem em que é impossível verificar a sobrevivência de herdeiros. Esse fenômeno acontece quando duas pessoas, herdeiras uma da outra, morrem na mesma ocasião, e não se sabe quem faleceu primeiro. Para resolver essa situação, o Código Civil, no artigo 8º, consagrou o instituto da comoriência, dispondo:

> Se dois ou mais indivíduos falecerem na mesma ocasião, não se podendo averiguar se algum dos comorientes precedeu aos outros, presumir-se-ão simultaneamente mortos.

Dessa forma, morrendo, num mesmo momento, marido e mulher, sem deixar herdeiros necessários, pode acontecer uma dessas hipóteses: a) não se podendo precisar quem morreu primeiro, serão chamados à sucessão os parentes do marido e os parentes da mulher; b) se um morreu primeiro que o outro, o sobrevivente, ainda que venha a falecer segundos depois, receberá a metade do patrimônio, se o regime de bens permitir, e se tornará herdeiro da outra metade.

Exemplo clássico é o do doador que estipulou, no contrato de doação, cláusula de reversão de bens, caso o donatário venha a falecer primeiro. Falecendo ambos num mesmo desastre, por exemplo, é de fundamental importância saber quem morreu primeiro, para se esclarecer a prevalência ou não da cláusula de reversão.

4. Capacidade para ser herdeiro na sucessão legítima

O artigo 1.798 do Código Civil estabelece uma regra geral aplicável tanto à sucessão legítima como à sucessão testamentária, dispondo que estão legitimadas a suceder as pessoas nascidas ou já concebidas no momento da abertura da sucessão.

4.1. Pessoa nascida

A medicina entende por pessoa nascida aquela que se torna autônoma em relação à mãe, adquirindo capacidade cardiorrespiratória. O artigo 1.798 refere-se às pessoas nascidas ou já concebidas, sem excluir outras espécies de seres vivos. No entanto, quer significar o gênero humano, que é formado de seres racionais. Assim, não estão legitimados a suceder os animais, as coisas, as almas e os santos, pois não possuem personalidade jurídica. Entretanto, o testador pode favorecê-los, impondo um ônus ao herdeiro ou ao legatário.

Com relação às almas, vale transcrever a opinião de Maria Helena Diniz[13]: "Inadmissível é a instituição da alma como legatária ou herdeira, por não ter personalidade jurídica, mas nada impede que se faça legado para instituições religiosas (e não para os santos em si), para missas e obras pias em sufrágio da alma do testador ou de outrem, caso em que o testamenteiro se encarregará de o fazer cumprir."

4.2. Nascituro

O artigo 2º do Código Civil dispõe:

A personalidade civil da pessoa começa do nascimento com vida; mas a lei põe a salvo, desde a concepção, os direitos do nascituro.

A Constituição Federal, no *caput* do artigo 5º, e o Estatuto da Criança e do Adolescente, no artigo 7º, impõem a salvaguarda do nascituro, através do reconhecimento do direito à assistência pré-natal, disponibilizando-se condições saudá-

---

13 Maria Helena Diniz, *Curso de direito civil brasileiro*: direito das sucessões, 21. ed., v. 6, p. 182.

veis para o desenvolvimento da gestação. Também o Código Penal, nos artigos 124 a 128, reconhece o direito de nascer, quando criminaliza o aborto. Daí afirmar Jussara Maria Leal de Meirelles[14], com muita propriedade, que a cláusula constitucional prevista no *caput* do artigo 5º, da Carta Magna, de proteção à vida humana, não poderia se limitar a proteger só os que já nasceram.

Note-se que a Declaração Universal dos Direitos Humanos dispõe, no seu artigo 4º, que "ninguém pode ser privado da vida arbitrariamente". Mais recentemente, a Convenção Americana dos Direitos Humanos (Pacto de San José da Costa Rica), de forma mais incisiva, consagra proteção ao nascituro, ao estabelecer:

> Qualquer pessoa tem direito ao respeito pela sua vida. Este direito deve ser protegido por lei e, em geral, a partir da concepção.

Entretanto, há controvérsias em torno do momento em que se inicia a personalidade jurídica. Nesse campo, a doutrina se divide em três grandes teorias:

a) Natalista: a personalidade civil somente se inicia com o nascimento com vida.

b) Da personalidade condicional: a personalidade tem início a partir da concepção, porém fica submetida a uma condição suspensiva, o nascimento com vida. Asseguram-se, no entanto, desde a concepção, os direitos da personalidade, inclusive para garantir o nascimento.

c) Concepcionista: adquire-se a personalidade com a concepção. O nascituro tem personalidade jurídica, sendo, portanto, sujeito de direitos. Ressalvam-se apenas os direitos pa-

---

14 Jussara Maria Leal de Meirelles, *A vida humana embrionária e sua proteção jurídica*, p. 164.

trimoniais decorrentes de herança, legado e doação, que ficam condicionados ao nascimento com vida.

Cristiano Chaves de Farias e Nelson Rosenvald[15] lecionam a respeito: "Não há distinção prática entre as posições sustentadas pela teoria concepcionista e pela teoria condicionalista. É que ambas as teses reconhecem direitos ao nascituro, apenas divergindo quanto ao reconhecimento da personalidade jurídica que, para os condicionalistas, estaria submetida a uma condição, enquanto os concepcionistas já a admitem desde o momento da concepção". Já Silmara Juny[16] assinala: "Quem afirma direitos e obrigações afirma personalidade, sendo a capacidade de direito e o *status* atributos da personalidade."

Dessa forma, é indiscutível que o nascituro é titular de direitos. A ele se atribuem os direitos da personalidade, tais como nome, imagem, sepultura, alimentos, assistência pré-natal, indenização por dano moral etc. Em data recente, o Superior Tribunal de Justiça decidiu[17] que o nascituro tem direito a indenização pela morte do pai igual à dos irmãos já nascidos:

> Mesmo antes de nascer, um bebê teve garantido o direito de receber indenização por danos morais, em razão da morte do pai em acidente de trabalho. A Terceira Turma do Superior Tribunal de Justiça, por unanimidade, manteve a indenização para o nascituro em R$ 26 mil reais, mesmo montante arbitrado para os demais filhos do trabalhador.

---

15 Cristiano Chaves de Farias; Nelson Rosenvald, *Direito civil*: teoria geral, 6. ed., p. 202.
16 Silmara Juny Abreu Chinelato, *Tutela jurídica do nascituro*, p. 175.
17 STJ — REsp n. 931556/RS (2007/0048300-6), rel. Min. Nancy Andrighi, *DJe*, de 05.08.2008.

A empresa em que a vítima trabalhava foi condenada ao pagamento de pensão mensal à família, a título de danos materiais, e ao pagamento de danos morais no valor de R$ 39 mil reais à viúva e R$ 26 mil para cada um dos filhos.

O caso chegou ao Superior Tribunal de Justiça em recurso especial contra decisão do Tribunal de Justiça do Rio Grande do Sul, apresentado pela família do trabalhador e pela empresa.

A família pretendia garantir a incidência de correção monetária e juros de mora a partir da data de falecimento do trabalhador. Já a empresa contestou questões processuais e a fixação de indenização em valor igual para os filhos nascidos e para o que ainda estava por nascer quando o trabalhador faleceu. A intenção era reduzir a indenização para o nascituro sob o argumento de que "a dor sofrida pelos menores que conheceram o pai é maior".

A relatora, ministra Nancy Andrighi, recusou o recurso da empresa. Ela destacou que o Superior Tribunal de Justiça apenas revisa indenização por dano moral quando o valor é irrisório ou exagerado, o que considerou não ser o caso dos autos. Para a ministra, os valores estavam em patamares bastante baixos. Ressaltou ainda que não se pode medir a dor moral para afirmar se ela seria maior ou menor para o nascituro. Se isso fosse possível, ela arriscaria um resultado: maior do que a agonia de perder um pai é a angústia de jamais ter podido conhecê-lo, de nunca ter recebido um gesto de carinho, enfim, de ser privado de qualquer lembrança ou contato, por mais remoto que seja, com aquele que lhe proporcionou a vida.

Além desses direitos, outros são tutelados pelo Código Civil: a) quando trata da curatela do nascituro (art. 1.779; b) quando admite o nascituro receber doação, mediante permissão do seu representante legal (art. 542); c) quando permite o reconhecimento do nascituro, através de investigação de paternidade (parágrafo único do art. 1.609 do CC); d) quando possibilita que sejam constituídos herdeiro ou legatário os filhos ainda não concebidos de pessoas indicadas pelo testador, desde que estejam vivas no momento da abertura da sucessão (art. 1.799).

Cristiano Chaves de Farias e Nelson Rosenvald[18] lembram ainda que é "reconhecida ao nascituro a capacidade de ser parte ativa em uma relação juridicoprocessual (ser autor de um processo), sob o correto argumento de que a lei lhe confere direitos, resultando naturalmente o reconhecimento de meios para a defesa deles, através de sua capacitação para a demanda. Interessante exemplo pode ser imaginado com a possibilidade de o nascituro propor ação de alimentos contra o seu genitor, reclamando o próprio direito à vida".

O nascituro, contudo, não pode, como tal, ser titular de direitos de natureza patrimonial (doação, herança, legado etc.). Isso só é possível se ocorrer nascimento com vida, "uma vez que a plenitude da eficácia desses direitos patrimoniais fica condicionada ao nascimento com vida."[19] Além disso, sem que o nascituro tenha uma identidade civil (registro), torna-se impossível adquirir bens de conteúdo econômico. Tais bens não poderiam ser registrados no registro público, por faltar justamente o nome do seu titular.

Na primeira edição deste livro, defendemos a tese de que o Código Civil consagrava a teoria natalista. Entendemos agora que essa posição não é mais defensável, visto que o artigo 2º resguarda expressamente os direitos do nascituro, afastan-

---

18 Cristiano Chaves de Farias; Nelson Rosenvald, *Direito civil*: teoria geral, 6. ed., p. 203.
19 Silmara Juny Abreu Chinelato, *Tutela jurídica do nascituro*, p. 349.

do, assim, a tese natalista pura, segundo a qual somente seria possível reconhecer direitos do nascituro depois de nascer vivo. Daí entendermos que a teoria mais consentânea com a citada regra é a da personalidade condicional. Veja-se o exemplo seguinte: morre o marido, estando a sua mulher grávida. Nesse caso, o direito de herança do nascituro está assegurado, desde que venha a nascer com vida.

5. Capacidade para ser herdeiro na sucessão testamentária

O artigo 1.799 do Código Civil dispõe que, na sucessão testamentária, podem ainda ser chamados a suceder:

I — os filhos, ainda não concebidos, de pessoas indicadas pelo testador, desde que vivas estas ao abrir-se a sucessão;

II — as pessoas jurídicas;

III — as pessoas jurídicas, cuja organização for determinada pelo testador sob a forma de fundação.

Essa matéria anteriormente constava no título que tratava da sucessão testamentária, mas foi deslocada, no Código Civil atual, para o título que disciplina a sucessão em geral. O artigo em comento tem aplicação apenas para a sucessão testamentária. A seguir, examinaremos as três hipóteses:

5.1. Prole eventual

O Código Civil permite que pessoas ainda não concebidas possam ser instituídas herdeiras testamentárias. No entanto, faz duas exigências: que o testador indique a pessoa que deva conceber; e que essa pessoa esteja viva no momento da abertura da sucessão. Um exemplo esclarece melhor o caso: José faz um testamento para o filho que Maria venha a conceber. Morrendo José, o testamento será válido, desde que Maria esteja viva, mesmo que o filho não tenha ainda sido concebido.

Nesse caso, com a morte do testador, nos termos do artigo 1.800 do Código Civil, os bens da herança serão confiados, após a liquidação ou partilha, a curador nomeado pelo juiz. A curatela, salvo disposição testamentária em contrário, cabe à pessoa cujo filho o testador esperava ter por herdeiro, e, sucessivamente, às pessoas indicadas no artigo 1.775. Nascendo com vida o herdeiro esperado, ser-lhe-á deferida a sucessão, com os frutos e rendimentos relativos a ela, a partir da morte do testador.

Observe-se, por oportuno, que a espera pela concepção não é perpétua. Por uma questão de segurança jurídica, se, decorridos dois anos após a abertura da sucessão, não for concebido o herdeiro esperado, os bens reservados, salvo disposição em contrário do testador, caberão aos herdeiros legítimos (§ 4º do art. 1.800 do CC).

Na vigência do Código Civil anterior, no exame do artigo 1.718, que também fazia referência à prole eventual, a doutrina afastava, como tal, o filho adotado pela pessoa designada. Entendia-se que efetivamente o testador não podia ter em vista tais beneficiários, quando fez o seu ato de última vontade. Para alguns autores, a polêmica está superada, ante a dicção do artigo 227, parágrafo 6º, da Constituição Federal, que congrega, num mesmo nível, os filhos, havidos ou não da relação do casamento, ou por adoção. A respeito da matéria, transcreve-se o julgado abaixo:

> Direito civil. Sucessão testamentária. Filhos legítimos do neto. Legatários. Alcance da expressão. Interpretação do testamento. Enunciado n. 5 da súmula do STJ. Legatário ainda não concebido à data do testador. Capacidade sucessória. Doutrina. Recurso desacolhido. I — A análise da vontade do testador e o contexto em que está inserida a expres-

são "filhos legítimos" na cédula testamentária vinculam-se, na espécie, à situação de fato descrita nas instâncias ordinárias, cujo reexame nesta instância especial demandaria a interpretação de cláusula e a reapreciação do conjunto probatório dos autos, sabidamente vedados, a teor dos verbetes sumulares 5 e 7/STJ. Não se trata, no caso, de escolher entre a acepção tecnicojurídica e a comum de "filhos legítimos", mas de aprofundar-se no encadeamento dos fatos, como a época em que foi produzido o testamento, a formação cultural do testador, as condições familiares e, sobretudo, a fase de vida de seu neto, para dessas circunstâncias extrair o adequado sentido dos termos expressos no testamento. II — A prole eventual de pessoa determinada no testamento e existente ao tempo da morte do testador e abertura da sucessão tem capacidade sucessória passiva. III — Sem terem as instâncias ordinárias abordado os temas da capacidade para suceder e da retroatividade da lei, carece o recurso especial do prequestionamento em relação à alegada ofensa aos artigos 1.572 e 1.577 do Código Civil. IV — O Superior Tribunal de Justiça não tem competência para apreciar violação de norma constitucional, missão reservada ao Supremo Tribunal Federal.[20]

Não se pode descartar, todavia, a hipótese de não ter sido essa a vontade do testador. Ao indicar, por exemplo, a prole eventual de uma filha, pretendia, sem dúvida, beneficiar tão só a prole biológica.

5.2. Pessoas jurídicas

O Código Civil revogado incluía, na ordem da vocação hereditária, as pessoas jurídicas de direito público interno. A

---

20 STJ — REsp n. 203137/PR (1999/0009548-0), rel. Min. Sálvio de Figueiredo Teixeira, *DJU*, de 12.08.2002, p. 214, *RDR* v. 24, p. 301.

posição adotada justificava-se devido à impossibilidade de ficar sem dono o patrimônio das pessoas falecidas *ab intestato* que não deixavam herdeiros sucessíveis. O Código Civil de 2002 excluiu do elenco do artigo 1.829 essas pessoas, passando a tratar a matéria no artigo 1.844:

> Não sobrevivendo cônjuge, ou companheiro, nem parente algum sucessível, ou tendo eles renunciado a herança, esta se devolve ao Município ou ao Distrito Federal, se localizada nas respectivas circunscrições, ou à União, quando situada em território federal.

No Código Civil atual, restou prestigiada a doutrina dominante. Diante da lei, a situação, agora, é a seguinte: na sucessão legítima, só as pessoas jurídicas de direito público interno podem ser contempladas, embora não possam ser consideradas herdeiras legítimas. Na sucessão testamentária, todas as pessoas jurídicas – de direito público interno ou de direito privado – têm capacidade passiva testamentária. As pessoas jurídicas de direito público externo não são alcançadas pela regra, ante a proibição de Estados estrangeiros, por questão de segurança nacional, adquirirem bens imóveis no Brasil, ressalvada a hipótese de aquisição dos referidos bens, por ato *inter vivos*, para instalação de embaixada ou consulado.

No que diz respeito às sociedades irregulares ou sociedades de fatos, muito se discutiu na vigência do Código anterior acerca da legitimidade ou não de virem a adquirir bens por disposição de última vontade. Nesse aspecto, eram bastante citadas as posições de Caio Mário da Silva Pereira e de Sílvio Rodrigues. Entendiam eles que, enquanto não fossem registradas essas sociedades, não podiam receber por testamento, pois não tinham personalidade jurídica. Outros atribuíam legitimidade às sociedades de fato, equiparando-as ao nascituro. Todos esses questionamentos estão superados. Lembra Zeno Veloso[21] que essas entidades "têm existência reconhecida no sistema do Código Civil, o que é bastante para lhe emprestar a capacidade testamentária passiva". Acrescente-se que o Código Civil de 2002 atribuiu a essas sociedades um subtítulo: *Da sociedade não personificada*.

5.3. Fundações

O inciso III do artigo 1.799 trata das fundações instituídas por testamento. Inicialmente, cabe esclarecer que se o testador pretender instituir uma pessoa jurídica como herdeira, deve fazê-lo com base no artigo 1.799, II; querendo criar uma fundação, o assento legal é o inciso III do mesmo artigo. Para melhor compreensão dessa matéria, deve-se examinar o que estabelece o artigo 62 do Código Civil:

> Artigo 62 — Para criar uma fundação, o seu instituidor fará, por escritura pública ou testamento, dotação especial de bens livres, especificando o fim a que se destina, e declarando, se quiser, a maneira de administrá-la.

No meu livro *Curso de direito civil*: parte geral[22], ao comentar a matéria, assinalei: "A instituição de uma fundação pode ser feita pelo próprio instituidor ou por outrem. No primeiro caso, ele mesmo a projeta e a regulamenta; no segundo, entrega a tarefa a um terceiro. Anote-se ainda que o instituidor pode ser uma pessoa natural ou uma pessoa jurídica. Existem dois momentos para a constituição da fundação: o ato de fundação propriamente dito, que é sua constituição

---

21 Zeno Veloso, *Testamentos*, p. 419.
22 Antônio Elias de Queiroga, *Curso de direito civil*: parte geral, p. 113-114.

emanada de vontade; o ato de dotação de um patrimônio, que lhe dará vida. A vontade do fundador pode exteriorizar-se por ato entre vivos ou *mortis causa*. Ou seja, a fundação pode ser criada por escritura pública ou por testamento (art. 62 do CC), exigindo-se, num e noutro caso, o registro (art. 46). Ensina Roberto de Ruggiero que a vontade do fundador atua por dois modos diversos: a) ou o ato de liberalidade (doação ou disposição de última vontade) impõe ao donatário ou ao herdeiro como ônus modal a constituição de uma nova entidade, para a qual devem reverter os bens doados ou deixados, no todo ou em parte, conforme a extensão do ônus imposto; b) ou se dirige diretamente à criação da entidade, fazendo-se a doação ou disposição testamentária diretamente a favor da pessoa jurídica que a criar, sem o intermédio de uma pessoa física, donatária ou herdeira do fundador. No primeiro caso, a disposição ou a doação modal dirige-se a um intermediário, ao cuidado do qual se deixa a fundação da entidade; no caso de disposição ou doação direta, falta, pelo contrário, o intermediário."

O ato de dotação, conforme preceitua o artigo 62 do Código Civil, compreende a reserva de bens, a especificação do fim a que se destinam e a maneira de administrá-los. Os bens deverão estar livres e desembaraçados de quaisquer ônus, para não se pôr em risco a existência da entidade. Se forem insuficientes para constituir a fundação e se de outro modo não dispuser o instituidor, serão incorporados a outra fundação que se proponha a fim igual ou semelhante (art. 63 do CC).

Essa solução difere da que era prevista no artigo 25 do Código Civil revogado, que estabelecia:

> Quando insuficientes para constituir a fundação, os bens doados serão convertidos em títulos da dívida pública, se outra coisa não dispuser o instituidor, até que, aumentados

com os rendimentos ou novas dotações, perfaçam capital bastante.

Alguns autores consideram o ato de dotação uma doação, mas prevalece no direito brasileiro a tese de que a dotação é fruto de uma declaração unilateral de vontade ou uma doação atípica, que não é contratual.

Anote-se, por derradeiro, que a fundação somente poderá constituir-se para fins religiosos, morais, culturais ou de assistência (parágrafo único do art. 62). Além do mais, os bens destinados à formação da fundação ficam provisoriamente em poder da pessoa encarregada de constituí-la. A propriedade somente se consolida em nome da fundação com o registro.

6. Incapacidade testamentária passiva

O artigo 1.801 do Código Civil cuida da incapacidade testamentária passiva, enunciando os que não estão aptos a receber por testamento:

I — a pessoa que, a rogo, escreveu o testamento, nem o seu cônjuge ou companheiro, ou os seus ascendentes e irmãos;

II — as testemunhas do testamento;

III — o concubino do testador casado, salvo se este, sem culpa sua, estiver separado de fato do cônjuge há mais de cinco anos;

IV — o tabelião, civil ou militar, ou o comandante ou escrivão, perante quem se fizer, assim como o que fizer ou aprovar o testamento.

A seguir, será examinada cada hipótese.

6.1. Pessoa que assinou ou escreveu a rogo o testamento e seus parentes

O testamento público pode ser assinado a rogo do testador, como, por exemplo, no testamento cerrado (art. 1.868), no testamento marítimo ou aeronáutico, quando a sua forma corresponder ao testamento cerrado (art. 1.888) e no testamento militar (art. 1.893). Em qualquer dessas hipóteses, a pessoa que assinou o testamento a rogo do testador ou que o escreveu não poderá ser nomeada herdeira ou legatária. É que recai sobre ela suspeição, ao mesmo tempo que se evita conluio com o tabelião. Anota Carvalho Santos[23], citando Carlos Maximiliano, Cunha Gonçalves e outros, que o motivo está no perigo de ele escrever errado, introduzir ou alterar disposições em favor seu ou de qualquer dos parentes mencionados no texto vedador. E conclui: "A nulidade provém do ato de a pessoa ter escrito o testamento. Logo, não abrange a hipótese de a pessoa ter apenas fornecido a minuta ou rascunho, como costuma acontecer com os advogados, que para esse fim são procurados. Admite-se, entretanto, uma exceção: quando a pessoa que elaborou a minuta mandou copiar, ou passar a limpo, e deste serviço incumbiu auxiliar seu, afora esta outra: ou se ficou provada captação, da parte do minutante, por dolo ou fraude. Recolhe a liberalidade, por conseguinte, quando apurado haver sido o próprio testador que fizera copiar, ou copiara a minuta por ele fornecida."

A incapacidade não alcança somente a pessoa que assinou ou escreveu o testamento a rogo do testador, alcança também o seu cônjuge, companheiro, ascendentes, descendentes e irmãos.

---

[23] J. M. de Carvalho Santos, *Código Civil brasileiro interpretado*, v. 24, p. 48.

6.2. Testemunhas do testamento

Também não podem ser nomeadas herdeiras ou legatárias as testemunhas do testamento. Essas testemunhas, todavia, não estão impedidas de ser nomeadas herdeiras em outro testamento em que não tenham testemunhado. O impedimento também alcança, por razões óbvias, o cônjuge, companheiro, ascendentes, descendentes e irmãos das testemunhas.

6.3. Concubino do testador casado

Na vigência do Código Civil anterior, essa proibição estava contida no artigo 1.719, que dispunha:

> Não podem também ser nomeados herdeiros, nem legatários:
> (...)
> III — a concubina do testador casado.

A regra era mais restrita do que a artigo 1.177 do mesmo Código, que declarava ser anulável a doação do cônjuge adúltero ao seu cúmplice, enquanto que o artigo 1.719 abrangia apenas a concubina do marido testador.

Muitas críticas foram feitas a essa posição do Código revogado, porquanto, pela dicção do inciso III, a mulher casada podia deixar herança ou legado para o seu amante. Carlos Maximiliano, Lafayette e Coelho da Rocha explicavam que o legislador teve por objetivo evitar escandalosas investigações a respeito da vida íntima de mães de família. Por isso, não feriu de nulidade as liberalidades *causa mortis* em prol dos seus concubinos.

Entendiam Carvalho Santos e João Luiz Alves que melhor seria estender o preceito, pelas mesmas razões de ordem moral e jurídica, à situação idêntica em que se achasse a mulher casada testando em favor do seu cúmplice de adultério. Porém, justificavam: "Como, porém, as incapacidades não se podem estender por analogia e interpretam-se restritamente, é claro que só a concubina do marido é incapaz de adquirir por testamento."[24]

O Código Civil atual, no artigo 1.801, III, pôs fim à controvérsia, quando utiliza a forma genérica "concubino do testador casado", referindo-se a ambos. Assim, o concubino e a concubina do testador ou da testadora casados não podem mais ser nomeados herdeiro ou legatário. Preservou-se o princípio da igualdade contido na Constituição Federal. O texto legal, todavia, não é absoluto, pois, se o testador, sem culpa sua, estiver separado de fato do cônjuge há mais de cinco anos, valerá o testamento (parte final do inciso III).

6.4. Tabelião, comandante ou escrivão

Trata-se de pessoas que estão impedidas de receber por testamento, em razão da sua atuação direta no ato de última vontade. Cabem aqui as mesmas observações feitas anteriormente, ou seja, recai sobre elas suspeição, ao mesmo tempo em que se evita fraude.

---

[24] J. M. de Carvalho Santos, *Código Civil brasileiro interpretado*, v. 24, p. 51.

CAPÍTULO III

TRANSMISSÃO DA HERANÇA

1. Noções gerais. 2. Lugar da abertura da sucessão. 3. Efeitos da transmissão da herança.

1. Noções gerais

Aberta a sucessão, a herança transmite-se, desde logo, aos herdeiros legítimos e testamentários, independentemente de ato formal (art. 1.784 do CC). A transmissão imediata da herança aos herdeiros decorre do princípio da *saisine* ou da instantaneidade, de origem germânica, mas introduzido no nosso ordenamento jurídico pelo direito francês. Por esse princípio, a transmissão da herança opera-se sem a manifestação de vontade dos interessados, ainda que não saibam da sua condição de herdeiros, conquanto que, depois, aceitem a herança. Para tanto, não se exige inventário e partilha ou imissão de posse. Fundamenta-se na morte, pois ela põe fim à personalidade, não podendo assim a pessoa morta ser mais sujeito de direitos e obrigações.

Assinala Caio Mário da Silva Pereira[25] que, originariamente, o princípio da *saisine* buscava proteger os servos do arbítrio do senhor feudal, quando ele determinava a devolução para si dos bens deixados por um servo morto. Com isso, os sucessores do servo falecido deviam proceder ao pagamento de certa quantia como forma de reaver os bens pertencentes àquele. Esse princípio determinava que os haveres do servo se transfeririam, direta e imediatamente, a seus herdeiros. Consagrou-se, assim, a fórmula do *droit de saisine*.

Esse sistema não foi utilizado nas Ordenações vigentes no Brasil colonial. Assinala Giselda Maria Novaes Hironaka[26] que, entre nós, predominava a antiga regra romana, segundo a qual os bens do morto eram deferidos aos herdeiros da classe dos *sui heredes*, independentemente de ato deles. Se não existissem herdeiros dessa classe, a herança era transmitida a herdeiros de classes diversas. Nesse caso, era necessário que se declarasse primeiramente aberta a sucessão (*delata*), com a consequente permanência em estado de jacência (*hereditas iacens*), até que os herdeiros da classe mais privilegiada viessem a aceitar a herança. O princípio da *saisine* foi introduzido no direito português por alvará de 1754, integrando-se posteriormente ao direito brasileiro através do artigo 1.572 do Código Civil de 1916, recepcionado pelo artigo 1.784 do Código Civil de 2002.

A transmissão prevista no artigo 1.784 é provisória. É que, pela regra do artigo 1.804, só com a aceitação da herança ela se torna definitiva, desde a abertura da sucessão. Além disso, não se transmitem desde logo a quantidade e a qualidade dos bens, o que é possível com a partilha. Assim, enquanto não ocorrer a repartição dos bens, a posse dos herdeiros será indireta, cabendo ao inventariante a posse direta.

---

25 Caio Mário da Silva Pereira, *Instituições de direito civil*, v. 6, p. 15.
26 Giselda Maria Fernandes Novaes Hironaka, *Comentários ao Código Civil*, v. 20, p. 22.

Para o legatário, existem regras próprias, que podem ser assim resumidas: a) no legado, pertence ao legatário, desde a morte do autor da herança, a coisa certa, existente no acervo, salvo se o legado estiver sob condição suspensiva (art. 1.923 do CC); b) se o legado for de coisa fungível, a aquisição só ocorrerá com a partilha; c) em qualquer uma das hipóteses mencionadas, o legatário só entrará na posse dos bens após a partilha. Outras considerações sobre a matéria serão feitas Capítulo XXII, item 2.

Observe-se ainda que há uma diferença, embora sutil, entre a redação do artigo 1.784 do atual Código Civil e a do artigo 1.572 do Código Civil de 1916. Enquanto o primeiro dispõe que "a herança tramite-se", o outro prescrevia que "o domínio e a posse da herança transmitem-se". No novo Código, a disposição da matéria ficou mais técnica. A expressão "o domínio e a posse" era desnecessária, porque, no Código Civil anterior, o artigo 44, III (repetido no inc. II do art. 80 do CC vigente) já determinava que o direito à sucessão aberta era bem imóvel. Logo, o direito à sucessão aberta só podia ter mesmo como objeto o direito à herança.

José Luiz Gavião de Almeida[27] entende acertada a expressão "herança" utilizada no Código Civil vigente. Segundo ele, a expressão "domínio e posse", constante do Código Civil anterior, era inadequada, pois "poderia o autor da herança deixar, por testamento, bens sobre os quais não tinha a propriedade, posto serem de terceiros ou de um dos beneficiados. Nesse caso, não se poderia entender que esses bens, que poderiam compor a herança, seriam transmitidos imediatamente, após a morte do *de cujus*, a seus herdeiros".

Por fim, convém salientar que a regra do artigo 1.784 do Código Civil não conflita com a do artigo 1.245. No caso de

---

27 José Luiz Gavião de Almeida, *Código Civil comentado*, v. 18, p. 30.

herança, a propriedade se transfere ao herdeiro desde o momento da morte do *de cujus* e não da transcrição do formal ou certidão de partilha no registro de imóveis. A transcrição do título no registro público dá-se "apenas para o fim de legalizar a disponibilidade da herança, ou, melhor nos exprimindo, para poder alienar e hipotecar os bens imóveis que adquiriu por herança."[28] Portanto, seu efeito é meramente declaratório e não constitutivo. Já o artigo 1.245 aplica-se exclusivamente à transmissão da propriedade imóvel entre vivos. Nesse caso, a propriedade só se transfere ao adquirente com o registro do título aquisitivo no registro de imóveis.

2. Lugar da abertura da sucessão

A sucessão abre-se no lugar do último domicílio do falecido (art. 1.785), ainda que não tenha sido o local em que ocorreu a morte. Essa regra tem muita relevância na definição do foro competente para a instauração do inventário. Se, todavia, o *de cujus* tinha domicílio incerto, aplica-se, de forma complementar, o parágrafo único do artigo 96 do Código de Processo Civil, que dispõe:

É, porém, competente o foro:

I — da situação dos bens, se o autor da herança não possuía domicílio certo;

II — do lugar em que ocorreu o óbito se o autor da herança não tinha domicílio certo e possuía bens em lugares diferentes.

---

28 J. M. de Carvalho Santos, *Código Civil brasileiro interpretado*, v. 22, p. 13.

Além disso, o *caput* do artigo 96 do estatuto processual citado contém regra estabelecendo que o foro do domicílio do autor da herança no Brasil é o competente também para a arrecadação, o cumprimento de disposições de última vontade e todas as ações em que o espólio for réu, ainda que o óbito tenha ocorrido no estrangeiro. Essa disposição, contudo, não é absoluta, conforme se constata de várias decisões de tribunais:

> A ação de usucapião contra o espólio deve ser proposta no foro da situação do imóvel (*RTJ* 79/304). Também a ação de desapropriação (STJ CC n. 5.579-2/RJ, 1ª Seção, *DJU*, de 13.12.1993, p. 27.370). O próprio foro de eleição prevalece sobre o do inventário (STJ, RJ n. 301, p. 89).

3. Efeitos da transmissão da herança

O momento da abertura da sucessão provoca os seguintes efeitos:

a) A herança transmite-se aos herdeiros instantaneamente, por força do princípio da *saisine*, como já foi assinalado.

b) A sucessão rege-se pela lei que vigorava à época da abertura da sucessão, ainda que venha a ser revogada ou alterada por lei posterior que discipline a matéria fática de forma diversa. Essa regra encontra assento nos artigos 10, parágrafo 2º, da Lei de Introdução; nos artigos 1.787 e 2.041 do Código Civil e no artigo 5º, XXXVI, da Constituição Federal.

c) Todo sucessor tem direito, desde o dia da abertura da sucessão, aos frutos e rendas dos bens componentes da herança que lhe foi deferida.

d) O herdeiro poderá usar dos interditos possessórios, caso alguém pretenda a posse dos bens da herança; pode também continuar as ações possessórias intentadas pelo autor da herança, sem solução de continuidade.

e) Os herdeiros, reciprocamente, podem ser acionados por terceiros, desde o momento da abertura da sucessão; podem também ser condenados, em seu nome pessoal, desde que os encargos não sejam superiores às forças da herança (art. 1.792). Além disso, o sucessor que sobreviveu ao *de cujus*, ainda que por poucos instantes, transmite, por sua vez, a herança aos seus herdeiros, como fazendo parte integrante de seu patrimônio. Isso ocorre mesmo que ignore a devolução da herança a seu favor ou esteja ausente, a não ser que haja condição suspensiva. Nessa hipótese, a relação somente se efetua após realizada a condição.

CAPÍTULO IV

DA HERANÇA E SUA ADMINISTRAÇÃO

1. Introdução. 2. Responsabilidade do herdeiro por encargos da herança. 3. Cessão de direitos hereditários. 4. Cessão gratuita a estranho. 5. Outras regras sobre cessão de direitos hereditários. 5.1. Capacidade plena. 5.2. O cessionário é sucessor a título universal. 5.3. O cessionário não é herdeiro. 5.4. A cessão não pode prejudicar os credores. 5.5. Legitimidade concorrente do cessionário. 5.6. Substituição ou direito de acrescer. 5.7. Ineficácia da cessão sobre bem singularizado. 5.8. Cessão de bem singularizado mediante autorização judicial. 6. Prazo para o requerimento do inventário.

1. Introdução

A herança defere-se como um todo unitário, ainda que vários sejam os herdeiros (art. 1.791 do CC). O artigo refere-se a herdeiros genericamente, alcançando também os legatários, que são espécies do gênero sucessor. Do contrário, estar-se-ia negando o princípio da *saisine* já referido.

Pela regra do parágrafo único do artigo citado, sendo chamadas simultaneamente a uma herança duas ou mais pessoas, será indivisível o seu direito quanto à posse e ao domínio, até se ultimar a partilha, regulando-se pelas normas relativas ao condomínio. A herança, portanto, é uma universalidade de bens, de modo que cada um dos herdeiros é condômino de uma parte ideal desses bens. Significa dizer que os herdeiros não têm direito a uma parte determinada da herança, porquanto, só depois da partilha, o direito de cada um ficará concretizado em determinados bens.

2. Responsabilidade do herdeiro por encargos da herança

No direito antigo, o herdeiro tinha seu patrimônio confundido com o patrimônio do *de cujus*, pois era considerado como continuador da pessoa do autor da herança. As consequências desse sistema eram desastrosas, quando o valor do ativo hereditário era inferior ao passivo. Nesse caso, o herdeiro tinha de complementar o pagamento com seus bens particulares. Restavam-lhe, então, duas opções: renunciar à herança, para não se responsabilizar pelas dívidas, ou aceitá-la e suportar todos os ônus.

As legislações modernas passaram a adotar o benefício do inventário, dentre elas o Código Civil de 1916. Por esse princípio, os encargos seriam pagos apenas com os bens inventariados. Em face do artigo 1.587 do Código Civil de 1916, a responsabilidade do herdeiro ficou adstrita às forças da herança (*intra vires hereditatis*), dispensada qualquer declaração nesse sentido. A esse respeito, assinala Carvalho Santos[29]: "Toda a herança presume-se aceita com benefício de inventário, isto é, com o privilégio concedido pela lei ao herdeiro e

---

[29] J. M. de Carvalho Santos, *Código Civil brasileiro interpretado*, v. 22, p. 158-159.

que consiste em admiti-lo à herança do *de cujus* sem obrigá-lo aos encargos além das forças da mesma herança."

O Código Civil atual, no seu artigo 1.792, reproduz o artigo 1.587 do Código Civil de 1916: não permite que o herdeiro responda por encargos superiores às forças da herança (*ultra vires hereditatis*). Todavia, para que goze desse benefício, fica obrigado a provar que os bens herdados têm valor inferior aos encargos da herança. Assim, se foi feito inventário, o herdeiro está dispensado de mais provas. Para fazer essa verificação, basta exibir o valor dos bens inventariados e confrontá-lo com o total das dívidas da herança.

Na falta de inventário, o herdeiro terá de fazer a prova por outro qualquer meio, naturalmente dentre os arrolados no artigo 212 do Código Civil, ouvidos os credores e demais interessados. Mas como ensina Itabaiana de Oliveira[30], "praticamente, porém, essa prova só pode ser ministrada no próprio inventário e não em processo separado, porque o inventário é sempre necessário, por ser judicial, muito embora, às vezes, a partilha seja amigável".

3. Cessão de direitos hereditários

Aberta a sucessão com a morte do autor da herança, o herdeiro, como titular de direitos hereditários, pode alienar sua quota. Essa alienação denomina-se cessão de herança ou cessão de direitos hereditários. A cessão é um negócio jurídico *inter vivos*, translativo, gratuito ou oneroso, e solene. Somente pode ocorrer depois da morte do autor da herança. Cessão de herança antes da morte do *de cujus* é pacto sucessório, repelido pelo artigo 426 do Código Civil, que dispõe: "Não pode ser objeto de contrato a herança de pessoa viva."

---

30 Arthur Vasco Itabaiana de Oliveira, *Tratado de direito das sucessões*, 5. ed., p. 59.

Além disso, por se tratar de negócio jurídico *inter vivos*, que importa em transmissão de propriedade, a escritura pública é essencial à validade do negócio.

Conforme a regra do artigo 1.793 do Código Civil, pode ser objeto de cessão a sucessão aberta ou o quinhão de que disponha o herdeiro. São duas situações. No primeiro caso, a cessão é feita antes de o herdeiro declarar ao juiz, formal ou tacitamente, se aceita ou não a herança. Prescinde da abertura de inventário. Não que o herdeiro possa ceder a herança sem antes aceitá-la. A cessão, nesse caso, confunde-se com a aceitação, pois, se o herdeiro cedeu, foi porque aceitou a herança. No segundo caso, o herdeiro faz a cessão da sua herança depois de aceitá-la. Nessa hipótese, é preciso que haja inventário e partilha em andamento, seja judicial ou extrajudicial (Lei n. 11.441/2007). Em qualquer um desses procedimentos, ocorrerá a aceitação, expressa ou tácita, e, depois, a cessão.

A cessão de herança pode ser onerosa ou gratuita. Em ambas as formas, o herdeiro legítimo ou testamentário transfere a outrem todo o quinhão hereditário ou parte dele, que lhe compete após a abertura da sucessão. A cessão onerosa equivale a uma compra e venda. Mas não se confundem: cedem-se direitos ou créditos; vende-se coisa material. Já a cessão gratuita equivale a uma doação. Formalizada a cessão dos direitos hereditários, o cessionário investe-se nas mesmas condições jurídicas do cedente. Sub-roga-se nos seus direitos, a ele pertencendo tudo o que pertencia ao herdeiro cedente, em razão da herança, com a ressalva do parágrafo 1º do artigo 1.793 do Código Civil vigente.

O Código Civil de 1916 não continha regras específicas para esse tipo de contrato. No artigo 1.078, apenas mandava aplicar as disposições sobre cessão de créditos à cessão de outros direitos, para os quais não havia modo especial de transferência. Em razão da falta de clareza do texto, muito se discutiu acerca do direito de preferência dos demais herdeiros, em caso de cessão de herança por um dos coerdeiros.

A posição da doutrina era conflitante. Também na jurisprudência, não havia unanimidade. A Terceira Turma do Superior Tribunal de Justiça, sob a relatoria do Ministro Waldemar Zveiter, firmou entendimento no sentido de que, na herança ainda não partilhada, descabe ao coerdeiro pedir preferência, assegurada ao condômino de coisa indivisível[31]. No mesmo sentido, era o acórdão da lavra do Ministro Eduardo Ribeiro:

> Direito de preferência. Condômino. Restringe-se esse direito à hipótese de coisa indivisível e não simplesmente indivisa. A indivisibilidade, no caso, não é econômica ou material, mas, simplesmente jurídica, e tem caráter transitório. Não conduz à incidência do artigo 1.139 do Código Civil.[32]

Já a Quarta Turma firmou posição contrária:

> I. Os coerdeiros, antes de ultimada a partilha, exercem compropriedade sobre os bens que integram o acervo hereditário *pro indiviso*, sendo exigível daquele que pretenda ceder ou alhear seu(s) quinhão(ões), conferindo aos demais oportunidade para o exercício de preferência na aquisição, nos moldes do que preceitua o artigo 1.139 do Código Civil. II. Tal exigência é de inafastável aplicabilidade a todos os casos de cessão de direitos hereditários, de alienação de fração ou cota ideal da herança indivisa, não se havendo que excepcionar situações casuísticas (como, por exemplo, a de serem divisíveis os bens que a integrem), tendo em vista as vicissitudes próprias do processo de inventário, que podem condu-

---

31 STJ — 3ª Turma, REsp n. 20.446-3/CE, rel. Min. Waldemar Zveiter, j. 26.05.1992, *DJU*, de 22.06.1992, *STJ Lex*, ano 4, v. 37, set. 1992.
32 STJ — REsp n. 60.656/SP (1995/0006664-5), *DJU*, de 29.10.1996, p. 41.641.

zir a imprevisíveis perplexidades e inconvenientes. III. Em que pese a controvérsia existente no tema, merece ser prestigiado o entendimento segundo o qual a venda e a cessão de direitos hereditários, em se tratando de bem indivisível, se subordinam à regra do artigo 1.139 do Código Civil, que reclama seja dada preferência ao condômino coerdeiro. IV. Em linha de princípio, a orientação legal é no sentido de evitar o ingresso de estranho no condomínio, preservando-o de futuros litígios e inconvenientes. V. A interpretação meramente literal deve ceder passo quando colidente com outros métodos exegéticos de maior robustez e cientificidade.[33]

O Código Civil de 2002 inovou a respeito da matéria. Dispõe, no artigo 1.794, que o coerdeiro não poderá ceder sua quota hereditária a pessoa estranha à sucessão, se outro coerdeiro a quiser, tanto por tanto. A regra é decorrente do princípio da indivisibilidade da herança. A respeito da matéria, ensina José Fernando Simão[34]: "Em se tratando de coisa indivisível, os condôminos sofrem certas limitações impostas pelo direito no tocante à alienação de sua parte na coisa comum. A razão decorre do princípio pelo qual o condômino de coisa divisível permanece no regime de condomínio porque quer, pois a qualquer tempo pode manejar a ação divisória e colocar um fim ao condomínio. Já para o condômino de coisa indivisível não há essa possibilidade: a única forma de extinção do condomínio é a alienação da coisa comum, para que o valor apurado seja repartido pelos coproprietários. Como o Código Civil pretende facilitar a extinção de condomínio, e todas as regras que existem são nesse sentido, pois o condomínio é a

---

33 STJ REsp n. 50226/BA (1994/0018521-9), rel. Min. Sálvio de Figueiredo Teixeira, *DJU*, de 19.09.1994, p. 24.700.

34 José Fernando Simão, *Direito civil*: contratos, v. 5, p. 106.

mãe das discórdias (*condominium mater discordiorum est*), não pode o condômino de coisa indivisível vender sua parte sem dar direito de preferência aos outros condôminos (CC, art. 504). Com a preferência (a lei utiliza a expressão tanto por tanto), o Código facilita a extinção do condomínio."

Em decorrência da regra contida no artigo 1.794, o coerdeiro, a quem não se der conhecimento da cessão, poderá, depositado o preço, haver para si a quota cedida a estranho, se o requerer até cento e oitenta dias após a transmissão (art. 1.795). Se vários herdeiros exercerem a preferência, entre eles se distribuirá o quinhão cedido, na proporção das respectivas quotas hereditárias (parágrafo único).

Como se verifica, a lei não estabelece critérios de desempate entre os coerdeiros que queiram exercer suas preferências. Todos os interessados ficam com o quinhão, na proporção de sua participação na herança. Observe-se também que o prazo de cento e oitenta dias é idêntico ao previsto para a venda de bem indivisível em que houve preterição do condômino, com uma diferença: não menciona o início de sua contagem.

Por isso, surgem controvérsias entre os doutrinadores: o prazo se inicia com a alienação do quinhão ou quando os coerdeiros preteridos tiverem ciência do ato? Para José Luiz Gavião de Almeida[35], não "se poderia considerar termo inicial do prazo para que fizessem valer seus direitos uma data da qual não tiveram ciência. Os prazos decadenciais e o disposto no artigo 1.795 é um deles, faz perecer o direito de agir pela inércia de seu titular. Mas não se pode entender desidioso aquele que não teve oportunidade de defender seus interesses".

---

35 José Luiz Gavião de Almeida, *Código Civil comentado*, v. 18, p. 91.

Assim, o prazo teria início quando o juiz do inventário intimasse os coerdeiros para se manifestar sobre a cessão. Esse é também o entendimento Flávio Tartuce e José Fernando Simão[36], "particularmente diante do princípio da boa-fé objetiva, que valoriza a informação e a ciência dos atos pelas partes envolvidas". Os citados autores, no entanto, consideram muito polêmico o tema, ao assinalarem que "em regra, a decadência surge com o próprio direito potestativo a que se refere". Acrescentam que, em mais de um dispositivo de lei, o prazo decadencial se inicia com a celebração do negócio jurídico e não com o seu conhecimento, citando como exemplo o prazo para anulação do negócio jurídico em que haja vício de consentimento (art. 178 do CC), salvo no caso da coação e de atos de incapazes.

Preferimos o entendimento de José Gavião de Almeida. Contar o prazo antes da ciência do coerdeiro seria regra muito injusta, pois haveria a decadência, extinguindo direitos, sem que houvesse inércia do titular.

4. Cessão gratuita a estranho

Pode ocorrer cessão gratuita a pessoas estranhas? É outro assunto considerado polêmico. O artigo 1.794 do Código Civil refere-se apenas à cessão onerosa, o que se depreende da expressão "tanto e por tanto", ou seja, pelo preço ofertado e pelas condições oferecidas. O objetivo da lei, no entanto, ao criar o direito de preferência, foi o de evitar que pessoas estranhas venham a integrar o condomínio. Assim, permitindo-se a cessão gratuita a estranho, estar-se-ia desvirtuando a finalidade da lei. É lógico que se a cessão onerosa atrai pessoas sem vínculo familiar com os coerdeiros, a cessão gratuita também o faz.

---

36 Flávio Tartuce; José Fernando Simão, *Direito civil*: direito das sucessões, v. 6, p. 30.

Além disso, estar-se-ia abrindo uma porta para a prática de fraudes: possibilita-se que o herdeiro ceda a sua herança onerosamente a um estranho, constando da escritura tratar-se de negócio gratuito. Com esse ardil, os coerdeiros seriam prejudicados.

A matéria, como se verifica, não é de fácil deslinde. Flávio Tartuce e José Fernando Simão[37] entendem que a preferência existe nos casos de dação em pagamento e de venda do quinhão. Nos casos de alienação gratuita ou de permuta, essa preferência não existe. Giselda Maria Fernandes Novais Hironaka[38], discorrendo sobre a matéria, assinala: "Quando se tratar de cessão gratuita, os coerdeiros permanecem protegidos pelo dispositivo por meio da expressão 'a pessoa estranha à sucessão', que merece, ademais, uma interpretação elástica. Dessa forma, pessoa estranha à sucessão seria toda pessoa que não tem nem terá qualquer direito hereditário sobre a herança, o que garantiria ao herdeiro desejoso de beneficiar um parente distante do morto ceder seus direitos hereditários a um colateral do defunto, a um ascendente deste etc."

E conclui: "Assim interpretando o dispositivo, garantem-se não só os coerdeiros contra a influência de pessoas estranhas à sucessão como se privilegia o querer do cedente no sentido de aquinhoar pessoas ainda não chamadas a suceder, mas que, no seu entender, tem maiores razões para nela figurar". Nesse sentido, vedar-se-ia cessão gratuita a estranhos à sucessão, permitindo, no entanto, que se fizesse a pessoa da família, embora sem qualificação de herdeiro. Mas, qual seria então a solução? Dar preferência aos coerdeiros numa cessão

---

[37] Flávio Tartuce; José Fernando Simão, *Direito civil*: direito das sucessões, v. 6, p. 30.
[38] Giselda Maria Fernandes Novaes Hironaka, *Comentários ao Código Civil*, v. 20, p. 78.

gratuita? Seria inútil, pois é obvio que todos aceitariam a oferta. Resolver-se-ia o caso estabelecendo-se que a cessão gratuita só seria admissível aos coerdeiros, salvo se, expressamente, permitissem que fosse feita a estranho. Com isso, dar-se-ia tratamento igual às duas situações.

5. Outras regras sobre cessão de direitos hereditários

5.1. *Capacidade plena*

A cessão de direitos hereditários só pode ser realizada por quem tem capacidade jurídica. Entende-se por capacidade jurídica "o conjunto de faculdades e de direitos, que dão ao ser humano a aptidão para ter direitos e obrigações"[39]. Exige-se ainda capacidade dispositiva, ou seja, aptidão de exercer por si os atos da vida civil. Tendo capacidade jurídica, mas faltando-lhe a capacidade dispositiva, o cedente deverá, conforme o caso, ser representado ou assistido (arts. 3º e 4º do CC), exigindo-se, além disso, autorização judicial.

Se o cedente for casado, ou viver em união estável devidamente comprovada, é preciso haver o consentimento do cônjuge ou do companheiro, salvo se o regime de bens for o da separação convencional (art. 1.647). Ou, sendo o da participação final nos aquestos, for convencionada cláusula de livre disposição de bens imóveis (art. 1.656).

5.2. *O cessionário é sucessor a título universal*

O cessionário ostenta essa qualidade porque adquiriu a quota-parte de uma universalidade de bens, ou toda a universalidade.

---

39 Antônio Elias de Queiroga, *Curso de direito civil*: parte geral, p. 35.

5.3. O *cessionário não é herdeiro*

O cessionário não é herdeiro, mas fica equiparado a herdeiro. Por isso, responde, até o limite do seu quinhão, pelas dívidas do *de cujus*.

5.4. *A cessão não pode prejudicar os credores*

Os credores não participam da cessão, mas têm legitimidade para acionar o cedente.

5.5. *Legitimidade concorrente do cessionário*

O Código de Processo Civil assegura ao cessionário legitimidade concorrente para requerer o inventário e a partilha (art. 988, V). Pode ainda, na falta de outros herdeiros, ser ele nomeado inventariante, preferindo pessoa estranha (art. 990, III). Se não foi o autor da ação de inventário, deverá se habilitar no processo, a fim de receber a sua quota-parte na herança deixada pelo falecido. A posição do cessionário é, portanto, a de herdeiro, pois substitui o cedente na relação processual.

5.6. *Substituição ou direito de acrescer*

Os direitos conferidos ao herdeiro, em consequência de substituição ou do direito de acrescer, presumem-se não abrangidos pela cessão feita anteriormente (do art. 1.793, § 1º, do CC). Significa que se não houver previsão expressa no contrato de cessão, os bens que o cedente adquirir depois da cessão, por substituição (art. 1.947) ou pelo direito de acrescer (art. 1.941), não pertencerão ao cessionário.

5.7. *Ineficácia da cessão sobre bem singularizado*

É ineficaz a cessão feita pelo coerdeiro de seu direito hereditário sobre qualquer bem da herança considerado singularmente (§ 2º do art. 1.793). O herdeiro só pode ceder a sua parte ideal na unidade abstrata e indivisível. Essa regra decorre da indivisibilidade da herança. Assim, é ineficaz a cessão de um prédio determinado. Exemplo: cedo o sobrado da Rua Nova, n. 25, na cidade de Pombal.

5.8. Cessão de bem singularizado mediante autorização judicial

É ineficaz a disposição, sem prévia autorização do juiz da sucessão, por qualquer herdeiro, de bem componente do acervo hereditário pendente a indivisibilidade (§ 3º do art. 1.793). Todavia, a cessão de bem individuado poderá ocorrer, mediante autorização judicial, havendo acordo dos demais herdeiros. É claro que essa hipótese só será possível se não houver prejuízo para os demais coerdeiros. Do contrário, em tese, eles não concordarão. Deferido o pedido, o valor do bem cedido será deduzido do pagamento final do cedente. Anote-se que essa hipótese não se confunde com a anterior, nem com a venda de bem determinado, realizada pelo próprio espólio em hasta pública ou mediante alvará judicial, para pagamento de dívidas, impostos ou custas, ou para dividir o preço entre os herdeiros.

6. Prazo para o requerimento do inventário

O artigo 1.796 do Código Civil prescreve o prazo de trinta dias, a contar da abertura da sucessão, para a instauração do inventário do patrimônio hereditário, perante o juízo competente no lugar da sucessão, para fins de liquidação e, quando for o caso, de partilha da herança. Esse prazo foi alterado pela Lei n. 11.441/2007, que deu nova redação ao artigo 983 do Código de Processo Civil, passando a estabelecer:

O processo de inventário e partilha deve ser aberto dentro de 60 (sessenta) dias a contar da abertura da sucessão, ultimando-se nos 12 (doze) meses subsequentes, podendo o juiz prorrogar tais prazos, de ofício ou a requerimento de parte.

CAPÍTULO V
DA ACEITAÇÃO

1. Introdução. 2. Formas de aceitação da herança. 3. Aceitação da herança pelos sucessores do herdeiro.

1. Introdução

O artigo 1.804 do Código Civil e o seu parágrafo único tratam da aceitação da herança, dispondo:

Artigo 1.804 — Aceita a herança, torna-se definitiva a sua transmissão ao herdeiro, desde a abertura da sucessão.

Parágrafo único — A transmissão tem-se por não verificada quando o herdeiro renuncia à herança.

Estabelece, sobre a mesma matéria, o artigo 1.805:

A aceitação da herança, quando expressa, faz-se por declaração escrita; quando tácita, há de resultar tão somente de atos próprios da qualidade de herdeiro.

A aceitação da herança é o ato pelo qual o legitimado a suceder declara que quer ser herdeiro, ou, quando não, manifesta implicitamente essa vontade. Diferencia-se da renúncia, que é o repúdio formal à herança ou ao legado. O Código Civil de 2002, a exemplo do Código Civil de 1916, adotou o princípio dominante de que só é herdeiro quem quer. Em nossa legislação, portanto, todo herdeiro é voluntário.

Saliente-se que, embora a herança se transmita ao herdeiro, desde o instante da abertura da sucessão, por força do princípio da *saisine*, não há com isso uma aceitação obrigatória. Só quando o herdeiro declara aceitá-la, a transmissão torna-se definitiva, consolidando-se em seu patrimônio a herança que ele já tinha adquirido. Havendo recusa, significa não ter sido herdeiro em tempo algum.

O caráter de obrigatoriedade da aceitação da herança era defendido por alguns doutrinadores, entre os quais Teixeira de Freitas[40], quando escreveu que, depois da transmissão da herança *ex vi legis*, era inútil a citação do herdeiro para declarar se a aceita ou não. Orlando Gomes[41] entende ser desnecessária a aceitação da herança. Para ele, "se a herança se adquire *ipso jure*, motivo não há para se atribuir ao herdeiro a faculdade alternativa de aceitar ou renunciar, mas somente esta".

2. Formas de aceitação da herança

A aceitação da herança pode ser expressa ou formal, tácita ou presumida, e provocada. Expressa ou formal quando feita através de documento próprio endereçado ao juiz; tácita ou presumida quando resulta de ato próprio de quem é herdeiro (art. 1.805 do CC); provocada, quando o herdeiro é intimado, a requerimento de interessados, para declarar, em prazo

---

40 Augusto Teixeira de Freitas, *Consolidação das leis civis*, v. 2, p. 582.
41 Orlando Gomes, *Sucessões*, 12. ed., p. 21.

razoável, se aceita ou não a herança (art. 1.807 do CC). Nesse caso, a aceitação será expressa se o herdeiro declarar que aceita a herança; será presumida se não se manifestar em prazo não superior a trinta dias.

Da aceitação formal não se costuma lançar mão. A mais comum é a tácita. Resulta de comportamento manifestado pelo herdeiro, próprio de quem ostenta essa qualidade. Por exemplo: através de advogado constituído, habilita-se na ação de inventário, concordando ou impugnando as declarações iniciais, a avaliação, o cálculo; realiza benfeitorias em bens do espólio ou paga os impostos etc.

Não exprimem, contudo, aceitação de herança os atos oficiosos, como o funeral do finado, os meramente conservatórios, os de administração e guarda provisória, bem ainda a cessão gratuita, pura e simples, da herança aos demais coerdeiros (§§ 1º e 2º do art. 1.805). Nesse último caso, a cessão equipara-se à renúncia. Mas, para que a cessão não importe em aceitação da herança, é preciso que: a) seja gratuita; b) seja feita em benefício do monte; c) seja pura e simples.

A primeira condição é de intuitiva evidência. O herdeiro que recebesse qualquer pagamento para transferir seu direito hereditário faria uma cessão onerosa. Teria aceitado a herança pelo próprio fato da alienação, em virtude do princípio de que só se aliena aquilo que já faz parte do patrimônio. A segunda encontra explicação no fato de que a cessão feita indistintamente aos demais coerdeiros equivale a uma renúncia, nos seus efeitos de beneficiá-los. A terceira condição tem o objetivo de evitar que o herdeiro pratique qualquer ato de disposição, pois, se assim o fizesse, teria aceitado a herança. Essa regra, prevista no parágrafo 2º do artigo 1.805, é bastante criticada.

A aceitação da herança é ato de vontade puramente unilateral, que não exige, para sua plena eficácia, a participação de outra pessoa. Por isso, afirma-se que a "aceitação é ato jurídico de caráter não receptivo, no sentido de que não exige que outros interessados dele tenha conhecimento"[42]. É indivisível, no sentido de que produz seu efeito com relação a todos os credores, legatários ou coerdeiros, indistintamente. É irrevogável, qualquer que seja a sua forma. Não pode ser parcial: querer o que é bom e rejeitar o que é ruim. Ou o herdeiro aceita toda a herança, ou não aceita nada.

A aceitação deve ser pura e simples. Não se sujeita, portanto, a condição suspensiva ou resolutiva, nem a termo (art. 1.808). Significa dizer que não pode ser aceita *ex die*, nem tampouco *ad diem*. Seria incompatível com os direitos que confere e com as obrigações que impõe o título de herdeiro.

Também não induz aceitação, conforme o magistério de Antônio José Tibúrcio de Oliveira[43], o fato de o herdeiro ajuizar a ação de inventário e partilha dos bens deixados pelo *de cujus*, eis que se trata de obrigação legal, nos termos do artigo 983, combinado com o artigo 988, II, do Código de Processo Civil. Mas, acentua o mesmo autor, se o herdeiro, ao requerer o inventário, propugnar pelo cargo de inventariante ou se, na procuração que outorgou ao advogado, contiver poderes para acompanhar o processo até final partilha, não se pode negar que esse herdeiro aceitou tacitamente a herança.

3. Aceitação da herança pelos sucessores do herdeiro

Se o herdeiro falecer antes de declarar se aceita a herança, o poder de aceitá-la passa aos herdeiros. A menos que se trate de vocação adstrita a uma condição suspensiva, ainda não verificada (art. 1.809 do CC). Como se observa, a morte do herdeiro não obsta a transmissão da herança, ainda que venha a morrer sem aceitá-la. A aceitação só não será possível quan-

---

42 Giselda Maria Fernandes Novaes Hironaka, *Comentários ao Código Civil*, v. 20, p. 116.

43 Antônio José Tibúrcio de Oliveira, *Direito das sucessões*, p. 57.

do a herança for deixada sob condição suspensiva e o herdeiro falecer antes da realização do seu implemento. Nesse caso, extinguir-se-á o direito sucessório do herdeiro, pois, segundo a regra do artigo 125 do Código Civil, a condição suspensiva obsta a aquisição do direito.

A inovação sobre a matéria veio com o parágrafo único do artigo 1.809, que dispõe:

> Os chamados à sucessão do herdeiro falecido antes da aceitação, desde que concordem em receber a segunda herança, poderão aceitar ou renunciar a primeira.

A regra tem lógica, pois, como afirmam Flávio Tartuce e José Fernando Simão[44], "se os herdeiros da pessoa falecida não aceitarem receber a sua própria herança, não receberão poder de aceitar aquela que pertencia ao falecido".

Um exemplo esclarecerá melhor o sentido dessa norma: José, pai de Pedro e Maria, morre, deixando bens. Pedro, pai de Carlos e Raquel, falece depois, sem declarar se aceitava a herança do pai. Deixa, além da quota hereditária do seu genitor, um patrimônio próprio. Há duas heranças, portanto: a de seu pai e a dele. Nesse caso, Carlos e Raquel, aceitando a herança deixada pelo seu pai (segunda herança), poderão, depois, deliberar se aceitam ou renunciam a herança de José, o seu avô (primeira herança). Já Maria, a outra filha de José, herda diretamente do pai.

A aceitação, nessa hipótese, dar-se-á por direito de transmissão e não por direito de representação. Esta só ocorreria se tivesse havido premoniência de Pedro. Clóvis Beviláqua[45],

---

[44] Flávio Tartuce; José Fernando Simão, *Direito civil*: direito das sucessões, v. 6, p. 53.
[45] Clóvis Beviláqua, *Código Civil dos Estados Unidos do Brasil*, Edição histórica, v. 2, p. 768.

em comentários ao artigo 1.585 do Código Civil de 1916, reproduzido no Código Civil vigente (art. 1.809), assinala tratar-se de sucessão *jure transmissionis*: "O herdeiro, que falece, antes de declarar se aceita a herança, transmite-a, integralmente, aos seus próprios herdeiros, inclusive o direito de deliberar". Acrescenta ainda o seguinte: "Alguns autores pretendem negar esta modalidade de sucessão: mas inutilmente o fazem, porque os fatos são de uma evidência irrecusável. Ninguém afirma que, morrendo o herdeiro sem se pronunciar, a herança passa além, sendo o novo herdeiro sucessor do primeiro hereditando. Seria uma extravagância, e não haveria, nesse caso, transmissão. O que se diz é que o herdeiro falecendo depois de deferida a herança, a transmite, desde o momento da sua morte, aos seus próprios herdeiros, porque, não obstante o seu silêncio, já ela entrara no seu patrimônio."

A regra do parágrafo único do artigo em comento supriu uma omissão do Código Civil de 1916. No sistema jurídico passado, se os filhos do herdeiro falecido renunciassem a herança que não chegara a ser aceita, essa renúncia não alcançaria a herança própria deixada pelo pai.

CAPÍTULO VI

RENÚNCIA DA HERANÇA

1. Introdução. 2. Fundamento da renúncia. 3. Forma de renúncia. 4. Capacidade para renunciar herança. 5. Renúncia parcial. 6. Renúncia pura e simples. 7. Renúncia translativa. 8. Retratação da renúncia. 9. Destino da quota hereditária do herdeiro renunciante. 10. Renúncia de meação. 11. Dos impostos devidos. 12. Outras regras especiais sobre aceitação e renúncia da herança.

1. Introdução

A renúncia é o repúdio formal à herança ou ao legado. Para Washington de Barros Monteiro[46], "renúncia não é outra coisa, senão a demissão da qualidade de herdeiro". Márcia Cristina Ananias Neves[47] conceitua a renúncia "como o ato jurídico pelo qual o herdeiro declara que não aceita a herança

---

46 Washington de Barros Monteiro, *Curso de direito civil*: direito das sucessões, 35. ed., v. 6, p. 53.
47 Márcia Cristina Ananias Neves, *Vademecum do direito de família e sucessões*, p. 20.

a que tem direito". Clóvis Beviláqua[48], comentando o Código Civil de 1916, dizia que "renúncia é o ato pelo qual a pessoa chamada à sucessão de outra recusa a aceitá-la".

Infere-se desses conceitos que se o herdeiro não quer aceitar a herança, há de renunciá-la. A regra está expressa no parágrafo único do artigo 1.804, segundo o qual a transmissão da herança tem-se por não verificada quando o herdeiro a ela renuncia. Assim, não há meio-termo: ou o herdeiro aceita a herança ou a renuncia.

2. Fundamento da renúncia

A renúncia de herança tem o seu fundamento no fato de que ninguém está obrigado a receber determinada herança. Pode até ser um constrangimento, quando o herdeiro tem ciência de que os bens foram frutos de grilagem, esbulho, roubo etc. Seria ato ignóbil impor a uma pessoa tal obrigação. Outras vezes, a renúncia de herança tem fundamentos nobres: o desejo de ajudar os coerdeiros, aumentando os seus quinhões.

3. Forma de renúncia

A renúncia de herança exige vontade expressa do renunciante. Ao contrário da aceitação, não pode ser presumida. É ato formal, sob pena de nulidade. O artigo 1.806 do Código Civil, que reproduz a segunda parte do *caput* do artigo 1.581 do Código Civil de 1916, é taxativo:

A renúncia da herança deve constar expressamente de instrumento público ou termo judicial.

---

48 Clóvis Beviláqua, *Direito das sucessões*, p. 48.

É feita, portanto, por escritura pública ou perante o juiz do inventário.

4. Capacidade para renunciar a herança

Para haver renúncia de herança, é preciso que o renunciante tenha capacidade jurídica plena e também a capacidade de alienar. Assim, não tem validade a renúncia feita por incapaz, ainda que representado ou assistido, visto que o representante possui apenas poderes de administração. Caio Mário da Silva Pereira[49] ensina que o representante "tem a faculdade de gerir os bens do representado, mas falta a liberdade para dispor deles por ato seu próprio". A renúncia, contudo, poderá ser realizada pelo representante ou assistente do incapaz, mediante autorização judicial, desde que provada a necessidade ou a utilidade para o requerente (art. 1.691 do CC).[50]

Outra limitação ao direito de renúncia de herança é a relativa à outorga conjugal, aplicável tanto ao casamento como à união estável. Essa exigência tem o seu fundamento na equivalência que existe entre renúncia de herança (a herança é bem imóvel, conforme o art. 80, II, do CC) e alienação de imóvel. Dispensa-se essa outorga apenas quando o regime de bens, no casamento ou na união estável, for o da separação convencional. Ou, sendo o regime de participação final nos aquestos, for convencionada a livre disposição dos bens imóveis, desde que particulares (arts. 1.647, segunda parte, e 1.656 ambos do CC).

---

49 Caio Mário da Silva Pereira, *Instituições do direito civil*, v. 6, p. 36.
50 Maria Helena Diniz, *Curso de direito civil*: direito das sucessões, 21. ed., v. 6, p. 75; Carlos Roberto Gonçalves, *Direito civil brasileiro*: direito das sucessões, 2. ed., v. 7, p. 87.

Esse entendimento tem muito sentido lógico: se, na compra e venda de imóvel, que é negócio oneroso, exige-se a outorga do outro cônjuge, por que não adotar o mesmo critério para a renúncia, que é ato gratuito, penalizante para a família do renunciante? Veja-se que, na compra e venda, o imóvel sai do patrimônio da família, mas, em troca, vem o preço. Na renúncia, a herança, que é imóvel, desgarra-se também do patrimônio do herdeiro e, por que não dizer, da família mas não há, em contrapartida, nenhuma recompensa. Logo, a renúncia é mais gravosa para a família do que a compra e venda. Maria Helena Diniz[51] tem entendimento contrário: "A pessoa casada pode aceitar ou renunciar à herança ou legado independentemente de prévio consentimento do cônjuge, apesar de o direito à sucessão aberta ser considerado imóvel para efeitos legais, por ser ela a herdeira do *de cujus* (*RT*, 605:38, 538:92, 524:207) e não o consorte, que é, p. ex., tão somente, meeiro, se o regime for o de comunhão universal, visto que bens herdados não são comunicáveis nos demais regimes matrimoniais. Renúncia e aceitação da herança é ato próprio de quem é herdeiro, regendo-se pelo direito das sucessões e não pelo direito de família. Logo, o artigo 1.647 não é aplicável."

Não comungam desse entendimento outros autores, como Zeno Veloso, Francisco Cahali e Giselda Hironaka. Para eles, se o renunciante for casado, imprescindível será a outorga do cônjuge, para que se opere a renúncia a herança, visto que, por lei, é considerada imóvel e a renúncia equivale à alienação, salvo se o regime de bens for o da separação absoluta (art. 1.647 do CC).

5. Renúncia parcial

Pela regra do artigo 1.808 do Código Civil, não se pode aceitar ou renunciar a herança em parte. A fundamentação da

---

51   Maria Helena Diniz, op. cit, p. 75.

norma é simples: a herança é uma unidade indivisível, de modo que não pode ser cindida. Nesse passo, está proibida não só a aceitação parcial de herança, como, de igual modo, a renúncia. Impede-se, assim, pela regra do artigo 1.808, que o herdeiro aceite a herança boa e rejeite a ruim. Retira-se dele, com isso, a possibilidade de lesar os credores, pois não pode renunciar os ônus.

Diferentemente acontece com o herdeiro a quem se testarem legados ou com o herdeiro chamado na mesma sucessão, a mais de um quinhão hereditário, sob títulos sucessórios diversos. No primeiro caso, o herdeiro pode aceitar os legados, renunciando a herança, ou, aceitando-a, repudiá-los (§ 1º do art. 1.808). Veja-se que se trata de títulos hereditários diversos: um legado (que não é herança) e uma herança legítima ou testamentária. O Código Civil anterior já continha previsão a respeito (art. 1.583).

No segundo caso, o herdeiro chamado na mesma sucessão a mais de um quinhão hereditário, sob títulos sucessórios diversos, pode livremente deliberar quanto aos quinhões que aceita e aos que renuncia (§ 2º do art. 1.808). Aqui, cuida-se de duas heranças: uma legítima e outra testamentária. Ou seja, o herdeiro é beneficiado por uma quota ideal na sucessão legítima, e contemplado também com uma herança testamentária. Pode aceitar as duas, ou renunciar uma e aceitar a outra. Trata-se de inovação, pois o dispositivo citado não contém paradigma no Código Civil de 1916.

6. Renúncia pura e simples

Ainda pela regra do artigo 1.808, a renúncia, como a aceitação, não pode subordinar-se a condição ou a termo. Dessa forma, o herdeiro não pode aceitar a herança sob a condição de que seja lucrativa, nem repudiá-la, sob condição contrária. Não pode igualmente renunciar a termo, *ex die* ou *ad diem*.

Mesmo no caso de ser a herança deferida sob condição, o herdeiro terá de aceitá-la ou renunciá-la em sua totalidade. Carlos Maximiliano[52], resumindo a melhor doutrina, afirma: "Embora uma parte da herança caiba logo ao sucessor e a outra só advenha depois, ao cumprir-se a condição suspensiva ou dar-se a substituição, não é lícito aceitar a primeira fração e repelir a última, ou vice-versa". A renúncia, portanto, deve ser pura e simples. Renúncia sob condição ou termo, ou renúncia em que haja um beneficiário, não é renúncia. É outro negócio jurídico, que trataremos a seguir.

7. Renúncia translativa

Vimos que a renúncia, nos termos do Código Civil, deve ser pura e simples, ou seja, não pode estar subordinada a condição ou a termo. A renúncia feita em favor de alguém não é renúncia. É um negócio jurídico, denominado na linguagem forense de renúncia translativa. Nesse tipo de negócio jurídico não há renúncia, porque, previamente, houve aceitação. É que, se o herdeiro renuncia a herança em proveito de determinada pessoa, é indiscutível que a aceitou e depois a transferiu, por cessão, a um terceiro. Anote-se que esse fato acontece ainda que o autor da renúncia translativa não tenha praticado qualquer ato que importasse anterior aceitação da herança. O simples fato de transferir sua parte na herança para um beneficiário certo e determinado faz pressupor que houve aceitação anterior da herança.

A esse respeito, ensina Antônio José Tibúrcio de Oliveira[53]: "Somente quem já era titular da herança poderia transferi-la a beneficiário certo, a critério seu. Daí a presunção

---

52 Carlos Maximiliano, *Direito das sucessões*, n. 40, apud J. M. de Carvalho Santos, *Código Civil brasileiro interpretado*, v. 22, p. 141.
53 Antônio José Tibúrcio de Oliveira, *Direito das sucessões*, p. 76.

legal (*juris et de jure*) de que, se na renúncia apareceu o nome do beneficiário, diferente daquele que seria o beneficiário legal, o renunciante, que assim procedeu, já havia, antes, aceitado a herança."

No caso de renúncia translativa, existe, na verdade, uma cessão de direitos, onerosa ou gratuita. Se onerosa, assemelha-se à compra e venda; se gratuita, tem feições de doação. A doutrina fixa muito bem a distinção entre a renúncia pura e simples e a renúncia translativa, que, repita-se, não é renúncia. De forma bastante clara, Antonio José Tibúrcio de Oliveira[54] aponta as seguintes distinções entre os dois institutos: a) a renúncia pura somente pode ser manifestada pelo herdeiro que não aceitou a herança. Se houve aceitação anterior, a posterior renúncia não é renúncia pura, mas sim renúncia translativa (ou desistência); b) a renúncia pura, diferentemente da renúncia translativa, não pode ser feita sobre apenas uma parte da herança, nem admite condição ou termo (art. 1.808 do CC), enquanto que a renúncia translativa pode ser apenas parcial (é uma doação); c) na renúncia pura, não pode aparecer, fixado pelo renunciante, o beneficiário da renúncia. Quem fixa esse beneficiário é a lei. Já na renúncia translativa, o beneficiário é determinado pelo renunciante que, no caso, havia antes aceitado a herança, para depois transferi-la para um beneficiário determinado.

8. Retratação da renúncia

O artigo 1.590 do Código Civil de 1916 dispunha:

É retratável a renúncia, quando proveniente de violência, erro ou dolo, ouvidos os interessados.

---

[54] Antônio José Tibúrcio de Oliveira, *Direito das sucessões*, p. 76.

Cuidava-se de regra muito questionada, mesmo porque não era uma retratação, mas caso típico de anulação, por vício de vontade. É que, como afirmava Clóvis Beviláqua[55], "renúncia e aceitação acham-se, como declarações de vontade, submetidas aos mesmos princípios, embora delas resultem consequências diferentes, e diversa seja a sua forma".

Além disso, havia uma dificuldade: saber se a retratação corresponderia a uma renúncia pura e simples ou se constituiria sempre uma renúncia translativa, visto que manifestada após a aceitação inequívoca da herança. O Código Civil de 2002 não permite mais retração de aceitação ou de renúncia. O artigo 1.812 é peremptório: "São irrevogáveis os atos de aceitação ou de renúncia da herança.

Tratando-se, contudo, de atos de declaração de vontade, tanto a aceitação como a renúncia da herança podem ser anuladas através de ação própria, aplicando-se o artigo 171 do Código Civil.

9. Destino da quota hereditária do herdeiro renunciante

Na sucessão legítima, a quota do herdeiro renunciante é devolvida ao monte e vai acrescer à dos outros herdeiros da mesma classe. Sendo ele o único dela, devolve-se aos da subsequente (art. 1.810 do CC). Essa regra, segundo a abalizada lição de José Luiz Gavião de Almeida[56], com a qual concordamos, deve ser assim entendida: "Não recebem todos os da mesma classe, mas os da mesma classe, grau e linha do renunciante". O mestre ilustra o seu pensamento com um exemplo: "Caso o falecido deixe como únicos herdeiros os seus ascen-

---

55 Clóvis Beviláqua, *Código Civil dos Estados Unidos do Brasil*, Edição histórica, v. 2, p. 775.
56 José Luiz Gavião de Almeida, *Código Civil comentado*, v. 18, p. 141.

dentes, sendo dois avós maternos e dois paternos, caso a avó materna renuncie, seu quinhão irá apenas para o avô materno e não para os demais ascendentes."

Pela regra do artigo 1.810, fica claro que os filhos do renunciante não receberão a quota hereditária que o pai repudiou, visto que vai acrescer, como já se disse, a dos herdeiros da mesma classe, grau e linha do abdicante. Tornando ainda mais explícita a regra, o artigo 1.811 estabelece que ninguém pode suceder, representando herdeiro renunciante. É que a herança por representação pressupõe a existência de herdeiro premorto, o que não acontece com o renunciante, que é considerado como um estranho à herança.

O próprio artigo, contudo, abre uma exceção:

> Se, porém, ele for o único legítimo da sua classe, ou se todos os outros da mesma classe renunciarem a herança, poderão os filhos vir à sucessão, por direito próprio, e por cabeça.

Tome-se o seguinte exemplo: José, filho único, pai de Ana e Maria, renunciou a herança deixada pelo seu genitor. Como não existem outros herdeiros da mesma classe (filhos) para receber a herança, Ana e Maria serão chamadas a suceder ao avô, por direito próprio e por cabeça, visto serem os parentes mais próximos do autor da herança, na linha reta descendente. O mesmo acontece se vários forem os filhos e todos abdicarem a herança. Herdarão os seus filhos, netos do *de cujus*.

O instituto da renúncia também se aplica à sucessão testamentária. Nessa forma de sucessão, havendo repúdio à herança, duas situações podem ocorrer: a) se o testador nomeou substituto, ele será chamado a aceitar a herança; b) não havendo substituto, a parte que caberia ao renunciante vai acrescer à dos outros herdeiros, observada a ordem da vocação hereditária. Em capítulo próprio, trataremos do instituto da representação.

10. Renúncia de meação

Meação, na técnica dos inventários, significa a parte que cabe ao cônjuge sobrevivente, na sociedade conjugal, compreendendo a metade dos bens anotados no acervo de bens deixados pelo *de cujus*. Esclareça-se, desde logo, que meação não é herança. É um direito que os cônjuges têm nos bens da sociedade conjugal. A cada cônjuge pertence a metade dos bens comuns, conforme o regime de bens adotado no casamento. A herança é a outra metade que competia ao cônjuge falecido.

A indagação que se faz, todavia, é a seguinte: pode o cônjuge sobrevivente renunciar a sua meação? Todo direito disponível, em regra, é suscetível de renúncia. Assim, se o cônjuge sobrevivente quer abdicar da sua meação, ninguém pode impedi-lo. Se esse é o seu desejo, que o exercite, conquanto que o faça pela forma adequada, e não como renúncia pura. A regra está prevista no Livro V, Título I, Capítulo IV, do Código Civil, pois esse procedimento é aplicável a quem detém a qualidade de herdeiro. Haverá, no caso, renúncia translativa que, como já dissemos, não é renúncia, mas cessão gratuita ou onerosa de direito. Observe-se que, conforme decisão do Supremo Tribunal Federal, se um dos cônjuges abrir mão da sua meação em favor do outro, o direito tributário considera tal fato como doação, incidindo, portanto, apenas o ITCD (art. 155, I, da CF).[57]

Outra indagação também se impõe: a cessão gratuita ou onerosa da meação pode efetuar-se no processo de inventário e partilha? Washington de Barros Monteiro[58] ensina que não

---

57 STJ ED EREsp n. 723587/RJ. (2005/0021355-9), 2ª Turma, rel. Min. Eliana Calmon, j. 20.06.2006, *DJU*, de 29.06.2006, p. 178.
58 Washington de Barros Monteiro, *Curso de direito civil*: direito das sucessões, 35. ed., v. 6, p. 54.

se admite renúncia de meação por simples termo judicial nos autos de inventário. Essa posição, todavia, vem sendo flexibilizada pelo Superior Tribunal de Justiça, conforme se verifica dos seguintes julgados:

> Arrolamento. Composição da viúva-meeira e dos herdeiros. Renúncia translativa. Instituição de usufruto. Possibilidade. Termo nos autos. Código Civil (de 1916), artigo 1.581. Partilha homologada. Precedentes. Não há vedação jurídica em se efetivar renúncia *in favorem*, e em se instituir usufruto nos autos de arrolamento, o que se justifica até mesmo para evitar as quase infindáveis discussões que surgem na partilha de bens.[59]

> Arrolamento. Renúncia *in favorem*. Formalização por termo nos autos. Ainda que se trate de renúncia em favor de pessoa determinada, é ela suscetível de formalizar-se mediante termo nos autos (art. 1.581 do CC de 1916). Precedentes do Supremo Tribunal Federal.[60]

11. Dos impostos devidos

A questão tributária em caso de renúncia suscita algumas particularidades que devem ser bem esclarecidas. Tratando-se de renúncia pura e simples, o imposto de transmissão é pago pelos coerdeiros beneficiários da quota hereditária do renunciante. Já na renúncia translativa, duas situações devem ser consideradas: a) se for gratuita, equipara-se à doação e incide, duas vezes, o ITCMD (imposto de transmissão *causa mortis* e doação): um, *causa mortis*, outro, *inter vivos* (doa-

---

59 STJ REsp n. 88.681/SP, 4ª Turma, rel. Min. Sálvio de Figueiredo Teixeira, *DJU*, de 22.06.1998, p. 81.
60 STJ — REsp n. 10.474/RS, 4ª Turma, rel. Min. Barros Monteiro, *DJU*, de 17.08.1992, p. 12.503, *RSTJ*, 40/107.

ção); b) se for onerosa, equivale a um contrato de compra e venda. Nessa hipótese, aplicam-se dois impostos diferentes: o ITCM (*causa mortis*) e o ITBI (*inter vivos*). Veja-se que, dependendo da natureza do negócio, pode haver imposto de transmissão *inter vivos* devido ao Estado (ITD: art. 155, I, da CF) ou ao Município (ITBI: art. 156, II da CF). Por isso, é recomendável que o juiz do inventário ouça as Fazendas Estadual e Municipal, sempre que ocorrer renúncia translativa.

12. Outras regras especiais sobre aceitação e renúncia da herança

a) A aceitação ou a renúncia da herança somente podem ser exercidas após a abertura da sucessão.

b) Pode haver aceitação pelo tutor ou curador de heranças, legados ou doações, com ou sem encargos, em lugar do incapaz, desde que devidamente autorizado pelo juiz (art. 1.748, II, do CC).

c) Com relação ao mandatário ou gestor de negócios, embora controvertida a matéria, é possível, na sistemática de nosso direito.[61]

d) A renúncia não se confunde com a desistência: "Dá-se a primeira, quando não existe qualquer ato a exprimir aceitação da herança; a segunda, ao inverso, pressupõe anterior aceitação, tácita ou expressa."[62]

e) Quando o herdeiro prejudicar os seus credores, renunciando a herança, poderão eles, com autorização do juiz, aceitá-la em nome do renunciante (art. 1.813). Nesse caso, a habilitação dos credores far-se-á nos trinta dias seguintes ao

---

61 Maria Helena Diniz, *Curso de direito civil brasileiro*: direito das sucessões, 21. ed., v. 6, p. 70.

62 Washington de Barros Monteiro, *Curso de direito civil*: direito das sucessões, 35. ed., v. 6, p. 53.

conhecimento do fato. Efetuado o pagamento das dívidas do renunciante, prevalece a renúncia quanto ao remanescente da herança, que será devolvido aos demais herdeiros (§§ 1º e 2º).

A renúncia prejudicial a credores é ato anulável. Para a anulação, não é necessário que se faça a prova de má-fé ou de fraude do devedor renunciante. Basta que se demonstre que houve prejuízo para o credor. Segundo Clóvis Beviláqua[63], àquele a quem a renúncia aproveitou, restam dois caminhos para evitar a anulação: a) oferecer contraprova da insolvabilidade; b) pagar as dívidas reclamadas.

---

63 Clóvis Beviláqua, *Código Civil dos Estados Unidos do Brasil*, Edição histórica, v. 2, p. 769.

CAPÍTULO VII

DA EXCLUSÃO DA SUCESSÃO POR INDIGNIDADE

1. Noções gerais. 2. Causas de exclusão. 3. Fundamento da exclusão. 4. Ação de exclusão. 5. Da reabilitação do indigno. 6. Dos efeitos da exclusão.

1. Noções gerais

A indignidade sempre esteve ligada à deserdação. Surgiu ao tempo de Justiniano, quando opôs uma série de limitações ao instituto da deserdação. No direito romano, o autor da herança podia deserdar o herdeiro livremente. Para os romanos, a capacidade civil se traduzia no estado que compreendia três ordens diferentes: liberdade, cidade e família. A relação entre essas ordens era a seguinte: a liberdade podia existir de forma independente; o direito de cidade dependia da existência de liberdade e o de família subordinava-se, por seu turno, ao de cidade.

Ao lado dos três estados principais, conforme anota Hermenegildo de Barros[64], existia mais um: a consideração intata de cidadão romano (*status existimationis*) era a condição que o tornava digno de exercer todos os direitos políticos e civis, tais como o direito público e privado dos romanos. As pessoas que não tinham o gozo pleno do *existimatio* eram reputadas infames (*quos lex notavit qui infami notati sunt*). Pode-se afirmar então que a vocação hereditária, por nascer do parentesco ou da vontade do testador, exige respeito, afeto, solidariedade e consideração do sucessor para com o sucedido.

No Brasil, o Código Civil de 1916 tratava da exclusão da sucessão no artigo 1.595. No Código Civil de 2002, a matéria veio disciplinada no artigo 1.814. Note-se que o atual Código, a exemplo do anterior, abandonou as expressões ignominiosas de que se serviam outros textos de leis, quando regulavam a matéria. A expressão "Dos excluídos da sucessão" substitui a anterior "Dos indignos de suceder", constante de outros códigos e do projeto primitivo do Código Civil de 1916. Essa tradição vinha do direito romano, mas, em boa hora, foi repelida no Brasil.

O legislador de 2002, todavia, não conseguiu evitar a palavra que procurou não usar. Usou-a no artigo 1.815, ao dispor:

> A exclusão do herdeiro ou legatário, em qualquer desses casos de *indignidade*, será declarada por sentença. (grifamos)

O mesmo acontece na redação do parágrafo único do artigo 1.818:

> Não havendo reabilitação expressa, o *indigno*, contemplado em testamento do ofendido, quando o testador, ao testar, já

---

[64] Hermenegildo de Barros, *Manual do Código Civil Brasileiro*, v. 18, n. 197, p. 316-317.

conhecia a causa da indignidade, pode suceder no limite da disposição testamentária. (grifamos)

A indignidade difere da incapacidade. Itabaiana de Oliveira[65] aponta as seguintes distinções entre um instituto e outro: "a) na incapacidade, o direito de suceder é impedido de nascer; na indignidade, o que se impede é a conservação da herança; b) a incapacidade decorre da diminuição da personalidade; a indignidade é pena imposta ao herdeiro; c) o incapaz é considerado como se nunca tivesse existido, o que não se dá com o indigno, cuja exclusão pode ser consequente até de um fato posterior à aquisição, como no caso de calúnia à memória do *de cujus*; d) o incapaz nada transmite aos seus descendentes."

Por seu turno, indignidade e deserdação, em certos aspectos, confundem-se: a) ambas têm, basicamente, as mesmas causas e visam a um mesmo objetivo, que é a exclusão do herdeiro; b) a indignidade e a deserdação exigem a propositura de ação, depois da morte do autor da herança, e com trânsito em julgado (arts. 1.815 e 1.965 do CC).

Todavia, há distinções entre os dois institutos: a) na indignidade, não há necessidade da vontade do autor da herança, enquanto na deserdação é preciso que haja testamento, com expressa declaração da causa; b) a indignidade é um instituto da sucessão legítima, enquanto a deserdação é um instituto da sucessão testamentária; c) a pena, no caso de indignidade, pode ser aplicada a todos os herdeiros legítimos (art. 1.814), enquanto a pena, na hipótese de deserdação, somente pode ser cominada aos herdeiros necessários (art. 1.961); d) o indigno entra na posse dos bens da herança desde logo, visto que a indignidade é decorrente de ação judicial que a constitua; já

---

65 Arthur Vasco Itabaiana de Oliveira, *Tratado de direito das sucessões*, 5. ed., p. 97.

o deserdado não entra na posse desses bens de forma imediata, pois tem de aguardar a confirmação das causas da deserdação, através da ação a ser proposta.

2. Causas de exclusão

Estabelece o artigo 1.814 do Código Civil:

São excluídos da sucessão os herdeiros ou legatários:

I — que houverem sido autores, coautores ou partícipes de homicídio doloso, ou tentativa deste, contra a pessoa de cuja sucessão se tratar, seu cônjuge, companheiro, ascendente ou descendente;

II — que houverem acusado caluniosamente em juízo o autor da herança ou incorrerem em crime contra a sua honra, ou de seu cônjuge ou companheiro;

III — que, por violência ou meios fraudulentos, inibirem ou obstarem o autor da herança de dispor livremente de seus bens por ato de última vontade.

Essas causas, segundo Paoli[66], citado por Washington de Barros Monteiro, podem ser resumidas numa só frase: atentados contra a vida, a honra e a liberdade do autor da herança. São causas taxativas, não alcançando outros casos. Tratando-se, pois, de disposições restritivas, não se pode, por analogia ou por alargamentos, excluir da sucessão herdeiro ou legatário, senão nos casos expressamente previstos em lei. A seguir, analisaremos cada uma das causas de exclusão:

---

66 Paoli, *Nozioni elementari di diritto civile*, p. 171, apud Washington de Barros Monteiro, *Curso de direito civil*: direito das sucessões, 35. ed., v. 6, p. 64.

I — que houverem sido autores, coautores ou partícipes de homicídio doloso, ou tentativa deste, contra a pessoa de cuja sucessão se tratar, seu cônjuge, companheiro, ascendente ou descendente: é indiferente que o herdeiro seja autor, coautor ou partícipe. Também não importa o meio utilizado, nem se o crime se consumou ou se houve apenas uma tentativa, ou que tenha sido praticado com o fim de adquirir a herança. O homicídio, no caso, é o doloso, ou seja, praticado com o ânimo de matar a vítima.

Motivos de ordem pública justificam essa condição, pois não se pode conceber que o autor da herança conserve a vontade de que ela seja recolhida por aquele que lhe causou a morte, ou tentou contra a sua vida. O *animus necandi* constitui, portanto, elemento fundamental à causa da exclusão. Não haverá causa de exclusão se o crime foi praticado por imprudência, negligência ou imperícia. Ou ainda quando perpetrado por um louco ou por um menor de dezoito anos, bem como em legítima defesa, estado de necessidade, no estrito cumprimento de um dever legal ou no exercício regular de um direito.

Não há unanimidade quanto aos menores de dezoito anos. Segundo o magistério de Sílvio de Salvo Venosa[67], que me parece irrespondível, "a inimputabilidade, que no juízo criminal afasta a punição, deve ser vista aqui *cum granum salis*, isto é, com reservas. O menor de dezoito anos é inimputável, mas não seria moral, sob qualquer hipótese, que um parricida ou matricida adolescente pudesse se beneficiar de sua menoridade para concorrer na herança do pai que matou. E não são poucos os infelizes exemplos que ora e vez surgem nos noticiários". E arremata: "Assim sendo, a afirmação peremptória de que, *quando falta a imputabilidade, não há indignidade*

---

67 Sílvio de Salvo Venosa, *Direito civil*: direito das sucessões, 2. ed., v. 7, p. 82.

(Gomes, 1981:32) deve admitir válvulas de escape, levando-se em conta, primordialmente, que há um sentido ético na norma civil que extrapola o simples conceito legal de inimputabilidade. Levemos em conta, ainda, que o menor inimputável fica sujeito às reprimendas da legislação específica no caso de infração adequada aos tipos penais. Não é exigida a condenação penal. O exame da prova será todo do juízo cível. Indigno é o que comete o fato e não quem sofre a condenação penal (Pereira, 1984, v. 6:30). No entanto, se o juízo criminal conclui pela inexistência do crime ou declara não ter o agente cometido o delito, isso faz coisa julgada no cível".

Outro ponto a ser enfocado é o da morte piedosa (eutanásia). Dolor Barreira, citado por Sílvio Salvo Venosa[68], dá razão aos que excluem a pena do herdeiro nesses casos, ou seja, não deve ser excluído da sucessão o que auxiliou o suicídio do *de cujus* ou, a pedido deste, lhe apressou a morte, para minorar-lhe os sofrimentos. É que, em tal hipótese, ao invés de revelar que lhe faltava amizade ao morto, o agente demonstrou tê-la em excesso, a ponto de se expor a um processo e a uma condenação criminal.

Hipótese também interessante é a do *error in persona*: o agente se achava em presença do seu pai, a quem matou sem o reconhecer. Nesse caso, não fica excluída a intenção criminosa, assinalando os doutrinadores que o criminoso não se considera menos perverso, porque, em lugar de efetivar o seu desígnio reprovável sobre uma pessoa, o fez sobre outra.

Não é, todavia, causa de exclusão da sucessão. Ensina, a respeito, Hermenegildo de Barros[69]: "Dizem os criminalistas

---

68 Sílvio de Salvo Venosa, *Direito civil*: direito das sucessões, 2. ed., v. 7, p. 82.
69 Hermenegildo de Barros, *Manual do Código Civil Brasileiro*, v. 18, n. 209, p. 329-310.

que, quando a pena do crime é determinada especialmente em razão da qualidade da vítima, o erro da pessoa faz necessariamente desaparecer a penalidade especial". O mesmo acontece quando ocorre a *aberratio ictus*, que é o concurso de um crime dolosamente tentado com um crime culposamente consumado. Já o homicídio escusável não isenta o herdeiro da pena de exclusão por indignidade.

II — que houverem acusado caluniosamente em juízo o autor da herança ou incorrerem em crime contra a sua honra, ou de seu cônjuge ou companheiro: o inciso contempla duas situações:

a) Denunciação caluniosa em juízo: neste caso, não é preciso que haja condenação pelo crime previsto no artigo 339 do Código Penal. Exige-se apenas que a acusação tenha sido feita em juízo. Não vale aquela que é feita perante autoridades policiais e administrativas. Não pensava assim Viveiros de Castro. Para ele, "o delito de calúnia existe em toda acusação falsa dolosamente feita perante qualquer autoridade". O texto, no entanto, não dá espaço a essa interpretação.

b) Cometimento de crime contra a honra do autor da herança, ou de seu cônjuge ou companheiro: os crimes contra a honra são calúnia, injúria e difamação. A expressão "incorrer em crime" comporta uma indagação: pressupõe prévia condenação criminal, ou basta a notícia do crime? Segundo o magistério de Washington de Barros Monteiro[70], as hipóteses dependem de prévia condenação no juízo criminal. Isso porque, nesses casos, o Código Civil refere-se a herdeiros que incorreram em crime contra a honra do *de cujus*, ou de seu cônjuge ou companheiro. Assim também entendem diversos renoma-

---

70 Washington de Barros Monteiro, *Curso de direito civil*: direito das sucessões, 35. ed., v. 6, p. 66.

dos autores: Flávio Tartuce, Maria Helena Diniz, José Luiz Gavião, Giselda Maria Fernandes Hironaka, Sílvio Rodrigues e Nelson Godoy Bassil Dower, dentre outros.

III — que, por violência ou meios fraudulentos, inibirem ou obstarem o autor da herança de dispor livremente de seus bens por ato de última vontade: trata-se de atentado contra a liberdade do autor da herança. Afirma Mazzoni[71] que toda violência à vontade de uma pessoa é sempre uma grande ofensa. Gravíssima entre todas, se é feita à sua última vontade, que sempre foi tida como sagrada por todos os povos e digna da maior tutela e respeito. Estão inclusos como indignos os herdeiros ou legatários que impedirem o autor da herança de testar ou de revogar o seu testamento, ou ocultarem o testamento. A violência à liberdade de testar pode ser física ou moral.

3. Fundamento da exclusão

A exclusão do herdeiro ou legatário tem seu fundamento na moral e na ordem pública, que exigem dele respeito e afeto ao autor da herança. Hermenegildo de Barros[72] ensina que se o fundamento do direito sucessório é o afeto presumido do autor da herança, nada mais justo que o ato do legislador, privando de sucessão o herdeiro. Não fosse a necessária intervenção da lei civil, a sociedade assistiria, sem a mais tênue esperança de punição, ao espetáculo horrendo, oferecido pelo algoz que carrega os despojos da vítima, ou pelo vilão que colhe os frutos de sua miséria moral.

---

71 Emidio Pacifici-Mazzoni, *Trattado delle successioni*, v. 1, n. 23, apud Maria Helena Diniz, *Curso de direito civil brasileiro*: direito das sucessões, 21. ed., 2007, v. 6, p. 51.

72 Hermenegildo de Barros, *Manual do Código Civil Brasileiro*, v. 18, n. 204, p. 323.

A lei não podia consentir – quer em homenagem à moralidade pública, quer em atenção à presumida vontade do falecido que a herança fosse deferida, no todo ou em parte, a quem se tornou culpado de graves violações à liberdade, à integridade pessoal ou à honra daquele. Por essas razões, cominou a perda do direito sucessório para o autor de tais fatos, interpretando assim a vontade do *de cujus*.

4. Ação de exclusão

A exclusão do herdeiro por indignidade não se opera de pleno direito. Exige o uso de ação ordinária proposta por quem tenha interesse na sucessão. O Código Civil é omisso quanto à legitimidade para a propositura da demanda, aplicando-se, nesse caso, o Código de Processo Civil. São legitimados para propor a ação os que têm interesse material: os herdeiros concorrentes e seus sucessores, os legatários, o Município ou o Distrito Federal, estes no caso de herança vacante. Incluem-se também os filhos do ofensor porque, havendo exclusão do pai, eles herdarão por representação. Giselda Maria Fernandes Novaes Hironaka[73], discorrendo sobre a matéria, assinala: "Não terá legitimidade ativa aquele que, embora sucessor do ofendido, não se beneficiar diretamente da exclusão. Assim, o irmão do indigno parece não ter legitimidade para propor a ação quando o indigno tiver filhos, uma vez que, operada a exclusão, estes herdarão no lugar do ofensor. Assim, quando incapazes os filhos do indigno, parece caber a legitimidade extraordinariamente ao Ministério Público, na qualidade de curador de incapazes."

Observe-se ainda que a Primeira Jornada de Direito Civil, realizada pelo Conselho da Justiça Federal, em setembro de

---

73 Giselda Maria Fernandes Novaes Hironaka, *Comentários ao Código Civil*, v. 20, p. 153.

2002, assentou: "O Ministério Público, por força do artigo 1.815 do Código Civil, desde que presente o interesse público, tem legitimidade para promover a ação visando à declaração de indignidade do herdeiro ou legatário". Trata-se, contudo, de matéria polêmica.

A ação deve ser dirigida contra aquele que teria cometido o ato de indignidade. Morto o ofensor nos quatro anos seguintes à morte do ofendido (prazo esse que é de decadência), não poderá mais ser proposta a ação. Esse é também o entendimento de Maria Helena de Diniz[74]: "Com o óbito do indigno, extinguir-se-á a ação intentada contra ele, não se estendendo a seus sucessores, porque a indignidade é uma pena, e nenhuma pena deverá ir além do criminoso."

Note-se que, havendo sentença penal condenatória transitada em julgado, não será necessária a ação para declaração por indignidade movida no juízo cível. Parte da doutrina já entende assim. Essa tese está reforçada com o advento da Lei n. 11.719, de 20 de junho 2008, que deu nova redação a vários artigos do Código de Processo Penal, dentre eles o artigo 387, IV, que dispõe:

O juiz, ao proferir sentença condenatória:

(...)

IV — fixará valor mínimo para reparação dos danos causados pela infração, considerando os prejuízos sofridos pelo ofendido.

Questionamentos surgirão quanto a essa posição no caso de o indigno ser absolvido no juízo penal. Aplicar-se-ia a de-

---

74 Maria Helena de Diniz, *Curso de direito civil brasileiro*: direito das sucessões, 21. ed., v. 6, p. 56.

cisão no juízo cível? No nosso livro Responsabilidade civil e o Código Civil de 2002[75], assinalamos: "O artigo 935 do Código Civil dispõe que a responsabilidade civil é independente da criminal, não se podendo questionar mais sobre a existência do fato, ou sobre quem seja o seu autor, quando estas questões se acharem decididas no juízo criminal. (...) Como se vê, em princípio, não é vedada a discussão, na jurisdição civil ou administrativa, de matéria já decidida na área criminal, ou vice-versa, conquanto repita-se não haja sido negado, no juízo criminal, o fato ou a sua autoria."

Citamos, a respeito da matéria, várias decisões do Superior Tribunal de Justiça sobre a matéria:

I — Sentença criminal que, em face da insuficiência de prova da culpabilidade do réu, o absolve sem negar a autoria e a materialidade do fato, não implica a extinção da ação de indenização por ato ilícito, ajuizada contra a preponente do motorista absolvido. II — A absolvição no crime, por ausência de culpa, não veda a *actio civilis ex delicto*. III — O que o artigo 1.525 do Código Civil obsta é que se debata, no juízo cível, para efeito de responsabilidade civil, a existência do fato e a sua autoria, quando tais questões tiverem sido decididas no juízo criminal.[76]

1. As jurisdições cível e criminal intercomunicam-se. A segunda repercute de modo absoluto na primeira quando reconhece o fato ou a autoria. Neste caso, a sentença condenatória criminal constitui título executório no cível. 2. O artigo 1.525 do Código Civil impede que se debata no juízo cível, para efeito de responsabilidade civil, a ocorrência do fato e

---

75 Antônio Elias de Queiroga, Responsabilidade civil e o Código Civil de 2002, 3. ed., p. 113-115.
76 STJ REsp n. 257827/SP, rel. Min. Sálvio de Figueiredo Teixeira, *DJU*, de 23.10.2000, p. 144.

a sua autoria quando tais questões tiverem sido decididas no juízo criminal. 3. O próprio Código de Processo Civil confere executoriedade à sentença penal condenatória transitada em julgado (art. 548, II). Assim, não se poderia, coerentemente, obrigar a vítima a aforar a ação civil dentro dos cinco anos do fato criminoso. Remanesce o ilícito civil. 4. A jurisprudência do Superior Tribunal de Justiça é uníssona no sentido de que o termo inicial para a propositura da ação indenizatória, em face de ilícito penal que está sendo objeto de processo criminal, é do trânsito em julgado da sentença condenatória, ou, no caso, se, reconhecidos a autoria e o fato no juízo criminal, da suspensão do processo. 5. Precedentes da 1ª, 2ª e 4ª Turmas desta Corte Superior. 6. Recurso provido. Baixa dos autos ao douto Juízo de origem (1ª Vara da Fazenda Pública e de Registros Públicos de Campo Grande-MS), para que, afastada a prefacial da prescrição, aprecie as demais questões da demanda.[77]

Portanto, a prova do fato que conduz à indignidade, bem como à causa da deserdação, no homicídio doloso, tentado ou consumado, pode ser feita tanto no juízo cível quanto no criminal.

5. Da reabilitação do indigno

O artigo 1.818 do Código Civil consagra o perdão do indigno, ao estabelecer:

Aquele que incorreu em atos que determinem a exclusão da herança será admitido a suceder, se o ofendido o tiver expressamente reabilitado em testamento, ou em outro ato autêntico.

---

77 STJ REsp n. 302.165/MS (2001/0010217-4), rel. Min. José Delgado, *DJU*, de 18.06.2001, p. 117.

E acrescenta o parágrafo único:

Não havendo reabilitação expressa, o indigno, contemplado em testamento do ofendido, quando o testador, ao testar, já conhecia a causa da indignidade, pode suceder no limite da disposição testamentária.

São duas hipóteses: na primeira, o ofendido expressamente reabilita o ofensor através de testamento ou em outro documento autêntico; na segunda, não há reabilitação expressa, mas o ofendido, mesmo conhecendo a causa da indignidade, beneficia o ofensor com uma herança. Nesse caso, o ofendido pode receber a herança testamentária no limite da disposição.

Segundo o magistério de Washington de Barros Monteiro[78], o perdão deve ser expresso e constar de testamento, ou de outro ato autêntico, como a escritura pública. E assinala: "Não existe perdão tácito ou presumido, nem pode ele ser concedido oralmente, ou por instrumento particular despido de autenticidade". Essa doutrina, em parte, não mais prevalece, tendo em vista a regra prevista no parágrafo único do artigo 1.818. Contudo, é bom frisar: o ofensor fica reabilitado apenas para receber a herança testamentária. Pode, portanto, ser excluído da herança legítima.

6. Dos efeitos da exclusão

Os efeitos decorrentes da exclusão são pessoais. Não atingem, portanto, os descendentes do herdeiro excluído, que sucedem ao autor da herança, por representação (art. 1.816). É que, consoante a regra do citado artigo, "os descendentes

---

[78] Washington de Barros Monteiro, *Curso de direito civil*: direito das sucessões, 35. ed., v. 6, p. 68.

do herdeiro excluído sucedem, como se ele morto fosse antes da abertura da sucessão". Ou seja, o excluído é considerado como premorto, visto que o ato de indignidade foi praticado antes da abertura da sucessão.

O excluído da sucessão, todavia, não terá direito ao usufruto ou à administração dos bens que aos seus sucessores couberem na herança. Também, na sucessão dos seus filhos, não herdam esses bens. São válidas, no entanto, conforme o artigo 1.817, as alienações onerosas de bens hereditários a terceiros de boa-fé. São válidos também os atos de administração legalmente praticados pelo herdeiro, antes da sentença de exclusão; mas aos herdeiros subsiste, quando prejudicados, o direito de demandar-lhe perdas e danos. Como os efeitos da sentença declaratória de indignidade retroagem à data da abertura da sucessão, o excluído é obrigado a restituir os frutos e rendimentos que dos bens da herança houver percebido, embora tenha direito a ser indenizado das despesas com a sua conservação.

CAPÍTULO VIII

HERANÇA JACENTE E VACANTE

1. Conceito de herança jacente. 2. Da arrecadação da herança jacente. 3. Herança vacante. 4. Natureza jurídica da sentença de vacância 5. Natureza jurídica da herança jacente e da herança vacante. 6. Outras regras.

1. Conceito de herança jacente

Pode-se conceituar herança jacente como aquela cujos beneficiários não sejam ainda conhecidos. Há herança jacente quando não se conhecem os herdeiros, ou porque não existem, ou porque não se sabe da sua existência, ou porque todos renunciaram a herança, e não há substitutos. É a herança sem dono, como aludia o direito romano. "Não tem quem a tome ou adite". Hermenegildo de Barros[79] ensina, com muita clareza: "Algumas vezes, porém, acontece que, por morte de alguém, não se sabe quem seja o seu herdeiro, ou que o herdeiro conhecido renuncie a herança. Convidam-se, então, os

---

79 Hermenegildo de Barros, *Manual do Código Civi Brasileiro*, v. 18, n. 186, p. 295.

que a esta se julgarem com direito a que venham habilitar-se, dentro de certo prazo, sob pena de ser a herança declarada vacante e devolvida à Fazenda Pública. No intervalo que decorre entre a morte do *de cujus* e a habilitação do herdeiro ou a declaração da vacância da herança, esta se considera jacente. Por conseguinte, herança jacente é aquela cujos herdeiros são desconhecidos, ou cujos bens se conservam em depósito, até que habilitem os herdeiros, a quem eles serão entregues, ou até que, na falta de herdeiros, os mesmos bens sejam declarados vacantes."

No direito romano, a herança aguardava que o herdeiro a aceitasse. Até que houvesse essa adição, a herança era jacente, *hereditas jacet*. Em razão disso, os romanos, para superar problemas que ocorriam com um patrimônio sem titular, criaram uma série de ficções, como a que reputava que sobrevivesse o falecido, no interesse do futuro herdeiro[80]. Para proteger aquele patrimônio sem titular, a herança jacente era equiparada a uma pessoa jurídica. Modernamente, isso é impossível, por não se conciliar com o princípio da *saisine*.

Por força desse princípio, os bens do espólio não ficam sem o seu titular, em virtude da transmissão automática que se opera. Mas, quando esse titular é desconhecido, surge a necessidade de serem os bens arrecadados e administrados provisoriamente por um curador nomeado pelo juiz do lugar da abertura da sucessão, até a entrega aos herdeiros ou a declaração de vacância. Essa nomeação pode ser feita de ofício ou a requerimento de pessoa interessada, inclusive do Ministério Público.

---

[80] Dolor Uchoa Barreira, *Sucessão legítima*, 2. ed., 1970, p. 113, apud Sílvio de Salvo Venosa, *Direito civil*: direito das sucessões, 2. ed., v. 7, p. 61.

2. Da arrecadação da herança jacente

Falecendo alguém sem deixar testamento nem herdeiro legítimo notoriamente conhecido, os bens da herança serão arrecadados e ficarão sob a guarda e a administração de um curador, até a sua entrega ao sucessor devidamente habilitado ou a declaração de sua vacância (art. 1.819). O curador exercerá as funções previstas no artigo 1.144 do Código de Processo Civil, incumbindo-lhe:

I — representar a herança em juízo ou fora dele, com assistência do órgão do Ministério Público;

II — ter em boa guarda e conservação os bens arrecadados e promover a arrecadação de outros porventura existentes;

III — executar as medidas conservatórias dos direitos da herança;

IV — apresentar mensalmente ao juiz um balancete da receita e da despesa;

V — prestar contas a final de sua gestão.

Além disso, aplica-se ao curador o disposto nos artigos 148 a 150 do mesmo estatuto.

Observa Giselda Maria Fernandes Novaes Hironaka[81] que "o curador faz jus à remuneração fixada pelo magistrado que preside ao processo, que levará em conta, para tal fixação, o tempo de serviço estimado, as dificuldades para sua execução, o montante dos bens, além de sua situação, cabendo,

---

81 Giselda Maria Fernandes Novaes Hironaka, *Comentários ao Código Civil*, v. 20, p. 173.

quanto a isso, lembrar que os bens situados em comarcas diversas serão arrecadados por carta precatória mandada expedir pelo juiz processante".

Praticadas as diligências de arrecadação e ultimado o inventário, o juiz mandará expedir edital, que será estampado três vezes, com intervalo de trinta dias para cada um, no órgão oficial e na imprensa da comarca, para que venham a habilitar-se os sucessores do finado (art. 1.152 do CPC). Qualquer herdeiro, necessário ou colateral, poderá fazê-lo. Decorrido um ano da sua primeira publicação, sem que haja herdeiro habilitado, ou penda habilitação, será a herança declarada vacante (art. 1.820 do CC).

3. Herança vacante

A herança vacante era denominada no direito romano de *hereditas vacans* ou *bons vacantia*. Entendia-se como tal "a herança a que não se apresentaram herdeiros do *de cujus*, por não os ter deixado ou por não os ter capacidade de sucedê-lo, ou mesmo quando os tivesse, por não a terem aceito".[82]

Observe-se que herança vacante e herança jacente assemelham-se em significação: em ambas há a ideia de herança sem dono. Mas elas se distinguem: jacente é a herança que se apresenta sem herdeiro conhecido, situação que pode cessar tão logo apareçam herdeiros que se habilitem à herança; vacante é a condição atribuída à herança pela decisão judicial, por não haver pessoas com direito aos bens que a formam.

Declarada vacante a herança jacente, na forma exposta no item anterior, os bens serão incorporados ao patrimônio público. Note-se, contudo, que a incorporação não é definitiva. Fica sujeita à seguinte condição resolutiva: não aparecer her-

---

82 De Plácido e Silva, *Vocabulário jurídico*, 679.

deiros necessários no prazo de cinco anos, contados da data da abertura da sucessão (art. 1.822). Por conseguinte, esgotado o prazo de um ano, referido anteriormente, e declarada vacante a herança, ainda é possível a habilitação de herdeiros. Mas nem todo herdeiro pode habilitar-se nesse segundo prazo: só os herdeiros necessários. Os colaterais só poderão fazê-lo até a data da declaração de vacância (parágrafo único do art. 1.822).

Assim, é nítida a diferença que se estabelece: o direito sucessório dos colaterais preclui se não houver habilitação até a declaração da vacância; já o efeito preclusivo do direito sucessório dos herdeiros necessários somente ocorre após o prazo de cinco anos. Se, todavia, no quinquídio citado não aparecerem herdeiros necessários, os bens serão definitivamente incorporados ao patrimônio do Município ou do Distrito Federal, se localizados nas respectivas circunscrições, incorporando-se ao domínio da União, quando situados em território federal (art. 1.822).

4. Natureza jurídica da sentença de vacância

Divergem os doutrinadores acerca da natureza jurídica da sentença de vacância: uns entendem tratar-se de sentença declaratória; outros, que se trata de sentença constitutiva. Como reconhecem Flávio Tartuce e José Fernando Simão[83], o tema é importante, especialmente em dois aspectos: um para efeito de determinar-se o ente público beneficiado pelos bens da herança vacante; outro, referente ao momento em que flui o prazo para a usucapião.

Acrescentam os referidos autores, citando Sebastião Amorim, que, aplicada a teoria da natureza declaratória da

---

83 Flávio Tartuce; José Fernando Simão, *Direito civil*: direito das sucessões, v. 6, p. 100.

sentença, considera-se a transmissão dos bens da data da abertura da sucessão, por força do princípio da *saesina juris*. Nesse caso, se o óbito do autor da herança ocorreu antes do advento da Lei n. 8.049, de 20 de junho de 1990, os bens seriam adjudicados ao Estado, em face da lei que vigorava na época. Para as sucessões abertas após tal data, os bens pertencerão aos Municípios ou ao Distrito Federal. Nesse sentido, pronunciou-se o Superior Tribunal de Justiça:

> Se, ao tempo da sucessão, a lei vigente atribuía ao Estado os bens da herança jacente, a ele deverão ser transferidos, ainda que a transmissão do domínio tenha ocorrido quando em vigor a Lei n. 8.049/90, que atribui ao Município a herança jacente.[84]

Aplicando-se a teoria da natureza constitutiva da sentença, e tendo o óbito do autor da herança ocorrido antes da vigência da citada lei, a solução seria a contrária: os bens seriam adjudicados ao Município ou ao Distrito Federal.

Na doutrina, manifestam-se pela natureza declaratória da sentença Flávio Monteiro de Barros, Sebastião Amorim, Flávio Tartuce e José Fernando Simão, dentre outros.

Essa discussão também tem repercussão na admissibilidade da usucapião. Para os que consideram a sentença como declaratória, a usucapião dos bens da herança jacente é inadmissível, pois o Município adquire a propriedade da herança desde o momento da abertura da sucessão. A esse respeito, observam Flávio Tartuce e José Fernando Simões: "Somente poderão ser usucapidos os bens que compõem a herança jacente se o prazo estiver preenchido antes da abertura da sucessão. Nessa hipótese, o direito do usucapiente já se incor-

---

[84] STJ REsp n. 61.885/SP, 4ª Turma, rel. Min. Ruy Rosado de Aguiar, j. 12.09.1995, *DJU*, de 09.10.1995.

porou ao seu patrimônio antes mesmo de o bem se tornar público e, consequentemente, insusceptível de ser usucapido".

Para os defensores da tese da sentença constitutiva, será possível a usucapião de herança jacente se o usucapiente completar o prazo de usucapião antes da sentença de vacância. Argumentam que o princípio da *saisine* não é aplicável ao Município, na medida que ele não é herdeiro, mas mero destinatário da herança.

O Superior Tribunal de Justiça segue a teoria que considera a sentença como constitutiva. Por isso, só admite a aquisição por usucapião de herança jacente se não houve declaração de vacância. Vejamos os seguintes julgados:

> Usucapião. Herança jacente. O Estado não adquire a propriedade dos bens que integram a herança jacente, até que seja declarada a vacância, de modo que, nesse interregno, estão sujeitos à usucapião.[85]

> Usucapião. Herança jacente. O bem integrante da herança jacente só é devolvido ao Estado com a sentença de declaração da vacância, podendo, até ali, ser possuído *ad usucapionem*. Precedentes.[86]

> Herança jacente. Embargos de terceiro. Usucapião. Aquele que passou a exercer, depois da morte da proprietária, posse *ad usucapionem*, pode opor embargos de terceiro para obstar a arrecadação de bens pelo Estado.[87]

---

85 STJ REsp n. 36.959/SP, 3ª Turma, rel. Min. Ari Pargendler, *DJU*, de 11.06.2001, p. 196.
86 STJ REsp n. 253.719/RJ, 4ª Turma, rel. Min. Ruy Rosado de Aguiar, j. 26.09.2000, *DJU*, de 27.11.2000.
87 STJ REsp n. 73.458/SP, 4ª Turma, Min. Ruy Rosado de Aguiar, j. 25.03.1996, *DJU*, de 20.05.1996.

Herança jacente. Usucapião. Admissibilidade se não houve declaração de vacância. Para que a herança jacente se incorpore ao patrimônio público, tornando-se, assim, insuscetível de aquisição por usucapião, é necessário que haja a declaração de vacância, conforme disposto no artigo 1.143 do Código de Processo Civil, c.c. o artigo 1.594 do Código Civil (de 1916).[88]

Filiamo-nos à posição do Superior Tribunal de Justiça, que já era defendida por Orlando Gomes[89]: "A circunstância de convocar-se o Estado na falta de parentes sucessíveis não basta à aquisição da herança. Em relação a esse sucessor, não se opera *ipso jure*. Entre a abertura da sucessão e a aquisição pelo Estado dos bens do defunto medeia período em que a herança permanece jacente, isto é, sem titular atual. (...) A herança jacente é ponto necessário à passagem dos bens do defunto para o Estado. Este somente adquire o domínio dos bens hereditários após a declaração de vacância, admissível um ano após a conclusão do inventário. (...) Conquanto somente se torna definitiva a aquisição depois de decorrido o prazo de cinco anos da abertura da sucessão, o momento em que o estado adquire a herança é o do trânsito em julgado da sentença declaratória de vacância. Além disso, é desarrazoado afirmar-se que o princípio da *saisine* aplica-se à herança jacente. Com efeito, o artigo 1.794 do Código Civil estabelece que, aberta a sucessão, a herança transmite-se, desde logo, aos herdeiros legítimos e testamentários. Veja-se que a norma refere-se a herdeiros. Como os entes públicos constantes do artigo 1.844 do Código Civil não são herdeiros, sequer figurando no elenco do artigo 1.829, não pode então haver trans-

---

[88] STJ 4ª Turma, REsp n. 55.728/SP, rel. Min. César Ásfor, j. 17.02.1998, *DJU*, de 18.05.1998, *RT* 755/201.
[89] Orlando Gomes, *Sucessões*, 12. ed., p. 71.

ferência instantânea de bens para eles, com a morte do autor da herança. Essa passagem da herança só se opera com a declaração de vacância. Assim, é possível a aquisição por usucapião, até a sentença constituindo o direito do Município ou do Distrito Federal."

5. Natureza jurídica da herança jacente e da herança vacante

Não é pacífico, também, o entendimento sobre a natureza jurídica da herança jacente e da herança vacante. Há quem afirme tratar-se de pessoa jurídica, tendo em vista que a regra do artigo 44 do Código Civil não é taxativa, mas aberta. Esse entendimento foi objeto do Enunciado n. 144, aprovado na III Jornada de Direito Civil, promovida pelo Conselho da Justiça Federal.

A tese correta, no entanto, é a que considera a herança jacente e a herança vacante como entes despersonalizados. Os que a sustentam fundamentam-se em argumentos sólidos. Observam que o Código Civil, com a finalidade de justificar a existência e a capacidade de direito da pessoa jurídica, adotou a teoria da realidade das instituições jurídicas de Hauriou, chamada de teoria institucionalista. Daí ser taxativo (*numerus clausus*) o artigo 44 do Código Civil. Como a personalidade deriva do direito, só ele pode concedê-la a um agrupamento de pessoas ou de bens. Além disso, a herança jacente e a herança vacante não reúnem os atributos materiais e formais da pessoa jurídica de direito privado.

Maria Helena Diniz[90] filia-se a essa corrente. Observa que a herança jacente não goza de personalidade jurídica, por ser uma massa de bens identificados como núcleo unitário que não se personifica, por lhe faltarem os pressupostos necessá-

---

90 Maria Helena Diniz, *Curso de direito civil brasileiro*: direito das sucessões, 21. ed., v. 6, p. 87-88.

rios à subjetivação, tais como objetivo social, caráter permanente e reconhecimento pelo Estado. E arremata, com base nos ensinamentos de Caio Mário da Silva Pereira: "Convém distinguir a herança jacente do espólio, que designa a sucessão aberta até a partilha dos bens, porque ambos os institutos são entes despersonalizados. Todavia diferem entre si, pois no espólio os herdeiros legítimos ou testamentários são conhecidos, ao passo que na herança jacente se configura uma situação de fato em que ocorre a abertura da sucessão, porém não existe quem se intitule herdeiro."

6. Outras regras

a) Credores do espólio: o artigo 1.821 do Código Civil assegura aos credores o direito de exigir o pagamento das dívidas reconhecidas, nos limites das forças da herança, apareçam ou não herdeiros no prazo referido no artigo 1.820. Portanto, em nenhuma hipótese, ficarão prejudicados. A habilitação dar-se-á na forma dos artigos 1.057 e seguintes do Código de Processo Civil.

b) Renúncia coletiva dos herdeiros: pode ainda ocorrer a vacância se todos os chamados a suceder renunciarem à herança (art. 1.823). Pressupõe-se aqui que haja herdeiros conhecidos que repudiaram a herança, sem que se conheçam os herdeiros chamados em substituição. Nesse caso, a declaração de vacância será feita nos autos do inventário no qual ocorreram as renúncias. Não haverá, portanto, o processo inicial de jacência. Parece, contudo, que não se dispensará o prazo de cinco anos referido no artigo 1.822. É que, apesar do repúdio feito por todos à herança, poderá, nesse prazo, aparecer herdeiro necessário que não era notoriamente conhecido.

c) Incerteza sobre a qualidade dos herdeiros: quando houver fundamento para se contestar a qualidade hereditária, quer dos descendentes, quer dos ascendentes, quer do cônjuge ou companheiro, terá lugar a arrecadação judicial, que cessará se eles provarem a sua qualidade, de forma indubitável. Se, ao contrário, a justificação não for concludente, prosseguir-se-á nos termos ulteriores, para serem os bens entregues a quem pertencer o direito[91]. Em se tratando de filho havido de relação extramatrimonial, ele não poderá ser admitido à herança senão depois de reconhecido judicialmente.

---

91 Hermenegildo de Barros, *Manual do Código Civil Brasileiro*, v. 18, n. 188, p. 299.

CAPÍTULO IX

DA ORDEM DA VOCAÇÃO HEREDITÁRIA

1. Introdução. 2. Conteúdo do artigo 1.829 do Código Civil. 3. Regras fundamentais da sucessão legítima. 4. Dos descendentes. 5. Concorrência do cônjuge sobrevivente. 6. Requisitos para que o cônjuge sobrevivente seja herdeiro. 6.1. Separação judicial ou divórcio. 6.2. Nulidade ou anulação do casamento. 6.3. Separação de fato 7. Concorrência do cônjuge com os descendentes. 8. Questões controvertidas. 8.1. Regime de comunhão parcial. 8.2. Regime de participação final nos aquestos. 8.3. Separação obrigatória. 8.4. Comunhão universal. 8.5. Quota hereditária do cônjuge em concorrência com os descendentes. 9. Dos ascendentes: regras a serem observadas. 10. Do cônjuge sobrevivente. 10.1. Herdeiro único. 10.2. Direito real de habitação. 11. Direito ao usufruto. 12. Dos herdeiros colaterais. 12.1. Irmãos. 12.2. Sobrinhos e tios. 12.3. Colaterais de quarto grau.

1. Introdução

A sucessão legítima ocorre quando o autor da herança morre sem deixar testamento, ou, deixando, venha ele a caducar ou ser julgado nulo (art. 1.788 do CC). Nesses casos, a lei determina que a herança seja transferida a determinadas pessoas, consoante a ordem que estabelece, chamada da vocação hereditária.

A ordem de vocação é sempre a mesma, não importando a nacionalidade do *de cujus*. O direito brasileiro, nesse aspecto, sofreu sensível evolução. O artigo 14 da antiga Lei de Introdução ao Código Civil, seguindo a doutrina Mancini, que mandava aplicar, nos conflitos de direitos, a lei nacional da pessoa, dispunha:

> A sucessão legítima ou testamentária, a ordem da vocação hereditária, os direitos dos herdeiros e a validade intrínseca das disposições do testamento, qualquer que seja a natureza dos bens e o país, onde se achem, guardado o disposto neste Código acerca das heranças vagas, abertas no Brasil, obedecerão à lei nacional do falecido; se este, porém, era casado com brasileira, ou tiver deixado filhos brasileiros, ficarão sujeitos à lei brasileira.

O Código Civil de 1916 consagrou o mesmo entendimento. Todavia, o Decreto-Lei n. 4.657, de 04.09.1942 (nova Lei de Introdução ao Código Civil de 1916), filiou-se ao sistema de Savigny, dispondo, no artigo 10:

> A sucessão por morte ou por ausência obedece à lei do país em que era domiciliado o defunto ou o desaparecido, qualquer que seja a natureza e a situação dos bens.

Acrescenta o parágrafo 1º que:

A sucessão de bens de estrangeiros, situados no País, será regulada pela lei brasileira em benefício do cônjuge ou dos filhos brasileiros, ou de quem os represente, sempre que não lhes seja mais favorável a lei pessoal do *de cujus*.

A Constituição Federal de 1988 erigiu essa regra à categoria de garantia constitucional (art. 5º, XXXI), sendo adotada pelo Código Civil de 2002.

2. Conteúdo do artigo 1.829 do Código Civil

O artigo 1.829 do Código Civil dispõe:

A sucessão legítima defere-se na ordem seguinte:

I — aos descendentes, em concorrência com o cônjuge sobrevivente;

II — aos ascendentes, em concorrência com o cônjuge;

III — ao cônjuge sobrevivente;

IV — aos colaterais.

Cada inciso do artigo 1.829 diz respeito a uma classe. Os herdeiros são chamados obedecendo à ordem sucessiva dessas classes. Essa ordem, segundo a antiga doutrina, foi inspirada nas afeições familiares, "pois é sabido que o amor primeiro desce, depois sobe, e, em seguida, dilata-se". Modernamente, o fundamento dessa sucessão reside no parentesco, segundo as linhas e os graus próximos ou remotos, e distribui-se por classes preferenciais. Nesse passo, convém relembrar os conceitos de linha de parentesco, classe e grau. Linha de parentesco é a série de pessoas provindas do mesmo tronco ou a série de gerações sucessivas de parentes. Pode ser reta ou colateral. Classe é o grupo de herdeiros que guarda semelhança entre si. Grau é a distância que vai de uma geração a outra.

A ordem da vocação hereditária do Código Civil de 1916 diferia da disciplinada pelo Código Civil atual: na primeira, os descendentes excluíam os demais herdeiros legítimos; na segunda, o cônjuge sobrevivente concorre com os descendentes ou com os ascendentes. Além disso, as pessoas jurídicas de direito público interno não foram contempladas no elenco do artigo 1.829, como ocorria no Código anterior (art. 1.603, V). Passaram para a regência do artigo 1.844 do novel Código Civil.

3. Regras fundamentais da sucessão legítima

Avultam na sucessão legítima duas regras fundamentais:

Primeira regra: os herdeiros de uma classe excluem os herdeiros da outra classe. É que, por se tratar de uma ordem sucessiva, a classe anterior exclui a seguinte. Existe, portanto, uma hierarquia para obedecer justamente à vontade presumida do autor da herança de deixar seus bens para os seus parentes mais próximos. Essa regra, contudo, sofre duas exceções:

a) A classe dos descendentes não exclui a classe do cônjuge sobrevivente ou do companheiro, em virtude do direito de concorrência em algumas situações (arts. 1.829, I, e 1.790, I, do CC).

b) Pelas mesmas razões, e qualquer que seja o regime de bens, a classe dos ascendentes não afasta a do cônjuge sobrevivente ou do companheiro (arts. 1.829, II, e 1.836 do CC). Veja-se que, pelos artigos 1.829, III, e 1.790, IV, o cônjuge e o companheiro estão, respectivamente, na terceira e na quarta classes, mas não são excluídos da vocação pelos herdeiros da primeira ou da segunda classe.

Segunda regra: dentro de uma determinada classe de herdeiros, os mais próximos excluem os mais remotos (arts. 1.833, 1.836, § 1º, e 1.840 do CC). Por exemplo: na classe dos descendentes, os filhos, parentes em primeiro grau do pai, autor da herança, afastam os netos, que são parentes mais distantes (segundo grau). Na classe dos ascendentes, os pais, parentes em primeiro grau do filho, autor da herança, afastam os avós, que são parentes em segundo grau. Na classe dos colaterais, os irmãos, parentes em segundo grau do autor da herança, excluem os sobrinhos e tios, parentes em terceiro grau. Essa regra também sofre duas exceções:

a) O artigo 1.851 trata do direito de representação, permitindo que sejam chamados certos parentes do falecido a suceder em todos os direitos em que ele sucederia, se vivo fosse. Ou seja, filhos de herdeiro premorto, embora parentes mais distantes do autor da herança, representando o pai, concorrem à sucessão com herdeiros mais próximos. Essa situação ocorre na linha reta descendente (art. 1.833) e na linha colateral (art. 1.853), nunca na linha ascendente (art. 1.852 do CC).

b) Tios e sobrinhos são parentes colaterais de terceiro grau. A rigor, um não poderia excluir o outro. Sendo assim, na falta de descendentes, ascendentes, cônjuge ou companheiro sobrevivente e irmãos, a herança era para ser partilhada, por cabeça, entre os dois. Mas não o é. Contrariando a regra geral, o sobrinho exclui da sucessão o tio (art. 1.843).

4. Dos descendentes

Os descendentes são chamados a suceder em primeiro lugar. Qualquer que seja o grau em que se achem colocados, preferem a todos os outros parentes do *de cujus*. No estudo dessa matéria, algumas regras devem ser examinadas:

a) Os descendentes em grau mais próximo excluem os mais remotos, salvo o direito de representação (art. 1.833). Essa regra, que é geral, valendo para todas as classes, já foi abordada nesta obra.

b) Os descendentes da mesma classe têm os mesmos direitos à sucessão de seus ascendentes (art. 1.834). Em face do artigo 227, parágrafo 6º, da Constituição Federal, o Código Civil eliminou as discriminações existentes entre os filhos havidos de relação matrimonial, os filhos havidos de relação extramatrimonial e os adotivos. Todos têm agora os mesmos direitos.

c) Na linha descendente, os filhos sucedem por cabeça, enquanto os outros descendentes sucedem por cabeça ou por estirpe, conforme se achem ou não no mesmo grau (art. 1.835). A sucessão se dá por cabeça quando os herdeiros que concorrem a ela têm o mesmo grau de parentesco. Nesse caso, a herança é dividida em partes iguais. É partilhada por estirpe quando há desigualdade de graus entre os descendentes chamados à sucessão.

Os filhos, por serem os parentes mais próximos do autor da herança, herdam sempre por cabeça. Já os netos podem herdar por cabeça ou por estirpe. Herdam por cabeça quando se tornarem os parentes mais próximos do autor da herança, em virtude de morte ou renúncia de todos os filhos. Herdam por estirpe quando chamados à sucessão representando o pai ou a mãe premortos.

5. Concorrência do cônjuge sobrevivente

A previsão do direito de concorrência acha-se disciplinada nos incisos I e II do artigo 1.829 e no artigo 1.836 do Código Civil, que assim dispõem:

Artigo 1.829. A sucessão legítima defere-se na ordem seguinte:

I — aos descendentes, em concorrência com o cônjuge sobrevivente, salvo se casado este com o falecido no regime da comunhão universal, ou no da separação obrigatória de bens (art. 1.640, parágrafo único); ou se, no regime da comunhão parcial, o autor da herança não houver deixado bens particulares;

II — aos ascendentes, em concorrência com o cônjuge.

Artigo 1.836. Na falta de descendentes, são chamados à sucessão os ascendentes, em concorrência com o cônjuge sobrevivente.

A intenção do legislador foi não deixar o cônjuge sobrevivente ao desamparo. Note-se, contudo, que, por força dessas regras legislativas, a posição dos descendentes e dos ascendentes na sucessão do autor da herança ficou enfraquecida, havendo hipóteses em que o cônjuge supérstite chega a herdar mais que os filhos.

Trata-se, indiscutivelmente, de instituto bastante criticado. Afirmam, com muita precisão, Flávio Tartuce e José Fernando Simões que essa ideia de concorrência do cônjuge sobrevivente foi concebida nos idos das décadas de 1960 a 1970. Tomava por base a família da época, ou seja, uma família extremamente sólida, baseada exclusivamente no casamento, que, até então, era indissolúvel. Sequer existia a possibilidade de divórcio no ordenamento jurídico nacional.

Naquela época, não se imaginava que o casamento sofreria um processo de banalização cujo resultado significaria efemeridade. Hoje, estatisticamente, sabe-se que uma boa parte dos casamentos não ultrapassa a barreira dos dez anos. Muitos se casam "para ver se dá certo". Certamente, ao prever a concorrência, não pensou o legislador que um dispositivo concebido na década de 1960 teria aplicação quarenta anos depois. O resultado desse anacronismo é causar a todos verdadeira perplexidade.

6. Requisitos para que o cônjuge sobrevivente seja herdeiro

O artigo 1.830 do Código Civil estabelece:

Somente é reconhecido direito sucessório ao cônjuge sobrevivente se, ao tempo da morte do outro, não estavam separados judicialmente, nem separados de fato há mais de dois anos, salvo prova, neste caso, de que essa convivência se tornara impossível sem culpa do sobrevivente.

Esse artigo é muito abrangente, pois envolve, além de separação judicial ou separação de fato por mais de dois anos, o divórcio, a nulidade ou anulação do casamento. Portanto, para que o cônjuge supérstite seja chamado a herdar, quer concorrentemente com os descendentes ou ascendentes, quer em terceiro lugar, ou ainda no direito real de habitação, é necessário que, na data do falecimento do outro, verifique-se uma das seguintes hipóteses: a) não estivesse separado judicialmente ou divorciado; b) o casamento não tivesse sido invalidado; c) não estivesse separado de fato por mais de dois anos, não sendo dele a culpa pela separação. Analisaremos a seguir as hipóteses mencionadas.

6.1. *Separação judicial ou divórcio*

São institutos distintos. A separação judicial extingue a sociedade conjugal e autoriza a divisão de bens. O divórcio é mais abrangente: além de extinguir a sociedade conjugal, dissolve o próprio vínculo matrimonial. Tratando-se de separação ou divórcio litigiosos, o direito sucessório cessa com o trânsito em julgado da respectiva sentença. Embora haja entendimento em contrário, segundo o qual exige-se apenas a sentença, a tese dominante é a primeira, tendo em vista que, ocorrendo a morte antes do trânsito em julgado, não há como saber se a sentença se sustentaria. Além disso, a morte é causa de extinção do processo, sem julgamento do mérito (art. 267, IX, do CPC).

Já com relação à separação judicial ou ao divórcio consensuais, o direito sucessório cessa com a ratificação do acordo em juízo. Essa afirmação encontra justificativa na Súmula n. 305 do STF:

> Acordo de desquite ratificado por ambos os cônjuges não é retratável unilateralmente.

Nessa ultima hipótese, não há razão para se aguardar o trânsito em julgado da sentença. Tratando-se de separação ou divórcio consensuais, formalizados com base na Lei n. 11.441/2007, que introduziu o artigo 1.124-A no Código de Processo Civil, o direito sucessório cessa na data da lavratura da escritura.

6.2. *Nulidade ou anulação do casamento*

Nulidade é o vício que impede inteiramente a validade de um ato; já a anulabilidade compromete essa validade. Dentro dessa definição singela, tem-se a exata noção do conceito de nulidade absoluta e de nulidade relativa. A primeira caracteriza-se como o vício mais grave do negócio jurídico. Verifica-se quando o ato infringe regra legal imperativa de tutela de interesses da coletividade. A segunda, sendo um vício mais brando, ocorre quando o ato contraria regra legal de tutela de interesse de determinada ou determinadas pessoas.

É obvio que, declarada a invalidade do casamento, transitada em julgado a sentença, não há mais que se falar em direitos sucessórios dos cônjuges, pois tudo volta ao *status quo ante*. Contudo, as regras que disciplinam os efeitos do casamento putativo devem ser observas. No nosso livro *Curso de direito civil*: direito de família[92], assinalamos: "Declarada a nulidade do casamento, cessam os deveres de ambos os cônjuges referidos no artigo 1.566 do Código Civil. Extingue-se o regime de bens e os contraentes ficam liberados para os negócios da vida civil. Em regra, cada um se retira da sociedade conjugal desfeita, levando de volta os bens que trouxe para o casamento. Contudo, se o casamento é putativo e houve boa-fé de ambos os cônjuges, várias situações podem ser consideradas: a) se o regime é o da comunhão universal: os bens do casal serão divididos meio a meio; b) se o regime é o da comunhão parcial: apenas os bens que compõem o patrimônio comum serão divididos meio a meio (...). A boa-fé pode ser apenas de um dos cônjuges. Nesse caso, os seus efeitos civis só a ele e aos filhos aproveitarão (§ 1º do art. 1.561). O cônjuge que estava de má-fé incorrerá: a) na perda de todas as vantagens havidas do cônjuge inocente; b) na obrigação de cumprir as promessas que lhe fez no contrato antenupcial (art. 1.564). Assim, declarada a nulidade do casamento celebrado no regime da comunhão universal e provada a boa-fé de um dos contraentes, o inocente se retira da sociedade conjugal com os bens que levou e ainda tem direito à metade do patrimônio do outro consorte.Outros efeitos podem surgir: a) o culpado pode ser compelido a dar alimentos à família e, se deles necessitar, ao cônjuge inocente; b) morrendo o cônjuge culpado antes da sentença declaratória de nulidade do casamento, permanece o direito sucessório em favor do cônjuge

---

92 Antônio Elias de Queiroga, *Curso de direito civil*: direito de família, p. 69-70.

de boa-fé, se não houver descendentes ou ascendentes do *de cujus* (art. 1.829, III); c) o inocente pode continuar usando os apelidos do outro, que acresceu ao seu nome; d) as doações antenupciais (*propter nuptias*), feitas por terceiros, no pacto ou em escritura pública, caducam com relação ao culpado, dado o desfazimento do matrimônio; e) se houve emancipação do inocente, a anulação do casamento não impõe o retorno à menoridade. Vale também esta regra se ambos se emanciparam com o casamento e estiverem de boa-fé."

6.3. Separação de fato

A separação de fato dos cônjuges há mais de dois anos é causa de cessação do direito sucessório. Não seria plausível que, deixando de existir o amor, a convivência e o trabalho em comum, fosse ainda admitido que o cônjuge sobrevivente viesse a participar do patrimônio que o outro adquiriu após a separação. Nessa parte, a matéria é indiscutível. Rolf Madaleno[93] observa: "Corpos e espíritos separados não podem gerar comunicação patrimonial fundada apenas no registro meramente cartorial do casamento. Mola mestra da comunicação dos bens é a convivência conjugal, sendo que a simples separação de fato desativa o regime patrimonial."

Existem, todavia, na regra, outros aspectos bastante complexos. Um deles é que não haverá a exclusão do direito de herança se o cônjuge sobrevivente não foi o causador da ruptura. Trata-se de uma exceção que será fonte de litígios permanentes e de difícil solução. Basta que o cônjuge sobrevivente, ainda que seja o culpado, atribua a responsabilidade pela separação ao morto, que não terá como se defender. Além do mais, o dispositivo introduz a possibilidade de discussão de culpa no âmbito do processo de inventário, para a apuração

---

[93] Rolf Madaleno, *Direito de família em pauta*, p. 119.

das causas da separação de fato. Ora, isso é inadmissível, por se tratar de matéria de alta indagação, que somente pode ser decidida nas vias ordinárias.

Também o prazo de dois anos é muito questionado na doutrina, sofrendo críticas contundentes e justas de autores renomados. O prazo realmente é excessivo, mormente quando comparado com o de um ano de separação de fato, suficiente para a separação judicial sem culpa (art. 1.572, § 1º do CC), e para a separação por mútuo consentimento (art. 1.574 do CC).

De forma judiciosa, Flávio Tartuce e José Fernando Simão[94], com um só exemplo prático, destroem toda a lógica que o legislador pôs na norma: "O marido que, não mais amando sua esposa, sai do lar conjugal abandonando-a, e passa a residir com outra mulher em união estável. Após trinta anos de separação de fato, o varão falece. Indaga-se: foi o falecido culpado pela impossibilidade de vida em comum? Resposta afirmativa. Sua esposa será chamada à sucessão mesmo estando o casal separado de fato há mais de trinta anos? Em nossa opinião, a resposta é negativa. Se afirmativa fosse, como faz crer a lei, a esposa participaria da sucessão quanto aos bens adquiridos décadas após o fim de fato da convivência conjugal *more uxorio*."

Entendem os citados autores que o artigo 1.830 do Código Civil deve ser lido da seguinte maneira: "Se a convivência se tornou impossível por culpa do falecido, o cônjuge sobrevivente só participará da sucessão quanto aos bens que existiam até a ocorrência da separação de fato. Não terá o cônjuge direito a herdar nenhum dos bens adquiridos pelo falecido, a qualquer título, após a separação de fato". Essa seria a solução justa, mas conflita com a literalidade da lei.

---

94 Flávio Tartuce; José Fernando Simão, *Direito civil*: direito das sucessões, v. 6, p. 153.

Buscando-se dirimir tão tormentosa questão, tramita no Congresso Nacional o Projeto de Lei n. 4.944, de 2005, de autoria do deputado Antônio Biscaia, com a seguinte redação: "Somente é reconhecido direito sucessório ao cônjuge sobrevivente se, ao tempo da morte do outro, não estavam separados de fato."

7. Concorrência do cônjuge com os descendentes

Não ocorrendo as hipóteses do artigo 1.830, o cônjuge sobrevivente concorre em primeiro lugar, com os descendentes, como estatui o artigo 1.829, I, do Código Civil. Essa concorrência acontece em algumas situações, quando então a herança é repartida entre eles. Há casos, todavia, como veremos adiante, em que não ocorre o direito de concorrência, sendo a herança dividida entre os descendentes.

O legislador adotou o regime de bens do casamento como critério definidor do direito de concorrência do cônjuge com os descendentes. Na primeira edição deste livro, entendemos, seguindo a maioria dos doutrinadores, que haveria a concorrência se o casamento fosse celebrado num dos seguintes regimes de bens: a) separação convencional; b) participação final nos aquestos; c) comunhão parcial, se o falecido houver deixado patrimônio particular. Nesses regimes, em regra, não há meação.

Não haveria direito de concorrência do cônjuge sobrevivente com os descendentes se o casamento fosse celebrado: a) no regime da comunhão universal de bens; b) no regime da separação obrigatória de bens; c) no regime da comunhão parcial, se o falecido não houver deixado bens.

Os fundamentos são óbvios: no regime de comunhão, o cônjuge sobrevivente já está protegido com a metade do patrimônio deixado pelo *de cujus*, a título de meação. O mesmo ocorre na comunhão parcial, quando o autor da herança não houver deixado bens particulares. Na separação obrigatória, a herança frustraria a própria finalidade do regime, que é impedir que o viúvo, por exemplo, se beneficie do patrimônio do falecido. Assim, em regra, sempre que o regime matrimonial permitir a comunhão de bens, o cônjuge sobrevivente não concorre com os descendentes na sucessão do outro. O legislador quis evitar o duplo benefício: a meação e a herança.

Recentemente, o STJ proferiu decisão que modifica, substancialmente, o nosso pensamento, na parte em que se refere ao regime da separação convencional de bens que, no entender daquela Corte, não autoriza direito à meação nem tampouco à concorrência sucessória. Vejamos a ementa do acórdão:

> Direito civil. Família e Sucessões. Recurso especial. Inventário e partilha. Cônjuge sobrevivente casado pelo regime de separação convencional de bens, celebrado por meio de pacto antenupcial por escritura pública. Interpretação do art. 1.829, I, do CC/02. Direito de concorrência hereditária com descendentes do falecido. Não ocorrência.
>
> Impositiva a análise do art. 1.829, I, do CC/02, dentro do contexto do sistema jurídico, interpretando o dispositivo em harmonia com os demais que enfeixam a temática, em atenta observância dos princípios e diretrizes teóricas que lhe dão forma, marcadamente, a dignidade da pessoa humana, que se espraia, no plano da livre manifestação da vontade humana, por meio da autonomia da vontade, da autonomia privada e da consequente autorresponsabilidade, bem como da confiança legítima, da qual brota a boa-fé; a eticidade, por fim, vem complementar o sustentáculo principiológico que deve delinear os contornos da norma jurídica.
>
> Até o advento da Lei n.º 6.515/77 (Lei do Divórcio), vigeu no Direito brasileiro, como regime legal de bens, o da comu-

nhão universal, no qual o cônjuge sobrevivente não concorre
à herança, por já lhe ser conferida a meação sobre a totalidade do patrimônio do casal; a partir da vigência da Lei do
Divórcio, contudo, o regime legal de bens no casamento passou a ser o da comunhão parcial, o que foi referendado pelo
art. 1.640 do CC/02.

Preserva-se o regime da comunhão parcial de bens, de acordo com o postulado da autodeterminação, ao contemplar o
cônjuge sobrevivente com o direito à meação, além da concorrência hereditária sobre os bens comuns, mesmo que haja
bens particulares, os quais, em qualquer hipótese, são partilhados unicamente entre os descendentes.

O regime de separação obrigatória de bens, previsto no art.
1.829, inc. I, do CC/02, é gênero que congrega duas espécies: (i) separação legal; (ii) separação convencional. Uma
decorre da lei e a outra da vontade das partes, e ambas
obrigam os cônjuges, uma vez estipulado o regime de separação de bens, à sua observância.

Não remanesce, para o cônjuge casado mediante separação
de bens, direito à meação, tampouco à concorrência sucessória, respeitando-se o regime de bens estipulado, que obriga
as partes na vida e na morte. Nos dois casos, portanto, o
cônjuge sobrevivente não é herdeiro necessário. - Entendimento em sentido diverso, suscitaria clara antinomia entre
os arts. 1.829, inc. I, e 1.687, do CC/02, o que geraria uma
quebra da unidade sistemática da lei codificada, e provocaria
a morte do regime de separação de bens. Por isso, deve
prevalecer a interpretação que conjuga e torna complementares os citados dispositivos.

No processo analisado, a situação fática vivenciada pelo casal
– declarada desde já a insuscetibilidade de seu reexame nesta via recursal – é a seguinte: (i) não houve longa convivência,

mas um casamento que durou meses, mais especificamente, 10 meses; (ii) quando desse segundo casamento, o autor da herança já havia formado todo seu patrimônio e padecia de doença incapacitante; (iii) os nubentes escolheram voluntariamente casar pelo regime da separação convencional, optando, por meio de pacto antenupcial lavrado em escritura pública, pela incomunicabilidade de todos os bens adquiridos antes e depois do casamento, inclusive frutos e rendimentos.

A ampla liberdade advinda da possibilidade de pactuação quanto ao regime matrimonial de bens, prevista pelo Direito Patrimonial de Família, não pode ser toldada pela imposição fleumática do Direito das Sucessões, porque o fenômeno sucessório "traduz a continuação da personalidade do morto pela projeção jurídica dos arranjos patrimoniais feitos em vida".

Trata-se, pois, de um ato de liberdade conjuntamente exercido, ao qual o fenômeno sucessório não pode estabelecer limitações.

Se o casal firmou pacto no sentido de não ter patrimônio comum e, se não requereu a alteração do regime estipulado, não houve doação de um cônjuge ao outro durante o casamento, tampouco foi deixado testamento ou legado para o cônjuge sobrevivente, quando seria livre e lícita qualquer dessas providências, não deve o intérprete da lei alçar o cônjuge sobrevivente à condição de herdeiro necessário, concorrendo com os descendentes, sob pena de clara violação ao regime de bens pactuado.

Haveria, induvidosamente, em tais situações, a alteração do regime matrimonial de bens *post mortem*, ou seja, com o fim do casamento pela morte de um dos cônjuges, seria alterado o regime de separação convencional de bens pactuado em vida, permitindo ao cônjuge sobrevivente o recebimento de bens de exclusiva propriedade do autor da herança, patrimônio ao qual recusou, quando do pacto antenupcial, por vontade própria.

Por fim, cumpre invocar a boa-fé objetiva, como exigência de lealdade e honestidade na conduta das partes, no sentido de que o cônjuge sobrevivente, após manifestar de forma livre e lícita a sua vontade, não pode dela se esquivar e, por conseguinte, arvorar-se em direito do qual solenemente declinou, ao estipular, no processo de habilitação para o casamento, conjuntamente com o autor da herança, o regime de separação convencional de bens, em pacto antenupcial por escritura pública.

O princípio da exclusividade, que rege a vida do casal e veda a interferência de terceiros ou do próprio Estado nas opções feitas licitamente quanto aos aspectos patrimoniais e extrapatrimoniais da vida familiar, robustece a única interpretação viável do art. 1.829, inc. I, do CC/02, em consonância com o art. 1.687 do mesmo código, que assegura os efeitos práticos do regime de bens licitamente escolhido, bem como preserva a autonomia privada guindada pela eticidade. Recurso especial provido. Pedido cautelar incidental julgado prejudicado[95].

Observe-se que a decisão do STJ seguiu a orientação do Professor Miguel Reale[96], ao afirmar que a menção à separação obrigatória, no artigo 1.829, I, do Código Civil, visou a

---

95 STJ, REsp 992749/MS. RECURSO ESPECIAL 2007/0229597-9. Relatora: Ministra Nancy Andrighi. Órgão Julgador: Terceira Turma. Data do Julgamento: 01/12/2009. Data da Publicação/Fonte: DJe 05/02/2010. RSTJ vol. 217 p. 820.

96 Miguel Reale, O cônjuge no novo Código Civil, O *Estado de S. Paulo*, de 12. 04. 2003.

abranger tanto a separação legal como a convencional, esclarecendo:

> Essa minha conclusão ainda mais se impõe ao verificarmos que, se o cônjuge casado no regime de separação de bens fosse considerado herdeiro necessário do autor da herança, estaríamos ferindo substancialmente o disposto no artigo 1.687, sem o qual desapareceria todo o regime da separação de bens, em razão do conflito inadmissível entre esse artigo e o artigo 1.829, I, fato que jamais poderá ocorrer numa codificação à qual é inerente o princípio da unidade sistemática.

Vários autores divergem do inolvidável mestre. Mário Luiz Delgado[97] assevera que deve ser rechaçada a afirmação de que, ao atribuir direito sucessório ao cônjuge casado no regime da separação convencional de bens, teria o legislador invadido a autonomia privada e abalado os pilares do regime da separação, por permitir a comunicação *post mortem* do patrimônio: "Não se trata de comunicação de patrimônio, não se podendo confundir regime de bens com direito sucessório. Com a morte, extinguiu-se o regime e o que está em discussão é o direito do cônjuge a uma pequena parte da herança". Seguindo a mesma linha, Mauro Antonini[98] apresenta três fortes argumentos contrários à tese de Miguel Reale: "I) Está consagrada em doutrina e jurisprudência a dicotomia entre as expressões 'separação obrigatória', imposta por lei, e 'separação convencional', sem confundi-las. Assim, não é possível adotar-se interpretação contrária ao texto expresso da lei. Por

---

97 Mário Luiz Delgado, *Controvérsias na sucessão do cônjuge e do convivente...*, p. 433.
98 Mauro Antonini, *Código Civil comentado*: doutrina e jurisprudência, Coordenação do Ministro Cezar Peluso, 2. ed., p. 1.988.

isso o professor Miguel Reale propugna que, não prevalecendo a posição por ele defendida, seja alterado o inciso I, para excluir a expressão 'obrigatória'. II) Não é verdade que a concorrência com os descendentes, no caso da separação convencional, esvazia o artigo 1.687, que disciplina tal regime de bens. A separação convencional não acarretava, no regime do Código Civil de 1916, nem acarreta no atual vedação a direito sucessório do cônjuge sobrevivente. Pelo contrário, o cônjuge figurava no Código anterior, e ainda figura no atual, na terceira classe da ordem de vocação hereditária e recolhe toda a herança à falta de descendentes e ascendentes, qualquer que seja o regime de bens. Além disso, no atual Código, o cônjuge sempre concorre com ascendentes, independentemente do regime de bens. No Código Civil de 1916 (art. 1.611, § 1º), o casado pela separação convencional tinha direito ao usufruto vidual; no Código atual, é assegurado a ele o direito habitação. Como se percebe nessas situações, não há incompatibilidade entre proteção patrimonial sucessória ao cônjuge sobrevivente e o regime de separação convencional. III) O atual Código Civil protege o cônjuge sobrevivente de forma mais ampla do que o anterior, merecendo realce o direito de concorrência com os descendentes e com os ascendentes, a condição de herdeiro necessário e a ampliação do direito real de habitação."

Segundo o mesmo autor, "o problema não resolvido pelo atual Código — e parece ser a fonte de preocupação do professor Miguel Reale — é o receio do cônjuge casado por separação convencional de, com sua morte, parte de seu patrimônio se transferir ao sobrevivente e, depois, aos filhos exclusivos deste ou a um possível novo cônjuge".

A matéria parece-me superada, diante da decisão do STJ, já citada. Assim, o cônjuge sobrevivente não concorrerá com os descendentes nas seguintes hipóteses: a) se casado pelo regime da comunhão universal de bens; b) se casado pelo regime da separação obrigatória de bens; c) se casado pelo regime da separação convencional de bens; d) se, casado pelo regime da comunhão parcial, o falecido não houver deixado bens.

Por outro lado, concorrerá com os descendentes se, não ocorrendo nenhuma das hipóteses do artigo 1.830 do Código Civil, for casado no regime no regime da participação final nos aquestos; no regime da comunhão parcial, e o falecido houver deixado patrimônio particular.

É certo que o assunto ainda não está sumulado. Mas, é de se reconhecer que a fundamentação do acórdão da lavra da Ministra Nancy Andrighi é de grande profundidade que, dificilmente, deixará de ser seguido.

8. Questões controvertidas

Ao regular o direito de concorrência do cônjuge sobrevivente, o legislador não foi muito claro em alguns pontos. Restaram situações que, pela sua complexidade, estão a exigir elucidações. Tais questões só serão definitivamente esclarecidas quando houver súmulas dos tribunais superiores ou correções através de lei. A seguir, abordaremos as mais importantes.

8.1. *Regime de comunhão parcial*

No regime de comunhão parcial, o direito de concorrência somente é deferido ao cônjuge sobrevivente se o *de cujus* houver deixado bens particulares (art. 1.829, I, parte final). Na doutrina, uma corrente entende de forma contrária: o consorte sobrevivente só concorreria na primeira classe com os descendentes se o falecido não deixasse bens particulares. A confusão surgiu devido à pontuação empregada no artigo

1.829, I. Para os defensores dessa corrente, a utilização do ponto-e-vírgula secciona uma ordem de ideias, isto é, a norma estabelece, em primeiro plano, que a concorrência não existirá se o regime for o da comunhão universal ou o da separação obrigatória. Inicia, em seguida, outra ideia, quanto ao regime da comunhão parcial: só haverá concorrência, se não existirem bens particulares remanescentes. Essa é a opinião da Desembargadora Maria Berenice Dias.[99]

A melhor solução, no entanto, está com a primeira corrente. A interpretação gramatical é que o ponto-e-vírgula tem o mesmo valor que a conjunção *e*, recurso utilizado nos períodos longos, quando já houver vírgulas. A esse respeito, esclarece Roberto Melo Mesquita[100] que o ponto-e-vírgula é um sinal gráfico destinado a marcar uma pausa mais sensível que a vírgula. É um sinal intermediário entre o ponto e a vírgula, empregado para separar as partes de um período de certa extensão, principalmente se elas já possuem elementos sintáticos separados por vírgula. Logo, não houve quebra de raciocínio, mas uma continuação da ideia. Ademais, a parte final do artigo 1.829, I, não está na forma direta. Se assim o fosse, a redação seria a seguinte: "(...) ou se o autor da herança não houver deixado bens particulares no regime da comunhão parcial;"

Na verdade, ocorreu que o legislador deslocou um adjunto adverbial longo, apondo-o no meio da oração, que passou a ter a forma indireta. No caso, quis diferençar em qual situação do regime de comunhão parcial o cônjuge não concorreria. A *contrario sensu*, teria apenas citado esse regime de forma ge-

---

99 Maria Berenice Dias, Ponto-e-vírgula. Disponível em: http://www.flaviotartuce.adv.br/secoes/artigosc/Berenice_ponto.doc. Acesso em: 21 jul. 2009.
100 Roberto Melo Mesquita, *Gramática da língua portuguesa*, 3. ed., p. 465.

nérica, como fez com os da comunhão universal e da separação obrigatória. É esse também o entendimento de Enéas Castilho Chiarini Júnior[101] e Gustavo René Nicolau[102]: "Existem duas hipóteses de exclusão da concorrência, 'salvo se' (primeira hipótese) e 'ou se' (segunda hipótese), onde o ponto-e-vírgula separa (e esta é sua função) ambas as hipóteses de exclusão da concorrência. No regime da comunhão parcial, o supérstite só concorrerá com os descendentes na hipótese de o *de cujus* ter deixado bens particulares. A *mens legis* também é flagrante: nos bens comuns, a metade já pertence ao cônjuge, por direito próprio de meação."

Ainda sobre o regime da comunhão parcial, o artigo 1.829, I, do Código Civil não foi preciso ou convincente na solução da seguinte hipótese: deixando o *de cujus* patrimônio particular e havendo patrimônio comum, o cônjuge sobrevivente terá participação em toda a herança ou apenas nos bens particulares? Francisco José Cahali e Giselda Maria Fernandes Hironaka[103] entendem que a participação do cônjuge sobrevivente é sobre todo o acervo, ou seja, sobre os bens particulares e sobre a outra metade dos bens comuns. No mesmo sentido é o magistério de Alice Sousa Birchal[104]: "O cônjuge

---

[101] Enéas Castilho Chiarini Júnior, O ponto-e-vírgula do do art. 1829, I, do CC. *Jus Navigandi*, Teresina, ano 7, n. 66, jun. 2003. Disponível em: http://jus2.uol.com.br/doutrina/texto.asp?id=4178. Acesso em: maio 2009.

[102] Gustavo René Nicolau, Verdadeiras modificações do novo Código Civil. *Jus Navigandi*, Teresina, ano 7, n. 65, maio 2003. Disponível em: http://jus2.uol.com.br/doutrina/texto.asp?id=4041. Acesso em: maio 2009.

[103] Francisco José Cahali; Giselda Maria Fernandes Hironaka, *Curso avançado de direito civil*: direito das sucessões, arts. 1.572 a 1.805, v. 6, p. 247.

[104] Alice de Sousa Birchal, Ordem de vocação hereditária no novo Código Civil: os direitos sucessórios do cônjuge, *Revista Brasileira de Direito de Família*, v. 5, n. 17, p. 115, abr./maio 2003.

sobrevivente, casado sob o regime da comunhão parcial de bens, herdará, em concorrência com os descendentes, a totalidade da herança, desde que o falecido tenha deixado bens particulares. A justificativa dessa interpretação gramatical reflete-se na interpretação pela *mens legis* porque o *caput* do artigo 1.829 trata da sucessão legítima e, então, refere-se a todo o patrimônio deixado como herança pelo falecido, ou seja, ativo, passivo, bens particulares e bens da meação."

Entendemos diversamente. Se o cônjuge sobrevivente concorresse em ambos os patrimônios, por que também não concorreria se houvesse só patrimônio comum? Além disso, se o direito de concorrência incidisse no patrimônio comum e no patrimônio particular teria privilegiado em demasia o cônjuge sobrevivente em detrimento dos filhos. Não se desconhece que a posição adotada pelo Código Civil, ao instituir o direito de concorrência, foi no sentido de beneficiar o cônjuge sobrevivente. Contudo, a situação ora analisada é excepcional, exigindo uma interpretação restritiva, para não prejudicar mais ainda os descendentes. Zeno Veloso[105] tem o mesmo entendimento:

A concorrência do cônjuge com os descendentes, se o casamento regeu-se pela comunhão parcial, já é uma situação excepcional, que, portanto, tem de receber interpretação restritiva. E, diante de um quadro em que o cônjuge aparece bastante beneficiado, não há base ou motivo, num caso de dúvida, para que se opte por uma decisão que prejudica os descendentes do *de cujus*, que, ademais, têm de suportar — se for o caso — o direito real de habitação relativamente ao imóvel destinado à residência da família, de que o cônjuge é titular, observado o artigo 1.831."

---

105 Zeno Veloso, Sucessão do cônjuge no novo Código Civil, p. 145.

Acrescente-se ainda que, existindo patrimônio comum e patrimônio particular, o cônjuge sobrevivente receberá a meação do patrimônio comum e concorrerá com os descendentes, tão só, na outra metade do patrimônio comum, cabendo aos herdeiros a totalidade do patrimônio particular deixado pelo falecido. Essa a orientação do STJ, na decisão anteriormente citada:

> Preserva-se o regime da comunhão parcial de bens, de acordo com o postulado da autodeterminação, ao contemplar o cônjuge sobrevivente com o direito à meação, além da concorrência hereditária sobre os bens comuns, mesmo que haja bens particulares, os quais, em qualquer hipótese, são partilhados unicamente entre os descendentes[106].

8.2. Regime de participação final nos aquestos

O artigo 1.829, I, omitiu o direito de participação do cônjuge sobrevivente, quando o regime for o de participação final nos aquestos. Contudo, não há dúvida de que esse regime permite também o direito de concorrência do cônjuge. Isso porque o dispositivo exclui apenas três situações: comunhão universal; comunhão parcial, sem que o falecido tenha deixado patrimônio particular; separação de bens.

A concorrência, contudo, só alcança os bens particulares, não atingindo, portanto, os aquestos. Ensina Euclides de Oliveira[107] que, pela similitude com a comunhão parcial, subentende-se que a hipótese comporta a mesma solução.

---

106 REsp 992749 / MS. RECURSO ESPECIAL 2007/0229597-9. Relatora: Ministra Nancy Andrighi.
107 Luiz Sebastião Amorim; Euclides Benedito de Oliveira, *Inventários e partilhas*, 21. ed., p. 97.

8.3. Separação obrigatória

A separação obrigatória, como já vimos, não permite o sistema de concorrência do cônjuge sobrevivente com os descendentes. Apresenta duas questões que devem ser esclarecidas. A primeira é quanto ao equívoco verificado na remissão feita ao artigo 1.640, parágrafo único, do Código Civil, no art. 1.829, I, porquanto o artigo que trata do regime da separação obrigatória é o 1.641. Projeto de lei já tramita no Congresso Nacional propondo a correção. A segunda é com relação à vigência da Súmula n. 377 do Supremo Tribunal Federal, que assim estabelece:

> No regime da separação legal de bens, comunicam-se os adquiridos na constância do casamento.

Essa súmula, como se sabe, foi editada em razão do artigo 259 do Código Civil de 1916. Como o Código Civil atual não recepcionou o artigo mencionado, alguns autores entendem que ela está revogada.

A doutrina moderna inspiradora dessa súmula considera fundamental a comunhão de interesses dos cônjuges na constituição de um patrimônio formado por bens adquiridos pelo esforço comum. Manifesta-se pela vigência da Súmula n. 377 Sílvio de Salvo Venosa[108], para quem novas discussões em torno do assunto não afetarão a orientação sumulada. Entende no mesmo sentido Maria Helena Diniz, que sustenta a comunicabilidade dos bens futuros, no regime de separação obrigatória, para evitar enriquecimento indevido (arts. 884 e 886 do CC). Exige-se, todavia, que os bens adquiridos sejam produto

---

108 Silvio de Salvo Venosa, *Direito civil*: direito de família, v. 6, p. 345.

do esforço comum de ambos, ante o princípio de que entre os consortes se constitui uma sociedade de fato, por haver comunhão de interesses. Contudo, a matéria não é pacífica. Euclides de Oliveira e Sebastião Amorim[109], discorrendo sobre o tema, assinalam: "Com o novo Código Civil, desaparece a celeuma sobre a comunicação dos aquestos no silêncio do contrato, uma vez que não se reproduziu a norma do artigo 259 do Código revogado. Não há mais fundamento jurídico para a jurisprudência cristalizada na comentada súmula do Supremo Tribunal Federal, tudo indicando venha a se considerar revogada pela nova sistemática do regime matrimonial de bens."

Não temos dúvidas acerca da comunicabilidade dos aquestos no regime da separação obrigatória. Veja-se que, até na união estável, admite-se pertencerem a ambos os bens adquiridos por um ou por ambos, presumindo-se frutos do trabalho e da colaboração comuns (Lei n. 9.278, de 10.05.1996 e art. 1.725 do CC).

Como reforço à tese da vigência da Súmula n. 377 do STF, vale acrescentar que a primeira versão do artigo 1.641 do Projeto de Código Civil tinha a seguinte redação: "É obrigatório o regime da separação de bens no casamento, sem a comunhão de aquestos". A parte final foi suprimida pela Câmara dos Deputados, com a seguinte justificativa: "Em se tratando de regime da separação de bens, os aquestos provenientes do esforço comum devem se comunicar, em exegese que se afeiçoa à evolução do pensamento jurídico e repudia o enriquecimento sem causa, estando sumulada pelo Supremo Tribunal Federal (Súmula 377)."

---

109 Luiz Sebastião Amorim; Euclides Benedito de Oliveira, *Inventários e partilhas*, 21. ed., p. 109.

Entendemos, todavia, — e nesse ponto modificamos a nossa posição na 1ª edição deste livro – que é preciso verificar, para efeito de aplicação da Súmula n. 377 do STF, em que medida cada um dos consortes contribuiu para a formação do patrimônio comum. Note-se que o fundamento da Súmula foi evitar o enriquecimento sem causa de um em detrimento do outro. O enriquecimento, no entanto, tanto pode ser de quem se apodera sozinho dos bens adquiridos pelo esforço comum como de quem se assenhoreia dos mesmos bens, ou de parte deles, sem ter dado qualquer contribuição. Nas relações de família, salvo algumas exceções, nada é absoluto, sob pena de cometer-se injustiça diante de um caso concreto. Daí a necessidade do juiz afastar-se da ideia kelsiana e transformar-se num agente público social, quando chamado a solucionar os litígios. Essa é a posição majoritária do Superior Tribunal de Justiça:

> Direito de família. Regime da separação legal de bens. Aquestos. Esforço comum. Comunicabilidade. Súmula. STF, Enunciado n. 377. Código Civil, artigos 258/259. Recurso inacolhido. I. Em se tratando de regime de separação obrigatória (Código Civil, art. 258), comunicam-se os bens adquiridos na constância do casamento pelo esforço comum. II. O enunciado n. 377 da súmula STF deve restringir-se aos aquestos resultantes da conjugação de esforços do casal, em exegese que se afeiçoa à evolução do pensamento jurídico e repudia o enriquecimento sem causa.[110]

8.4. *Comunhão universal*

Igualmente, não haverá direito de concorrência se o regime de bens for o da comunhão universal (art. 1.829, I). O

---

[110] STJ — REsp n. 9.938/SP, rel. Min. Sálvio de Figueiredo, j. 09.06.1992, *DJU*, de 03.08.1992.

Superior Tribunal de Justiça já se pronunciou sobre o assunto, decidindo:

> A nova ordem de sucessão legítima estabelecida no Código Civil/2002 incluiu o cônjuge na condição de herdeiro necessário e, conforme o regime matrimonial de bens, concorrente com os descendentes. Quando casado no regime da comunhão universal de bens, considerando que metade do patrimônio já pertence ao cônjuge sobrevivente (meação), este não terá o direito de herança, posto que a exceção do artigo 1.829, I, o exclui da condição de herdeiro concorrente com os descendentes. Precedentes. Recurso ordinário em mandado de segurança a que se nega provimento.[111]

Esse regime, no entanto, pode apresentar-se como verdadeira comunhão parcial, ocorrendo sempre que existirem bens incomunicáveis, que serão particulares do respectivo cônjuge titular. São eles: os bens doados ou herdados com a cláusula de incomunicabilidade e os sub-rogados em seu lugar; os bens gravados de fideicomisso e o direito do herdeiro fideicomissário, antes de realizada a condição suspensiva; as dívidas anteriores ao casamento, salvo se provierem de despesas com seus aprestos, ou reverterem em proveito comum; as doações antenupciais feitas por um dos cônjuges ao outro com a cláusula de incomunicabilidade; os bens referidos nos incisos V a VII do artigo 1.659 (art. 1.668 do CC).

Nessa situação, não vemos razões para o cônjuge sobrevivente, embora casado no regime da comunhão universal, não concorrer com os descendentes da mesma forma como concorre no regime da comunhão parcial. Esse também é o en-

---

111 STJ — RMS n. 22.684/RJ, 3ª Turma, rel. Min. Nancy Andrighi, j. 07.05.2007, *DJU*, de 28.05.2007, p. 319.

tendimento de Mauro Antonini[112]: "Na comunhão parcial em que há bens particulares, o cônjuge tem meação nos bens comuns e cota hereditária nos particulares. É preciso adotar o mesmo princípio para a comunhão universal, assegurando-se cota hereditária nos bens particulares, preservando-se a coerência do sistema nas duas situações, pois não se pode tratar pior o casado pela comunhão universal do que o pela parcial. O casamento pela comunhão universal revela intuito mais acentuado de completa integração patrimonial entre os cônjuges. Seria absurdo, no momento da sucessão, tratar pior o que optou por esse regime do que cônjuge casado pela comunhão parcial."

De forma menos incisiva, opina Francisco Cahali[113]: "Haverá de se questionar se terá o viúvo direito sucessório, quando casado no regime da comunhão universal de bens, ou qualquer outro regime convencional, e o falecido possuir apenas bens particulares (p. ex. gravados por cláusula de incomunicabilidade na doação ou por testamento). A coerência recomenda seja deferida a sucessão ao cônjuge sobre os bens particulares, se a estes for restrita a herança do viúvo, a despeito da literalidade do texto ser de diverso conteúdo."

Observe-se que, por uma questão de coerência, o modelo de concorrência proposto deve observar a mesma forma preconizada pelo STJ para o regime da comunhão parcial, como já expusemos:

> Preserva-se o regime da comunhão parcial de bens, de acordo com o postulado da autodeterminação, ao contemplar o

---

112 Mauro Antonini, *Código Civil comentado*: doutrina e jurisprudência, Coordenação do Ministro Cezar Peluso, 2. ed., p. 1.987.
113 Francisco José Cahali; Giselda Maria Fernandes Hironaka, *Curso avançado de direito civil*: direito das sucessões, arts. 1.572 a 1.805, v. 6, p. 214.

cônjuge sobrevivente com o direito à meação, além da concorrência hereditária sobre os bens comuns, mesmo que haja bens particulares, os quais, em qualquer hipótese, são partilhados unicamente entre os descendentes[114].

8.5. Quota hereditária do cônjuge em concorrência com os descendentes

Pela regra do artigo 1.832 do Código Civil, caberá ao cônjuge sobrevivente quinhão igual ao dos que sucederem por cabeça, não podendo a sua quota ser inferior à quarta parte da herança, se for ascendente dos herdeiros com que concorrer. Em suma, se concorrer com filhos exclusivos do autor da herança, herdará em igualdade de condições; se concorrer com filhos comuns, sua quota-parte não poderá ser inferior à quarta parte da herança. São duas situações diferentes.

No primeiro caso, a herança será dividida em partes iguais. Se a herança for avaliada em R$ 300.000,00, existindo cinco filhos e o cônjuge sobrevivente, dividir-se-á por seis, tocando a cada um R$ 50.000,00, que equivale a um sexto da herança.

No segundo caso, a legítima dos herdeiros será reduzida, ante o limite de um quarto da herança que a lei manda reservar para o cônjuge sobrevivente. Se, por exemplo, o *de cujus* deixou até três filhos e o cônjuge sobrevivente, as quotas serão iguais. Mas, se deixou quatro ou mais filhos e o cônjuge sobrevivente, este ficará em situação privilegiada, pois terá, no mínimo, a quarta parte da herança. Assim, tomando-se por base o mesmo valor (R$ 300.000,00), deixando o autor da herança quatro filhos mais o cônjuge sobrevivente, este herdará R$ 75.000,00 (um quarto). Restarão R$ 225.000,00

---

114 REsp 992749 / MS. RECURSO ESPECIAL 2007/0229597-9. Relatora: Ministra Nancy Andrighi.

que, repartidos igualmente entre os quatro filhos, cada um herdará R$ 56.000,00 e fração.

Surgirão dificuldades quando o cônjuge sobrevivente concorrer à sucessão do outro com filhos exclusivos do autor da herança e filhos comuns. É sabido que, entre os filhos, deve haver igualdade. Já a posição do cônjuge sobrevivente é diversa, conforme concorra com filho exclusivo do autor da herança ou com filho comum. Para resolver o problema, várias formas foram propostas pela doutrina, merecendo destaque especial as apresentadas por Giselda Maria Fernandes Novais Hironaka:[115]

I) Divisão da herança por todos, em igualdade de condições: apontam alguns autores que essa solução não serve, pois, se de um lado preserva o princípio da igualdade entre os filhos, por outro, afasta o cônjuge da situação apontada pela lei.

II) Identificação dos descendentes como se todos fossem filhos exclusivos do autor da herança: a solução fere igualmente o espírito da lei, tendo em vista não observar a diferença nas hipóteses de concorrência do cônjuge sobrevivente com os descendentes do *de cujus*, comuns e exclusivos.

III) Atribuição de uma quota e meia ao cônjuge sobrevivente: a regra seria a seguinte: soma-se o número dos filhos comuns com os filhos exclusivos do autor da herança, acrescentando-se mais um e meio, uma quota ao convivente, no caso de concorrência com filhos comuns, e meia quota pela concorrência com os filhos exclusivos. Em seguida, divide-se a herança por esse número obtido, entregando-se quotas de valores iguais aos filhos (comuns e exclusivos) e uma quota e meia ao cônjuge sobrevivente. Quanto aos filhos, a solução

---

115 Giselda Maria Fernandes Novaes Hironaka, *Comentários ao Código Civil*, v. 20, p. 226-228.

atenderia ao comando de caráter constitucional do artigo 1.834 do Código Civil, que trata da igualdade entre os descendentes da mesma classe. Mas, com relação ao cônjuge, fere o espírito da lei, porque não observa a forma variável de concorrência com os descendentes comuns e exclusivos.

IV) Subdivisão da herança: considerar-se-ia uma herança dividida em duas sub-heranças, uma referente aos filhos comuns, e a outra envolvendo os filhos exclusivos do autor da herança. Por exemplo: o *de cujus* deixa dois filhos exclusivos e dois filhos comuns, e uma herança de R$ 180.000,00. Dividindo-se a herança por dois, obtém-se R$ 90.000,00 para cada sub-herança. Na concorrência com os filhos comuns, o cônjuge sobrevivente receberia uma quota igual à dos dois filhos, ou seja, R$ 30.000,00. Na concorrência com os filhos exclusivos do autor da herança, cada um receberia duas metades, ou seja, R$ 36.000,00, e o cônjuge receberia uma metade, ou seja, R$ 18.000,00, totalizando R$ 90.000,00. Essa solução igualmente não preserva o espírito da lei, pois os filhos exclusivos receberiam quota superior à dos filhos comuns.

Entendemos que a solução mais consentânea é a que manda dividir a herança em partes iguais para todos, considerando que a reserva de um quarto somente tem pertinência quando o cônjuge sobrevivente concorre apenas com filhos comuns. Desaparecerá no momento em que surgirem filhos exclusivos concorrendo com filhos comuns. Acrescente-se, ainda, que os filhos herdam por igual, não importando que sejam exclusivos ou comuns. Essa igualdade não pode ser quebrada para beneficiar o cônjuge sobrevivente.

A interpretação, nesse caso, também deve ser restritiva, para não prejudicar mais ainda os descendentes que, como já se disse, ficariam em posição inferior à do cônjuge sobrevivente. No mesmo sentido é a opinião de Washington de Barros Monteiro, Maria Helena Diniz, Zeno Veloso, Mário Luiz Delgado, Christiano Cassetari, Rolf Madaleno, Mauro Antonini e José Luiz Gavião de Almeida. Este assinala[116]:

> Essa interpretação se adapta melhor à intenção do legislador, que privilegia os filhos antes do cônjuge ou companheiro. Se assim é, entre uma interpretação que garanta quantia maior ao cônjuge ou convivente e outra que lhe entrega quantia menor, melhor esta ultima, que beneficia os filhos.

9. Dos ascendentes: regras a serem observadas

Os ascendentes compõem a segunda classe preferencial na ordem de vocação hereditária. A matéria é disciplinada pelo artigo 1.836 do Código Civil, que estabelece:

> Na falta de descendentes, são chamados à sucessão os ascendentes, em concorrência com o cônjuge sobrevivente.

Os ascendentes, como se verifica da leitura do artigo, sofrem limitações no seu direito sucessório, ante a concorrência do cônjuge supérstite. Note-se que o Código Civil não impôs nenhuma restrição a esse direito. Qualquer que seja o regime de bens, o cônjuge sobrevivente concorrerá à sucessão do outro, ressalvados, apenas, os impedimentos previstos no artigo 1.830 do Código Civil.

Tratando-se de concorrência com ascendente em primeiro grau, ao cônjuge tocará um terço da herança; caber-lhe-á a metade, se houver um só ascendente, ou se maior for aquele grau. Ante o que preceituam os artigo 1.836 e 1.837 do Código Civil, algumas regras devem ser examinadas:

a) O grau mais próximo exclui o mais remoto: na classe dos ascendentes, o grau mais próximo exclui o mais remoto,

---

[116] José Luiz Gavião de Almeida. Código Civil comentado, Editora Atlas S.A. São Paulo, 2003, v. XVIII, p. 71.

sem distinção de linhas (por exemplo, os pais do falecido excluem da sucessão os avós). Sucederão, em primeiro lugar, os pais, ainda que estejam separados judicialmente ou divorciados. Se apenas um estiver vivo, será chamado à sucessão. Na falta dos pais, a herança é deferida aos avós paternos e maternos. Na ausência de avós, serão chamados os bisavós, e assim sucessivamente.

b) Igualdade em grau e diversidade em linha: havendo igualdade em grau e diversidade em linhas, os ascendentes da linha paterna herdam a metade, cabendo a outra aos da linha materna. Por exemplo: José morre, sem deixar descendentes nem pais. Deixou apenas três avós (igualdade de graus), sendo dois paternos e um materno (diversidade em linha). Conforme o parágrafo 2º do artigo 1.836, a herança será dividida em duas partes iguais: 50% para os avós paternos e 50% para o avô materno.

c) Direito de representação na linha reta ascendente: não há direito de representação na linha reta ascendente. Se apenas o pai do *de cujus* estiver vivo, será ele herdeiro único, ainda que estejam vivos os avós maternos. A exclusão dos ascendentes do direito de representação fundamenta-se na afeição presumida do *de cujus*. De ordinário, os filhos são mais afeiçoados aos pais que aos avós. Como afirmava Hermenegildo de Barros[117], "a afeição é como os rios: desce sempre e não sobe nunca".

10. Do cônjuge sobrevivente

O Código Civil de 2002 conferiu ao cônjuge sobrevivente os seguintes direitos sucessórios: o de concorrer à sucessão do falecido com os descendentes e com os ascendentes; o de assumir a condição de herdeiro único, se faltarem os parentes

---

117 Hermenegildo de Barros, *Manual do Código Civil Brasileiro*, v. 18, p. 642.

mencionados; o de herdar o direito real de habitação. O direito de concorrência à herança com os descendentes e com os ascendentes do *de cujus* já foi abordado, sendo analisadas, a seguir, duas outras hipóteses.

10.1. Herdeiro único

O artigo 1.838 do Código Civil dispõe:

Em falta de descendentes e ascendentes, será deferida a sucessão por inteiro ao cônjuge sobrevivente.

Nessa hipótese, o cônjuge sobrevivente, qualquer que seja o regime de bens, recolhe a totalidade da herança. No regime das Ordenações, o cônjuge sobrevivente vinha em quarto lugar na ordem de sucessão. Esse sistema não era lógico, pois antepunha os colaterais ao cônjuge supérstite. Dizia, a propósito, Carlos Maximiliano[118]: "A mulher é, ou deve ser, a companheira dedicada e vigilante, a confortadora nos desastres parciais, a animadora e colaboradora nas lutas para a constituição da fortuna, advinda toda, às vezes, dela própria; era iníquo não a preferir a primos em grau afastado, desafetos, indiferentes e, não raro, desconhecidos até. Para os casos excepcionais de se não colocar a esposa à altura de sua missão, existe o duplo recurso do testamento e do desquite, que a excluem de sucessão."

A ordem de sucessão estabelecida nas Ordenações vigorou até 1907, quando o Decreto n. 1.839, de 31 de dezembro daquele ano, colocou o cônjuge sobrevivente antes dos colaterais. O Código Civil de 1916 preservou a mesma ordem, sendo seguido pelo Código Civil de 2002 (art. 1.838). Vale ressaltar que o texto se refere, tão só, à transmissão da heran-

---

118 Carlos Maximiliano, *Direito das sucessões*, p. 143, apud J. M. de Carvalho Santos, *Código Civil brasileiro interpretado*, v. 22, p. 313.

ça. Ao cônjuge sobrevivente, portanto, não se transmite a meação dos bens, pois esta já lhe pertence, se o regime o permitir, e independe da colocação do cônjuge, visto não se tratar de matéria sucessória.

10.2. Direito real de habitação

Ao cônjuge sobrevivente ainda é assegurado, qualquer que seja o regime de bens, sem prejuízo da participação que lhe caiba na herança, o direito real de habitação relativamente ao imóvel destinado à residência da família, desde que seja o único daquela natureza a inventariar (art. 1.831).

O Código Civil de 1916 previa a mesma hipótese, mas não com a amplitude do atual Código Civil. O parágrafo 2º do artigo 1.611 estabelecia:

> Ao cônjuge sobrevivente, casado sob regime de comunhão universal, enquanto viver e permanecer viúvo, será assegurado, sem prejuízo da participação que lhe caiba na herança, o direito real de habitação relativamente ao imóvel destinado à residência da família, desde que seja o único bem daquela natureza a inventariar.

Como se verifica, existiam duas limitações: somente era reconhecido se o regime fosse o da comunhão universal e extinguia-se com a morte ou com o fim da viuvez. No sistema atual, assegura-se o direito em qualquer regime de bens e será sempre vitalício, ou seja, não cessará com o casamento ou a união estável do cônjuge beneficiado.

O novel Código Civil pode trazer uma situação injusta para os filhos. Jones Figueiredo Alves e Mário Luiz Delgado[119] observam que, mesmo depois de casado com um terceiro, o

---

119 Jones Figueirêdo Alves; Mário Luiz Delgado, *Código Civil anotado*: inovações comentadas, artigo por artigo, p. 949.

cônjuge sobrevivente continuará no imóvel, em prejuízo dos demais herdeiros, que sequer aluguel poderão cobrar. Para solucionar essa questão, tramita no Congresso Nacional o Projeto de Lei n. 6.960/2002, propondo a seguinte redação:

> Artigo 1.831 — Ao cônjuge sobrevivente, qualquer que seja o regime de bens, *enquanto permanecer viúvo ou não constituir união estável*, será assegurado, sem prejuízo da participação que lhe caiba na herança, o direito real de habitação relativamente ao imóvel destinado à residência da família, desde que seja o único daquela natureza a inventariar (grifamos)

Além desse problema, existe outro mais grave: o direito real de habitação de segundo grau. Essa hipótese é possível, ante a redação do artigo 1.831 do Código Civil. Basta que o cônjuge sobrevivente, titular do referido direito, contraia novas núpcias e, tempos depois, venha a falecer. O segundo cônjuge, viúvo, pode requerer o direito real de habitação, embora não tenha participado da herança do outro, agravando mais ainda a situação dos filhos do primeiro casamento que, apesar de proprietários do imóvel, não poderão exercer sobre ele o direito de gozo.

Tramita também no Congresso Nacional o Projeto de Lei n. 4.944/2000, pretendendo dar a seguinte redação ao artigo 1.831:

> Artigo 1.831 — Ao cônjuge ou ao companheiro sobreviventes, qualquer que seja o regime de bens, será assegurado, sem prejuízo da participação que lhe caiba na herança, o direito real de habitação relativamente ao imóvel destinado à residência da família, *desde que, na abertura da sucessão, esteja sob domínio exclusivo do falecido ou deste e do sobrevivente.*
>
> Parágrafo único — O direito real de habitação não será assegurado se o imóvel integrar a legítima dos descendentes menores ou incapazes. (grifamos)

Com relação à extensão do direito real de habitação, vê-se que o artigo 1.831 do Código Civil o limita ao único imóvel daquela natureza a inventariar. Nesse caso, se o falecido deixou mais de um imóvel residencial, o cônjuge supérstite não teria como pretendê-lo. A matéria é polêmica. Zeno Veloso[120] entende que a regra do artigo 1.831 não incide se existirem outros bens imóveis da mesma natureza no espólio que possam ser utilizados para moradia do cônjuge sobrevivente. No mesmo sentido é o magistério Francisco José Cahali[121]: "Se outros imóveis existirem no inventário, também destinados à residência da família, ficará privado o cônjuge sobrevivente do direito real de habitação sobre qualquer deles, sem prejuízo, naturalmente, de sua eventual meação ou quinhão hereditário."

Divergindo desse pensamento, manifesta-se José Luiz Gavião de Almeida[122]: "A existência de outros imóveis residenciais não afasta o direito real de habitação sobre o bem que servia de moradia à família do falecido. Nesse caso, o imóvel ofertado em substituição não pode ser de conforto inferior. Deve-se garantir ao cônjuge sobrevivente a mesma situação que desfrutava em sua residência anterior."

Flávio Tartuce e Fernando Simão[123] entendem que essa última é a melhor posição, à luz do direito civil constitucional e do princípio da dignidade da pessoa humana (art. 1º, III, da

---

[120] Zeno Veloso, Código Civil comentado: livro V, do direito das sucessões, arts. 1.784 a 2.027, in Regina Beatriz Tavares (Coord.), *Código Civil comentado*, 6. ed., p. 2.017.

[121] Francisco José Cahali; Giselda Maria Fernandes Hironaka, *Curso avançado de direito civil*: direito das sucessões, arts. 1.572 a 1.805, v. 6, p. 218.

[122] José Luiz Gavião de Almeida, *Código Civil comentado*, v. 18, p. 220.

[123] Flávio Tartuce; José Fernando Simão, *Direito civil*: direito das sucessões, v. 6, p. 199.

CF). Além disso, assinalam: "Nunca se pode esquecer da proteção da moradia, constante do artigo 6°, *caput*, da Constituição Federal de 1988. Ilógico seria imaginar que, se o falecido deixou um único imóvel residencial, o direito de habitação existe; mas, se o falecido deixou mais de um imóvel residencial, o direito desaparece! Pelo contrário, se deixou apenas um imóvel, sobre ele recairá o direito real de habitação. Se deixou mais de um, o direito de habitação recairá sobre um deles, desde que o cônjuge sobrevivente tenha um imóvel para residir, em condições semelhantes àquelas em que vivia a no imóvel com o falecido."

Comungamos com essa posição. O direito real de habitação deverá incidir sobre o imóvel em que o casal residia. Ali viveram intensamente e, em regra, nasceram e se criaram os filhos. Outros imóveis da mesma natureza não oferecerão o mesmo sentimento, as mesmas lembranças. Ninguém esquece com facilidade a casa em que morou por muito tempo. Assim, o deslocamento do cônjuge sobrevivente seria um transtorno imensurável: além da perda do ente querido, teria de enfrentar a terrível mudança de habitat.

Preferencialmente, portanto, o direito real de habitação deverá recair sobre a última morada. Observa José Luiz Gavião de Almeida[124] que "a interpretação da perda somente da residência familiar, mas não do direito real de habitação, é fórmula que não ofende a literalidade da lei e ampara situação não imaginada pelo legislador atual nos quase 30 anos que teve para elaboração deste novo Código Civil".

Buscando corrigir essa distorção do Código Civil, tramita no Congresso Nacional o Projeto de Lei n. 4.944/2005, dando nova redação ao artigo 1.831 do Código Civil, estabelecendo que o direito real de habitação recairá sobre o "imóvel destinado à residência da família".

---

124 José Luiz Gavião de Almeida, *Código Civil comentado*, v. 18, p. 221.

11. Direito ao usufruto

O Código Civil de 1916, no parágrafo 1º do artigo 1.611, dispunha:

> O cônjuge viúvo, se o regime de bens do casamento não era o da comunhão universal, terá direito, enquanto durar a viuvez, ao usufruto da quarta parte dos bens do cônjuge falecido, se houver filhos, deste ou do casal, e à metade, se não houver filhos, embora sobrevivam ascendentes do *de cujus*.

Esse direito vidual tinha um caráter assistencial e protetivo. Objetivava evitar que o cônjuge supérstite ficasse desamparado.

Os tribunais, no entanto, deram uma interpretação construtiva a esse dispositivo, estabelecendo que, embora o casamento tivesse se realizado sob outro regime, diverso do da comunhão universal, o cônjuge sobrevivente não teria direito ao favor legal se, por alguma razão, houvesse comunicação de bens na constância do casamento.[125]

Também se firmou o entendimento de que o cônjuge sobrevivente não teria direito ao usufruto vidual, mesmo tendo sido casado sob o regime da separação de bens, se foi contemplado no testamento do falecido com bens em quantia igual ou superior àqueles sobre os quais recairia o usufruto[126]. O Código Civil de 2002 não prevê essa hipótese de sucessão do cônjuge. O legislador andou acertadamente, considerando o conjunto de direitos sucessórios já atribuídos a ele. Recen-

---

125 STF — RE n. 100.099/RJ, 1ª Turma, rel. Min. Rafael Mayer, j. 28.06.1984, *RTJ* 110/808; e STJ REsp n. 34.714-6/SP, 4ª Turma, rel. Min. Barros Monteiro, j. 25.04.1994, *DJU*, de 27.06, 1994, *RSTJ* 64/210.
126 STJ REsp n. 28.152-4/SP, 4ª Turma, rel. Ruy Rosado de Aguiar, j. 30.05.1994, *DJU*, de 27.06, 1994, *RT* 713/219.

temente, decidindo causa anterior ao vigente Código Civil, o Superior Tribunal de Justiça assentou:

> Usufruto vidual. Sucessão testamentária. A questão está em saber se a concessão do usufruto ao cônjuge sobrevivente casado sob o regime da separação legal de bens é possível na sucessão testamentária. Isso posto, a Turma conheceu do recurso e deu-lhe provimento para reconhecer à viúva o direito ao usufruto legal, enquanto durar a viuvez, sobre a metade dos bens do cônjuge falecido, por considerar que o usufruto vidual é instituto do direito sucessório, independente da situação financeira do cônjuge sobrevivo. O artigo 1.611, parágrafo 1º, do Código Civil de 1916 não restringe a respectiva aplicação à sucessão legítima. A previsão legal do usufruto vidual é previsão sem restrições, bastando que ocorram os pressupostos para sua configuração, isto é, ausência de comunhão total, constância da sociedade conjugal e não contemplação do cônjuge supérstite, pelo testador, com a propriedade da herança. Os únicos requisitos são o regime do casamento diferente da comunhão universal e o estado de viuvez.[127]

12. Dos herdeiros colaterais

Se não houver descendentes, ascendentes, nem cônjuge sobrevivente, serão chamados a suceder os colaterais até o quarto grau (art. 1.839). Os colaterais ocupam o quarto lugar na ordem da vocação hereditária. São parentes na linha colateral ou transversal as pessoas que provêm de um mesmo tronco, sem descenderem uma da outra. Por exemplo: os irmãos, os sobrinhos, os tios, os primos etc. O parentesco na linha colateral ou transversal começa no segundo grau e vai até o quarto grau, que é o limite máximo da vocação hereditária.

---

[127] STJ REsp n. 648.072/RJ, rel. Min. Ari Pargendler, j. 20.03.2007.

Washington de Barros Monteiro[128] assinala que, além dos limites de parentesco previstos na lei civil, os vínculos de sangue e de amizade acham-se bastante enfraquecidos, de tal modo que os germanos chamavam a esses herdeiros aqueles que riem (*lachende Erben*). Na classe dos colaterais, os mais próximos excluem os mais remotos, salvo o direito de representação concedido aos filhos de irmãos (art. 1.840).

12.1. Irmãos

Os irmãos são chamados em primeiro lugar, pois são os parentes colaterais mais próximos. Classificam-se os irmãos em bilaterais ou germanos e unilaterais. Bilaterais são os que provêm do mesmo casamento, isto é, os que têm o mesmo pai e a mesma mãe. Irmãos unilaterais são os filhos do mesmo pai com mãe diferente (consanguíneos) ou os de uma só mãe com pai diferente. Se à herança concorrem somente irmãos bilaterais, herdarão eles por cabeça, sendo, portanto, a herança dividida em tantas partes iguais quantos forem os herdeiros. Concorrendo à herança irmãos bilaterais com irmãos unilaterais, cada um destes herdará metade do que cada um daqueles herdar (art. 1.841). Nesse último caso, como se vê, o laço de sangue mais forte não exclui o mais fraco, mas tem influência na quantidade do quinhão.

O critério estabelecido no Código Civil é por demais justo e racional. É que, embora a afeição entre irmãos bilaterais seja mais forte, nem por isso deixarão de existir, entre eles e os irmãos unilaterais, sentimentos afetivos. Afinal, todos provêm de um mesmo tronco, seja paterno ou materno. Com base na doutrina pátria, indicamos a seguir uma forma bem prática de fazer nesses casos uma partilha.

---

[128] Washington de Barros Monteiro, *Curso de direito civil*: direito das sucessões, 35. ed., v. 6, p. 101.

A herança é de R$ 240.000,00 e o *de cujus* deixou dois irmãos germanos e dois irmãos unilaterais. Recebem estes duas porções simples e aqueles duas porções dobradas, compondo ao todo seis porções. As porções simples serão de R$ 40.000,00 (R$ 240.000,00 6 = R$ 40.000,00) e as dobradas de R$ 80.000,00 (R$ 40.000,00 x 2). Temos então: (R$ 80.000,00 x 2) + (R$ 40.000,00 x 2) = R$ 240.000,00.

Aplica-se a forma de Itabaiana Oliveira, que atribui a cada irmão bilateral ou germano o número 2 e a cada irmão unilateral o número 1. Divide-se a herança pela soma desses números e multiplica-se o quociente pelo número que a cada um corresponder: os dois irmãos bilaterais representam quatro porções; os dois irmãos unilaterais duas porções. Ao todo, são seis porções. R$ 240.000,00 6 = R$ 40.000,00. Cada irmão bilateral recebe R$ 40.000,00 x 2 = R$ 80.000,00. Cada irmão unilateral recebe R$ 40.000,00. Existindo somente irmãos unilaterais, herdarão partes iguais.

12.2. Sobrinhos e tios

Estabelece o artigo 1.843 do Código Civil que, na falta de irmãos, herdarão os filhos deles e, não os havendo, os tios. No direito das sucessões, uma questão das mais controvertidas foi a de saber de que maneira herdavam os sobrinhos, filhos de vários irmãos falecidos do autor da herança. Uns sustentavam que o sobrinho, quer concorra sozinho, quer com os tios, herda sempre por estirpe. Fundavam sua opinião na Novela 118, capítulo 3º, e no parecer de Accursio, ao qual as Ordenações mandavam recorrer na ausência da lei, estilo ou costume dos reinos. Já os partidários da doutrina de Azão e Vinnio entendiam que, na hipótese de concorrerem sozinhos, os sobrinhos herdavam por cabeça.

Os argumentos desenvolvidos nas duas doutrinas estão reduzidos a uma mera questão acadêmica, ante o texto expresso do Código Civil, que decidiu pela sucessão dos sobrinhos por cabeça, conforme estabelece o parágrafo 1º do artigo 1.843: a herança será dividida em tantas partes iguais quantos forem os sobrinhos, atribuindo a cada um a sua parte. A divisão seria por estirpe, se se tratasse de herança por representação, como esclarecido anteriormente. Nesse caso, cada grupo de sobrinhos, filhos de determinado irmão premorto, herdaria conjuntamente a sua parte, que seria subdividida entre eles, como no exemplo seguinte: concorrendo o filho único de um irmão falecido com seis ou mais filhos de outro irmão falecido, herdaria tanto quanto estes juntos.

Se concorrerem à sucessão filhos de irmãos bilaterais com filhos de irmãos unilaterais, cada um destes herdará a metade do que herdar cada um daqueles, conforme a regra estabelecida no parágrafo 2º do artigo 1.843. É uma consequência lógica dos artigos 1.841 e 1.842. Se todos forem filhos de irmãos bilaterais, ou de irmãos unilaterais, herdarão por igual (§ 3º). Não se aplica, todavia, o artigo 1.841, se houver irmão premorto deixando, por exemplo, três filhos, sendo dois irmãos bilaterais e um unilateral. Nesse caso, os filhos do irmão pré-falecido herdam a quota que o pai herdaria se vivo estivesse, sem a preferência estabelecida no artigo 1.841. Isso porque não se trata de concorrência de irmãos bilaterais e unilaterais à herança de outro irmão, mas do direito de herdar por representação. Não havendo sobrinhos, herdarão os tios (parte final do art. 1.843). Embora sobrinhos e tios estejam no mesmo grau de distância do falecido (3º grau), o Código deu preferência aos primeiros, partindo do pressuposto de que essa era a vontade do autor da herança.

12.3. Colaterais de quarto grau

Não existindo irmãos, sobrinhos ou tios, serão chamados os colaterais do quarto grau. Entre esses parentes, também não haverá privilégio para os que o são em linha duplicada com relação aos de linha simples. Após o quarto grau, o parentesco não produzirá mais efeito (art. 1.592), sendo então a herança devolvida ao Município ou ao Distrito Federal, se localizada nas respectivas circunscrições, ou à União, quando situada em território federal (art. 1.844).

CAPÍTULO X
SUCESSÃO NA UNIÃO ESTÁVEL

1. Introdução. 2. Requisitos para a união estável. 2.1. Ausência de impedimento matrimonial. 2.2. Capacidade civil. 2.3. Diversidade de sexos. 2.4. Deveres recíprocos. 2.5. Convivência sob o mesmo teto. 2.6. Estabilidade. 2.7. Constituição de família. 2.8. Tempo mínimo na união estável. 2.9. Publicidade. 3. Direito sucessório na união estável: Leis ns. 8.971/64 e 9.278/96. 4. Direito sucessório na união estável: Código Civil de 2002. 5. Inconstitucionalidade do artigo 1.790 do Código Civil. 6. Regime de bens na união estável. 6.1. Regime comum. 6.2. Regime contratual. 7. Regras aplicáveis ao regime de bens na união estável. 7.1. Contrato por escritura pública. 7.2. Regime da separação obrigatória. 8. Bens que compõem o patrimônio da união estável. 9. Bens particulares. 10. Forma de participação na herança. 10.1. Concorrência com filhos comuns. 10.2. Concorrência apenas com descendentes do autor da herança. 10.3. Concorrência com outros parentes sucessíveis. 10.4. Falta de parentes sucessíveis. 10.5. Concorrência com filhos exclusivos e comuns. 11. Propostas legislativas em tramitação no Congresso Nacional. 12. Direito real de habitação. 13. Usufruto vidual. 14. Dos alimentos. 15. Crítica ao sistema sucessório da união estável.

1. Introdução

União estável é o relacionamento público, contínuo e duradouro, estabelecido entre o homem e a mulher, com o objetivo de constituição de família (art. 1.723 do CC). É público porque, como fato social, é exposto ao público como o casamento. É contínuo porque não se interrompe; é duradouro porque dura muito, ou pode durar muito. Equivale ao antigo concubinato puro. Esse tipo de relação entre homem e mulher foi tutelado pela Constituição Federal de 1988 que, no artigo 226, parágrafo 3°, dispõe: Para efeito de proteção do Estado, é reconhecida a união estável entre o homem e a mulher como entidade familiar, devendo a lei facilitar sua conversão em casamento.

2. Requisitos para a união estável

Vários são os requisitos para a configuração de união estável, destacando-se os seguintes.

2.1. Ausência de impedimento matrimonial

A união estável não se constituirá se ocorrerem os impedimentos estabelecidos no artigo 1.521 do Código Civil. Ou seja, não pode haver união estável nas seguintes hipóteses: entre ascendentes e descendentes, seja o parentesco natural ou civil; entre afins em linha reta; entre adotante e quem foi cônjuge do adotado e o adotado com quem o foi do adotante; entre irmãos unilaterais ou bilaterais, e demais colaterais, até o terceiro grau, inclusive; entre o adotado com o filho do adotante; entre o cônjuge sobrevivente com o condenado por homicídio ou tentativa de homicídio contra o seu consorte.

Todavia, é possível haver união estável entre pessoas casadas, pois a segunda parte do parágrafo 1° do artigo 1.723

dispõe que o inciso VI do artigo 1.521 não constitui impedimento para a formação de união estável, desde que haja separação de fato ou separação judicial. A norma, como se observa da sua dicção, não faz referência a prazo, mas deve ser uma separação de fato qualificada pelo tempo, ou seja, mais de dois anos, para poder se harmonizar com o sistema do Código Civil, evitando situações perplexas que podem surgir. Note-se que é da tradição do nosso direito a fixação de prazo para efeitos qualificados de determinadas realidades fáticas. Citamos como exemplos os artigos 1.830, 1.801, III, 1.238, 1.239 e 1.240. Portanto, o critério não poderia ser diferente para a união estável, como ente familiar. Assim, a ela deve se aplicar também o critério objetivo de tempo.

2.2. Capacidade civil

A capacidade civil do companheiro é essencial à celebração do casamento e também à constituição da união estável. Ensina Regina Beatriz Tavares que a capacidade civil é essencial à existência de união estável, sendo outro requisito para a sua validade, em razão dos efeitos que produz[129]

2.3. Diversidade de sexos

A diversidade de sexos é exigida tanto pela Constituição Federal (226, § 3º) como pelo Código Civil (art. 1.723). Modelo de união estável fora desses padrões não se enquadra nos permissivos constitucional e legal. Como exemplo, citamos a união homoafetiva. Nesse tipo de relacionamento anormal, pode existir uma sociedade de fato, regida pelo direito

---

129 Regina Beatriz Tavares, in Washington de Barros Monteiro, *Curso de direito civil*: direito de família, 38. ed., v. 2, p. 33.

das obrigações, sendo de natureza puramente patrimonial. Jamais uma entidade familiar.

2.4. Deveres recíprocos

As relações pessoais entre os companheiros obedecerão aos deveres de lealdade, respeito e assistência, bem como aos de guarda, sustento e educação dos filhos. Conforme a lição da ilustre mestra Regina Beatriz Tavares[130], o Código Civil de 2002 impôs o dever de lealdade, que tem o conteúdo do dever de fidelidade existente no casamento. O propósito é vedar a manutenção de relações que tenham em vista a satisfação do instinto sexual fora da união estável. Seria inimaginável a atribuição de efeitos a duas relações que concomitantemente sejam mantidas por um ou ambos os companheiros. No mesmo sentido, entendem Euclides de Oliveira e Sebastião Amorim[131]: "Como é próprio da união formalizada pelo casamento, também na união estável exige-se que o vínculo entre os companheiros seja único, em vista do caráter monogâmico da relação. Havendo anterior casamento, ou subsistindo anterior união estável, não podem os seus membros participar de união extra, que seria de caráter adulterino ou desleal, por isso não configurada como entidade familiar."

E concluem: "Assim, a relação de convivência amorosa formada à margem de um casamento ou de uma união estável, caracteriza-se como proibida, porque adulterina, no primeiro caso, e desleal no segundo (...). O mesmo se diga das uniões desleais, isto é, de pessoa que viva em união estável e mante-

---

130 Regina Beatriz Tavares da Silva, *Código Civil comentado*, 6. ed., p. 1.885.
131 Luiz Sebastião Amorim; Euclides Benedito de Oliveira, *Inventários e partilhas*, 21. ed., p. 124.

nha outra simultânea ligação amorosa. Uma prejudica a outra, descaracterizando a estabilidade da segunda união, caso persista a primeira, ou implicando eventual dissolução desta, não só pelas razões expostas como pela quebra aos deveres de mútuo respeito."

2.5. Convivência sob o mesmo teto

A lei não exige expressamente a convivência sob o mesmo teto. Esse requisito, no entanto, é necessário, não se aplicando a Súmula n. 382 do STF:

> A vida em comum sob o mesmo teto, *more uxorio*, não é indispensável à caracterização do concubinato.

Essa Súmula é muito antiga e foi editada sob a égide de outra Súmula, a de n. 380 do STF:

> Comprovada a existência de sociedade de fato entre os concubinos, é cabível a sua dissolução judicial com a partilha do patrimônio adquirido pelo esforço comum.

Observa Regina Beatriz Tavares[132] que, na época, era havida como dispensável a vida em comum na caracterização de concubinato. O concubino, para ter direitos patrimoniais, precisava provar a sociedade de fato. Desse modo, não se presumia o seu esforço na aquisição do patrimônio que pretendia alcançar, não sendo aplicado o regime da comunhão parcial de bens. Além disso, a união não era havida como entidade familiar, razão pela qual não se exigia a convivência *more uxorio*, assemelhada ao casamento. Ainda não eram atri-

---

132 Regina Beatriz Tavares da Silva, *Código Civil comentado*, 6. ed., p. 1.879-1.880.

buídos aos conviventes outros direitos, como os de alimentos e os sucessórios. E conclui a autora: "Uma entidade familiar, com efeitos similares aos do casamento, exige a convivência sob o mesmo teto, salvo casos excepcionais, inclusive por razões de segurança nas relações jurídicas. Se assim não for, simples namoro prolongado poderá, embora erroneamente, ser havido como união estável, gerando indevidamente os seus efeitos. Embora tenhamos afirmado na primeira edição deste trabalho que, mesmo com domicílios diversos, pode estabelecer-se união estável entre um homem e uma mulher, devemos esclarecer que essa forma de relação deve produzir efeitos somente quando estiver justificada a diversidade domiciliar, como o atendimento a encargos profissionais, privados ou públicos, ou a interesses particulares relevantes, como ocorre no casamento (art. 1.569)."

A matéria, contudo, não é pacífica. Conforme notícia divulgada pela internet, a companheira de um segurado da Previdência Social falecido ganhou o direito à pensão por morte, tendo sido reconhecida a sua união estável, mesmo não tendo ela residido na mesma casa que ele. O pedido de uniformização interposto pela autora foi provido pela Turma Nacional de Uniformização da Jurisprudência dos Juizados Especiais. A Turma Nacional, no caso, conheceu do pedido e deu provimento a ele, por entender que a jurisprudência dominante do Superior Tribunal de Justiça afasta a necessidade de coabitação como requisito para o reconhecimento da união estável, como demonstrado no Recurso Especial n. 326.717/GO, apresentado como paradigma pela autora. Ficou também decidido que a jurisprudência do Superior Tribunal de Justiça aponta a desnecessidade de que a comprovação da dependência econômica seja baseada em provas materiais, bastando as de natureza testemunhal.

2.6. Estabilidade

Como o próprio nome indica, a união deve ser estável, termo que significa solidez, segurança, firmeza. A estabilidade envolve a duração razoável, visto que não caracterizam união estável as relações meramente passageiras. Compreende também a continuidade, ou seja, relação sem interrupção ou afastamentos temporários. A relação com idas e vindas é instável, acarretando, no dizer de Guilherme Calmon Nogueira da Gama[133], uma completa insegurança jurídica na sociedade. Essa insegurança atinge as relações jurídicas mantidas entre os companheiros, e entre eles e terceiros, considerando que "a caracterização do companheirismo não interessa apenas aos partícipes da relação, mas também a todos aqueles que, direta ou indiretamente. mantenham contato com os companheiros".

Note-se que a instabilidade pode ocorrer no casamento, porém a ruptura da vida em comum, por si só, não o extingue, pois o casamento é um ato. Já a união estável, que é um fato, cai com a insegurança do relacionamento. Observe-se, contudo, conforme ensinamento de Euclides de Oliveira e Sebastião Amorim[134], que não será qualquer separação que desnatura a união estável. A esse respeito, esclarecem: "Rusga e desavenças podem ocorrer em qualquer espécie de união, com ou sem casamento. Sendo de pequena duração e seguindo-se a reconciliação do casal, claro está que nem sempre se haverá de concluir tenha havido descontinuidade prejudicial à subsistência da entidade familiar". Em tais situações, caberá ao juiz decidir, de acordo com o caso concreto.

---

133 Guilherme Calmon Nogueira da Gama, O *companheirismo*: uma espécie de família, p. 168.
134 Luiz Sebastião Amorim; Euclides Benedito de Oliveira, *Inventários e partilhas*, 21. ed., p. 128.

Esclarecem ainda os dois autores que se o rompimento foi mais sério, perdurando por tempo suficiente que venha a denotar efetiva quebra da vida em comum, então se estará rompendo o elo próprio de uma união estável. Se já havia tempo suficiente para sua caracterização, a quebra da convivência será causa da dissolução, à semelhança do que se dá no casamento. Se não havia tempo bastante, que se pudesse qualificar como "duradouro", então sequer estaria configurada a união estável. Fica, então, na pendência de uma eventual reconciliação, com recontagem do tempo a partir do reinício da convivência, tanto para fins de duração, como para sua futura continuidade.

2.7. Constituição de família

A parte final do artigo 1.723 do Código Civil é defeituosa. Como ensina Regina Beatriz Tavares[135], a união estável existe diante de constituição de família, e não de simples objetivo de constituição de família. Da forma como está escrita a regra, o mero namoro, em que há somente o objetivo de formação familiar, seria equiparado à união estável.

2.8. Tempo mínimo na união estável

A união estável constitui-se e se desenvolve de forma natural, independentemente de prazo. A questão, no entanto, é polêmica. De um lado, sustenta-se o acerto da eliminação do prazo previsto na Lei n. 8.971/94, por duas razões; a) não há previsão constitucional (226, § 3º); b) a estabilidade da união tem que ser examinada caso a caso, pelas circunstâncias do

---

135 Regina Beatriz Tavares da Silva, *Código Civil comentado*, 6. ed., p. 1.878.

modo de convivência e pela família que daí resulte, ainda que não dure muitos anos e mesmo que não haja filhos dessa união.

Outros autores, como Guilherme Calmon Nogueira da Gama[136], entendem que seria adequado exigir um prazo mínimo de convivência de pelo menos dois anos de vida em comum, por analogia com as disposições constitucionais e legais relativas ao tempo para a concessão do divórcio. Acentua ainda que é da tradição brasileira fixar prazo para efeitos qualificados de determinadas realidades fáticas, citando como exemplo a usucapião, como forma de aquisição de bens. Defende assim a adoção de critério objetivo de tempo também para a admissão da união estável como ente familiar.

Embora esses argumentos sejam relevantes, entendemos que não é um tempo mínimo de convivência que serve de parâmetro para caracterização de união estável. Regina Beatriz Tavares[137] assinala que "o estabelecimento de prazo mínimo acabaria por gerar situações de extrema injustiça e de locupletamento ilícito daquele que tem o patrimônio em seu nome e dissolve a relação antes do alcance daquele prazo, em prejuízo do outro convivente que ofereceu seu esforço na respectiva aquisição". Já o professor Álvaro Villaça Azevedo[138] esclarece, com muita propriedade: "A união estável nasce com o afeto entre os companheiros, constituindo sua família, sem prazo certo para existir ou para terminar. Em cada caso concreto, deverá o juiz perceber se houve, realmente, ou não, duração suficiente para a existência da união estável. Todavia, é no intuito de constituição de família que está o

---

136 Guilherme Calmon Nogueira da Gama, O companheirismo: uma espécie de família, p. 200.

137 Regina Beatriz Tavares da Silva, Código Civil comentado, 6. ed., p. 1.878-1879.

138 Álvaro Villaça Azevedo, Estatuto da família de fato, 2. ed., p. 438.

fundamento da união estável. Esse estado de espírito de viver no lar pode não existir, por exemplo, no companheirismo, que objetive, além da companhia esporádica, relações sexuais ou sociais, com ampla liberdade de que tenham outras convivências os companheiros, não encarando os afazeres domésticos com seriedade. Nessa situação, pode um casal viver mais de dez anos, sem que se vislumbre união estável. Os tribunais chamam esse estado de mero companheirismo, de união aberta ou de relação aberta."

2.9. Publicidade

A convivência na união estável deve ser pública. Os companheiros devem se apresentar à sociedade em que vivem como se casados fossem, a fim de que tenham o seu comportamento avaliado no meio social. Encontros clandestinos, às escondidas, conhecidos apenas no estrito ambiente doméstico, ainda que repetidos durante muito tempo, não configuram entidade familiar.

3. Direito sucessório na união estável: Leis ns. 8.971/94 e 9.278/96

O direito sucessório na união estável, após a Constituição Federal de 1988 e anterior ao Código Civil em vigor, foi disciplinado pelas Leis ns. 8.971/94 e 9.278/96. A primeira dessas leis estabelecia, no seu artigo 2º:

As pessoas referidas no artigo anterior participarão da sucessão do(a) companheiro(a) nas seguintes condições:

I — o(a) companheiro(a) sobrevivente terá direito, enquanto não constituir nova união, ao usufruto de quarta parte dos bens do *de cujus*, se houver filhos deste ou comuns;

II — o(a) companheiro(a) sobrevivente terá direito, enquanto não constituir nova união, ao usufruto da metade dos bens, se não houver filhos, embora sobrevivam ascendentes;

III — na falta de descendentes e de ascendentes, o(a) companheiro(a) sobrevivente terá direito à totalidade da herança.

Equiparou, como se verifica, o companheiro ao cônjuge sobrevivente na ordem de vocação hereditária, colocando aquele ao lado deste na terceira classe preferencial, depois dos descendentes e dos ascendentes, antes dos colaterais até o quarto grau. Além disso, concedeu ao companheiro sobrevivente usufruto vidual igual ao que era previsto no parágrafo 1º do artigo 1.611 do Código Civil de 1916, em favor do cônjuge casado por regime diverso do da comunhão universal de bens, e ainda a meação dos bens adquiridos pelo esforço comum.

Já a Lei n. 9.278/96 criou, em favor do companheiro, os seguintes direitos: direito e deveres recíprocos (art. 2º); direito a regime de bens, legal ou convencional (art. 5º); direito a alimentos (art. 7º); direito real de habitação em condições semelhantes às do parágrafo 2º do artigo 1.611, instituído em favor dos cônjuges.

Como a Lei n. 9.278/96 não revogou a Lei n. 8.971/94, passaram então ambas a reger a sucessão na união estável. A cumulação de direitos outorgados ao companheiro, devido à coexistência das referidas leis, fez com que eles tivessem mais direitos do que os cônjuges. Cite-se, por exemplo, o caso do usufruto, só concedido ao cônjuge se casado fosse em regime diverso da comunhão universal, ou o direito real de habitação, somente deferido se o regime fosse o da comunhão universal.

Sobre a matéria, várias correntes surgiram na doutrina e na jurisprudência. Umas entendiam que havia inconstitucionalidade nesses privilégios, pois a lei estava dando mais do que o previsto na Constituição Federal. Outras apresentavam uma solução, sem apreciação legislativa, que estendia aos cônjuges a cumulação dos benefícios, do usufruto e do direito real de habitação.

4. Direito sucessório na união estável: Código Civil de 2002

O Código Civil, embora tenha trazido inovações sobre o direito sucessório dos companheiros, vem sofrendo críticas por conta de algumas posições que adotou. Regulou o direito sucessório em capítulos distintos: o do companheiro, na união estável, nas disposições gerais do direito das sucessões (Capítulo I do Título I do Livro V da Parte Especial), enquanto que o do cônjuge é tratado no capítulo que cuida da ordem da vocação hereditária. Além disso, deu tratamento diferenciado às duas entidades familiares, verificando-se retrocesso em alguns aspectos.

5. Inconstitucionalidade do artigo 1.790 do Código Civil

Autores apontam inconstitucionalidade do artigo 1.790 do Código Civil, sob o fundamento de que a Constituição Federal não permite ao legislador infraconstitucional tratar de forma diferenciada o cônjuge e o companheiro em matéria sucessória.

A diferenciação é encontrada nos seguintes pontos: a) o artigo 1.790 situa-se topograficamente em local estranho à matéria nele tratada: nas disposições gerais do direito das sucessões; b) o direito de concorrência do companheiro com os descendentes atinge apenas os bens onerosos adquiridos na constância da união estável, enquanto, em relação ao cônjuge, o artigo 1.829 estende esse direito aos bens particulares, sobre os quais não tem meação; c) o companheiro está em quarto lugar na ordem de chamada, após os colaterais (art. 1.790, IV).

Em que pesem os argumentos apresentados por parte da doutrina, não vemos vícios de inconstitucionalidade no artigo 1.790 do Código Civil. Em primeiro lugar, porque a questão topográfica retrata, tão só, um erro de técnica legislativa, grosseiro por sinal, que não chega, todavia, a ferir o texto constitucional. Em segundo lugar, é preciso observar que a Constituição Federal não equiparou a união estável ao casamento. Reconheceu-a como entidade familiar, estabelecendo que a lei deve facilitar sua conversão em casamento (art. 226, § 3º), revelando com isso preferência pela família oriunda do casamento. Além disso, se a Constituição distinguiu os dois institutos, não tinha como conferir a ambos os mesmos direitos. Já com relação aos filhos, o Código Civil não estabeleceu nenhuma restrição aos nascidos de união estável: herdam da mesma foram como herdam os nascidos de casamento.

6. Regime de bens na união estável

O regime de bens na união estável foi regulado pelo artigo 5º da Lei n. 9.278/96, da seguinte forma:

> Os bens móveis e imóveis adquiridos por um ou por ambos os conviventes, na constância da união estável e a título oneroso, são considerados fruto do trabalho e da colaboração comum, passando a pertencer a ambos, em condomínio e em partes iguais, salvo estipulação contrária em contrato escrito.

O Código Civil disciplinou a matéria revogando o sistema anterior, ao dispor no artigo 1.725:

> Na união estável, salvo contrato escrito entre os companheiros, aplica-se às relações patrimoniais, no que couber, o regime da comunhão parcial de bens.

O artigo contempla dois regimes de bens: o comum e o convencional. A seguir, apontaremos as diferenças entre os dois.

6.1. Regime comum

O regime da comunhão parcial está expressamente previsto no artigo 1.725 do Código Civil como sendo o regime comum entre nós. Será adotado quando os companheiros não optarem por outro regime, através de contrato escrito. Portanto, não havendo convenção escrita dispondo de outra forma, as relações patrimoniais entre os companheiros seguirão o regime da comunhão parcial de bens, comunicando-se os bens adquiridos a título oneroso durante o período da união estável, conservando cada um os bens que tinha anteriormente.

6.2. Regime contratual

O regime contratual na união estável é uma opção dos companheiros. Através de contrato escrito, poderão eleger qualquer um dos regimes de bens previstos no Código Civil: comunhão parcial[139], comunhão universal, participação final nos aquestos e separação total. A separação obrigatória, como o próprio nome indica, independe da vontade dos companheiros e, por isso, dispensa a formalização de contrato escrito.

7. Regras aplicáveis ao regime de bens na união estável

O artigo 1.725 do Código Civil estabelece que se aplicam à união estável, "no que couber", as regras da comunhão uni-

---

139 Embora seja o regime comum na união estável, os companheiros poderão elegê-lo, inclusive mesclando com outro regime.

versal. Permitiu, assim, que fossem recepcionadas algumas regras das disposições especiais (arts. 1.658 a 1.666) e das disposições gerais (arts. 1.639 a 1.657) do Código Civil. Dentre elas, destacamos as previstas nos artigos 1.653 e 1.641, I.

7.1. Contrato por escritura pública

O artigo 1.653 estabelece a forma do pacto, quando os nubentes optam por regime que não seja o da comunhão parcial de bens: deve ser firmado por escritura pública, sob pena de nulidade. Essa regra se aplica à união estável. Se no casamento o contrato é instrumentalizado através de escritura pública, na união estável não pode ser diferente, devido à identidade de razões: o instrumento público dá maior segurança jurídica às partes contratantes e aos terceiros.

Washington de Barros Monteiro[140] observa que os efeitos patrimoniais da união estável são de suma relevância. Permitir aos companheiros a escolha do regime de bens diverso da comunhão parcial, por mero instrumento particular, sem as formalidades próprias do instrumento público, pode gerar graves danos a uma das partes. Esses danos podem ocorrer por erro, dolo ou mesmo coação, gerando, além disso, dúvidas e conflitos quanto à sua validade.

7.2. Regime da separação obrigatória

O artigo 1.641, inciso I, do Código Civil, como disposição geral do regime da comunhão parcial de bens, deve aplicar-se não só ao casamento, mas também à união estável. Segundo esse dispositivo, o casamento celebrado com causa suspensiva

---

140 Washington de Barros Monteiro, *Curso de direito civil*: direito de família, 38. ed., v. 2, p. 47.

tem, obrigatoriamente, o regime de separação de bens. Observa Washington de Barros Monteiro[141] que, embora o artigo 1.723, parágrafo 2º, do Código Civil, disponha que as causas suspensivas previstas no artigo 1.523 não impedirão a caracterização de união estável, está em perfeita consonância com a aplicação do artigo 1.641, inciso I, à união estável. "Se houver causa suspensiva, a união estável não deixa de existir e produzir efeitos, como os deveres entre os companheiros, mas o regime de bens a vigorar nessa união deve ser o da separação obrigatória."

Para o mestre, "não faria qualquer sentido a lei tratar diversamente a pessoa que se casa com causa suspensiva ou com mais de sessenta anos, submetendo-a obrigatoriamente ao regime da separação de bens, e aquela que passa a viver em união estável, nas mesmas circunstâncias, já que a finalidade protetiva da lei é a mesma para ambos os casos". Do contrário, seria muito fácil burlar as normas que regulamentam o regime da separação obrigatória de bens. Por exemplo, a pessoa que estivesse sob causa suspensiva ou com mais de sessenta anos, para evitar aquele regime, em vez de se casar, passasse a viver em união estável.

Dessa forma, o viúvo ou a viúva que tiver filho do cônjuge falecido e não houver feito inventário dos bens do casal e dado partilha aos herdeiros, bem como as pessoas maiores de sessenta anos de idade, só poderão constituir união estável pelo regime da separação obrigatória de bens (art. 1.523, I). Ainda que, de boa-fé, pensem que estão convivendo no regime da comunhão parcial, havendo conversão em casamento, ou dissolução do vínculo, aplicam-se as regras estabelecidas no artigo 1.641 do Código Civil.

---

141 Washington de Barros Monteiro, *Curso de direito civil*: direito de família, 38. ed., v. 2, p. 48.

8. Bens que compõem o patrimônio da união estável

Adotando os companheiros o regime de comunhão, os bens que adquirem a título oneroso durante a união estável formam um patrimônio comum. Embora o legislador tenha feito confusão, não distinguindo meação de herança, aberta a sucessão, o companheiro sobrevivente terá direito à metade desses bens. Terá também direito à herança, concorrendo nela com os herdeiros legítimos do *de cujus*, na forma disposta nos incisos I, II e III do artigo 1.790. É que, se há regime de comunhão (art. 1.725), indiscutível será o direito de pleitear a metade do patrimônio comum a título de meação.

A Segunda Câmara do Tribunal de Justiça da Paraíba[142], em março de 1997, proferiu decisão a respeito da matéria, que ainda está atualizada:

> União estável. Efeitos patrimoniais. Bens adquiridos a título oneroso. Condomínio. Lei n. 9.278/96. Partilha em ação de inventário. Admissibilidade. Na união estável, os bens móveis ou imóveis adquiridos a título oneroso, por um ou por ambos os conviventes, são considerados fruto do trabalho comum e da colaboração mútua, passando a pertencer a ambos, em condomínio e em partes iguais, salvo estipulação em contrato escrito. Em face da Lei n. 9.278/96, desnecessária a prova de contribuição de um ou de outro convivente para a aquisição do patrimônio, bastando que qualquer deles demonstre, cumpridamente, a existência da união estável.

O acórdão adotou a lição de Fernando Malheiros Filho: "Em vista da regulamentação legal do relacionamento estável, descomplicou-se a atribuição de seus efeitos, reduzido que ficou o espaço para a ação do intérprete, que antes agia ao

---

142 TJPB AC n. 96.0000912-1, rel. Des. Antônio Elias de Queiroga.

sabor de seu poder criativo, pela absoluta ausência de assento em legislação. Tal situação sempre permitiu grande diversidade de posições, senão quanto à necessidade do reconhecimento da união estável como instituto jurídico, especialmente na exatidão de sua configuração e na extensão de seus efeitos. Sob o ponto de vista patrimonial, atualmente, é clara a lei para conferir, uma vez reconhecida a união estável, a comunhão dos bens móveis e imóveis adquiridos por um ou por ambos os conviventes, na constância da união estável e a título oneroso (Lei n. 9.278/96, art. 5º, *caput*)."[143]

9. Bens particulares

Os bens particulares são os pertencentes a cada um dos companheiros, adquiridos antes da constituição da união estável ou pelas formas dispostas nos artigos 1.659 e 1.661 do Código Civil. Falecendo o companheiro, seus bens particulares compõem o acervo hereditário. Todavia, dessa sucessão não participa o companheiro sobrevivente. Serão chamados apenas os seus descendentes, ascendentes ou colaterais, observando-se a ordem de vocação.

Note-se que, da forma como o legislador tratou a matéria, não existindo herdeiros sucessíveis, os bens particulares do companheiro falecido serão incorporados, conforme o caso, ao domínio do Município ou do Distrito Federal. É que o direito à meação e à herança ficou limitado aos bens adquiridos onerosamente na constância da união estável. Trata-se de questão tormentosa.

A solução para o impasse está na interpretação do inciso IV do artigo 1.790 do Código Civil. Essa regra deve ser compreendida, para esse caso, como se referindo à totalidade dos

---

[143] Fernando Malheiros Filho, *A união estável*: sua configuração e efeitos, p. 39.

bens do *de cujus*, adquiridos a qualquer tempo e a qualquer título. Não se limita apenas aos aquestos, como parece sinalizar o *caput* do artigo, conjugando-se a interpretação em consonância com o artigo 1.844 do Código Civil, que dispõe:

> Não sobrevivendo cônjuge, ou companheiro, nem parente algum sucessível, ou tendo eles renunciado a herança, esta se devolve ao Município ou ao Distrito Federal, se localizada nas respectivas circunscrições, ou à União, quando situada em território federal.

Observe-se que o legislador incluiu o companheiro e foi taxativo, ao proclamar que a herança somente será devolvida ao Município ou ao Distrito Federal se não existir cônjuge, companheiro ou qualquer outro parente sucessível.

10. Forma de participação na herança

Prescreve o artigo 1.790 do Código Civil que o companheiro participará da sucessão do outro, quanto aos bens adquiridos onerosamente na vigência da união estável, nas condições seguintes:

I — se concorrer com filhos comuns, terá direito a uma quota equivalente à que por lei for atribuída ao filho;

II — se concorrer com descendentes só do autor da herança, tocar-lhe-á a metade do que couber a cada um daqueles;

III — se concorrer com outros parentes sucessíveis, terá direito a um terço da herança;

IV — não havendo parentes sucessíveis, terá direito à totalidade da herança.

A seguir, analisaremos as hipóteses mencionadas.

10.1. Concorrência com filhos comuns

Pela disposição do inciso I do artigo 1.790, se o companheiro sobrevivente concorrer com filhos comuns, terá direito a uma quota equivalente à que por lei for atribuída ao filho. A herança, nesse caso, será partilhada por cabeça. Assim, existindo dois filhos comuns, a herança, excluída a meação, será dividida em três partes iguais, ficando cada filho com uma parte, e a outra parte com o companheiro sobrevivente.

10.2. Concorrência apenas com descendentes do autor da herança

Se o companheiro sobrevivente concorrer apenas com descendentes do autor da herança, tocar-lhe-á a metade do que couber a cada um daqueles. Nesse caso, a herança será dividida em duas partes e meia, ficando cada filho com uma parte e o companheiro ou a companheira sobrevivente com meia parte.

10.3. Concorrência com outros parentes sucessíveis

Se o companheiro sobrevivente concorrer com outros parentes sucessíveis (ascendentes e colaterais, até o quarto grau), terá direito a um terço da herança. Não havendo ascendentes, a concorrência será então com os colaterais, sendo chamados em primeiro lugar os irmãos; não havendo irmãos, os sobrinhos; não havendo sobrinhos, os tios; e, não havendo tios, os colaterais de quarto grau.

10.4. Falta de parentes sucessíveis

Na falta de parentes sucessíveis, o companheiro sobrevivente terá direito à totalidade da herança deixada pelo falecido, que se compõe, *para esse fim*, dos bens adquiridos onerosamente, na constância da união estável e dos bens particulares (interpretação conjugada do art. 1.790, IV com o art. 1.844), conforme expusemos no item 9 deste capítulo.

10.5. Concorrência com filhos exclusivos e comuns

Grande dificuldade pode surgir na hipótese do companheiro concorrer à sucessão do outro com filhos comuns e filhos exclusivos do autor da herança. Como conjugar os incisos I e II do artigo 1.790? O primeiro diz que o companheiro tem direito a uma quota equivalente à dos filhos comuns, enquanto que o segundo confere ao companheiro meia quota, quando concorrer com filhos exclusivos do *de cujus*. Deixando o autor da herança filhos exclusivos e filhos comuns com o companheiro sobrevivente, como efetuar a partilha, de forma a preservar o espírito da lei? Como se observa, foi preservada a igualdade de quinhões entre os filhos, mas a posição do companheiro ficou diversa, conforme se trate de filho comum ou de filho exclusivo do autor da herança.

No Capítulo IX, quando tratamos do direito de concorrência do cônjuge sobrevivente com os descendentes, analisamos essas questões envolvendo filhos exclusivos e filhos comuns. Citamos as várias propostas apresentadas pela doutrina e apontamos a nossa: divisão da herança por todos em igualdade de condições.

Na 1ª edição deste livro, adotamos o mesmo critério para a união estável, ou seja, a divisão do patrimônio hereditário *per capita*, como se todos fossem filhos comuns. Estabelecemos uma igualdade do cônjuge sobrevivente com os filhos, por baixo, ao retirar dele a quota de um quarto, que existiria somente se houvessem filhos comuns. Para guardar coerência com essa posição, entendemos que, na união estável, o plano de igualdade entre o companheiro e os filhos comuns (art. 1.790, I, do CC), também só será possível se não houver filhos exclusivos. Existindo essa categoria, todos os filhos herdarão por igual, cabendo ao companheiro sobrevivente metade do que tocar a cada filho (art. 1.790.II, do CC).

Assim, propomos que a distribuição dos bens da herança (excluída, obviamente, a meação, que não é herança) seja efetuada como se todos os filhos fossem exclusivos. Dessa forma, seria preservada a igualdade entre eles, enquanto que ao companheiro sobrevivente tocaria a metade do que coubesse a cada um daqueles. Os filhos, portanto, teriam direito a duas partes e o companheiro teria direito a uma parte. Exemplo: filhos comuns — José e Maria; filhos exclusivos - Pedro e João; companheira — Ana.

José: 2; Maria: 2; Pedro: 2; João: 2; Ana: 1. Total: 9 partes. Valor da herança: 900. Partilha: 900 - 9 = 100. Resultado - José: 2 x 100 = 200; Maria: 2 x 100 = 200; Pedro: 2 x 100 = 200; João: 2 x 100 = 200; Ana: 1 x 100 = 100. Total = 900.

Qualquer outra fórmula matemática que se adotar, embora traduzindo quotas iguais, alguém sairá perdendo em nome dessa falsa igualdade: E serão os filhos. Essa afirmação é muito lógica, pois os filhos, comuns e exclusivos, que são filhos de um mesmo pai ou de uma mesma mãe, herdam por cabeça. Logo, se o companheiro herdar em igualdade de condições com os filhos comuns (art. 1.790, I) e metade do que herdar os filhos exclusivos (art. 1.790, II), a igualdade entre os filhos não existirá, visto que os filhos comuns perderão partes de suas quotas hereditárias para possibilitar a igualdade com o companheiro sobrevivente, e então ficarão em desigualdade com os filhos exclusivos. Para preservar a isonomia entre os filhos, comuns e exclusivos, a solução seria desfalcar as quotas de todos filhos para complementar a do companheiro. Essa hipótese também é impossível, porque, além de os filhos exclusivos saírem perdendo, estar-se-ia violando artigo. 1.790, II, do Código Civil, que é taxativo ao estabelecer:

II — se concorrer com descendentes só do autor da herança, tocar-lhe-á a metade do que couber a cada um daqueles.

Conforme já assinalamos, seguindo a orientação de José Luiz Gavião de Almeida[144], a interpretação que melhor se adapta à intenção do legislador é a que privilegia os filhos antes do cônjuge ou companheiro. "Se assim é, entre uma interpretação que garanta quantia maior ao cônjuge ou convivente e outra que lhe entrega quantia menor, melhor esta ultima, que beneficia os filhos".

11. Propostas legislativas em tramitação no Congresso Nacional

Duas propostas tramitam no Congresso Nacional, buscando pôr fim às dúvidas suscitadas no direito de concorrência dos cônjuges e companheiros sobreviventes. A primeira consta no Projeto de Lei n. 6.960/2000, de autoria do então deputado Ricardo Fiuza, propondo a seguinte redação para o artigo 1.790:

O companheiro participará da sucessão do outro na forma seguinte:

I — em concorrência com descendentes, terá direito a uma quota-parte equivalente à metade do que couber a cada um

---

[144] José Luiz Gavião de Almeida. Código Civil comentado, Editora Atlas S.A. São Paulo, 2003, v. XVIII, p. 71.

destes, salvo se tiver havido comunhão de bens durante a união estável e o autor da herança não houver deixado bens particulares, ou se o casamento dos companheiros tivesse ocorrido, observada a situação existente no começo da convivência, fosse pelo regime da separação obrigatória.

A segunda é objeto do Projeto de Lei n. 4.944/2005, denominado "Projeto Biscaia/IBDFAM". Tem um sentido mais amplo: propõe a revogação do artigo 1.790 do Código Civil e altera o artigo 1.829, estabelecendo uma igualdade absoluta entre cônjuges e companheiros. É também polêmico, visto que almeja uma igualdade onde a Constituição, por opção sua, estabelece uma desigualdade. O referido projeto tem seguinte redação:

Artigo 1.829 — A sucessão legítima defere-se na seguinte ordem:

I — aos descendentes, em concorrência com o cônjuge sobrevivente ou com o companheiro sobrevivente;

II — aos ascendentes, em concorrência com o cônjuge sobrevivente ou com o companheiro sobrevivente;

III — ao cônjuge sobrevivente ou ao companheiro sobrevivente;

IV — aos colaterais.

12. Direito real de habitação

O artigo 7º, parágrafo único, da Lei n. 9.278/96 dispunha:

Dissolvida a união estável por morte de um dos conviventes, o sobrevivente terá direito real de habitação, enquanto viver ou não constituir nova união ou casamento, relativamente ao imóvel destinado à residência da família.

O artigo 1.831 do Código Civil confere esse direito aos cônjuges, até de forma mais ampla do que o Código Civil de 1916. Mas não fez o mesmo com o companheiro na união estável, pois deixou de reproduzir a regra estabelecida no artigo 7º, parágrafo único, da Lei n. 9.278/96.

Assim, entendemos que o Código Civil, regulando de forma completa a sucessão na união estável, nela não incluindo o direito real de habitação, revogou a legislação anterior. O juiz, portanto, não pode estendê-lo ao companheiro ou à companheira, sob pena de modificar a lei, fora do processo específico. Entretanto, essa posição é polêmica. Vários autores defendem entendimento contrário. Nos tribunais, há decisões do Superior Tribunal de Justiça pela inclusão do benefício, embora baseadas na legislação anterior:

> Usufruto. Companheira. Meação. Habitação. O companheiro que tem filhos não pode instituir em favor da companheira usufruto sobre a totalidade do seu patrimônio, mas apenas sobre a parte disponível (art. 1576 do CC). A companheira tem, por direito próprio e não decorrente do testamento, o direito de habitação sobre o imóvel destinado à moradia da família, nos termos do artigo 7º da Lei 9.278/96.[145]

No mesmo sentido é o Enunciado n. 117 do Conselho de Justiça Federal, aprovado na I Jornada de Direito Civil, realizada em Brasília, em setembro de 2002:

> O direito real de habitação deve ser estendido ao companheiro, seja por não ter sido revogada a previsão da Lei n. 9.278/96, seja em razão da interpretação analógica do artigo 1.831 do Código Civil, informado pelo artigo 6º, *caput*, da Constituição Federal de 1988.

---

145 STJ REsp n. 175.862/ES, 4ª T., rel. Min. Ruy Rosado de Aguiar, j. 16.08.2001, *DJU*, de 24.09.2001, p. 308.

13. Usufruto vidual

A Lei n. 8.971, de 1994, dispôs sobre o usufruto vidual na união estável. Já falamos sobre esse tema, inclusive acerca da questão suscitada na época de inconstitucionalidade do sistema. Porém, o Código Civil de 2002 não recepcionou esse benefício, apesar de opiniões em contrário. Dentre elas, merece destaque a de Euclides de Oliveira[146]: "Meação e usufruto não se repelem, na medida que a lei aponta causas distintas para sua percepção, sem maiores restrições. Repete-se o paralelo com o usufruto concedido ao cônjuge viúvo (art. 1.611, § 1º, do CC/16) em que se excepciona, apenas, a hipótese de casamento no regime da comunhão universal de bens, inaplicável aos companheiros."

Não é essa, contudo, a posição do STJ:

> Companheira de falecido não tem direito ao usufruto legal, mesmo quando contemplada em testamento com bens de valor superior ou igual àqueles sobre os quais recairia o usufruto. O entendimento é da Quarta Turma do Superior Tribunal de Justiça (STJ) ao julgar o recurso interposto pelos inventariantes do espólio de C.A.M.M.B. contra decisão do Tribunal de Justiça do Rio Grande do Sul. O TJ assegurou à companheira do falecido o usufruto, entendendo que ainda que a companheira haja sido contemplada com o legado, persiste o direito ao usufruto vidual sobre a quarta parte da herança, o qual não está condicionado à necessidade econômica da beneficiária. No STJ, os inventariantes sustentaram a inexistência de direito da companheira do falecido ao usufruto legal, em razão de ter sido ela contemplada em testa-

---

146 Euclides Benedito de Oliveira, *União estável*: do concubinato ao casamento, 6. ed., p. 2.008.

mento com quinhão superior ao que lhe tocaria como usufrutuária. Em seu voto, o relator, ministro Luís Felipe Salomão, afastou o usufruto estabelecido para companheira do falecido sobre os bens pertencentes aos demais herdeiros. Segundo o ministro, no caso, sendo legado à companheira propriedade equivalente ao que recairia eventual usufruto, tem-se que tal solução respeita o artigo 1.611 do Código Civil, de 1916, uma vez que, juntamente com a deixa de propriedade, transmitem-se, por consequência, os direitos de usar e de fruir da coisa[147].

14. Dos alimentos

O Código Civil de 2002, no artigo 1.724, atribui os mesmos direitos e deveres pessoais aos cônjuges e aos companheiros. O dever de assistência tem duplo aspecto: material e imaterial, tal como ocorre no casamento. No plano material, a assistência configura-se no auxílio econômico recíproco, na contribuição para os encargos dos envolvidos na união, compreendendo a prestação de alimentos naturais e civis, ou seja, de recursos necessários à alimentação propriamente dita, à saúde, à habitação, ao vestuário, ao transporte e ao lazer. A respeito da matéria, leciona Washington de Barros Monteiro[148]: "Esse dever engloba a obrigação alimentar, mas não se condiciona, como esta última, aos pressupostos de possibilidades do devedor e necessidades do credor, estabelecidos no artigo 1.694, parágrafo 1º, do Código Civil de 2002, submetendo-se, isto sim, à posição social e econômica dos compa-

---

147 http://www.stj.gov.br/portal_stj/publicacao/engine.wsp?tmp.ar ea=398&tmp.texto=96064&acs.tamanho=102&acs.img_tam=1.20 00000000000001).

148 Washington de Barros Monteiro, *Curso de direito civil*: direito de família, 38. ed., v. 2, p. 45.

nheiros e sendo exigível em todos os momentos da união. Dissolvida a união estável, consoante preveem os artigos 1.694 e seguintes do mesmo diploma legal, a assistência material passa a ser prestada ao companheiro, a título de alimentos."

15. Crítica ao sistema sucessório da união estável

Já fizemos algumas considerações sobre os defeitos do Código Civil ao tratar da sucessão na união estável. Dissemos inclusive que, em alguns aspectos, houve retrocesso. Realmente, apesar das inovações trazidas, o novel Código não tem como escapar das críticas. A posição de chamada em que ficou o companheiro ou a companheira é absurda. No casamento, o cônjuge concorre com os descendentes e ascendentes e ainda fica em terceiro lugar na ordem da vocação. Isso lhe dá o direito de recolher a totalidade da herança, caso não existam descendentes e ascendentes.

Em contrapartida, na união estável, o companheiro supérstite concorre com os descendentes e os demais herdeiros sucessíveis, mas fica em último lugar na ordem da vocação, só recolhendo a totalidade dos bens se não existirem colaterais. Ou seja, no casamento, o cônjuge prefere aos colaterais; na união estável, os colaterais preferem ao companheiro sobrevivente. Além disso, conforme assinalamos, o direito real de habitação, criado pelo artigo 7º da Lei n. 9.278/96, não tem previsão expressa, o mesmo ocorrendo com o usufruto vidual.

CAPÍTULO XI

CONCUBINATO

1. Introdução. 2. Efeitos jurídicos do concubinato impuro.

1. Introdução

O Código Civil atual, de forma inovadora, disciplina o concubinato, o conceituando no artigo 1.727 como:

> As relações não eventuais entre o homem e a mulher, impedidos de casar.

A regra, como se vê, exige três condições: a) relações não eventuais; b) relações existentes entre pessoas de sexos opostos; c) existência de impedimento matrimonial.

É preciso, portanto, que haja relações permanentes e duradouras entre os concubinos. Relações eventuais, passageiras, fugazes e fortuitas não constituem concubinato. Também não há concubinato entre pessoas do mesmo sexo, considerando que a norma é bem clara, quando exige um relacionamento "entre o homem e a mulher". Por fim, exige-se impedimento matrimonial entre os parceiros. Esse requisito, no entanto, foi mitigado pelo parágrafo 1º do artigo 1.723, que prevê a possibilidade de pessoa casada constituir união estável, conquanto esteja separada de fato ou judicialmente.

2. Efeitos jurídicos do concubinato impuro

No nosso livro *Curso de direito civil*: direito de família[149], fizemos um estudo minucioso da legislação brasileira sobre o concubinato, no sistema anterior ao atual Código Civil. Frisamos que o único texto legal que tratava de concubinato era o Código Civil de 1916, e ainda assim com o objetivo de penalizar essa união e impedir que produzisse efeitos jurídicos (arts. 183, VII, IV, 358, 1.177, 1.474 e 1.719, III).

Assinalamos que o concubinato era diferenciado em puro e impuro. Puro, quando não havia impedimento matrimonial; impuro, quando formado por pessoas impedidas de se casarem. Anotamos também que os tribunais tiveram papel decisivo na proteção de direitos fundamentais da concubina, quando reconheceram o direito à meação dos bens adquiridos pelo esforço comum, ou o direito à indenização por serviços domésticos prestados. O Supremo Tribunal Federal terminou por editar a Súmula n. 380, que representou um grande avanço para a solução de muitas controvérsias:

> Comprovada a existência de sociedade de fato entre os concubinos, é cabível a sua dissolução judicial, com a partilha do patrimônio adquirido pelo esforço comum.

Para Roberto Rosas[150], essa posição não teve o sentido de dar foros de legalidade ao concubinato; antes, quis reconhecer as consequências advindas dessa união, principalmente quan-

---

149 Antônio Elias de Queiroga, *Curso de direito civil*: direito de família, p. 276.
150 Roberto Rosas, *Direito sumular*, p. 150.

do havia auferimento de vantagens conquistadas pelo esforço comum dos concubinos. Todas essas conquistas, como se pode notar, conferiam efeitos pessoais, sociais e patrimoniais ao concubinato natural ou adulterino.

Com o advento do Código Civil de 2002, a modalidade de concubinato puro passou a ser união estável, produzindo todos os efeitos jurídicos a ela inerentes. Restou a outra modalidade, que foi regrada pelo artigo 1.727 do Código Civil. Esse tipo de concubinato não produz efeitos pessoais ou sociais, como alimentos ou pensão, nem direitos sucessores. A respeito da matéria, a Segunda Câmara Cível do Tribunal de Justiça da Paraíba, já na vigência do atual Código Civil, proferiu a seguinte decisão:

> União estável. Pessoa casada. Impedimento. Ausência de separação judicial ou de separação de fato por mais de dois anos. Relacionamento espúrio e clandestino que constitui concubinato, dentro do perfil traçado pelo artigo 1.727 do Código Civil atual. Impossibilidade de se conceder à amante direitos pessoais ou sociais. I. A posição dominante na doutrina e na jurisprudência era a de que não podia haver união estável se existissem impedimentos matrimoniais entre os companheiros, concepção esta mitigada com o advento do Código Civil de 2002, que, na parte final do parágrafo 1º do artigo 1.723, diz não se aplicar o inciso VI do artigo 1.521, como causa obstativa de formação de união estável. Assim, a pessoa casada pode viver em união estável com outra, desde que esteja separada judicialmente, ou de fato. II. Pela leitura do artigo 1.723, percebe-se a consagração da corrente que admite a possibilidade de união estável entre pessoas ainda vinculadas pelo matrimônio, conquanto separadas judicialmente ou de fato, demonstrando-se a consolidação da tese de que o direito não pode deixar de acompanhar a realidade, em nome da rigidez das leis. III. Revelam as provas dos autos que o relacionamento amoroso entre o esposo da

apelante e a apelada envolvia-se pelo véu da ilicitude, ante a situação de clandestinidade, ensejando que o parceiro tivesse ao mesmo tempo duas mulheres, a legítima e a amante, como poderia, dessa forma, ter três, quatro ou dez. IV. O direito não protege situação construída à margem da lei. A amante, amásia, ou qualquer nomeação que se dê à pessoa que, paralelamente ao vínculo de casamento, mantém uma outra relação, uma segunda ou terceira. ela será sempre a outra, ou o outro, que não tem lugar em uma sociedade monogâmica.[151]

Recentemente, o Superior Tribunal de Justiça decidiu no mesmo sentido: relação de concubinato simultânea a casamento não pode ser reconhecida como união estável. É ilegal reconhecer como união estável a relação de concubinato ocorrida simultaneamente a casamento válido. A conclusão é da Terceira Turma do Superior Tribunal de Justiça, ao dar provimento a recurso especial da viúva contra a concubina.

Consta ainda no relatório do referido acórdão que "no recurso especial para o Superior Tribunal de Justiça, a viúva alegou que a decisão do Tribunal de Justiça do Rio Grande do Sul ofende, entre outras, a Lei n. 9.278/96, não sendo possível reconhecer união estável em relação simultânea ao casamento, que nunca foi dissolvido, como alegado pela concubina". A Terceira Turma deu provimento ao recurso da viúva, afirmando que a união estável pressupõe a ausência de impedimentos para o casamento, ou, pelo menos, que o companheiro esteja separado de fato. Afirmou a Ministra Nancy Andrighi, relatora da matéria:

> A existência de impedimento para se casar por parte de um dos companheiros, como, por exemplo, na hipótese de a

---

[151] TJPB AC n. 2002.013078-8/Capital, rel. Des. Antônio Elias de Queiroga.

pessoa ser casada, mas não separada de fato ou judicialmente, obsta a constituição de união estável. (...) não há, sob o prisma do direito da família, prerrogativa da concubina à partilha dos bens deixados pelo falecido. (...) Os elementos probatórios, portanto, atestam a simultaneidade das relações conjugal e de concubinato, o que impõe a prevalência dos interesses da recorrente, cujo matrimônio não foi dissolvido, aos alegados direitos subjetivos pretendidos pela concubina.[152]

Convém ressaltar, contudo, que o concubinato impuro produz efeitos patrimoniais, desde que entre os concubinos exista uma sociedade de fato. É a posição consagrada pela Súmula n. 380, citada anteriormente. O Superior Tribunal de Justiça não só consagrou a ideia da Súmula, como avançou no tema. Exemplo marcante é esta decisão, cujo relator foi o Ministro Sálvio de Figueiredo Teixeira:

I. Constatada a contribuição indireta da ex-companheira na constituição do patrimônio amealhado durante o período de convivência *more uxorio*, contribuição consistente na realização das tarefas necessárias ao regular gerenciamento da casa, aí incluída a prestação de serviços domésticos, admissível o reconhecimento da existência de sociedade de fato e consequente direito à partilha proporcional. II. Verificando-se que haja diminuição de despesas (economia) proporcionada pela execução das atividades de cunho doméstico pela ex-companheira, há que se reconhecer patenteado o esforço comum a que alude o Enunciado n. 380 da Súmula STF. III. Salvo casos especiais, a exemplo de inexistência de patrimônio a partilhar, a concessão de uma indenização por serviços domésticos prestados, prática de longa data consagrada pela jurisprudência, não se afeiçoa à nova realidade constitucio-

---

152 STJ — REsp n. 931.155/RS, 3ª Turma, rel. Min. Nancy Andrighi, j. 07.08.2007, *DJU*, de 20.08.2007, p. 281, *RDDP* 55/131.

nal, que reconhece a união estável entre o homem e a mulher como entidade familiar (art. 226, § 3º, da Constituição).[153]

Seguem outros julgados do Superior Tribunal de Justiça e do Supremo Tribunal Federal:

> Pode o cônjuge adúltero manter convívio no lar com a esposa e, fora, ter encontros amorosos com outra mulher; como pode também separar-se da esposa, para viver *more uxorio* com a outra. Na primeira hipótese, o que se configura é um concubinato segundo o seu conceito moderno, e obviamente a mulher é concubina; mas, na segunda hipótese, o que se concretiza é uma união de fato e a mulher merece ser havida como companheira. No primeiro caso, o homem tem duas mulheres, a legítima e a outra; no segundo, ele convive apenas com a companheira, porque se afastou da mulher legítima, rompendo de fato a sociedade conjugal.[154]

> Concubinato. Sociedade de fato. Regência pelo direito das obrigações. Inexistência de óbice a que o homem casado, além da sociedade conjugal, mantenha outra de fato ou de direito com terceiro. Direito da concubina à parcela patrimonial com a qual contribuiu para a constituição ou crescimento do patrimônio. Inexistência de pretensa dupla meação. A sociedade de fato mantida com a concubina rege-se pelo direito das obrigações e não pelo de família. Inexiste impedimento a que o homem casado, além da sociedade conjugal, mantenha outra, de fato ou de direito, com terceiro. Não há cogitar de pretensa dupla meação.[155]

---

153 STJ REsp n. 183718/SP (98/0055882-9), 4ª Turma, Min. Sálvio de Figueiredo Teixeira, j. 13.10.1998, *DJU*, de 18.12.1998, p. 367.
154 STF — RE n. 83.930/SP, 1ª Turma, rel. Min. Antonio Neder, j. 10.05.1977, *RTJ* 82/933-934.
155 STJ — REsp n. 47.103-6/SP, 3ª Turma, rel. Min. Eduardo Ribeiro, j. 29.11.1994, *DJU*, de 13.02.1995, *RT* 719/294.

A jurisprudência resistiu, durante muito tempo, a admitir a sociedade de fato, com a consequente partilha, em tais circunstâncias. Mencione-se, a propósito, o julgamento proferido no RE n. 103.775 (*RTJ* 117/1.264). Neste Tribunal, entretanto, vem-se firmando outro entendimento, embora se possa apontar, também, pelo menos um julgado que manteve fidelidade à doutrina tradicional. A corrente contrária argumentava com a impossibilidade do que qualificava de dupla meação, adjetivada de exótica, e salientava que não seria possível mantivesse o homem, simultaneamente, duas sociedades. Parece-me que essas razões, *data venia*, são destituídas de base sólida. Inadmissível que o homem, ou a mulher, participe, ao mesmo tempo, de duas sociedades fundadas no direito de família. Em outras palavras, de duas sociedades conjugais. Não é, entretanto, o que se verifica. A sociedade entre os concubinos rege-se pelo direito das obrigações. Assim como o homem casado poderá fazer parte de sociedade comercial ou civil, ser-lhe-á dado constituir uma sociedade de fato com qualquer pessoa. Não se coloca o problema da chamada "dupla meação". O direito da concubina advém de sua participação na formação do patrimônio e não se classifica como meação. Dissolvida a sociedade de fato, fará jus à parcela com que houver concorrido para a constituição ou crescimento daquele.[156]

Assinale-se ainda que não se pode mais cogitar de indenização à concubina por serviços prestados, quando do rompimento do concubinato. O Superior Tribunal de Justiça tem posição firmada a respeito da matéria, conforme os julgados que seguem:

> Vedação a indenização de concubina segue lógica jurídica do Código Civil.

---

[156] STJ - REsp n. 5.202-CE, rel. Min. Barros Monteiro, v.u., j. 11.12.1990, *DJU*, de 29.04.1991, p. 5.273.

A decisão do Superior Tribunal de Justiça (STJ) de negar a indenização reclamada por concubina a título de indenização por serviços domésticos, após o rompimento da relação com o amante, longe de uma visão meramente moralista, está absolutamente alinhada com a lógica jurídica adotada pelo Código Civil de 2002, no entendimento do ministro Luis Felipe Salomão, relator do caso decidido por unanimidade pela Quarta Turma do STJ.

O Tribunal já admitiu tal tipo de indenização, mas reviu essa posição, pois, caso contrário, acentuou o ministro Salomão em seu voto, "acabaria por alçar o concubinato ao nível de proteção mais sofisticado que o existente no casamento e na união estável, tendo em vista que nessas uniões não se há falar em indenização por serviços domésticos prestados, porque, verdadeiramente, de serviços domésticos não se cogita, senão de uma contribuição mútua para o bom funcionamento do lar, cujos benefícios ambos experimentam ainda na constância da união".

Ao assinalar o caráter impositivo do Código Civil nesse aspecto, o ministro Luis Felipe Salomão registrou, em seu voto, "que se o concubino houvesse, de pronto, retribuído patrimonialmente os ditos serviços domésticos realizados pela concubina, tal ato seria passível mesmo de anulação, já que pode a esposa pleitear o desfazimento de doações realizadas no âmbito de relações paralelas ao casamento, nos termos do artigo 550 do Código Civil de 2002, que está assim redigido: 'A doação do cônjuge adúltero ao seu cúmplice pode ser anulada pelo outro cônjuge, ou por seus herdeiros necessários, até dois anos depois de dissolvida a sociedade conjugal'".

Salienta ainda o acórdão que, além da proibição de doação do cônjuge adúltero ao seu cúmplice, realçam-se vários outros dispositivos do CC/02 com nítido escopo inibitório de relações concubinárias, com prevalência dos direitos da família constituída pelo casamento civil ou pela união estável", segundo o relator, que alinha alguns desses dispositivos:

a) artigo 793, que somente permite a instituição do companheiro como beneficiário de seguro de pessoa se houver separação judicial ou de fato;

b) proibição de testar em favor do concubino se o testador era casado (artigos 1.801 e 1.900);

c) ilicitude da deixa testamentária ao filho da concubina, salvo a hipótese do artigo 1.803. que, em essência, reproduz a Súmula n. 447 do STF ('É válida a disposição testamentária em favor de filho adulterino do testador com sua concubina[157].

Concubina não tem direito a indenização por trabalhos domésticos, após o fim do relacionamento com o cônjuge adúltero de outra. Por decisão unânime, a Quarta Turma do Superior Tribunal de Justiça (STJ) negou indenização para aquela que manteve relacionamento com homem casado, uma vez que a compensação financeira elevaria o concubinato ao nível de proteção mais sofisticado que o existente no próprio casamento e na união estável.

A concubina do caso registrado em Dourados (MS), L.M. de O., além de não receber a indenização de R$ 48 mil que pretendia do concubino, A.D., foi condenada a pagar as custas processuais e honorários advocatícios, no valor de R$ 1.000,00. Conceder a indenização pretendida, segundo o relator, ministro Luis Felipe Salomão, seria "um atalho para se atingir os bens da família legítima, providência rechaçada por doutrina e jurisprudência".

---

157 http://www.stj.gov.br/portal_stj/publicacao/engine.wsp?tmp.area=398&tmp.texto=95877&acs.tamanho=100&acs.img_tam=1.1.

Em seu voto, o ministro Luis Felipe Salomão, citando Zeno Veloso, apontou a proteção ao concubinato como uma ameaça à monogamia: "a união estável é uma relação afetiva qualificada, espiritualizada, aberta, franca, exposta, assumida, constitutiva de família; o concubinato, em regra, é clandestino, velado, desleal, impuro. É um paradoxo para o Direito proteger as duas situações concomitantemente. Isto poderia destruir toda a lógica do nosso ordenamento jurídico, que gira em torno da monogamia. Isto não significa uma defesa moralista da fidelidade conjugal. Trata-se de invocar um princípio ordenador, sob pena de se desinstalar a monogamia".

Citou ainda o Ministro precedente relatado pela ministra Nancy Andrighi, da Terceira Turma, pelo qual a indenização à concubina reconheceria, em tese, uma dupla meação. "Uma devida à viúva, reconhecida e devidamente amparada em lei. Outra, criada em Tribunais, como um 'monstro' jurisprudencial, a assombrar os casamentos existentes e fazer avançar as uniões concubinárias, albergando-as e estimulando-as, ainda que a ideia inicial do legislador tenha sido no sentido de não permear o instituto do concubinato de efeitos marcadamente patrimoniais".

O precedente da Ministra Nancy Andrighi ressalta também o lado econômico: "Não se pode mensurar o afeto, a intensidade do próprio sentimento, o desprendimento e a solidariedade na dedicação mútua que se visualiza entre casais. O amor não tem preço. Não há valor econômico em uma relação afetiva. Acaso houver necessidade de dimensionar-se a questão em termos econômicos, poder-se-á incorrer na conivência e até mesmo estímulo àquela conduta reprovável em que uma das partes serve-se sexualmente da outra e, portanto, recompensa-a com favores"[158].

---

[158] http://www.stj.gov.br/portal_stj/publicacao/engine.wsp?tmp.area=398&tmp.texto=95877&acs.tamanho=100&acs.img_tam=1.1.

A conclusão que se extrai de tudo é a seguinte: o relacionamento extramatrimonial pode ocorrer de forma duradoura, contínua, notória e exclusiva. Assim acontece quando a pessoa casada separa-se de direito ou de fato do seu cônjuge e publicamente passa a viver com outra de sexo oposto. Pode também se apresentar de forma espúria. No primeiro caso, serão assegurados efeitos pessoais, sociais e patrimoniais e sucessórios, pois se trata de união estável. No segundo, há um concubinato, tal como definido no artigo 1.727 do Código Civil, que não produz efeitos jurídicos, salvo os patrimoniais, desde que fique demonstrada a existência de uma sociedade de fato entre os concubinos. Nessa hipótese, os aquestos deverão ser proporcionalmente divididos, na medida do esforço de cada um, sob pena de o cônjuge casado, além de praticar o adultério, ainda se locupletar com o trabalho do outro. Anote-se que, na hipótese, a matéria é regulada pelo direito das obrigações, sem nenhuma repercussão no direito de família e no direito das sucessões.

CAPÍTULO XII

DIREITO DE REPRESENTAÇÃO

1. Noções gerais. 2. Fundamento do direito de representação. 3. Requisitos do direito de representação. 3.1. Morte do autor da herança. 3.2. Morte do representado antes da morte do autor da herança. 3.3. Ser o represente descendente do representado. 4. Quota-parte dos representantes. 5. Direito de representação na linha transversal. 6. Direito de representação e a sucessão testamentária.

1. Noções gerais

A sucessão pode se dar por direito próprio ou por direito de representação. A primeira ocorre quando não há entre o herdeiro e o *de cujus* outro herdeiro em grau mais próximo. Por exemplo, o filho herda por direito próprio, pois é o parente mais próximo do pai ou da mãe na linha reta descendente. Não havendo filhos, serão chamados os netos, que são os mais próximos da mesma linha. E assim, sucessivamente.

Dá-se o direito de representação quando a lei chama certos parentes do falecido a sucedê-lo em todos os direitos em que ele sucederia, se vivo fosse (art. 1.851 do CC). O direito de representação somente ocorre quando há diversidade de graus. Por conseguinte, se todos os herdeiros chamados a suceder forem do mesmo grau, não haverá direito de representação.

Cunha Gonçalves[159] entende imprópria a designação tradicional de direito próprio e direito de representação. Essa última forma é inexata, melhor cabendo chamar-lhe de direito de substituição, porque os sucessores imediatos ou por direito próprio são também representantes do autor da herança. É do tratadista a seguinte advertência: "Não se deve confundir a sucessão por direito de representação com a sucessão por direito de transmissão consecutiva, como acontece quando um filho morre no mesmo dia em que faleceu o pai, autor da herança, logo a seguir a este, por efeito de epidemia ou desastre. É claro que, em ambos os casos, os descendentes desse filho concorrem às partilhas da herança com os outros herdeiros imediatos; mas, na segunda hipótese, o herdeiro imediato é efetivo, e não presuntivo, como no direito de representação. O herdeiro presuntivo, predefunto, não chegou a suceder e, por isso, não transmitiu o seu quinhão. É a lei que o transmite."

José Luiz Gavião de Almeida[160] anota que "os chamados representantes, na verdade, não o são. Não recebem pelo representado, mas no lugar dele. Não estariam representando outros herdeiros, mas os substituindo. Por isso a expressão por direito de substituição seria mais apropriada". Washington de Barros Monteiro[161] propõe que se divida a vocação

---

159 Luiz da Cunha Gonçalves, *Tratado de direito civil*, v. 10, n. 1.525, apud J. M. de Carvalho Santos, *Código Civil brasileiro interpretado*, v. 22, p. 348.
160 José Luiz Gavião de Almeida, *Código Civil comentado*, v. 18, p. 270.
161 Washington de Barros Monteiro, *Curso de direito civil*: direito das sucessões, 35. ed., v. 6, p. 117.

hereditária em direta e indireta. Será "direta, quando o título de herdeiro resulta da atribuição direta feita pela lei, ou pelo testador; indireta, quando o título de herdeiro promana da lei, mas a primeira vocação não pode se efetivar pela ausência do convocado, substituído por seu descendente".

2. Fundamento do direito de representação

Fundamenta-se o direito de representação nos mesmos princípios da sucessão em geral. O legislador pressupõe a vontade do autor da herança, que não privaria o predefunto, caso vivesse, do seu quinhão na herança, sendo justo que ele passe aos seus descendentes, em lugar de acrescer a parte dos herdeiros do mesmo grau. Alguns autores, inspirados na legislação francesa, consideram a representação uma ficção legal por meio da qual se considera o representado como se estivesse vivo até a morte do *de cujus* a que deveria suceder.

Seja uma ficção, seja um direito próprio, o Código Civil brasileiro a conceitua como um direito, conforme se vê no título a que se subordina a matéria. Outras teorias, além da baseada na presunção da vontade do autor da herança, foram desenvolvidas: a) comunhão patrimonial familiar; b) unidade e continuidade da família; c) necessidade de tutelar a expectativa do representante.

No direito romano, embora a Lei das Doze Tábuas regulasse a sucessão, não havia nenhuma disposição a respeito do direito de representação. Os netos herdavam dos avós, mas como *heredes sui*, uma vez que, com a morte do pai, ficavam sob o poder familiar do avô. O direito de representação foi reconhecido por Justiniano na Novela 118, que o conceituava como um benefício, por via do qual se admitiam a suceder, em lugar do pai premorto, os filhos e descendentes, ainda quando *sui juris*, ou não sujeitos ao pátrio poder do *de cujus*.

O instituto passou para o direito moderno, mas com limitação, pois era admitido até o infinito.

3. Requisitos do direito de representação

Para uma melhor compreensão dessa matéria, cabe informar que o direito de representação apresenta três sujeitos: a) o autor da herança; b) o representado; c) o representante. O autor da herança é o morto que deflagrou o processo de sucessão. O representado é o premorto, descendente do autor da herança. O representante é o descendente do representado que vai representá-lo na sucessão do autor da herança. Exemplo: morre José deixando uma filha, Maria. Deixa ainda dois netos, Pedro e João, filhos de Francisca, herdeira premorta. José é o autor da herança; Francisca é a representada; Pedro e João são os representantes. Pedro e João, representando a mãe, Francisca, vão concorrer com Maria na sucessão de José. Juntos, herdarão a quota que a representada herdaria se viva fosse.

Colocada a matéria nesses termos, temos então que, para haver direito de representação são exigidos os requisitos seguintes.

3.1. Morte do autor da herança

Como vimos, a morte é o pressuposto maior da sucessão. Sem ela não haverá sucessão e, por conseguinte, não haverá herança, nem existirão herdeiros. Só meras expectativas.

3.2. Morte do representado antes da morte do autor da herança

Para ter lugar a representação, é preciso que, ao tempo da abertura da sucessão, o representado esteja morto. As únicas hipóteses de representação de pessoa viva são a do indigno e o da morte presumida. No primeiro caso, sendo o indigno considerado como morto (art. 1.816), os seus descendentes serão chamados a representá-lo. O mesmo acontece com a morte presumida, quer seja a decorrente de ausência, quando o juiz declara a sucessão definitiva (art. 6º), quer no caso da declaratória de morte (parágrafo único do art. 7º).

Não haverá direito de representação em caso de renúncia da herança, visto que o renunciante é considerado um estranho à herança. O seu quinhão hereditário irá acrescer ao dos herdeiros da mesma classe e grau (arts. 1.810 e 1.811). Note-se, contudo, que o renunciante à herança de uma pessoa não está impedido de representá-la na sucessão de outro (art. 1.856). A respeito da matéria, ensina Hermenegildo de Barros[162]: "O representante não sucede ao representado, de quem não é herdeiro; sucede ao *de cujus*, por força do direito de representação, que se origina da lei e não da herança do representado. Daí a consequência: pode o filho renunciar a herança do pai, sem que fique inibido, por esse fato, de suceder ao avô, representando o pai premorto".

3.3. Ser o representante descendente do representado

O direito de representação somente ocorre na linha reta descendente, nunca na ascendente (art. 1.852). Na linha transversal, somente se dá o direito de representação em favor dos filhos de irmãos do falecido, quando com irmãos dele concorrerem (art. 1.853). Daí ser necessário que o representante seja descendente do representado.

Mas não é só. É preciso ainda que o representante seja hábil para suceder ao representado. O indigno de suceder ao

---

[162] Hermenegildo de Barros, *Manual do Código Civil Brasileiro*, v. 18, n. 388, p. 657-658.

pai, por exemplo, não pode representá-lo na herança do avô. Se também for indigno de suceder ao avô, igualmente não pode representar o pai. Além disso, não pode haver solução de continuidade no encadeamento das gerações entre representante e representado. Isto é, o descendente não pode antecipar-se ao pai vivo, a fim de representá-lo na herança do avô.

4. Quota-parte dos representantes

Os representantes herdam sempre por estirpe, ou seja, herdam aquela porção que herdaria o pai, se vivo estivesse, sendo o quinhão subdividido em partes iguais entre eles (art. 1.855 do CC). Adverte Clóvis Beviláqua[163] que o direito de representação é um preceito de equidade, que tem por fim reparar, do ponto de vista hereditário, o mal sofrido pelo descendente com a morte prematura do ascendente.

5. Direito de representação na linha colateral ou transversal

Na linha colateral ou transversal, o direito de representação não tem a mesma amplitude que na linha reta descendente. Como afirmamos, o Código Civil, no artigo 1.853, somente o concede em favor dos filhos de irmãos premortos do autor da herança, quando com irmãos dele concorrerem. Não herdam por representação os netos de irmãos premortos, nem os filhos de outros colaterais sucessíveis premortos. Veja-se que a norma é clara: *"filhos* de irmãos do falecidos" (grifamos).

---

163 Clóvis Beviláqua, *Código Civil dos Estados Unidos do Brasil*, Edição histórica, v. 2, p. 816.

6. Direito de representação e a sucessão testamentária

O direito de representação é um instituto próprio da sucessão legítima. Não se aplica, portanto, à sucessão testamentária. Essa posição baseia-se na presunção de inexistir afeto entre o testador e os representantes do herdeiro instituído. Além disso, as disposições testamentárias são personalíssimas, não podendo assim ser estendidas a outras pessoas não constantes do testamento.

Por exemplo: o herdeiro testamentário veio a falecer antes do testador, rompendo-se então o testamento. Diante disso, os filhos do herdeiro instituído não podem representar o pai na sucessão do testador. A solução para esse caso está no próprio Código Civil, no artigo 1.947, que prevê o direito de substituição, como veremos adiante.

CAPÍTULO XIII

DOS HERDEIROS NECESSÁRIOS

1. Conceito. 2. Cálculo da legítima e da porção disponível. 3. Exclusão dos herdeiros colaterais. 4. Cláusulas impostas à legítima dos herdeiros necessários. 5. Fundamentos das restrições estabelecidas no artigo 1.848 do Código Civil.

1. Conceito

Herdeiros necessários são aqueles a quem se defere a herança, mesmo contra a vontade do testador. O fundamento dessa proteção repousa em deveres morais e jurídicos, baseados principalmente no princípio de que seria odioso conceder-se uma ilimitada faculdade de testar ou de doar, deixando pessoas ligadas ao testador ou ao doador pelos laços de sangue em situação de miséria.

O direito brasileiro não adota a teoria da liberdade absoluta de testar, como existia no direito romano. A faculdade de testar, no nosso ordenamento jurídico, é limitada pela fixação da quota ou porção disponível, de forma a reservar a legítima dos herdeiros necessários. Ensina Pontes de Miranda[164] que, no direito brasileiro, a pessoa que tem herdeiros necessários não pode dispor, à causa de morte, de mais da metade dos seus bens. E conclui: "A outra metade vai, automaticamente, ao descendente, ou ao ascendente".

Pelo Código Civil de 1916, herdeiros necessários eram os descendentes e os ascendentes. O Código Civil de 2002 inovou, acrescentando o cônjuge (art. 1.845). Os herdeiros legítimos ficaram assim divididos: necessários (descendentes, ascendentes e cônjuge) e facultativos (colateral até o 4º grau).

2. Cálculo da legítima e da porção disponível

Havendo herdeiros necessários, a herança será dividida em duas partes iguais: uma é a legítima; a outra é a porção disponível. Faz-se o cálculo da legítima sobre o valor dos bens existentes na época da abertura da sucessão, abatidas as dívidas e as despesas do funeral, adicionando-se, em seguida, o valor dos bens sujeitos à colação (art. 1.847). Existindo, portanto, doação do autor da herança, considera-se o valor dessa liberalidade, que será somado à herança líquida apurada, a fim de igualar as legítimas dos herdeiros necessários. A herança é o que o *de cujus* deixou, depois de pagos os credores. Observe-se que se o regime for o de comunhão, a meação do cônjuge sobrevivente não será incluída nesse cálculo.

Aos herdeiros necessários pertence, de pleno direito, nos termos do artigo 1.846, a metade dos bens da herança, constituindo a legítima. Essa quota não pode sofrer qualquer restrição, salvo nas hipóteses de exclusão. Dessa forma, o pai não pode utilizar a legítima para fazer liberalidade. Alnoldo Wald[165] dá um exemplo bem elucidativo que facilita a com-

---

164 Pontes de Miranda, *Tratado de direito privado*: direito das sucessões, v. 55, p. 212.

165 Arnoldo Wald, *Direito das sucessões*, 12. ed., 2002, p. 171.

preensão da matéria: "'A' faleceu, deixando um ativo de R$ 2.100,00 e um passivo de R$ 1.000,00. A herança líquida será de R$ 1.100,00, e a parte disponível de R$ 550.00. Imaginemos que sejam dois os herdeiros necessários e um tenha recebido, em vida do testador, doação de R$ 150,00; a legítima será calculada somando-se R$ 550,00 com R$ 150,00, dando assim um total de R$ 700,00, ou seja, R$ 350,00 para cada herdeiro. O que já recebeu doação terá direito tão somente a R$ 350,00, menos R$ 150,00, ou seja, a R$ 200,00, enquanto o outro receberá integralmente os R$ 350,00."

A outra parte da herança, denominada porção disponível, pode ser objeto de liberalidade. O autor da herança tem a faculdade de utilizá-la, total ou parcialmente, para beneficiar qualquer pessoa, através de testamento ou doação, ressalvados os impedimentos que o próprio Código Civil estabelece. Se, por exemplo, tem três filhos, pode destinar a sua quota disponível para um deles apenas. Morrendo o pai, o filho beneficiado pela liberalidade, além da sua legítima, igual à dos outros dois, receberá ainda a herança testamentária (art. 1.849). Ficará com 50% dos bens (quota testamentária), mais 1/3 da herança legítima. Essa situação, embora injusta, não fere o princípio da igualdade, que se restringe ao valor da legítima.

3. Exclusão dos herdeiros colaterais

Já assinalamos que os herdeiros necessários não podem ser privados da legítima, salvo se incorrerem em casos de exclusão. O mesmo não acontece com os herdeiros colaterais. O testador, querendo, pode excluí-los da sua herança, independentemente das causas previstas nos artigos 1.961 a 1.963 do Código Civil. Opera-se essa exclusão quando o testador dispõe de seu patrimônio sem os contemplar (art. 1.850). Portanto, não é preciso que tenha de deserdá-los formalmente, como acontece com os herdeiros necessários.

Essa faculdade conferida ao testador não retira, contudo, do herdeiro excluído, o direito de pedir a anulação do testamento, em qualquer dos casos que infirmam as disposições testamentárias (defeito de forma, ilicitude das deixas, incapacidade do testador ou do herdeiro instituído etc.). Obtendo êxito, recolherá a herança, de acordo com a ordem estabelecida em lei.

Em conclusão, a herança dos herdeiros necessários é intocável, embora essa regra não seja absoluta, ante a existência de causas que podem excluí-la (deserdação e indignidade) ou afetá-la (cláusula de inalienabilidade, impenhorabilidade e de incomunicabilidade). Já a dos herdeiros colaterais, somente lhes será deferida se o titular dos bens quiser.

4. Cláusulas impostas à legítima dos herdeiros necessários

O artigo 1.723 do Código Civil de 1916 estabelecia:

Não obstante o direito reconhecido aos descendentes e ascendentes no artigo 1.721, pode o testador determinar a conversão dos bens da legítima em outras espécies, prescrever-lhes a incomunicabilidade, confiá-los à livre administração da mulher herdeira, e estabelecer-lhes condições de inalienabilidade temporária ou vitalícia. A cláusula de inalienabilidade, entretanto, não obstará a livre disposição dos bens por testamento e, em falta deste, à sua transmissão, desembaraçados de qualquer ônus, aos herdeiros legítimos.

O Código Civil de 2002 alterou substancialmente esse artigo, ao dispor no artigo 1.848:

Salvo se houver justa causa, declarada no testamento, não pode o testador estabelecer cláusula de inalienabilidade, impenhorabilidade e de incomunicabilidade, sobre os bens da legítima.

§ 1º — Não é permitido ao testador estabelecer a conversão dos bens da legítima em outros de espécie diversa.

§ 2º — Mediante autorização judicial e havendo justa causa, podem ser alienados os bens gravados, convertendo-se o produto em outros bens, que ficarão sub-rogados nos ônus dos primeiros.

Portanto, em virtude das alterações introduzidas pelo Código Civil, o testador somente poderá gravar a legítima dos herdeiros necessários se ocorrer justa causa, expressamente declarada no testamento. Também não lhe será mais permitido estabelecer a conversão dos bens da legítima em outros de espécie diversa. Essas restrições, contudo, só são aplicáveis à legítima. Se a porção disponível foi repartida entre os herdeiros, por não ter havido liberalidade, o testador tem a faculdade de clausulá-la, não se lhe aplicando a regra do artigo 1.848.

Sobre essa matéria, duas regras merecem realce:

a) O artigo 1.848 tem aplicação aos testamentos feitos na vigência do Código Civil anterior, desde que o testador, no prazo de um ano após a entrada em vigor do Código Civil atual, tenha aditado o testamento para declarar a justa causa de cláusula aposta à legítima. Não o tendo feito, a restrição não subsistiu (art. 2.042).

b) Mediante autorização judicial e havendo justa causa, podem ser alienados os bens gravados, convertendo-se o produto em outros bens, que ficarão sub-rogados nos ônus dos primeiros (§ 2º do art. 1.848).

5. Fundamentos das restrições estabelecidas no artigo 1.848 do Código Civil

As restrições contidas no artigo 1.848 têm por fundamento o interesse da família. Os pais, quando assim agem, o fazem movidos pelo receio de que os filhos, por prodigalidade, inexperiência ou mau gerenciamento, venham dilapidar o patrimônio. Convém lembrar as palavras de Clóvis Beviláqua[166]: "É ao interesse da família que o legislador procura prover; não é à vontade arbitrária do testador que ele se submete. Quer, sim, que o testador colabore com ele, em prol da família, para melhor garanti-la, mas não consente que a prive da legítima. Organizou-se, assim, um sistema que, ao mesmo tempo, assegura os herdeiros necessários contra a vontade fraca, seduzida, malévola ou desorientada do testador, e contra a incapacidade, a desventura, ou o vício do herdeiro."

---

[166] Clóvis Beviláqua, *Código Civil dos Estados Unidos do Brasil*, Edição histórica, v. 2, p. 923.

CAPÍTULO XIV

PETIÇÃO DE HERANÇA

1. Noções gerais. 2. Legitimidade ativa e passiva. 3. O herdeiro aparente. 4. Terceiro que detém a herança a justo título. 5. Momento em que pode ser intentada a ação de petição de herança. 6. Natureza da ação de petição de herança. 7. Da prescrição. 8. Da procedência da ação: consequência.

1. Noções gerais

Vimos que, aberta a sucessão, a herança transmite-se, desde logo, aos herdeiros legítimos e testamentários. Algumas situações, entretanto, podem surgir: a) todos os bens ou parte deles passam para as mãos de estranho; b) um parente não sucessível investe-se na condição de herdeiro, em detrimento de quem detém tal qualidade; c) um herdeiro legítimo exclui da sucessão um herdeiro testamentário ou um herdeiro legítimo proveniente de relações extramatrimoniais; d) um filho superveniente ao testamento obtém a declaração de rompimento do testamento etc.

Em casos como esses, assistirá ao herdeiro, seja legítimo ou testamentário, o direito de haver o quinhão que lhe pertence, com todos os frutos e acessões. A ação própria a ser utilizada para tal fim é a de petição de herança, conhecida no direito romano como *petitio hereditatis*. Nela o herdeiro procura obter uma declaração de reconhecimento do seu direito sucessório contra o possuidor da herança e a reivindica.

O Código Civil de 1916 não tratava especificamente da ação de petição de herança, embora fosse usada no direito processual como ação comum ordinária. O Código Civil de 2002 dedicou-lhe um capítulo inteiro, dispondo no artigo 1.824:

> O herdeiro pode, em ação de petição de herança, demandar o reconhecimento de seu direito sucessório, para obter a restituição da herança, ou de parte dela, contra quem, na qualidade de herdeiro, ou mesmo sem título, a possua.

2. Legitimidade ativa e passiva

O autor dessa ação é o herdeiro; o réu é a pessoa que está na posse injusta da herança. Conforme Orlando Gomes[167], "cumpre indicar quem está legitimado a intentar a ação petitória de herança e contra quem pode ser proposta. Cabe a quem se afirma herdeiro e busca esse título, pretendendo lhe pertença exclusivamente, ou, tão só, a participação na herança. Legitimado passivamente é o possuidor dos bens hereditários com o título de herdeiro, ou mesmo com outro título". Para Itabaiana de Oliveira[168], essa ação pode ser intentada

---

167 Orlando Gomes, *Sucessões*, 12. ed, p. 261.
168 Arthur Vasco Itabaiana de Oliveira, *Tratado de direito das sucessões*, 5. ed., p. 483.

contra o possuidor *"pro herede* — que é aquele que se julga herdeiro ou que, não sendo herdeiro, possui como tal, a herança ou a coisa hereditária, ainda que mínima; ou *pro possessore* – que é aquele que não invoca nenhum título para recusar a entrega dos bens da herança, entrando nesta classe a posse do ladrão, ou qualquer outra viciosa".

Observe-se que, para que alguém seja acionado em petição de herança, não é necessário que possua os direitos hereditários pessoalmente; outrem pode possuir por ele. Nesse caso, a ação deve ser endereçada diretamente contra aquele em nome de quem o detentor retenha a coisa ou o direito hereditário. Nada impede, todavia, que o detentor participe da relação processual.

3. O herdeiro aparente

O possuidor pode ser um herdeiro aparente, que possui o acervo hereditário, supondo que seja herdeiro titular, quando, na verdade, não o é. Assevera Orlando Gomes[169] que "quando a ação é intentada pelo que pretende tomar o lugar de quem recolheu a herança, afirmando exclusivamente para si a qualidade hereditária, o réu é o herdeiro aparente". Se o herdeiro aparente, nessas condições, vem a alienar os bens a título oneroso, a um terceiro de boa-fé, a alienação é eficaz, mas responde, perante o herdeiro legítimo, pelo valor dos bens alienados. Pode ocorrer também que o herdeiro aparente de boa-fé venha a pagar um legado. Nessa hipótese, consoante estabelece o artigo 1.828, não estará obrigado a prestar o equivalente ao verdadeiro sucessor, mas ressalva-se a este o direito de proceder contra quem o recebeu.

---

169 Orlando Gomes, *Sucessões*, 12. ed, p. 261.

4. Terceiro que detém a herança a justo título

Questiona-se se é cabível a petição de herança quando o terceiro detém a coisa a justo título. Sílvio Rodrigues[170] entende que se o possuidor da herança ou de qualquer bem do espólio tem posse fundada em título, o herdeiro não pode fazer valer o seu direito com a ação de petição de herança. Pode, no entanto, socorrer-se através de outra ação que seja cabível. Essa posição é correta. A orientação da jurisprudência é no sentido de que, em caso dessa natureza, primeiramente deve ser desconstituído o negócio jurídico realizado, para depois reivindicar os bens, podendo, entretanto, haver a cumulação de pedidos.

Ressalte-se, contudo, que nem toda posse aparentemente justa impossibilita o uso da ação de petição de herança. O artigo 1.228 do Código Civil, a exemplo do artigo 524 do Código Civil de 1916, toma a expressão "posse injusta" em sentido genérico, e não apenas quando ela ocorre por violência, clandestinidade ou precariedade. Caso contrário, haveria restrição ao próprio direito de propriedade. Toda posse que se contrapõe ao direito de propriedade é injusta. É essa a linha de entendimento do Supremo Tribunal Federal:

> Não há confundir o requisito da posse injusta a que se refere o artigo 524 do Código Civil com o da posse injusta definida no artigo 489 do mesmo diploma legal. Aquela é injusta tão somente pela razão de que, na disputa entre a posse e a propriedade, prevalece o direito do proprietário, a menos que se trate de posse *ad usucapionem*. Não constitui requisito da ação reivindicatória que a posse do réu seja precária, clandestina ou violenta. A posse *ad interdicta* não constitui obstáculo à procedência da ação de reivindicação.[171]

---

170 Sílvio Rodrigues, *Direito civil*: direito das sucessões, 25. ed., v. 7, p. 87.
171 STF RE n. 100.700/MG, 1ª Turma, rel. Min. Soares Munoz, j. 14.10.1983, *RTJ* 107/1.324.

5. Momento em que pode ser intentada a ação de petição de herança

A ação de petição de herança pode ser intentada antes ou depois da partilha. No primeiro caso, não há dificuldades que mereçam explicações. No segundo caso, a ação é cabível. É que, como ensina Orlando Gomes[172], a partilha hereditária não faz coisa julgada em relação ao pretenso herdeiro real, por ter sido a ela estranho. Julgado procedente o pedido, nova partilha dos bens inventariados será realizada, com inclusão do herdeiro real e exclusão do herdeiro aparente.

Nessa hipótese, como lembra Giselda Maria Fernandes Novaes Hironaka[173], se o herdeiro real é de classe privilegiada, afasta, com sua habilitação, os herdeiros que estavam até então habilitados no processo. É o caso dos ascendentes do *de cujus* afastados pelo reconhecimento de paternidade, que liga o falecido e seu filho até então desconhecido ou rejeitado. Mas, se o herdeiro requerente é da mesma classe dos herdeiros até então habilitados, sua inclusão na sucessão faz com que sejam diminuídas as quotas hereditárias daqueles com quem concorre por direito. É o que se verifica quando o reconhecimento judicial ou testamentário de um filho faz diminuir a quota dos demais descendentes do defunto, que deixam de herdar a quota que aparentemente lhes cabia, mas permanecem como sucessores da parte menor.

Anote-se ainda que o julgamento do mérito da ação de petição de herança pode depender de questão prejudicial deduzida em ação de investigação de paternidade a ela cumulada. Se assim ocorrer, é conveniente que o pretendido herdei-

---

172 Orlando Gomes, *Sucessões*, 12. ed., p. 264-265.
173 Giselda Maria Fernandes Novaes Hironaka, *Comentários ao Código Civil*, v. 20, p. 197.

ro requeira ao juiz a reserva de quota da herança em poder do inventariante.

Observe-se, por fim, que nenhum herdeiro poderá pedir a totalidade da herança contra outro coerdeiro, porque todos têm igual direito. Também não pode o terceiro alegar, em defesa, o caráter parcial do direito do coerdeiro.

6. Natureza da ação de petição de herança

A ação de petição de herança é para o direito sucessório o que a ação reivindicatória é para o direito de propriedade. Há, todavia, uma distinção nítida entre as duas ações: a primeira tem caráter universal, pois visa à devolução da herança; a segunda é uma ação particular, visto que objetiva apenas a restituição de coisa certa, determinada. A ação de petição de herança é real e universal, quer o herdeiro objetive a totalidade da herança, se for o único da sua classe, quer parte dela, se pretender apenas ser incluído como sucessor, entre os demais herdeiros. Distingue-se também, a ação de petição de herança, da ação do legatário para haver a entrega do legado. Nesta, a ação é de reivindicação porque tem ele a propriedade advinda do título de sucessor singular, e reclama a posse, porque o herdeiro lhe deve a entrega do legado.

7. Da prescrição

Segundo o ensinamento de Orlando Gomes[174], a ação de petição de herança é imprescritível, podendo portanto ser intentada a qualquer tempo. Seguiu a posição do Código Civil português, que ressalva, no entanto, a possibilidade de usucapião por cada uma das coisas possuídas. Caio Mário da Silva

---

174 Orlando Gomes, *Sucessões*, 12. ed., p. 265.

Pereira[175] tem posição diversa: "Juristas e tribunais têm tumultuado os princípios, confundindo a ação de estado e a ação de petição de herança, com o efeito patrimonial daquela. O problema se esclarece com a distinção entre *status*, que é imprescritível, e a pretensão econômica judicialmente exigível, que, como toda outra pretensão exigível (*Anspruch*), prescreve. O filho terá ação sempre para se fazer reconhecer (ação de estado, imprescritível); mas não terá direito à herança depois de decorridos 20 anos da abertura da sucessão (petição de herança)."

Consideramos correta essa última posição, já sumulada pelo Supremo Tribunal Federal (Súmula n. 149):

> É imprescritível a ação de investigação de paternidade, mas não o é a de petição de herança.

Pelo atual Código Civil, a prescrição para o caso está regulada no artigo 205, que estabelece prazo "de dez anos, quando a lei não lhe haja fixado prazo menor".

8. Da procedência da ação: consequência

Julgado procedente o pedido, o possuidor da herança será obrigado a restituir os bens, fixando-lhe o juiz a responsabilidade segundo a sua posse, observado o disposto nos artigos 1.214 a 1.222 (art. 1.826). Esses artigos tratam dos efeitos da posse. Assim, a responsabilidade civil do possuidor será considerada segundo a sua boa ou má-fé. Como se sabe, o possuidor de boa-fé tem direito, enquanto ela durar, aos frutos percebidos e não responde pela perda ou deterioração da coisa.

---

175 Caio Mário da Silva Pereira, *Instituições de direito civil*, v. 6, p. 40-41.

Já o possuidor de má-fé responde por todos os frutos colhidos e percebidos, bem como pelos que, por culpa sua, o proprietário deixou de perceber, desde o momento em que se constituiu de má-fé. Entretanto, tem direito às despesas da produção e custeio e será ressarcido das benfeitorias necessárias, sem o direito de retenção pela importância delas. Também não pode levantar as benfeitorias voluptuárias. Estando de boa-fé, ela cessará com a citação, conforme a regra do parágrafo único do artigo 1.826. A partir desse momento, a responsabilidade do possuidor há de se aferir pelas regras concernentes à posse de má-fé e à mora. A citação, além de tornar prevento o juízo, induzir litispendência e fazer litigiosa a coisa, transforma o possuidor de boa-fé em possuidor de má-fé e o constitui em mora.

CAPÍTULO XV

SUCESSÃO TESTAMENTÁRIA

1. Noções gerais. 2. Conceito de testamento. 3. Características do testamento. 3.1. Negócio jurídico revogável. 3.2. Negócio jurídico solene. 3.3. Negócio jurídico unilateral. 3.4. Negócio jurídico personalíssimo. 3.5. Negócio jurídico mortis causa. 3.6. Negócio jurídico gratuito. 3.7. Negócio jurídico imprescritível. 4. Fundamento do direito de testar. 5. Finalidade do testamento. 6. Capacidade de testar. 7. Testamento conjuntivo. 7.1. Testamento simultâneo. 7.2. Testamento recíproco. 7.3. Testamento correspectivo. 8. Formas ordinárias de testamento.

1. Noções gerais

Sucessão testamentária é a que decorre da vontade do testador. Os povos primitivos não conheciam o testamento. Ensina Pontes de Miranda[176] que "em todos os povos a herança testamentária é posterior à legítima. Só se testa se não há

---

176 Pontes de Miranda, *Tratado dos testamentos*, atual. de Vilson Rodrigues Alves, v. 1, p. 27.

sui heredes. Assim era nas XII Tábuas e no direito ateniense". O direito de dispor dos próprios bens depois da morte, deixando-os a outras pessoas que não o herdeiro natural, estava em conflito com as crenças religiosas, que eram a base do direito de propriedade e do direito de sucessão. Como a propriedade era ligada ao culto, e sendo ele hereditário, não se podia pensar em testamento.

Além disso, a propriedade não pertencia ao indivíduo, mas à família; não era algo que houvesse sido adquirido pelo direito do trabalho, mas pelo culto doméstico. Ligada à família, a propriedade transmitia-se do morto para o vivo, não de acordo com a vontade ou a escolha do falecido, mas em virtude de regras superiores estabelecidas pela religião.

O antigo direito hindu não conhecia o testamento. O direito ateniense o proibia terminantemente[177]. A partir de Sólon, passou a ser permitido aos que não tivessem filhos. Em Esparta, o testamento foi proibido ou ignorado durante muito tempo. Somente veio a ser permitido depois da guerra do Peloponeso. Como afirma Fustel de Coulanges[178], a faculdade de legar os bens arbitrariamente não foi reconhecida, a princípio, como um direito natural; o princípio indiscutível nas épocas antigas era que a propriedade deveria ficar na família, à qual a religião a ligara.

Platão[179], no seu livro *Tratado das leis*, explica com toda a clareza o pensamento dos antigos legisladores. Supõe que um homem, em seu leito de morte, reclama a faculdade de fazer testamento, exclamando: " Ó deuses! Não é muito cruel que eu não possa dispor dos meus bens como bem entenda, em favor de quem quiser, deixando mais a este, menos àque-

---

177 Plutarco, *Solon*, 21.
178 Fustel de Coulanges, *A cidade antiga*, p. 88.
179 Platão, *Tratado das leis*, XI.

le, segundo o afeto que me demonstraram?" Mas o legislador assim lhe responde: "Tu, que não podes garantir a ti mesmo mais um dia, tu que apenas passas pela terra, acaso te compete decidir tais negócios? Não és o senhor nem de teus bens, nem de ti mesmo; tu e os teus bens pertences à tua família, isto é, aos teus antepassados e à tua posteridade."

No antigo direito de romano, anterior à Lei das Doze Tábuas, não se registraram senão duas formas de testamento: o *testamentum comitiis calatis* e o *testamentum in procintum*. Neles influía não a vontade do testador, mas o voto do povo ou do exército, conforme fosse feito em tempo de paz ou em tempo de guerra. Eram verdadeiras *leges populi* que derrogavam as leis gerais sobre a sucessão. O pai não tinha a livre disposição para legar os seus bens. Segundo Ulpiano[180], o homem que deserdasse a família e violasse a lei religiosa devia fazê-lo publicamente, às claras, e suportar durante a vida todo o ódio que tal ato suscitava. E isso não é tudo, era preciso ainda que a vontade do testador recebesse a aprovação da autoridade soberana, isto é, do povo reunido por cúrias, sob a presidência do pontífice. Observa, a respeito, Fustel de Coulanges[181]: "Não imaginemos que se tratasse de mera formalidade, sobretudo nos primeiros séculos. Estes comícios por cúrias eram a reunião mais solene da cidade romana; seria pueril supor que se convocava o povo, sob a presidência do chefe religioso, só para assistir como simples testemunha à leitura de um testamento. É de se crer que o povo votasse e isso, se bem refletirmos, era de fato algo necessário; havia, com efeito, uma lei geral regulando de forma rigorosa a ordem de sucessão: para que esta ordem fosse alterada, em caso particular, era necessária outra lei. E esta lei de exceção era o

---

180 Ulpiano, XX, 2.
181 Fustel de Coulanges, *A cidade antiga*, p. 89.

testamento. A faculdade de testar não estava, pois, plenamente reconhecida ao homem, e não o poderia enquanto a sociedade vivesse sob o domínio da velha religião. No entender destas idades antigas, o homem, enquanto vivo, era tão só o representante por alguns anos de um ser constante e imortal, que era a família. Ele era apenas o depositário."

O sistema mudou radicalmente com a Lei das Doze Tábuas. Conforme assinala Mazzoni[182], o *pater familias* passou a ter direito absoluto de dispor de todo o seu patrimônio para depois da morte, sem consideração nenhuma pela família, por mais íntimos os laços naturais e civis que o ligassem a ela. Havia, portanto, a mais ilimitada liberdade de testar, dando lugar ao abuso. Era tão forte a liberdade do testador que o herdeiro instituído recebia não só as disposições mencionadas pelo *de cujus* no testamento, como os demais bens omitidos, excluindo os próprios herdeiros legítimos.

Essa situação não durou muito tempo. A reação veio, sucessivamente, com as leis que obstaram o ilimitado arbítrio do testador "que, com grave ofensa moral a toda sua família, podia privá-la de toda a herança. Outras evoluções sofreu o testamento no direito romano, sendo que as últimas modificações introduzidas por Teodoro II e Valentiniano foram conservadas por Justiniano nas Novelas 18 e 115.

Já o direito germânico não reconhecia a sucessão testamentária, por entender que era obra do homem, com todas as suas fraquezas e imperfeições. Valia somente a sucessão legítima, que provinha de Deus. No direito português, Afonso V reduziu a escritos os costumes sobre testamentos, codificando-os em suas Ordenações.

---

[182] Emidio Pacifici-Mazzoni, *Trattado delle successioni*, v. 1, n. 3, apud J. M. de Carvalho Santos, *Código Civil brasileiro interpretado*, v. 22, p. 265.

2. Conceito de testamento

O Código Civil de 1916 definia o testamento no artigo 1.626, como o ato revogável pelo qual alguém, de conformidade com a lei, dispõe, no todo ou em parte, do seu patrimônio, para depois da sua morte. Essa definição é profundamente defeituosa, pois o objeto do testamento não se restringe apenas a valores materiais, mas também a valores pessoais, como o reconhecimento de filhos, reabilitação de herdeiro excluído etc. O Código Civil de 2002 não conceitua o testamento. Apenas, no artigo 1.857, estabelece que toda pessoa capaz pode dispor, por testamento, da totalidade dos seus bens, ou de parte deles, para depois de sua morte. Foi claro, todavia, no parágrafo 2º do artigo citado, quanto às disposições testamentárias de natureza pessoal:

> São válidas as disposições testamentárias de caráter não patrimonial, ainda que o testador somente a elas se tenha limitado.

Pontes de Miranda[183] conceitua o testamento como o ato pelo qual a vontade de alguém, declarada para o caso da morte, reconhece, cria, transmite ou extingue direitos. E continua o inolvidável mestre: "O testador declara o que quer. Mas não opera desde logo a sua vontade. Sai a vagar até que ele morra. Só então para, para ter efeitos. Até a morte, pode voltar, desfazer-se essa vontade". Washington de Barros Monteiro[184] o conceitua como negócio jurídico unilateral e gratuito, de natureza solene, essencialmente revogável, pelo qual alguém

---

183 Pontes de Miranda, *Tratado dos testamentos*, atual. de Vilson Rodrigues Alves, v. 1, p. 35.
184 Washington de Barros Monteiro, *Curso de direito civil*: direito das sucessões, 35. ed., v. 6, p. 124.

dispõe dos bens para depois de sua morte, ou determina a própria vontade sobre a situação dos filhos e outros atos de última vontade, que não poderão, porém, influir na legítima dos herdeiros necessários.

3. Características do testamento

Do conceito de testamento, extraem-se as suas principais características: é negócio jurídico *revogável, solene, unilateral, personalíssimo, mortis causa, gratuito e imprescritível*. Analisemos, a seguir, todos esses elementos.

3.1. Negócio jurídico revogável

O testador pode desfazer o testamento a qualquer tempo. Tanto assim que é considerada como não escrita a cláusula dispondo sobre a irrevogabilidade de testamento. Diz Pontes de Miranda[185] que não se pode prometer nem dispor sobre revogabilidade. A revogabilidade *ad nutum* é característica do direito moderno. Segundo Ulpiano, citado por Carvalho Santos[186], a vontade sai a andar, até que o declarante morra. É ambulatória até a morte. Até parar definitivamente, é-lhe livre voltar. A feição do testamento, portanto, é esta: não se torna perfeito senão a partir da morte do testador, dada a natural impossibilidade da alteração da vontade do *de cujus*. "Enquanto não ocorre o óbito, o testamento não é mais que uma expectativa, que o exercício de soberana faculdade de revogá-la pode dissipar em um instante."

---

[185] Pontes de Miranda, *Tratado dos testamentos*, atual. de Vilson Rodrigues Alves, v. 1, p. 58.
[186] J. M. de Carvalho Santos, *Código Civil brasileiro interpretado*, v. 22, p. 369.

O Código Civil de 2002 prevê a revogabilidade do testamento na parte final do artigo 1.858, ao dispor:

> O testamento é ato personalíssimo, podendo ser mudado a qualquer tempo.

Contudo, como assinalava Pontes de Miranda[187], nem sempre foi assim. "O testamento comicial não esperava o dia da morte. Como as afatomias e ereditorial, tinha efeitos imediatos, isto é, desde o dia das cerimônias. O instituído não era apenas alguém que podia vir a ser herdeiro. Era sucessor, com o direito de o ser desde já."

O único caso de testamento irrevogável é aquele que reconhece filho. A Lei do Divórcio, no artigo 51, acresceu o parágrafo único ao artigo 1º da Lei n. 883/49, com o seguinte teor:

> Ainda na vigência do casamento, qualquer dos cônjuges poderá reconhecer filho havido fora do matrimônio, em testamento cerrado, aprovado antes ou depois do nascimento do filho, e, nessa parte, irrevogável.

Dessa forma, revogando o seu testamento, na parte em que dispôs sobre sua porção disponível para os herdeiros instituídos, o testador não poderá fazê-lo com relação à cláusula que contenha reconhecimento de filho.

Essa regra ainda permanece. O Código Civil atual, no parágrafo 2º do artigo 1.857, preceitua que são válidas as disposições testamentárias de caráter não patrimonial, ainda que o testador somente a elas se tenha limitado. Nessas disposições não patrimoniais, inclui-se o reconhecimento de fi-

---

187 Pontes de Miranda, *Tratado dos testamentos*, atual. de Vilson Rodrigues Alves, v. 1, p. 55.

lho. Tanto assim que o próprio Código Civil, no artigo 1.609, estabelece:

> O reconhecimento dos filhos havidos fora do casamento é irrevogável e será feito:
>
> (...)
>
> III — por testamento, ainda que incidentalmente manifestado.

A propósito do tema, convém ressaltar que, pelo Código Civil, não é só o testamento cerrado que se presta como instrumento de reconhecimento de filho. É qualquer testamento: público, particular, cerrado, militar, marítimo, aeronáutico e nuncupativo, ainda que venha a ser anulado, revogado, rompido ou atingido pela caducidade.

3.2. Negócio jurídico solene

O testamento deve ser elaborado de conformidade com os requisitos que a lei estabelece, sob pena de nulidade. O Código Civil traça todos os passos que devem ser seguidos na consecução de um testamento, não se permitindo outras formas na sua confecção. Todavia, não se toleram extremismos formais, pois terminariam prejudicando o direito de testar. A respeito da matéria, é sempre lembrada a lição de Pontes de Miranda[188]: "Por um defeito formal de pouca importância, seria péssima política romper o testamento de quem não atribuía ao legislador tão ríspido formalismo. Ora, estas exigências atendem ao intuito de assegurar, e não de dificultar as

---

[188] Pontes de Miranda, *Tratado dos testamentos*, atual. de Vilson Rodrigues Alves, v. 1, p. 239.

declarações de última vontade. Não estamos nos tempos das *leges actiones* (Danz, 238, nota). Quando as regras da lei não forem claras a respeito da forma dos testamentos, entenda-se que exigem o menos possível."

Em caso de dúvida sobre a observância de formalidades, decide-se pela validade do testamento, desde que exista certeza material em relação ao ato impugnado. É que, conforme lição de abalizados mestres, as formas sacramentais e invariáveis que caracterizavam o exagerado culto formalístico do direito antigo não mais se exigem hoje. O que ficou, em matéria de forma, e o que rigorosamente se exige, segundo a doutrina moderna, é tão somente o que se considerou indispensável para preservar a manifestação de última vontade e assegurar-lhe a autenticidade, pondo o seu objetivo a coberto, tanto quanto possível, da falsa interpretação, do dolo ou da falsificação.

Não resta dúvida que, havendo inobservância das formalidades, a sanção que emerge é a nulidade do testamento. Mas essa penalidade deve ser aplicada com muita cautela. Em notável lição, Carvalho Santos[189] diz que os atos entre vivos são renováveis; os de última vontade, que prevalecem exatamente após a morte de quem os fez, não podem naturalmente ser feitos de novo. Portanto, o exame do testamento se inspirará mais na vontade nele manifestada do que nas fórmulas usadas.

Não se quer dizer com isso que se devam esvaziar as condições extrínsecas de validade estabelecida. O que se aconselha é a apreciação benevolente do cumprimento das formalidades, até o limite, bem entendido, em que essa benevolência não importe na possibilidade de diminuir a segurança, legitimidade e autenticidade do ato de última vontade. Se isso

---

189 J. M. de Carvalho Santos, *Código Civil brasileiro interpretado*, v. 22, p. 375.

ocorrer, a nulidade deve ser proclamada, mesmo que a vontade do testador esteja clara e evidente.

3.3. Negócio jurídico unilateral

O testamento, para se completar, não exige a intervenção do herdeiro ou do legatário, cuja aceitação é posterior. Mas, como assinala Carvalho Santos[190], intervindo o herdeiro ou o legatário no testamento para declarar que aceita a herança ou o legado, tal formalidade supérflua não prejudica a validade do ato, de acordo com a regra *utile per inutile non vitiatur*. Todavia, essa intervenção não pode alterar a substância do ato, de forma a fazê-lo degenerar em estipulação sobre a herança.

Entende no entanto Zeno Veloso[191], com muita propriedade, que se o herdeiro instituído ou o legatário comparecesse ao testamento, aceitando previamente as disposições que lhe favorecessem, ficariam violados os princípios da unipessoalidade e da unilateralidade do negócio jurídico *causa mortis*. Estar-se-ia diante de um pacto sucessório, e tais pactos são proibidos terminantemente.

3.4. Negócio jurídico personalíssimo

O testamento é um ato emanado da vontade livre e direta do testador, do seu espírito, indene a temores, violências, fraudes, artifícios, captações etc.[192]. Tão forte é essa regra que

---

190 J. M. de Carvalho Santos, *Código Civil brasileiro interpretado*, v. 22, p. 375.

191 Zeno Veloso, *Comentários ao Código Civil*: parte especial, v. 21, p. 12.

192 J. M. de Carvalho Santos, *Código Civil brasileiro interpretado*, v. 22, p. 378.

o artigo 1.814 do Código Civil estabelece pena de exclusão da herança dos herdeiros ou legatários que, por violência ou meios fraudulentos, inibirem ou obstarem o autor da herança de dispor livremente de seus bens por ato de última vontade. Dado esse caráter, o testamento não comporta intermediação de procurador ou veto de quem quer que seja.

3.5. Negócio jurídico *mortis causa*

O testamento é um ato feito em vida do testador, para vigorar após a sua morte. Se vigorasse em vida do testador, seria um pacto sucessório, que é vedado pelo nosso direito. Com a morte do testador, abre-se a sua sucessão e o testamento torna-se irrevogável e definitivo.

3.6. Negócio jurídico *gratuito*

O testador não pode exigir, em troca das liberalidades testamentárias, uma vantagem correspectiva, embora seja permitido impor algum encargo, conquanto que não seja preponderante. Dentro dessa temática, cabe indagar se é válida a cláusula de promessa de venda no testamento. Pontes de Miranda[193], com apoio no direito estrangeiro, afirma positivamente, citando, a propósito, uma interessante questão, julgada na Corte de Cassação da França: no testamento, um condômino prometeu a outros lhes vender a sua parte no imóvel indiviso (obrigação pessoal, por se tratar de promessa de venda). Todavia, na partilha dos bens, coube à mulher meeira, e não ao espólio, o imóvel. Vendeu-o a um legatário universal. A Corte de Cassação, em 20 de junho de 1927, decidiu que a ação não poderia ser contra esse terceiro adquirente. A

---

193 Pontes de Miranda, *Tratado dos testamentos*, atual. de Vilson Rodrigues Alves, v. 1, p. 84.

promessa caducara com a morte. Como se vê, trata-se de um raciocínio insustentável.

3.7. Negócio jurídico imprescritível

O testamento é negócio jurídico imprescritível. Morto o testador, o testamento pode ser cumprido a qualquer tempo. Não importa a data em que foi lavrado nem a da apresentação do instrumento ao juiz para ser aberto, registrado e cumprido, nos termos do artigo 1.125 do Código de Processo Civil. A imprescritibilidade reside nessas fases. Não se deve, porém, confundir essa situação com a prescritibilidade da herança nele contida. A pretensão de se pedir o direito hereditário emergente sujeita-se ao prazo de dez anos previsto no artigo 205 do Código Civil. Havendo inércia do herdeiro testamentário, ocorrerá a perda da pretensão pelo decurso do tempo. Também não se confunde essa imprescritibilidade com a regra do artigo 1.859, que é restrita ao prazo para se pleitear a invalidade do testamento.

4. Fundamento do direito de testar

É controvertido, sob o ponto de vista filosófico, o fundamento do direito de testar. Há quem o atribua ao direito positivo, enquanto outros o colocam no plano do direito natural. Autores dizem que o ato de testar decorre da afeição. Outros o reconhecem como o meio do testador dispor de seus próprios bens. Como o direito sobre os próprios bens está contido no direito de propriedade, é claro que ao direito de propriedade deve corresponder o direito de testar. Finalmente, uma terceira corrente aponta o direito de testar como derivação da liberdade pessoal.

Portanto, existem três correntes que tentam justificar o direito de testar: a) afeição do testador para com o herdeiro;

b) consequência do direito de propriedade; c) derivação da liberdade individual. O fundamento não é a afeição, embora ela, como esclarece Mazzoni, possa ser considerada como causa que determina o exercício do direito de testar; nem tampouco é o sentimento de liberdade individual, que somente pode ser considerado como condição para a existência do direito. O fundamento, na verdade, assenta-se no direito de propriedade, cujo titular pode dispor de seus bens como melhor lhe convier. A propósito do tema, assinala Carlos Maximiliano[194]: "A faculdade de dispor do patrimônio próprio pelo testamento tanto mais se expande quanto mais notável o progresso do individualismo, desenvolvendo nos países cultos, por um lado, a autoridade paterna; por outro, a consciência da responsabilidade dos pais pelo futuro dos filhos. Daí a pertinente afirmação de Herbert Spencer: 'O direito de testar evolui no sentido de transição de uma sociedade do regime feudal ou militar para o individual'."

5. Finalidade do testamento

O testamento tem por finalidade especial a disposição dos bens do testador. Além desta, tem outras finalidades: revogar testamento anterior; reconhecer filhos havidos fora do casamento; nomear tutor ao filho órfão; perdoar o indigno; deserdar o herdeiro; instituir fundação; constituir renda; impor cláusulas restritivas à herança do herdeiro necessário etc. Em razão dessas múltiplas finalidades, a doutrina reconhece duas modalidades de disposições testamentárias: a) em heranças, legados e encargos (de conteúdo econômico ou não econômico); b) em determinações (termo, condição, cláusulas de inalienabilidade, impenhorabilidade e incomunicabilidade).

---

194 Carlos Maximiliano, *Direito das sucessões*, n. 293, apud J. M. de Carvalho Santos, *Código Civil brasileiro interpretado*, v. 22, p. 368.

6. Capacidade de testar

O testamento é um negócio jurídico, e como tal exige agente capaz, objeto lícito e possível e forma prescrita em lei. São incapazes de testar: a) os menores de dezesseis anos; b) os que, por enfermidade ou deficiência mental, não tiverem o necessário discernimento para a prática desses atos; c) os que, mesmo por causa transitória, não puderem exprimir sua vontade (art. 3º do CC).

Não podem também testar os que, no ato de fazê-lo, não tiverem pleno discernimento. Ou seja, são pessoas capazes, mas que, no momento da lavratura do testamento, não estavam em condições de determinar segundo a sua vontade, nem de compreender as consequências do alcance do seu ato (art. 1.860). Também não podem testar os surdos-mudos que não saibam exprimir a sua vontade. Trata-se de pessoas absolutamente incapazes. Todavia, se receberam educação adequada, adquirem capacidade testamentária ativa.

Os analfabetos só podem fazer testamento público. São impedidos, portanto, de optar por testamento cerrado ou testamento particular (arts. 1.872 e 1.876 do CC). Já os menores com dezesseis anos completos têm capacidade testamentária, podendo testar sem necessidade de serem assistidos. Assinale-se que o Código Civil não foi claro no alcance do disposto no artigo 1.860. Podem, por exemplo, os ébrios ou toxicômanos, os pródigos, todos relativamente incapazes, fazer testamento? Observa Zeno Veloso[195] o seguinte: "Não há razão para se decidir que os ébrios habituais, os viciados em tóxico e os que, por deficiência mental, tenham o discernimento reduzido (reduzido, note-se bem) sejam proibidos de

---

195 Zeno Veloso, *Comentários ao Código Civil*: parte especial, v. 21, p. 30.

testar. Quanto a estes últimos, se, apesar de reduzido, diminuído o discernimento, tenham entendimento ou compreensão suficiente para saber o que estão fazendo no momento em que outorgam a disposição de última vontade, isso é bastante e vale o testamento. E o ébrio habitual pode estar sóbrio quando testa; o viciado em tóxico pode estar livre do poder das drogas no momento em que dispõe *causa mortis*. Além disso, parece curioso, por exemplo, a eventual determinação pela qual o pródigo não possa testar livremente. Nesse sentido, o próprio Código Civil, em seu artigo 1.782, não prevê o testamento entre os atos que não podem ser praticados sem assistência por este incapaz. E também não haveria razão para tanto, tendo em vista que a proteção do pródigo visa a impedir que este atinja um estado de miserabilidade e passe a depender dos amigos, parentes ou do Estado. Assim, entendemos que o pródigo poderá testar livremente, não sendo considerado incapaz nos termos do artigo 1.860 do Código em vigor."

A capacidade para testar deve ser aferida no momento do testamento. Assim, se, ao testar, o testador tinha aptidão para fazê-lo, pouco importa que depois venha a perdê-la. A incapacidade superveniente do testador, nos termos do artigo 1.861 do Código Civil, não invalida o testamento, nem o testamento do incapaz se convalida com a superveniência da capacidade.

7. Testamento conjuntivo

Não é permitido fazer-se testamento conjuntivo, seja simultâneo, recíproco ou correspectivo (art. 1.863). Entende-se por testamento conjuntivo o que contém dois atos feitos num só, isto é, duas pessoas, ao mesmo tempo, de mão comum, fazem um testamento. O fundamento da proibição está no fato de que o testamento é ato personalíssimo, exigindo-se ampla independência de vontade do testador.

Na lapidar afirmação de Pontes de Miranda[196], "o testamento não é só ato unilateral. No direito brasileiro, é, também, unipessoal: cada vontade, um testamento". A perda desse caráter acarretaria a derrocada de um dos princípios basilares do direito das sucessões, que é o da revogabilidade dos testamentos. Mas não é só: a malfadada forma conjuntiva constitui um verdadeiro pacto sucessório, vedado pelo nosso direito.

O testamento conjuntivo pode ser simultâneo, recíproco e correspectivo.

7.1. Testamento simultâneo

O testamento é simultâneo quando feito por duas ou mais pessoas, conjuntamente, em favor de um terceiro. Exemplo: Maria e José, em um só testamento, instituem Ana como sua herdeira. Poderão fazê-lo em atos separados, lavrados na mesma data, com a mesma forma, no mesmo livro e perante o mesmo tabelião.

É possível, todavia, haver testamento simultâneo, sem ser em comum. Pontes de Miranda[197] traz o seguinte exemplo: "Em combate, nos momentos da morte, podem duas pessoas declarar às mesmas testemunhas que desejam seus herdeiros, A, B, C, ou determinada instituição. Não há, na espécie, exceção à pessoalidade: foram as circunstâncias que obrigaram à simultaneidade, evidentemente extraordinária e acidental. Certo, a lei proíbe testamentos simultâneos, mas a simultaneidade é um dos casos do testamento conjuntivo. Pode ser simultâneo, sem ser em comum".

---

196 Pontes de Miranda, *Tratado dos testamentos*, atual. de Vilson Rodrigues Alves, v. 1, p. 313.
197 Pontes de Miranda, *Tratado dos testamentos*, atual. de Vilson Rodrigues Alves, v. 1, p. 313.

7.2. Testamento recíproco

O testamento é recíproco quando cada um dispõe em favor do outro, de forma que será herdeiro quem morrer por último. Exemplo: Maria dispõe que, ao falecer, os seus bens serão de José. José, no mesmo testamento, faz idêntica disposição para Maria. Ou seja, ambos se instituem herdeiros mutuamente, numa só assentada testamentária.

7.3. Testamento correspectivo

O testamento é correspectivo quando as disposições de um correspondem às disposições do outro ou em retribuição de outras despesas correspondentes. Neste tipo de testamento, além de haver uma reciprocidade, cada disponente beneficia o outro na mesma proporção do benefício recebido. Exemplo: Maria faz um testamento deixando o seu apartamento para José. No mesmo testamento, José deixa a sua casa para Maria.

8. Formas ordinárias de testamento

São testamentos ordinários, conforme o artigo 1.862 do Código Civil:

I — o público;
II — o cerrado;
III — o particular.

Foi mantido o sistema anterior, sem contemplação também do testamento oral ou nuncupativo, da carta de consciência e da cláusula codicilar. Todavia, o Código Civil admite formas excepcionais de testamento, como veremos adiante.

CAPÍTULO XVI

DO TESTAMENTO PÚBLICO

1. Introdução. 2. Requisitos e formalidades do testamento público. 2.1. Lavratura pelo tabelião ou seu substituto legal. 2.2. Leitura do testamento, em voz alta, pelo tabelião ao testador e a duas testemunhas. 2.3. Assinatura do testamento pelo testador, testemunhas e tabelião. 3. Local e data do testamento. 4. Publicidade do testamento público. 5. Cumprimento do testamento.

1. Introdução

Testamento público é o instrumento em que o tabelião ou o seu substituto lavra, em livro de notas, a última vontade de uma pessoa, conforme as declarações espontaneamente prestadas perante duas testemunhas. O testamento público moderno representa as duas formas antigas de testamento: o nuncupativo do direito romano e o solene do direito consuetudinário. Do primeiro, guarda a forma como é feita a declaração de vontade; do último, conserva a forma escrita. Chamado de testamento aberto, não reveste de sigilo as declarações de última vontade do testador. Mas, em compensação, é mais seguro, inibindo as investidas de pessoas interessadas em desfazê-lo.

Como afirmamos, o testamento público é lavrado por um tabelião. Essa palavra é de origem romana, *tabulas* ou tábuas de cera em que eram escritas as convenções. A Lei n. 8.935/94, que regulamenta o artigo 236 da Constituição Federal, emprega a palavra "notário", que é de origem canônica. O Código Civil preferiu a palavra "tabelião". Nos termos da citada lei, pode-se definir tabelião ou notário como agente privado que, por delegação do Poder Público, escreve, fiscaliza e instrumentaliza atos e negócios jurídicos, conferindo-lhe autenticidade e fé pública.

2. Requisitos e formalidades do testamento público

São requisitos essenciais do testamento público, conforme o artigo 1.864 do Código Civil:

I — ser escrito por tabelião ou por seu substituto legal em seu livro de notas, de acordo com as declarações do testador, podendo este servir-se de minuta, notas ou apontamentos;

II — lavrado o instrumento, ser lido em voz alta pelo tabelião ao testador e a duas testemunhas, a um só tempo; ou pelo testador, se o quiser, na presença destas e do oficial;

III — ser o instrumento, em seguida à leitura, assinado pelo testador, pelas testemunhas e pelo tabelião.

Além dessas formalidades, assinala Washington de Barros Monteiro[198] que a primeira preocupação do tabelião será é a de certificar-se cuidadosamente da identidade do testador e

---

198 Washington de Barros Monteiro, *Curso de direito civil*: direito das sucessões, 35. ed., v. 6, p. 134.

de sua sanidade mental. A seguir, examinaremos os três requisitos legais do testamento.

2.1. Lavratura pelo tabelião ou seu substituto legal

O testamento público pode ser lavrado pelo tabelião ou por seu substituto legal, observando-se rigorosamente as declarações orais do testador ou o conteúdo da minuta, notas ou apontamentos que apresentar, desde que rubricadas todas as páginas pelo testador, se mais de uma (parágrafo único do art. 1.864). O Código Civil de 1916 não continha regra semelhante, até porque, na época em que foi aprovado, não havia esses recursos modernos. A forma era manuscrita, que era penosa, demorada, embora muito segura. Na atualidade, os cartórios podem usar o computador, a máquina de datilografia ou o formulário impresso. O testamento ganhou agilidade, mas perdeu um pouco a segurança. A perda deve ser compensada com o aumento da vigilância das pessoas interessadas.

No Código Civil anterior, somente o oficial público (tabelião) tinha competência para a lavratura do ato. Depois, a matéria passou a ser regida pela Lei n. 8.935, de 18 de novembro de 1994. No seu artigo 7º, II, a citada lei estabelece a competência aos tabeliães de notas, com exclusividade, para lavrar testamentos públicos e aprovar os cerrados. No artigo 20, dispõe que os notários e os oficiais de registro poderão, para o desempenho de suas funções, contratar escreventes, dentre eles escolhendo os substitutos, e auxiliares como empregados, com remuneração livremente ajustada e sob o regime da legislação do trabalho. No parágrafo 4º do citado artigo, prescreve que os substitutos poderão, simultaneamente com o notário ou o oficial de registro, praticar todos os atos que lhe sejam próprios, exceto, nos tabelionatos de notas, lavrar testamentos. Essas duas regras — inciso II do artigo 7º e parágrafo 4º artigo 20 da Lei n. 8.935/94 — foram parcialmente revogadas de forma tácita pelo artigo 1.864, I, do Código Civil, uma vez que atribuiu competência ao substituto para lavrar testamentos.

Não é, contudo, qualquer auxiliar do cartório que tem competência para a lavratura de testamento. Só o substituto do titular ostenta essa atribuição. Nesse caso, o testamento lavrado por quem não tem competência, ainda que contratado regulamente, será nulo, por faltar-lhe forma essencial. Discute-se, no entanto, se é possível, em caso dessa natureza, aplicar-se a teoria da aparência. Acompanhamos, nesse caso, o entendimento de Zeno Veloso[199]: em nome da boa-fé, do erro comum, da equidade, da confiança, o direito contempla situações com base na aparência, mesmo que o reconhecimento dessas situações fira eventualmente interesses de terceiros. Acrescenta ainda o renomado civilista: "Em se tratando de testamento, os perigos da aceitação são infinitamente menores, porque a sua consequência somente é dar curso e cumprimento a uma autêntica manifestação de vontade, justamente a derradeira, e manifestação de vontade livre e legitimamente exteriorizada, que o declarante esperava, confiante, que surtisse efeitos, com a sua morte; e surtiria, não fosse o erro que foi levado a cometer, praticando o ato ante pessoa que, por todas as evidências e circunstâncias, aparentava a titularidade jurídica para executá-lo."

Sobre a tese da teoria da aparência, veja-se o artigo 1.554 do Código Civil, que preceitua:

> Subsiste o casamento celebrado por aquele que, sem possuir a competência exigida na lei, exercer publicamente as funções de juiz de casamentos e, nessa qualidade, tiver registrado o ato no Registro.

---

[199] Zeno Veloso, *Comentários ao Código Civil*: parte especial, do direito das sucessões, v. 21, p. 56-57.

2.2. Leitura do testamento, em voz alta, pelo tabelião ao testador e a duas testemunhas

Após ser escrito, o testamento será lido em voz alta pelo tabelião ao testador e a duas testemunhas, a um só tempo; ou pelo testador, se o quiser, na presença delas e do oficial. A leitura visa a possibilitar ao testador e às testemunhas um conhecimento pleno do conteúdo do testamento, para que possam aferir se há coincidência entre o que foi declarado e o que foi escrito pelo tabelião ou seu substituto.

Tratando-se de pessoa inteiramente surda, duas situações podem acontecer: a) se o testador souber ler, lerá o seu testamento; b) se não souber, designará quem o leia em seu lugar, presentes as testemunhas (art. 1.866). Pela leitura dessa regra, evidencia-se que a testemunha designada é uma terceira pessoa que fará a leitura na presença do testador e das duas outras. Se o testador for cego, a situação é mais delicada, tendo em vista a extensão da sua deficiência. Só pode fazer testamento público que lhe será lido, em voz alta, duas vezes: uma pelo tabelião ou por seu substituto legal e a outra por uma das testemunhas, designada pelo testador, fazendo-se de tudo circunstanciada menção no testamento. O analfabeto só pode fazer testamento público, não podendo, pois, valer-se de testamento cerrado ou particular. Nesse caso, o instrumento, depois de lavrado, será lido pelo tabelião ou seu substituto, na forma já mencionada.

Como já foi referido, o testamento é um ato lavrado na presença de testemunhas. O Código Civil de 1916 exigia cinco testemunhas. Esse número era uma reminiscência às cinco classes do povo romano. O atual Código reduziu sensivelmente, de cinco para duas, facilitando, em muito, a lavratura do ato. Além disso, o artigo 1.632, I, do Código Civil anterior dispunha que as declarações orais eram feitas perante o oficial e em presença das testemunhas. Não é essa a leitura que se faz do artigo 1.864 e seus incisos do Código Civil atual. Infere-se das novas regras que o tabelião lavrará o testamento e, depois, é que será lido em voz alta por ele ao testador e às duas testemunhas.

O Código Civil quebrou o princípio da unicidade do ato testamentário, que vinha desde o direito romano, em que se exigia a presença do tabelião, do testador e das testemunhas, simultaneamente, do começo ao fim. Ensina Zeno Veloso[200] que o Código Civil, abandonando a orientação do legislador de 1916, não prevê que devam as testemunhas estar presentes no momento em que o testador faz as suas declarações de última vontade ao tabelião, e em que este redige o testamento. Assim, a conclusão possível é que essa presença não se reclama nesse momento, de modo que as testemunhas só precisam estar presentes obrigatoriamente no momento em que se lê e assina o testamento. E conclui: "Não fica prejudicado o testamento, todavia, se as testemunhas estiverem presentes e assistirem às declarações do testador ao tabelião, bem como presenciarem a feitura da redação, por este, do instrumento. Só afirmei que isso não é requisito essencial, o que não significa que não possa suceder."

Esse entendimento, contudo, não é unânime. Carlos Roberto Gonçalves[201] observa que, se fosse assim, as testemunhas não poderiam informar, em eventual ação declaratória de nulidade, se a vontade do testador foi respeitada pelo tabelião e se o teor do instrumento refletiu ou não a sua real intenção. E conclui: "Não são chamadas para presenciar parte da solenidade, mas para ver, ouvir e compreender tudo o que se passa, do início ao fim do ritual procedimental."

---

200 Zeno Veloso, *Comentários ao Código Civil*: parte especial, do direito das sucessões, v. 21, p. 62.
201 Carlos Roberto Gonçalves, *Direito civil brasileiro*: direito das sucessões, 2. ed., v. 7, p. 238-239.

Entendemos que a posição correta é a defendida por Zeno Veloso. Com efeito, estando o testador presente no momento da leitura do testamento, ninguém melhor do que ele para reclamar do tabelião sobre possível desvio de suas declarações. Se não o fez, admitiu que o inteiro teor do instrumento refletia, sem dúvida, a sua real intenção.

Com a redução do número de testemunhas, surge uma questão de direito intertemporal: o testamento público, celebrado na vigência do Código Civil anterior, apenas com duas testemunhas, tem validade, se o falecimento do testador ocorreu na vigência do Código Civil de 2002? Trata-se de matéria complexa, tendo em vista o conteúdo polêmico do artigo 2.035 do Código Civil. Sabemos que aos contratos firmados antes da vigência do Código Civil de 2002, cujos efeitos já foram produzidos até 11 de janeiro de 2003, incide o Código Civil de 1916, pois são fatos pretéritos. A controvérsia surge quanto aos denominados fatos pendentes, porque nesse ponto há diferença entre o efeito imediato e o efeito retroativo da lei nova. A esse respeito, observa Nelson Rosenvald[202]: "Os fatos pendentes — ou em via de realização — separam-se em partes anteriores ou posteriores à data da vigência da lei nova. A parte pretérita do fato pendente concerne à alteração de consequências jurídicas que haviam sido determinadas pelas partes, de acordo com a lei revogada. Se a nova lei dispõe sobre esses aspectos, ela será taxada de retroativa. Já as partes posteriores dos fatos pendentes ao tempo da vigência da nova lei serão por ela capturadas. Não se trata de retroatividade, mas de hipótese de aplicação imediata da lei."

---

202 Nelson Rosenvald, *Código Civil comentado*: doutrina e jurisprudência, Coordenação do Ministro Cezar Peluso, 2. ed., p. 2.145.

Maria Helena Diniz[203], discorrendo sobre *facta pendentia*, ensina: "Para gerar direito adquirido, o ato ou negócio jurídico válido deverá ter sido constituído e ter produzido efeitos em tempo atual, ou seja, durante a vigência da lei que contempla a situação por ele tratada. Se o ato negocial estiver em curso de formação, por ocasião da entrada em vigor da nova lei, esta aplicar-se-lhe-á. Mas, se celebrado sob a égide da lei antiga, e não tendo podido ainda produzir efeitos, que só ocorrerão depois da entrada em vigor do novo Código, os contratantes terão o direito de vê-lo cumprido nos termos da lei nova, que regerá seus efeitos, exceto se, na convenção, foi estipulada certa forma de execução, não contrariando preceito de ordem pública."

Portanto, diante da posição da doutrina, não temos dúvida de que o testamento, no caso apontado, será nulo, tendo em vista que a lei que se aplica no tocante à validade é a do momento da celebração.

2.3. *Assinatura do testamento pelo testador, testemunhas e tabelião*

Depois da leitura, o testamento será assinado pelo tabelião que o escrever, pelo testador e pelas testemunhas, em ato contínuo (art. 1.864, III). Só com o lançamento de todas as assinaturas o testamento público estará perfeito. Tanto assim que se o testador falecer antes de lançar a sua assinatura, o testamento não existe. E o que ocorrerá se, após assinar o testamento, o testador falecer antes de as testemunhas lançarem as suas assinaturas? Zeno Veloso[204] entende que o testa-

---

203 Maria Helena Diniz, *Código Civil comentado*, 6. ed., p. 2.207, coordenação de Regina Beatriz Tavares.
204 Zeno Veloso, *Comentários ao Código Civil*: parte especial, do direito das sucessões, v. 21, p. 66.

mento é válido, esclarecendo: "Cumpridas todas as formalidades e lido regularmente o escrito ao testador, no momento em que este assina, demonstra, inequívoca e indubitavelmente, estar de pleno e integral acordo com tudo o que o tabelião exarou no livro de notas. Se o disponente falece logo depois que assina, devem os coparticipantes lançar as suas assinaturas, cabendo apenas ao tabelião fazer constar no documento todo o ocorrido."

3. Local e data do testamento

O Código Civil, em nenhum momento, faz referência ao local e à data do testamento. Quanto ao local, não me parece essencial, tendo em vista que pode ser lavrado em qualquer cartório do território nacional. Assim, não há como se questionar sobre a competência do tabelião que o lavrou. Com relação à data, trata-se, a meu ver, de formalidade essencial, pois é possível que, numa ação declaratória de nulidade, seja questionada a capacidade do testador.

4. Publicidade do testamento público

Questão interessante é a que envolve a publicidade do testamento público. Pode ser disponibilizado para consulta? Publicidade vem do latim *publicus*, de *publicare* (publicar, dar ao público, expor ao público). Entende-se, na linguagem jurídica, a condição ou a qualidade de público que se atribui ou se deve cometer aos atos ou coisas, que se fazem ou se devem fazer.

Segundo De Plácido e Silva[205], a publicidade pode revelar-se pela publicação ou divulgação do fato, significando, assim, o próprio meio utilizado para que se torne notório ou de

---

205 De Plácido e Silva, *Vocabulário jurídico*, p. 1.133.

conhecimento generalizado o fato ou a coisa. Pode também designar condição de exposição ao público da coisa ou do fato que se pretende realizar, para que se faça sem qualquer ocultação aos olhares do público, isto é, das pessoas pertencentes à coletividade que queiram assistir a ele. Assim, dentro de sua finalidade jurídica, a publicidade pretende tornar a coisa ou o fato de conhecimento geral, para que todos possam saber ou conhecer o fato a que se refere.

Para Flávio Tartuce e José Fernando Simão[206], o conceito de publicidade não significa amplo acesso a toda e qualquer pessoa, incluindo-se aí eventuais curiosos. Isso porque se o acesso fosse realmente livre, qualquer pessoa poderia, conhecendo o conteúdo do testamento, pressionar o testador para alterá-lo. No mesmo sentido é o magistério de Zeno Veloso[207]. Citando Pires de Lima e Antunes Varela, assinala que a publicidade do testamento público não consiste em o texto do testamento ficar aberto ao conhecimento do público depois de o ato ser lavrado no livro respectivo. "A sua publicidade resulta apenas de o instrumento ser lavrado (e redigido) pelo notário e, sobretudo, da circunstância de o *acto se*r presenciado pelas pessoas cuja presença é essencial para garantir a seriedade e regularidade do ato."

Realmente, não vemos razões para se conceder a qualquer pessoa o direito de se imiscuir em atos que não são do seu interesse. Para pôr fim a essas controvérsias, tramita no Congresso Nacional o Projeto de Lei n. 6.960, de 2002, de autoria do então deputado Ricardo Fiuza, pretendendo acrescentar um parágrafo ao artigo 1.864, com redação seguinte:

---

206 Flávio Tartuce; José Fernando Simão, *Direito civil*: direito das sucessões, v. 6, p. 274.
207 Zeno Veloso, *Comentários ao Código Civil*: parte especial, do direito das sucessões, v. 21, p. 58-59.

A certidão do testamento público, enquanto vivo o testador, só poderá ser fornecida a requerimento deste e ou por ordem judicial.

5. Cumprimento do testamento

Qualquer interessado poderá requerer ao juiz, exibindo o traslado ou a certidão, o cumprimento do testamento público (art. 1.128 do CPC). O procedimento, no que couber, será o estabelecido nos artigos 1.125 a 1.127 do citado diploma legal. Se, após a morte do testador, o detentor do testamento não o exibir em juízo, o juiz, de ofício ou a requerimento de qualquer interessado, ordenará que o faça para os fins legais. Não sendo cumprida a ordem, proceder-se-á à busca e apreensão do testamento, de conformidade com o disposto nos artigos 839 a 843 (art. 1.129 do CPC).

CAPÍTULO XVII

DO TESTAMENTO CERRADO

1. Introdução. 2. O testamento cerrado e o Código Civil de 2002. 3. Requisitos essenciais do testamento cerrado. 4. Pessoas que podem fazer testamento cerrado. 4.1 O surdo-mudo. 4.2. O simplesmente surdo ou o simplesmente mudo. 5. Elementos do testamento cerrado. 6. Formalidades para o cumprimento do testamento cerrado.

1. Introdução

Testamento cerrado é aquele que o testador escreve, ou manda escrever, para que o aprove o oficial público, na presença de duas testemunhas. É também chamado testamento secreto ou místico, denominações que indicam o caráter de sigilo de que se reveste. Dado o seu caráter sigiloso, guarda o segredo do testador, até a sua abertura. Não tem o inconveniente do testamento público, no sentido de fazer conhecida a vontade do testador. Por isso, pode trazer consequências desagradáveis, suscitando desapontamentos a quem se julgava merecedor de disposições mais favoráveis.

O Código Civil, contudo, não contém nenhuma regra impositiva acerca desse caráter secreto. Para Zeno Veloso[208], "mesmo que contivesse tal denominação, como no Código Civil francês (art. 976) ou no Código Civil italiano (art. 604), o sigilo seria instituído em favor do testador, que poderia prescindir dele, revelando o conteúdo do escrito, o teor do testamento a terceiros, notadamente ao escritor da cédula, se foi redigida por outrem". Sendo assim, não há impedimento do testador revelar o conteúdo do seu testamento cerrado às testemunhas ou ao notário, embora fato dessa natureza nem sempre aconteça.

2. O testamento cerrado e o Código Civil de 2002

O Código Civil de 1916 aproveitou quase integralmente o que constava nas Ordenações (liv. 4, t. 80, n. 1) e no artigo 1.055 da Consolidação de Teixeira de Freitas sobre testamento cerrado. O Código Civil atual pouco se diferencia do Código revogado. As principais distinções são as seguintes:

a) No primeiro, se o testador não podia assinar, o testamento seria assinado, em substituição ao testador, por quem o houvesse escrito (art. 1.638, III). Já o auto de aprovação podia ser assinado por uma das cinco testemunhas, a rogo do testador, se ele não soubesse ou não pudesse assinar (1.638, X). No vigente Código Civil, o testamento será assinado pelo testador, mesmo se foi escrito por alguém a seu rogo (*caput* do art. 1.868); deve também, ele mesmo, assinar o auto de aprovação do testamento, lavrado pelo notário ou por seu substituto (art. 1.868, IV).

b) No Código Civil anterior, era necessário que pelo menos cinco testemunhas estivessem presentes ao auto de apro-

---

208 Zeno Veloso, *Comentários ao Código Civil*: parte especial, do direito das sucessões, v. 21, p. 113.

vação do testamento; o Código Civil atual exige apenas duas testemunhas (art. 1.868, I e III). Por fim, o novo Código permite, como o fez com o testamento público, que o auto de aprovação seja lavrado pelo tabelião ou por seu substituto.

3. Requisitos essenciais do testamento cerrado

São requisitos essenciais do testamento cerrado: a) que o testamento seja escrito pelo testador ou por outra pessoa, a seu rogo, e por aquele assinado; b) que o testador o entregue ao tabelião, em presença de duas testemunhas, para ser aprovado; c) que, no ato da entrega, o testador declare que aquele é o seu testamento e que quer a sua aprovação; d) que o tabelião lavre, desde logo, o auto de aprovação, na presença de duas testemunhas, e o leia, em seguida, ao testador e testemunhas; e) que o auto de aprovação seja assinado pelo tabelião ou o seu substituto, pelas testemunhas e pelo testador (art. 1.868).

4. Pessoas que podem fazer testamento cerrado

Qualquer pessoa que não esteja excluída por incapacidade testamentária pode fazer testamento cerrado. Podem ainda fazer testamento cerrado:

4.1 O *surdo-mudo*

O surdo-mudo, como já dissemos, desde que tenha recebido educação adequada, pode fazer testamento cerrado. Exige-se, contudo, que o escreva todo, e o assine de próprio punho. Além disso, ao entregá-lo ao oficial público, ante as duas testemunhas, escreva, na face externa do papel ou do envoltório, que aquele é o seu testamento, cuja aprovação lhe pede (art. 1.873). Nesse caso, não tem aplicação o *caput* do artigo 1.868 do Código Civil, não podendo assim o testamento ser escrito por outra pessoa, a rogo do testador. Quanto à leitura do auto de aprovação pelo notário, o artigo 1.873 é omisso. Entendemos que a melhor solução é aplicar, por analogia, o artigo 1.866 do Código Civil, que dispõe que "sabendo ler, lerá o seu próprio testamento". A leitura pelo notário, como consta da parte final do inciso III do artigo 1.868, não produziria quaisquer efeitos, ante a surdez do testador.

4.2. O *simplesmente surdo* ou o *simplesmente mudo*

Também pode fazer testamento cerrado, desde que saiba e possa ler, o simplesmente mudo ou o simplesmente surdo. O surdo deverá fazer verbalmente a declaração a que se refere o artigo 1.868, II, do Código Civil; já no caso do mudo, a declaração deve ser escrita (art. 1.873). Lembra Tito Prates da Fonseca, citado por Zeno Veloso[209], que, embora o Código só se refira, para exigir essa inscrição, ao surdo-mudo, é claro que o mudo assim terá de fazer. A justificativa é que o requisito tem em vista a impossibilidade de falar, e não a falta de audição. Quanto ao auto de aprovação, apresentamos a seguinte solução: no testamento do surdo, ele próprio fará a leitura; no testamento do mudo, aplica-se o inciso III do artigo 1.868 do Código Civil.

5. Elementos do testamento cerrado

O testamento cerrado apresenta dois elementos: a cédula testamentária e o auto de aprovação. A cédula testamentária pode ser manuscrita pelo testador ou por outra pessoa, a seu rogo, em língua nacional ou estrangeira, e por aquele assinada.

---

[209] Zeno Veloso, *Comentários ao Código Civil*: parte especial, do direito das sucessões, v. 21, p. 115.

Veja-se que o disponente poderá escrever o seu testamento. Poderá, no entanto, mesmo sabendo e podendo escrever, pedir que outrem o faça por ele. Deverá, contudo, assiná-lo, não sendo permitida a assinatura a rogo (art. 1.872).

O auto de aprovação será lavrado pelo tabelião ou por seu substituto legal imediatamente depois da última palavra do testador, na presença das testemunhas. Não havendo espaço na última folha do testamento para início da aprovação, o tabelião aporá nele o seu sinal público, mencionando a circunstância no auto. Em seguida, cerrará e coserá o instrumento aprovado. Se o tabelião tiver escrito o testamento a rogo do testador, poderá, não obstante, aprová-lo.

A língua em que se redige a cédula testamentária tanto pode ser a nacional como a estrangeira (art. 1.971). Pode o testador, ou alguém que por ele escrever o testamento, utilizar língua viva ou morta, latim ou esperanto, por exemplo. Afirma Pontes de Miranda[210] que "um bispo, um latinista, ou um esperantista, não se presume testarem por pilhéria". Zeno Veloso[211], com muita pertinência, assinala: "A matéria, porém, exige ressalvas. Se o testador não é bispo, nem padre, nem latinista, nem domina o grego clássico, e jamais foi esperantista, ou algo semelhante, e seu testamento aparece escrito em uma dessas línguas exóticas, o documento haverá de causar suspeição, desconfiança de que houve embuste ou falsidade, erguendo-se uma forte *praesumptio facti* contra a autenticidade do ato". Por isso, é necessário que o testador conheça a língua em que seu testamento foi escrito. Essa obrigatoriedade, entretanto, não se estende ao notário e às testemunhas.

---

210 Pontes de Miranda, *Tratado dos testamentos*, atual. de Vilson Rodrigues Alves, v. 2, p. 158.
211 Zeno Veloso, *Comentários ao Código Civil*: parte especial, do direito das sucessões, v. 21, p. 111.

Não são, portanto, obrigados a saber ou a entender a língua em que a cédula foi redigida.

6. Formalidades para o cumprimento do testamento cerrado

Falecido o testador, o testamento será apresentado ao juiz que, ao receber e verificar que está intacto, abri-lo-á e mandará que o escrivão o leia em presença de quem o entregou. Lavrar-se-á, em seguida, o ato de abertura que, rubricado pelo juiz e assinado pelo apresentante, mencionará (art. 1.125 do CPC):

I — a data e o lugar em que o testamento foi aberto;

II — o nome do apresentante e como houve ele o testamento;

III — a data e o lugar do falecimento do testador;

IV- qualquer circunstância digna de nota, encontrada no invólucro ou no interior do testamento.

Tratando-se de testamento escrito em língua estrangeira, o juiz deverá valer-se de tradutor juramentado, nos termos dos artigos 156 e 157 do Código de Processo Civil.

Após ouvir o órgão do Ministério Público, o juiz mandará registrar, arquivar e cumprir o testamento, se lhe não achar vício externo que o torne suspeito de nulidade ou falsidade (art. 1.126 do CPC). O testamento será registrado e arquivado no cartório competente, dele remetendo o escrivão uma cópia, no prazo de oito dias, à repartição fiscal.

Feito o registro, o escrivão intimará o testamenteiro nomeado a assinar, no prazo de cinco dias, o termo da testamentaria; se não houver testamenteiro nomeado, estiver ele ausente ou não aceitar o encargo, o escrivão certificará a ocorrência e fará os autos conclusos. Nesse caso, o juiz nomeará testamenteiro dativo, observando-se a preferência legal. Assinado o termo de aceitação da testamentaria, o escrivão extrairá cópia autêntica do testamento para ser juntada aos autos de inventário ou de arrecadação da herança (art. 1.127 e parágrafo único do CPC).

CAPÍTULO XVIII

DO TESTAMENTO PARTICULAR

1. Noções gerais. 2. Inovações no Código Civil de 2002. 3. Cumprimento do testamento particular.

1. Noções gerais

Testamento particular é o escrito pelo testador de próprio punho, ou mediante processo mecânico, e por ele assinado. Só a pessoa que saiba ler e escrever pode fazer testamento particular. É também denominado de testamento hológrafo, vocábulo de origem grega que significa escrito pela própria mão que o assinou ou que o passa.

Surgiu o testamento particular em Roma, com Valentino III, criado através da Novela 21, 2, no ano 446. Sua forma era bastante simples: o testador o escrevia de próprio punho e não se exigiam testemunhas. Posteriormente, sofreu modificações no Código de Justiniano: só os pais, excepcionalmente, poderiam usá-lo em favor dos filhos. Foi adotado no Brasil por influência do direito português. Dele tratavam a Consolidação das Leis Civis, de Teixeira de Freitas, e o Projeto de Clóvis Beviláqua, sendo finalmente incorporado ao Código Civil de 1916. No direito das Ordenações, o testamento particular podia ser escrito a rogo, na presença de cinco testemunhas, que o assinavam em seguida. Essa forma não era hológrafa, que pressupõe testamento escrito por inteiro pelo próprio testador, como já afirmamos. Todavia, o Código Civil de 1916 não adotou o testamento particular a rogo. Prevaleceu o fundamento de que a forma simplificada era um caminho aberto à captação, à sugestão e à fraude.

O Código Civil de 2002 adotou o mesmo modelo. O artigo 1.876 dispõe que o testamento particular pode ser escrito de próprio punho ou mediante processo mecânico. Os parágrafos 1º e 2º complementam as formas de elaboração. O parágrafo 1º estabelece que se o testamento for escrito de próprio punho, exige-se, como requisitos essenciais à sua validade, que seja lido e assinado por quem o escreveu, na presença de pelo menos três testemunhas, que o devem subscrever.

Note-se que essa redação é ambígua. Se o testamento foi escrito pelo próprio testador, não tem sentido a expressão "por quem o assinou". Acrescente-se ainda que, embora o Código Civil exija que o testamento particular seja escrito de próprio punho pelo testador, não se pode afastar, todavia, o auxílio de terceiro. A respeito, ensina Zeno Veloso[212]:"Não que se deve receber a norma na sua expressão literal, o que determinaria a conclusão — absurda, inconsequente, desumana — de que só se permite outorgar testamento particular a quem tenha mãos, e possa utilizá-las para escrever". E acrescenta o jurista: "Visto que o testamento deve ser obra pessoal do testador, registre-se que, não obstante, é possível a ajuda material de terceiro. Essa intervenção se admite, apenas e exclusivamente, para socorrer ou auxiliar o testador na escrita, levando, por exemplo, sua mão ao papel, conduzindo-a ao

---

212 Zeno Veloso, *Comentários ao Código Civil*: parte especial, do direito das sucessões, v. 21, p. 129.

começo de cada linha, firmando seu pulso para escrever, se o disponente for muito velho, estiver doente, debilitado, nervoso, e não puder escrever, com segurança ou facilidade, usando suas próprias forças. Nesse sentido a jurisprudência francesa assentou (...). O importante é que todo o escrito seja produto consciente, autônomo, reflexivo e livre do testador, sendo a intervenção do terceiro solicitada pelo disponente e caracterizada por mera e simples assistência material. Se a participação do terceiro é maliciosa, influindo na vontade do disponente, guiando a sua mão impositivamente, de modo que o testador seja elemento passivo, e o manuscrito é produzido por ele, mas não resulta de uma operação livre e autêntica, o testamento é nulo."

No parágrafo 2º do artigo 1.876, o Código Civil traz uma importante inovação, que acompanha o avanço da modernidade: permite que o testamento particular seja elaborado por processo mecânico. Não admite, contudo, possa ter rasuras ou espaços em branco. Dessa forma, podem ser utilizados a velha máquina de escrever, ainda presente em alguns cartórios do interior do Brasil, o computador etc. Uma indagação, todavia, se impõe: optando o testador pela forma mecânica, terá de datilografar ou de digitar o seu testamento ou pode pedir a outrem que o faça? O Código Civil nada diz a respeito. Sendo assim, é possível que um profissional, advogado, datilógrafo ou digitador redija mecanicamente o testamento, conforme as declarações do testador, que depois o lerá na presença das testemunhas.

Será válido o testamento particular em parte manuscrito pelo testador e em parte datilografado, ou redigido em computador? Endossamos o entendimento de Zeno Veloso[213]: "Desde que o escrito tenha sido lido, por inteiro, e assinado

---

213 Zeno Veloso, *Comentários ao Código Civil*: parte especial, do direito das sucessões, v. 21, p. 130.

pelo testador, na presença de três testemunhas, que também tenham assinado o instrumento, este testamento — parcialmente escrito de próprio punho e na outra parte elaborado por processo mecânico — é negócio jurídico válido e perfeito."

Qualquer que seja a forma escolhida pelo testador, a leitura do testamento perante as testemunhas é requisito essencial, conforme consta de ambos os parágrafos do artigo 1.876. Será nulo o testamento se o testador e as testemunhas assinarem o testamento sem prévia leitura do documento. Aplica-se nessa fase – e tão só nela — o princípio da unicidade, ou seja, a leitura e as assinaturas pelo testador e pelas testemunhas desenvolvem-se num só instante. No mais, o princípio não incide. Assim, nada impede que o testamento seja elaborado progressivamente, no curso do tempo.

Ressalte-se ainda que o testamento particular pode ser escrito em língua estrangeira, contanto que as testemunhas a compreendam (art. 1.880). É óbvio que o testador deve também conhecê-la. Ao contrário do testamento cerrado — em que as testemunhas não são obrigadas a saber a língua estrangeira que foi utilizada, pois são testemunhas, apenas, do auto de aprovação no testamento particular, o conhecimento da língua é obrigatório, conforme a regra do artigo 1.880, sob pena de nulidade. Essa forma é exigida para propiciar a compreensão da leitura do conteúdo da cédula testamentária às testemunhas (art. 1.876, §§ 1º e 2º). Não fosse assim, essa solenidade não teria sentido.

2. Inovações no Código Civil de 2002

As mais importantes inovações que o Código Civil atual trouxe, na área do testamento particular, são as seguintes: a) pode ser escrito mediante processo mecânico; b) o número de testemunhas foi reduzido de cinco para três. Além disso, o artigo 1.879 criou um tipo de testamento de emergência, bem afeiçoado com a forma nuncupativa: em circunstâncias excepcionais, declaradas na cédula, o testamento particular escrito de próprio punho e assinado pelo testador, sem testemunhas, poderá ser confirmado, a critério do juiz. Trata-se de uma forma testamentária para ser utilizada em hipóteses excepcionais. Vários são os exemplos: o testador está sem comunicação, foi sequestrado, está dentro de um prédio em chamas, isolado numa UTI etc.

3. Cumprimento do testamento particular

Formalidade essencial do testamento particular é a sua publicação em juízo, com citação dos herdeiros legítimos, logo que ocorra a morte do testador (art. 1.877). Essa formalidade destina-se a dar autenticidade ao testamento, como medida preliminar de sua execução. A publicação pode ser requerida pelo herdeiro testamentário ou pelo testamenteiro, observando-se o Código de Processo Civil. Em seguida, serão ouvidas as testemunhas, que deverão ser contestes. Delas não se exige a reprodução das disposições testamentárias. Basta a afirmação de que o *de cujus* fez o testamento e que as chamou para testemunhar a leitura, bem ainda que reconhecem as próprias assinaturas e a do testador. Se faltarem testemunhas, por morte ou ausência, e se pelo menos uma delas o reconhecer, o testamento poderá ser confirmado se, a critério do juiz, houver prova suficiente de sua veracidade (parágrafo único do art. 1.878).

O Código Civil, como se vê, cercou o testamento particular de tantas cautelas que praticamente o proibiu. Por exemplo, se nenhuma testemunha for encontrada, por ausência ou morte, o testamento não poderá ser confirmado; se a única testemunha encontrada não confirmar o testamento, ele não valerá, ainda que seja apurada e provada a veracidade da assinatura do testador e das testemunhas. Sobre a matéria, Pontes de Miranda[214] chegou a afirmar: "Lei absurda, lei inconsequente, lei má, lei que devolveria a herança à pessoa de quem o testador não cogitou, porque num desastre morreram ele e as testemunhas."

---

[214] Pontes de Miranda, *Tratado dos testamentos*, atual. de Vilson Rodrigues Alves, v. 2, p. 187.

CAPÍTULO XIX

TESTAMENTOS ESPECIAIS

1. Introdução. 2. Do testamento marítimo. 3. Do testamento aeronáutico. 4. Regras aplicáveis aos testamentos marítimo e aeronáutico. 5. Do testamento militar.

1. Introdução

As formas especiais de testamento foram criadas tendo por razão o estado de necessidade. Esses testamentos variam de conformidade com as legislações. O direito alemão é o que admite maior número de testamentos especiais: o rural ou de aldeia, para os lugares onde não há oficiais públicos; o admitido para uma zona isolada por motivo de peste, inundação, ataque do inimigo; o marítimo e o militar.

Na França e na Itália, são consagrados o testamento marítimo, o militar e o feito em lugar isolado por motivo de peste. No Brasil, o Código Civil de 2002 prevê, no artigo 1.886, os seguintes testamentos especiais: o marítimo, o aeronáutico e o militar. Os testamentos especiais não são da livre escolha do testador, como os ordinários. O disponente, em meio a uma situação extraordinária, não tem muitas opções, e até mesmo as formalidades e exigências legais são dispensadas.

2. Do testamento marítimo

Pode fazer testamento marítimo quem estiver em viagem, a bordo de navio nacional, de guerra ou mercante. O testamento marítimo pode apresentar a forma de testamento público ou de testamento cerrado. A opção será feita pelo testador. Se for escolhida a forma pública, caberá ao comandante do navio lavrá-lo; se a opção for pela forma de testamento cerrado, observar-se-ão, no que couber, as regras já examinadas. Exigir-se-ão, em ambos os casos, duas testemunhas. O comandante do navio exercerá funções notariais, quer ao lavrar o testamento (forma pública), quer ao lavrar o auto de aprovação (forma cerrada). Sendo ele o testador, o testamento será lavrado pelo seu substituto, aplicando-se solidariamente o artigo 1.893, parágrafo 3º, do Código Civil.

Pela leitura do artigo 1.888 do Código Civil, só é possível o testamento marítimo em viagem e a bordo de navio nacional. A razão é a seguinte: a lei brasileira só dispõe sobre o seu território, e o navio se considera parte dele. O navio tem de ser de guerra ou mercante, não se aplicando a faculdade a outros tipos de embarcações que navegam perto da costa. As solenidades exigidas são simples: feitas as declarações perante o comandante e na presença de duas testemunhas, será o ato levado a registro no diário de bordo.

O Código Civil não se refere mais a "em viagem em alto-mar", como estabelecia o artigo 1.656 do Código Civil de 1916. Pressupõe, no entanto, que a viagem seja marítima, por força do nome do testamento. Entretanto, pode-se entender, como faziam os doutrinadores do Código Civil anterior, que a pessoa pode fazer testamento marítimo em viagem em rio ou mesmo em lago, dependendo da sua extensão. A esse respeito, ensina Zeno Veloso[215]: "Num país de dimensões conti-

---

215 Zeno Veloso, *Comentários ao Código Civil*: parte especial, do direito das sucessões, v. 21, p. 164.

nentais como nosso, que ostenta uma das maiores e mais extensas redes hidrográficas do planeta, era essa, sem dúvida, a melhor doutrina, e basta que se observe o fato de que se podem empreender viagens ou expedições pelos rios da Amazônia que duram semanas, percorrendo distâncias imensas. Há rios caudalosos em países europeus que, nessa colossal região brasileira, não passariam de simples furos ou igarapés."

3. Do testamento aeronáutico

Quem estiver em viagem, a bordo de aeronave militar ou comercial, pode testar perante pessoa designada pelo comandante e na presença de duas testemunhas (art. 1.889). Como se nota, o testamento aeronáutico não será escrito pelo comandante do avião, mas por pessoa por ele designada. Esse testamento também pode ter a forma de testamento público ou de testamento cerrado, embora não o diga o artigo 1.889 do Código Civil.

4. Regras aplicáveis aos testamentos marítimo e aeronáutico

Aplicam-se a essas duas formas de testamento as seguintes regras:

a) O instrumento ficará sob a guarda do comandante, que o entregará às autoridades administrativas do primeiro porto ou aeroporto nacional, contra recibo averbado no diário de bordo (art. 1.890).

b) Não valerá o testamento marítimo, ainda que feito no curso de uma viagem, se, ao tempo em que se fez, o navio estava em porto onde o testador pudesse desembarcar e testar na forma ordinária (art. 1.892).

c) Caducará o testamento marítimo ou aeronáutico se o testador não morrer na viagem, nem nos noventa dias subsequentes ao seu desembarque em terra, onde possa fazer, na forma ordinária, outro testamento, salvo se o testamento anterior apresentar as solenidades prescritas no parágrafo único do artigo 1.894 (art. 1.891).

Portanto, se o testador não morrer na viagem, terá noventa dias seguintes ao desembarque para confirmar, pela forma ordinária, o seu testamento. Se nesse período o testador morrer, sem ter feito o novo testamento, caducará o testamento marítimo ou aeronáutico. Observa Clóvis Beviláqua[216], em comentário ao artigo 1.658 do Código Civil de 1916: "As formas especiais do testamento foram imaginadas, exclusivamente, para certas ocasiões, em que as formas ordinárias não poderiam ser utilizadas. Por isso, o testamento marítimo, feito na suposição de que o testador morreria na viagem, perde a sua eficácia, se essa previsão não se realizar, e decorrerem três meses depois do desembarque do disponente, desde que este se dê em terra, onde possa fazer o seu testamento, na forma ordinária. O desembarque em país estrangeiro não impede a feitura do testamento em forma ordinária, salvo circunstância particular, que determine o impedimento, ou provenha do testador ou do lugar. O mesmo, aliás, poderá ocorrer em caso de desembarque no próprio país. O impedimento deverá, porém, ser real e invencível, e não uma dificuldade capaz de ser removida sem grande esforço."

5. Do testamento militar

Testamento militar é aquele feito pelos militares e demais pessoas a serviço do exército, em campanha, dentro ou fora do país, ou em praça sitiada, ou de comunicações cortadas. Sua origem remonta à antiga Grécia. Foi adotado em Roma por Júlio César, para o militar em serviço. As Ordenações

---

216 Clóvis Beviláqua, *Código Civil dos Estados Unidos do Brasil*, Edição histórica, v. 2, p. 854.

Filipinas adotaram uma regulamentação especial (liv. 4, t. 85, n. 5):

> Estando no conflito da batalha, podem fazer testamento de palavra ou por escrito, ainda que seja no chão com a espada, com o sangue das feridas, ou de qualquer outra coisa, contanto que se prove com as ditas testemunhas, como os fizeram, ainda que não sejam chamadas, mas se achem ao fazer dos testamentos.

O Código Civil de 1916 revogou as Ordenações, dando uma moldura moderna ao testamento militar, excluindo os exageros herdados pelo antigo direito da fonte romana. O artigo 1.893 do Código Civil atual dispõe que o testamento dos militares poderá fazer-se, não havendo tabelião ou seu substituto legal, ante duas ou três testemunhas, se o testador não puder ou não souber assinar, caso em que assinará por ele uma delas. Tem o seu fundamento no fato de não existirem notários no campo de batalha.

Podem fazer testamento militar o pessoal do exército e outras pessoas a serviço das Forças Armadas: médicos, farmacêuticos, enfermeiros, capelães, telegrafistas, funcionários da Justiça Militar ou civil, destacados para a tropa, vivandeiras etc. É preciso que o testador esteja em campanha, dentro ou fora do país, equiparando-se a essa situação a pessoa que esteja em praça sitiada, ou que esteja de comunicações cortadas.

Pertencendo o testador a corpo ou seção de corpo destacado, o testamento será escrito pelo respectivo comandante, ainda que de graduação ou posto inferior. Caso esteja o testador em tratamento hospitalar, o testamento será escrito pelo respectivo oficial de saúde ou pelo diretor do estabelecimento. Se o testador for o oficial mais graduado, o testamento será escrito por aquele que o substituir (§§ 1º, 2º e 3º do art. 1.893 do CC).

Sabendo o testador escrever, poderá fazer o testamento de seu punho, contanto que o date e assine por extenso, e o apresente aberto ou cerrado, na presença de duas testemunhas, ao auditor ou ao oficial de patente que lhe faça as vezes nesse mister. Nesse caso, o auditor, ou o oficial a quem o testamento for apresentado, anotará, em qualquer parte dele, o lugar, o dia, o mês e o ano. Essa nota será assinada por ele e pelas testemunhas.

O testamento militar incide em caducidade, desde que o testador esteja, noventa dias seguidos, em lugar onde possa testar na forma ordinária. Aplica-se, aqui o que dissemos anteriormente sobre a caducidade do testamento marítimo ou aeronáutico. Prevalecerá, no entanto, por qualquer tempo, quando se tratar de testamento hológrafo que apresente as solenidades exigidas no parágrafo único do artigo 1.894 (art. 1.895).

Por fim, o Código Civil admite, no artigo 1.896, um terceiro tipo de testamento militar: o nuncupativo. Dispõe o referido artigo que as pessoas equiparadas aos militares, estando empenhadas em combate ou feridas, podem testar oralmente, confiando a sua última vontade a duas testemunhas. Para que possa ser utilizada essa forma testamentária, é preciso que o militar ou as pessoas a ele equiparadas estejam em combate, expostas a riscos de vida e sem a menor chance de fazer o testamento por escrito. Não valerá esse testamento se o testador não morrer na guerra ou convalescer do ferimento.

CAPÍTULO XX

DAS DISPOSIÇÕES TESTAMENTÁRIAS

1. Introdução. 2. Princípios gerais que regem a nomeação de herdeiro ou legatário. 3. Regras permissivas de nomeação de herdeiro ou legatário. 3.1. Nomeação pura e simples. 3.2. A nomeação mediante condição. 3.3. Nomeação para certo fim ou modo. 3.4. Nomeação por certo motivo. 4. Regras proibitivas ou restritivas de nomeação de herdeiro ou legatário. 4.1. Condição captatória. 4.2. Pessoa incerta, cuja identidade não se possa averiguar. 4.3. Pessoa incerta, determinada por terceiro. 4.4. Valor do legado arbitrado pelo herdeiro, ou por outrem. 4.5. Favorecimento de pessoas a que se referem os artigos 1.801 e 1.802 do Código Civil. 4.6. Erro na designação da pessoa do herdeiro, do legatário ou da coisa legada. 5. Interpretação de testamento. 5.1. Regras de interpretação de testamento. 5.2. Regras de interpretação supletivas. 6. Prazo para invalidar-se o testamento: caducidade. 7. Da cláusula de inalienabilidade.

1. Introdução

O testamento contém formalidades extrínsecas e intrínsecas. As primeiras já foram objeto de apreciação. Restam as formalidades intrínsecas. Elas dizem respeito à instituição de herdeiro, à nomeação de legatário, à distribuição dos bens do testador, às disposições não patrimoniais e à invalidade do testamento.

2. Princípios gerais que regem a nomeação de herdeiro ou legatário

A nomeação de herdeiro ou legatário rege-se pelos seguintes princípios gerais:

a) As disposições relativas ao elemento intrínseco devem estar contidas diretamente no próprio ato do testamento. Não podem ser completadas ou esclarecidas através de escrituras públicas, escritos particulares, declarações judiciais ou extrajudiciais.

b) A vontade do testador deve ser própria e manifestada pessoalmente por ele. Não se admite representação em matéria testamentária.

c) A pessoa beneficiada pela disposição deve ser certa. "E é certa não só quando seja individualmente designada pelo testador, mas também quando sejam dados no testamento os elementos suficientes para que de futuro se possa determinar."[217]

d) As disposições testamentárias devem ser feitas em benefício de pessoas naturais ou jurídicas. Não é permitida dis-

---

[217] Roberto de Ruggiero, *Instituições de direito civil*, v. 3, 1958, p. 654.

posição em favor de coisas ou animais, das almas ou dos santos, salvo se realizada de forma indireta, quando, por exemplo, o testador dispõe sobre sufrágios religiosos em benefício da sua própria alma, ou faz um legado com encargo do legatário cuidar de um determinado animal.

e) A herança deve ser atribuída a pessoa ou pessoas determinadas. Não pode ser concedida a gerações inexistentes, salvo nas hipóteses de fideicomisso ou nos casos previstos no artigo 1.799, I, do Código Civil.

f) A vontade do testador deve ser expressa. Não tem validade disposição que importe em um simples conselho aos herdeiros instituídos.

g) Não se cumpre disposição meramente enunciativa. Washington de Barros Monteiro[218] dá um exemplo que elucida bem a matéria: "Imponho a Paulo, herdeiro meu por testamento anterior, tal encargo. Esse testamento anterior, por mim referido, não existe ou foi inutilizado. Paulo nada herda."

h) Não é permitida disposição testamentária disjuntiva. Exemplo: José ou Maria suceder-me-á.

i) Valem, no entanto, as disposições injuriosas ou insultantes, como no exemplo recolhido da doutrina pátria: "Seja herdeiro meu filho impiíssimo, que de mim só merece o mal."

3. Regras permissivas de nomeação de herdeiro ou legatário

O artigo 1.897 do Código Civil trata das cláusulas permissivas de nomeação de herdeiro ou legatário. Estabelece que a nomeação pode fazer-se pura e simplesmente, sob condição,

---

218 Washington de Barros Monteiro, *Curso de direito civil*: direito das sucessões, 35. ed., v. 6, p. 160.

para certo fim ou modo, ou por certo motivo. A seguir, examinaremos as hipóteses mencionadas.

3.1. Nomeação pura e simples

A nomeação pura e simples é a que se opera logo após a morte do testador. Puro é o ato jurídico que não tem condição suspensiva; simples é o ato jurídico que não está sujeito a qualquer condição resolutiva, modo ou encargo. A nomeação pura e simples, portanto, não exige o preenchimento de nenhum requisito, não impõe encargo ou obrigação, nem é feita em razão de certo motivo. Ensina Pontes de Miranda[219] que "o ato do testamento não é suscetível de termo ou de condição; as disposições é que podem ser afetadas de termos e condições. Aliás, aquelas restrições não são propriamente condições: são o motivo de testar no momento em que testa. E sem efeito jurídico".

3.2. Nomeação mediante condição

A nomeação mediante condição tem sua eficácia condicionada a um evento futuro e incerto. A condição pode ser suspensiva ou resolutiva. Na primeira, o direito do beneficiário fica suspenso até que ocorra o fato, quando então se tornará herdeiro, retroagindo o seu direito à data da abertura da sucessão. Exemplo: deixo a minha porção disponível para Maria, se for aprovada no concurso de juiz de direito. Na segunda, deixá-lo-á de ser, logo que ocorrer o evento. Exemplo: deixo a minha porção disponível para Maria, enquanto não for aprovada no concurso de juiz de direito.

---

219 Pontes de Miranda, *Tratado dos testamentos*, atual. de Vilson Rodrigues Alves, v. 3, p. 61.

A condição deve ser lícita e possível, para que validamente possa produzir efeitos. A condição impossível ou ilícita é considerada como não escrita. A condição pode ainda depender da vontade exclusiva de uma das partes ou, ao mesmo tempo, da vontade de uma das partes e de uma causa que lhe seja estranha.

Conforme assinalei em outra obra[220], chama-se puramente potestativa, na primeira hipótese, porque a sua verificação é deixada ao poder de um dos sujeitos do negócio, que deve praticar uma ação ou omissão. Na segunda hipótese, a condição diz-se mista ou simplesmente potestativa, visto não ser por si só suficiente à natureza ou à vontade de um terceiro para produzir a eventualidade, sendo necessário o concurso da vontade de uma das partes.

O testamento sujeito à condição puramente potestativa é nulo. Exemplo: José institui Maria sua herdeira testamentária, se for do agrado de João. Será válida a disposição se a condição for simplesmente potestativa. Exemplo: José institui Maria sua herdeira testamentária, se ela for aprovada no concurso de juiz de direito.

Acrescente-se que não se deve confundir condição com termo. A condição refere-se a fato futuro e incerto. Pressupõe incerteza objetiva. O termo é a designação do tempo em que deve começar ou terminar o direito do herdeiro. O artigo 1.898 do Código Civil veda a nomeação de herdeiro *ex die* (a partir de certo tempo) ou *ad diem* (até certo tempo), salvo nos casos de fideicomisso. A proibição tem o seu fundamento na insegurança que pode acarretar uma disposição testamentária dessa ordem.

---

220 Antônio Elias de Queiroga, *Curso de direito civil*: parte geral, p. 184.

3.3. Nomeação para certo fim ou modo

Nesta espécie de nomeação, o herdeiro ou o legatário ficará obrigado a cumprir um determinado encargo: pagar uma dívida ou uma pensão alimentícia, levantar um mausoléu etc. O modo não se confunde com a condição. A condição é suspensiva e não coercitiva; o modo é coercitivo e não suspensivo. Ninguém pode ser obrigado a cumprir uma condição, mas pode ser compelido a executar um encargo.

3.4. Nomeação por certo motivo

Entende-se como tal a causa que levou o testador a fazer a disposição de seus bens em favor do beneficiário. O testador não precisa mencionar o motivo. Se o fizer, dará lugar a questionamentos futuros sobre a validade ou não do testamento, em face da falsidade ou não da causa.

4. Regras proibitivas ou restritivas de nomeação de herdeiro ou legatário

As regras de proibição ou de restrição de nomeação de herdeiros ou legatário estão no artigo 1.900, combinado com o artigo 1.901, ambos do Código Civil:

Artigo 1.900 — É nula a disposição:

I — que institua herdeiro ou legatário sob a condição captatória de que este disponha, também por testamento, em benefício do testador, ou de terceiro;

II — que se refira a pessoa incerta, cuja identidade não se possa averiguar;

III — que favoreça a pessoa incerta, cometendo a determinação de sua identidade a terceiro;

IV — que deixe a arbítrio do herdeiro, ou de outrem, fixar o valor do legado;

V — que favoreça as pessoas a que se referem os artigos 1.801 e 1.802.

Artigo 1.901 — Valerá a disposição:

I — em favor de pessoa incerta que deva ser determinada por terceiro, dentre duas ou mais pessoas mencionadas pelo testador, ou pertencentes a uma família, ou a um corpo coletivo, ou a um estabelecimento por ele designado;

II — em remuneração de serviços prestados ao testador, por ocasião da moléstia de que faleceu, ainda que fique ao arbítrio do herdeiro ou de outrem determinar o valor do legado.

Para melhor compreensão da matéria, será analisada cada uma dessas situações.

4.1. Condição captatória

Denomina-se captatória a disposição em que a pessoa é favorecida por meios habilidosos, empregados pelo testador com o propósito de ser aquinhoado no testamento daquele a quem pretende beneficiar. Essas disposições são nulas, porque retiram a liberdade da vontade do testador. Ao mesmo tempo, tornam o testamento um ato imoral, visto que, sob a aparência de mera liberalidade, o testador está apenas captando, em benefício próprio ou de outrem, uma herança ou legado. É necessário, no entanto, que o outro teste em benefício do testador e que um testamento esteja sob condição suspensiva do outro. Para que a condição seja captatória, é preciso que haja dolo. Exemplo: deixo a Fazenda Xique-Xique para José, se ele deixar a Fazenda Nova Acauan para Maria.

Anote-se que não se deve confundir a disposição captatória a que se refere o artigo 1.900, I, com a sugestão ou captação unilateral. Sílvio Rodrigues[221] afirma, citando Clóvis Beviláqua, que captação é o emprego de artifícios para conquistar a benevolência de alguém, no intuito interessado de obter liberalidades de sua parte, em favor do captante ou de terceiros. E continua: "Esse ato, todavia, pode ser inocente ou culposo, e só na última hipótese é que se configurará o vício de consentimento, suscetível de anular o testamento. De fato, a captação em si não é defeito, nem o direito a poderia condenar, quando jejuna de fraude. Ela, então, consistiria no fato, de resto normal, de alguém se fazer estimar por outra pessoa, despertar nela um sentimento de simpatia, de modo a que, movida por esse bem querer, viesse a contemplar em seu testamento a criatura estimada."

A condição captatória prevista no artigo 1.900, I, é mais grave. Por isso, a sanção que enseja não é a anulabilidade, mas a nulidade, tendo em vista a reciprocidade estabelecida entre as determinações testamentárias, afigurando-se verdadeiro contrato de permuta. Representa, afinal, uma intolerável limitação à liberdade de quem testa.

4.2. Pessoa incerta, cuja identidade não se possa averiguar

O testamento, como ato solene, deve conter seu elemento mais essencial: a designação da pessoa favorecida. Não fosse assim, não se poderia executar a liberalidade. Não é suficiente que o testador reporte-se a outro documento ou papel, no qual esteja declarado o nome do herdeiro instituído. Valerá, contudo, se a designação da pessoa estiver em outro testa-

---

[221] Sílvio Rodrigues, *Direito civil*: direito das sucessões, 25. ed., v. 7, p. 152.

mento. Nesse caso, o segundo testamento é que emprestará valor ao primeiro. Mas, para que o testamento não tenha validade, é preciso que a incerteza seja absoluta. A incerteza relativa não é proibida, como no caso de o testador fazer um legado para quem tirar o primeiro lugar no concurso de juiz de direito que ocorrer após o seu falecimento.

4.3. Pessoa incerta, determinada por terceiro

Esse tipo de cláusula também não é permitido. Do contrário, estar-se-ia negando o caráter personalíssimo do testamento, pois haveria delegação a um terceiro, para testar. O Código Civil, no entanto, abre uma exceção: a disposição em favor de pessoa incerta que deva ser determinada por terceiro, dentre duas ou mais pessoas mencionadas pelo testador, ou pertencentes a uma família, a um corpo coletivo ou a um estabelecimento por ele designados.

4.4. Valor do legado arbitrado pelo herdeiro ou por outrem

O objeto da liberalidade também deve ser certo. Certo não significa matematicamente determinado. Basta que seja determinável, fixável. Mas, deve ser determinado pelo testador, dada a natureza personalíssima do testamento. Nesse caso, também, o Código Civil faz uma ressalva: pode o testador delegar a terceiro a fixação de remuneração de serviços prestados ao testador, por ocasião da moléstia de que faleceu, ainda que fique ao arbítrio do herdeiro ou de outrem determinar o valor do legado.

4.5. Favorecimento de pessoas a que se referem os artigos 1.801 e 1.802 do Código Civil

Tratam esses artigos das pessoas que não podem ser nomeadas herdeiras nem legatárias. As disposições são nulas, ainda quando simuladas sob a forma de contrato oneroso, ou feitas mediante interposta pessoa. Presumem-se pessoas interpostas os ascendentes, os descendentes, os irmãos e o cônjuge ou companheiro do não legitimado a suceder. O texto repete basicamente o artigo 1.720 do Código Civil de 1916, que estabelecia:

> São nulas as disposições em favor dos incapazes (arts. 1.718 e 1.719), ainda quando simulem a forma de contrato oneroso, ou os beneficiem por interposta pessoa. Reputam-se pessoas interpostas o pai, a mãe, os descendentes e o cônjuge do incapaz.

A modificação consistiu apenas na substituição da expressão "incapazes" por "legitimadas". A nulidade é de pleno direito, quer haja violação direta, quer haja disfarce de ato oneroso, ou ainda sob o aspecto de benefício a interposta pessoa. Assim já era no direito romano, que dispunha: "Age contra a lei quem faz o que a lei proíbe; e em fraude dela o que, sem contrariar o sentido verbal do texto, ilude a regra nela contida." (*Digesto* 1, 3, fr. 29).

A disposição em favor de pessoas não legitimadas pode fraudar a norma proibitiva de duas formas: disfarçando-se o ato de disposição em contrato oneroso ou por intermédio de interposta pessoa (operação triangular). No primeiro caso, como assinala Clóvis Beviláqua[222], o testador falsamente declara, no testamento, que a disposição é pagamento de dinheiro recebido do incapaz, ou objeto de contrato que conste de outro ato; ou o nomeia testamenteiro para que receba, a título de prêmio, o que não pode receber como legado. No segundo caso, o testador serve-se da interposta pessoa para beneficiar

---

222 Clóvis Beviláqua, *Código Civil dos Estados Unidos do Brasil*, Edição histórica, v. 2, p. 917.

o incapaz por via indireta, satisfazendo, de qualquer forma, a sua intenção, pois o beneficiado aparente receberá o legado, tão somente, para entregá-lo ao que estava impedido de recebê-lo.

A fraude e a simulação não se presumem. Cabe ao interessado, na declaração de nulidade do ato, provar que não houve contrato oneroso, mas pura liberalidade. Todavia, na interposição de pessoa, há uma presunção legal que não admite prova em contrário, por ser *juris et de jure*. O parágrafo único do artigo 1.802 do Código Civil dispõe:

> Presumem-se pessoas interpostas os ascendentes, os descendentes, os irmãos e o cônjuge ou companheiro do não legitimado a suceder.

O artigo 1.803 estabelece, no entanto, que é lícita a deixa ao filho do concubino, quando também o for do testador. O legislador não foi feliz com a redação que deu ao artigo, pois terminou criando uma discriminação. Nesse aspecto, melhor seria ter incluído a ressalva no inciso III do artigo 1.801. Mas, o que o legislador quis dizer foi o seguinte: o filho do testador com a sua concubina é legitimado a receber por sucessão testamentária.

4.6. Erro na designação da pessoa do herdeiro, do legatário ou da coisa legada

O erro na designação da pessoa do herdeiro, do legatário ou da coisa legada anula a disposição, salvo se, pelo contexto do testamento, por outros documentos, ou por fatos inequívocos, se puder identificar a pessoa ou coisa a que o testador queria referir-se (art. 1.903). O testamento deve ser isento de qualquer vício de consentimento, a exemplo dos demais atos jurídicos. Havendo erro substancial, o testamento será inválido. Mas não se considera a nulidade, se for possível identificar a vontade do testador. Por exemplo: o testador declara que deixa o prédio da Rua Nabor Meira, n. 19, na cidade de Sousa, para o seu amigo Vicente. Se for possível identificar o beneficiário, o testamento valerá; caso contrário, será nulo.

5. Interpretação de testamento

Interpretação é a operação que tem por objeto fixar uma determinada relação jurídica, mediante a percepção clara e exata da norma estabelecida pelo legislador. Limongi de França[223] apresenta várias espécies de interpretação, subdividindo-a em três critérios fundamentais: quanto ao agente de interpretação, ou seja, ao órgão prolator do entendimento da lei; quanto à natureza e quanto à extensão.

Quanto à natureza, a interpretação pode ser gramatical, lógica, histórica e sistemática. A interpretação gramatical é a que toma como ponto de partida o exame do significado e o alcance de cada uma das palavras do preceito legal. Na atualidade, a interpretação gramatical articula-se com os elementos fornecidos por outras espécies de interpretação, a fim de levar o intérprete a um resultado conclusivo mais seguro.

A interpretação lógica é feita mediante a indagação do sentido das diversas locuções e orações do texto legal, bem como a partir do estabelecimento da conexão entre elas. O texto legal pode ser tão claro que não deixa nenhuma dúvida sobre o pensamento de seus redatores. Em tal hipótese, deve aplicar-se o seguinte princípio: "Quando uma lei é clara, não é lícito discutir sua letra, sob o pretexto de penetrar seu espírito."[224]

---

223 Limongi de França, *Formas e aplicação do direito positivo*, p. 43.
224 Fenet, *Recueil complet des travaux préparatoires du Code Civil*,

Nessa conjuntura, a interpretação resulta puramente gramatical. Outras vezes, a expressão é obscura ou incompleta. Nesse caso, o exame gramatical não é suficiente, sendo preciso lançar mão da chamada interpretação lógica, cuja finalidade é descobrir o espírito da lei, "para controlar, completar, restringir ou estender sua letra".[225]

A interpretação histórica perquire sobre as condições do meio e o momento da elaboração da norma legal, bem como sobre as causas pretéritas da solução dada pelo legislador. Subdivide-se em remota e próxima. A primeira volta-se às origens da lei, cujas raízes se estendem às primeiras manifestações da instituição regulada. A segunda se relaciona mais de perto com o que se denomina *occasio legis*, para a consecução do escopo da lei.

A interpretação sistemática busca a exata compreensão do papel da lei e corrige os exageros decorrentes do exame dos demais elementos. O elemento sistemático é constituído das conexões da lei dentro do sistema de que é parte. Nenhuma lei é um todo em si. Nenhuma tem existência autônoma, na medida que cada uma é sempre parte de um todo. E, dentro desse todo, a lei é apenas uma peça, funcionando em harmonia com o conjunto.

5.1. Regras de interpretação de testamento

A cláusula testamentária pode não estar suficientemente clara. Diante de uma situação assim, ou se considera não escrita a cláusula testamentária, punindo dessa forma o testador por sua falta de clareza, ou se procura suprir a vontade do

---

apud François Gény, *Méthode d'interprétation et sources en droit privé positif*, v. 1, p. 30.
225 Eduardo García Maynez, *Introducción al estudio del derecho*, p. 334.

falecido. Busca-se, com isso, alcançar a sua real intenção, a fim de dar sentido à vontade que não foi expressa de maneira compreensiva. Essa última foi a opção feita pelo Código Civil, ao dispor no artigo 1.899:

> Quando a cláusula testamentária for suscetível de interpretações diferentes, prevalecerá a que melhor assegure a observância da vontade do testador.

Anteriormente, a Parte Geral do Código já havia exposto a mesma ideia, no artigo 112:

> Nas declarações de vontade se atenderá mais à intenção nelas consubstanciadas do que ao sentido literal da linguagem.

A interpretação do testamento, como ensina Sílvio Salvo Venosa[226] "faz-se sob os mesmos princípios de qualquer ato ou negócio jurídico. O intérprete deve procurar a real intenção do testador. Os métodos são os de interpretação em geral: estudam-se a redação, a concatenação lógica, as diversas cláusulas em conjunto, o momento em que foi elaborado o testamento, o local, a época da vida do testador e seu estado de saúde, as pessoas que o cercavam e com ele conviviam na época, seus amigos e inimigos, seus gostos e desgostos, amores e desamores, tudo, enfim, que sirva para ilustrar o intérprete, o julgador, em última análise, do real sentido de sua vontade". Em obra anterior[227], assinalamos: "Nas declarações de vontade se atenderá mais à intenção nelas consubstanciadas do que ao sentido literal da linguagem (art. 112 do CC). A parte

---

[226] Silvio de Salvo Venosa, *Direito civil*: direito de família, v. 7, p. 191.
[227] Antônio Elias de Queiroga, *Curso de direito civil*: parte geral, p. 29-30.

essencial do negócio jurídico é formada pela vontade das partes. Portanto, para bem interpretar-se um negócio jurídico, deve-se conhecer qual foi a intenção da pessoa quando manifestou a vontade. Como nem sempre as palavras traduzem com fidelidade aquilo que queremos dizer ou desejamos, surge então a necessidade de conhecer-se, primeiramente, a intenção do agente do que o sentido literal da linguagem que reveste a declaração de vontade. Essa investigação não é fácil; requer muita ponderação e equilíbrio, porque, como afirma Washington de Barros Monteiro, trata-se de pesquisa em elemento íntimo e espiritual que movimenta as partes, levando-as à celebração do ato jurídico."

Itabaiana de Oliveira[228] oferece algumas regras que facilitam a interpretação dos testamentos: "a) a vontade do testador deve ser interpretada do modo mais amplo, o que mantém relação com a máxima *in testamentis plenius voluntates testantium interpretamur*; b) a disposição de vontade do *de cujus* deve ser cumprida (*defuncti dispositio custodiatur*); c) deve-se buscar o sentido mais cômodo ao objeto de que se trata e à natureza do ato; d) deve-se preferir o sentido próprio geralmente aceito das palavras, e entender o que, em tais casos, comumente se costuma fazer; e) as palavras devem ser interpretadas em seu sentido; f) quando uma cláusula testamentária é suscetível de dois sentidos, deve-se entender aquele em que pode ter efeito, e não aquele em que nenhum efeito teria."

5.2. Regras de interpretação supletivas

O Código Civil, além do artigo 1.899, traz outras regras interpretativas que suplementam a vontade do testador:

---

[228] Arthur Vasco Itabaiana de Oliveira, *Tratado de direito das sucessões*, 5. ed., p. 242.

a) A do artigo 1.902:

A disposição geral em favor dos pobres, dos estabelecimentos particulares de caridade, ou dos de assistência pública, entender-se-á relativa aos pobres do lugar do domicílio do testador ao tempo de sua morte, ou dos estabelecimentos aí sitos, salvo se manifestamente constar que tinha em mente beneficiar os de outra localidade.

A norma se refere aos "pobres, estabelecimentos particulares de caridade ou de assistência pública", não mencionando as pessoas ou entidades beneficiadas. No entanto, estabelece que o entendimento de que são os pobres do lugar do domicílio do testador ao tempo de sua morte ou os estabelecimentos lá localizados. Elucida ainda que as instituições particulares preferirão sempre às instituições públicas.

Como proceder se o testador deixou vários domicílios? Responde Carvalho Santos[229]: "Se a lei manda que se entenda a disposição como relativa aos pobres do lugar do domicílio do testador, se muitos domicílios ele tinha, não há razão para que não se cumpra a lei, dividindo-se o legado entre os pobres dos diversos domicílios do referido testador, pois todos eles são, em realidade, beneficiados. O mesmo se diga quanto aos estabelecimentos particulares de caridade, ou de assistência pública."

b) A do artigo 1.904:

Se o testamento nomear dois ou mais herdeiros, sem discriminar a parte de cada um, partilhar-se-á por igual, entre todos, a porção disponível do testador.

Neste caso, pela regra interpretativa, partilhar-se-á por igual, entre todos, a porção disponível do testador. Note-se

---

[229] J. M. de Carvalho Santos, *Código Civil brasileiro interpretado*, v. 23, p. 301.

que a norma é invariável, ainda que o testador tenha atribuído objetos singulares a algum ou a todos os herdeiros nomeados.

c) A do artigo 1.905:

Se o testador nomear certos herdeiros individualmente e outros coletivamente, a herança será dividida em tantas quotas quantos forem os indivíduos e os grupos designados.

Nesta hipótese, a quota dos herdeiros nomeados coletivamente será igual à de cada um nomeado individualmente, dividindo-se a primeira entre os vários componentes do grupo. Exemplo: divide-se a herança em três partes iguais: uma será de João, outra de Maria e a terceira dos filhos de José.

d) A do artigo 1.906:

Se forem determinadas as quotas de cada herdeiro, e não absorverem toda a herança, o remanescente pertencerá aos herdeiros legítimos, segundo a ordem da vocação hereditária.

Pela leitura do artigo, vê-se que, havendo sobra da herança, após a distribuição feita aos herdeiros nomeados, o remanescente não será acrescido à quota de cada um. Vai para os herdeiros legítimos. Essa regra é supérflua. É óbvio que, havendo quotas determinadas a cada herdeiro que chegam a absorver a totalidade da herança, o remanescente sujeita-se à sucessão legítima.

e) A do artigo 1.907:

Se forem determinados os quinhões de uns e não os de outros herdeiros, distribuir-se-á por igual a estes últimos o que restar, depois de completas as porções hereditárias dos primeiros.

Essa disposição supletiva é de fácil compreensão. As quotas determinadas não podem ser desfalcadas. Feita a entrega aos herdeiros, havendo sobra, serão, então, contemplados os que não tiveram quotas determinadas pelo testador. Por exemplo: o disponente deixa a sua herança para quatro sobrinhos, estabelecendo que um deles ficará com 40%, sem discriminar o percentual dos demais. Pela regra, o remanescente será repartido, por igual, para os outros três sobrinhos.

d) A do artigo 1.908:

> Dispondo o testador que não caberá ao herdeiro instituído certo e determinado objeto, dentre os da herança, tocará ele aos herdeiros legítimos.

Neste caso, o testador instituiu herdeiro ou herdeiros, mas determinou que a ele ou a eles não cabia determinado bem, dentre os da herança. A presunção é a de que o disponente quis deixá-lo para os herdeiros legítimos. Trata-se também de regra supérflua, a exemplo do artigo 1.906.

6. Prazo para invalidar-se o testamento: caducidade

O testamento é um negócio jurídico *mortis causa*, só produzindo efeitos depois da morte do testador. Por isso, a sua invalidade somente poderá ser questionada após a abertura da sucessão. O artigo 1.859 do Código Civil estabelece prazo de decadência de cinco anos para o ajuizamento da ação respectiva, contado da data do registro do testamento. O artigo mencionado aplica-se tanto aos casos de nulidade como aos de anulabilidade do testamento, visto que a lei não faz nenhuma distinção. Entende-se, portanto, o termo *invalidade* como gênero das duas espécies citadas.

Convém esclarecer que não há contradição entre as regras dos artigos 169 e 178 com a regra do artigo 1.859 do Código Civil. O artigo 169 dispõe que o negócio jurídico nulo não é suscetível de confirmação, nem convalesce pelo decurso do tempo. E o artigo 178 prescreve prazo decadencial de quatro anos para se pleitear a anulação do negócio jurídico. Essas regras não se aplicam ao testamento, por dispor este, no artigo 1.859, de um sistema próprio para os negócios testamentários, ao estabelecer prazo decadencial de cinco anos para se impugnar a sua validade. Assim, a nulidade e a anulabilidade do testamento não se regem pelas disposições da Parte Geral do Código Civil, mas pelo sistema especial instituído pelo artigo 1.859.

Também não há contradição entre a citada norma do artigo 1.859 com a do artigo 1.909 do Código Civil. O artigo 1.909 estabelece que são anuláveis as disposições testamentárias inquinadas de erro, dolo ou coação.

Acrescenta o parágrafo único:

> Extingue-se em quatro anos o direito de anular a disposição, contados de quando o interessado tiver conhecimento do vício.

É que, enquanto o artigo 1.859 aplica-se às hipóteses de nulidade ou anulabilidade de todo o testamento, como já foi esclarecido, o artigo 1.909 incide apenas nos casos de anulabilidade de disposição testamentária.

Criticável, contudo, nas disposições dos artigos 1.859 e 1.909, é a forma de contagem do prazo. No primeiro, que envolve o negócio jurídico por inteiro, o prazo é contado da data do registro do testamento; já no segundo, restrito à anulabilidade de disposição testamentária, conta-se o prazo a partir do momento em que o interessado tomar conhecimento do vício. Sobre a matéria, afirma Zeno Veloso[230]: "O prazo para que a ação seja interposta, no caso de anulabilidade da

---

230 Zeno Veloso, *Comentários ao Código Civil*: parte especial, do direito das sucessões, v. 21, p. 23.

disposição testamentária, é elástico, não tem termo inicial rígido, certo, e, embora possa servir melhor ao interesse puramente individual, não convém à sociedade, pois introduz um fator de insegurança jurídica. O testamento é negócio jurídico *mortis causa*, que tem eficácia quando o seu autor já não está presente. Manter a possibilidade de questionar e atacar uma disposição por vício de vontade que teria sofrido o testador, e isso por tempo variável, indeterminado, tornando instável e vacilante o processo de transmissão hereditária, com certeza, não é de melhor política legislativa. Pode ocorrer, inclusive, em muitos casos, que o prazo para anular a mera disposição testamentária portanto, para anular parcialmente o testamento seja maior e muito maior do que o prazo para arguir a anulação ou para declarar a nulidade do testamento inteiro."

7. Da cláusula de inalienabilidade

O artigo 1.911 do Código Civil estabelece que a cláusula de inalienabilidade, imposta aos bens por ato de liberalidade, implica impenhorabilidade e incomunicabilidade. Essa cláusula limita o poder, mas somente tem validade quando for aberta a sucessão. No caso de desapropriação dos bens clausulados, ou de sua alienação, por conveniência econômica do donatário ou do herdeiro, mediante autorização judicial, o produto da venda converter-se-á em outros bens, sobre os quais incidirão as restrições impostas aos primeiros. Prevalece, no primeiro caso, o interesse público; atende-se, no segundo caso, às necessidades do titular.

A cláusula de inalienabilidade pode também ser imposta pelo doador. Como a doação é ato *inter vivos*, para a sua eficácia, não é preciso que seja confirmada em testamento. O doador, enquanto vivo estiver, pode levantar o vínculo, desde que haja anuência do donatário. É que doação é um contrato e, como tal, pode ser modificado ou até mesmo rescindido, ressalvados os direitos de terceiros. Morrendo o doador, entretanto, a cláusula torna-se irretratável e não mais pode ser dispensada, ainda que se trate de adiantamento de legítima. Outros aspectos da cláusula de inalienabilidade foram tratados no item 4 do Capítulo XIII.

CAPÍTULO XXI

DOS LEGADOS

1. Introdução. 2. Sujeitos do legado. 3. Objeto do legado. 4. Modalidades de legado. 5. Legado de coisa alheia. 6. Legado de coisa do herdeiro ou do legatário. 7. Legado de coisa que pertence em parte ao testador. 8. Legado de coisa genérica. 9. Legado de coisa singularizada. 10. Legado de coisa ou quantidade localizada. 11. Legado de crédito ou de quitação de dívida. 12. Legado de alimentos. 13. Legado de usufruto. 14. Legado de imóvel.

1. Introdução

A transmissão dos bens *causa mortis* pode ocorrer de duas maneiras: a título universal e a título singular. No primeiro caso, é herança; no segundo, é legado. No direito brasileiro, há nítida diferença entre herança e legado, bem ainda entre herdeiro legítimo, herdeiro instituído e legatário. A herança é uma universalidade de bens ou parte dessa universalidade; o legado é coisa individuada, particularizada, que alguém faz em favor de uma ou mais pessoas. Herdeiro legítimo é aquele relacionado em lei (art. 1.829 do CC); herdeiro instituído é aquele contemplado em testamento. Ambos recebem uma universalidade de bens ou parte dessa universalidade. Já legatário é aquele beneficiado por legado e recebe coisa singularizada, determinada.

Como o legado é um ato de disposição de última vontade, muitas vezes é lavrado com o nome de testamento. É fácil, no entanto, fazer a distinção: se contiver disposição de coisa individuada em favor de alguém, é um legado. Por exemplo: nomeio Maria herdeira do prédio tal; ou a José deixo o prédio tal. Em qualquer dessas hipóteses, evidentemente, há uma disposição testamentária a título particular, um legado. Haverá testamento quando o testador declarar: deixo os meus bens ou parte dos meus bens para Vicente.

2. Sujeitos do legado

Três sujeitos interferem na formação do legado: quem o faz, quem o recebe e quem fica obrigado a executar a vontade do testador. O primeiro é o testador (legante); o segundo é o legatário, ou seja, a pessoa beneficiada pelo legado; o terceiro é o onerado, a quem incumbe executar a verba testamentária. Na instituição de herdeiro (testamento), não existe essa terceira pessoa. É que o herdeiro sucede ao autor da herança na universalidade dos seus bens ou em parte dela, ao contrário do legatário, que recebe a coisa legada do herdeiro.

3. Objeto do legado

Pode ser objeto do legado tanto uma coisa, como um fato, desde que um e outro sejam certos, lícitos e possíveis. Leciona Washington de Barros Monteiro[231] que toda coisa no comércio é suscetível de legado: móveis, imóveis e semoventes;

---

231 Washington de Barros Monteiro, *Curso de direito civil*: direito das sucessões, 35. ed., v. 6, p. 190.

direitos e ações, créditos, haveres em sociedades comerciais, patentes de invenção, marcas de fábrica, títulos de estabelecimento, dinheiro de contado ou em conta corrente, títulos particulares e apólices da dívida pública; coisas presentes e futuras, corpóreas e incorpóreas. Até mesmo prestação de fatos pode ser objetivada em legado, como, exemplificativamente, a construção de um prédio.

4. Modalidades de legado

Há vários tipos de legados previstos no Código Civil. São variantes que dependem da natureza da coisa legada. Para cada um, existe previsão legal específica.

5. Legado de coisa alheia

Pelo artigo 1.912 do Código Civil, é ineficaz o legado de coisa certa que não pertença ao testador no momento da abertura da sucessão. Por essa regra, não se pode dar ou transmitir, através de legado, o que não se tem; da mesma forma, não se podem alienar bens alheios. Pouco importa que o testador saiba ou não que a coisa não lhe pertence. Não sendo sua a coisa, o legado é ineficaz. Valerá o legado, no entanto, se a coisa, depois, tornou-se do testador, por qualquer título.

6. Legado de coisa do herdeiro ou do legatário

O testador pode ordenar que o herdeiro ou legatário entregue coisa de sua propriedade a outrem. Não cumprindo ele essa determinação, entender-se-á que renunciou à herança ou ao legado (art. 1.913). Nesse tipo de legado, como se nota, a coisa pertence ao herdeiro ou ao legatário para entregar a outrem (sublegado). E se for do legatário para entregar ao próprio legatário? Tratar-se-á aqui de legado de coisa honorado ou beneficiário. O artigo 1.684 do Código Civil de 1916, sem correspondente no atual, estabelecia que esse legado era nulo. Para Pontes de Miranda[232], trata-se de legado inútil. "Seria dar a mim o que já é meu".

O legado de coisa do herdeiro ou do legatário é uma liberalidade acompanhada de encargo. Diante do dilema, o herdeiro ou legatário aceita a herança, entregando coisa sua, nos termos propostos, ou prefere conservar a coisa em sua propriedade. Optando por entregar a coisa ao beneficiado, cumpre-se a vontade do testador. Recusando-se a transferir o que é seu, entender-se-á que renunciou à herança. Exemplo: José testa sua porção disponível para seu filho Pedro, conquanto que ele entregue uma casa de sua propriedade a Maria. Nesse caso, vai prevalecer, na prática, o que for mais vantajoso para Pedro. Se a casa for de valor superior ao da herança, dificilmente a vontade do testador será cumprida.

Observe-se que o encargo ou ônus de entregar a coisa é apenas do herdeiro nomeado. Exemplo: a herança foi destinada a três herdeiros, mas o testador só atribuiu o encargo a um deles. Entregando a coisa e não havendo disposição em contrário, tem ele ação regressiva contra os coerdeiros, pela quota de cada um (art. 1.935). Anote-se, por fim, que esse encargo não pode ser imposto pelo testador ao herdeiro necessário, quanto à sua legítima, por tratar-se de quota intangível, nos termos artigos 1.789, 1.845, 1.846 e 1.847, parágrafo 1º, todos do Código Civil.

7. Legado de coisa que pertence em parte ao testador

Pertencendo a coisa legada em parte ao testador, ou, no caso do artigo 1.913, ao herdeiro ou ao legatário, só quanto a

---

[232] Pontes de Miranda, *Tratado dos testamentos*, atual. de Vilson Rodrigues Alves, v. 3, p. 473.

essa parte valerá o legado (art. 1.914). Quanto às outras partes, o legado será ineficaz, por alcançar coisas alheias. Solução igual deve ser dada quando o testador for condômino na coisa legada.

8. Legado de coisa genérica

Se a coisa legada for daquelas que se determine pelo gênero, o legado será cumprido, ainda que tal coisa não exista entre os bens deixados pelo testador (art. 1.915). Nesse caso, o legado é válido porque há o pressuposto de que o testador legou o gênero (*genus non perit*). Diz o testador: deixo a Maria um cavalo (gênero); deixo a Vicente uma casa com valor de até 100 mil reais. Ainda que não se encontre o animal ou a casa entre os bens deixados pelo legante, cumpre-se o legado, cabendo ao herdeiro onerado adquirir o bem, a fim de satisfazer a disposição testamentária. Se o contrário não dispuser o testamento, o herdeiro cobrará dos coerdeiros a quota de cada um (art. 1.935).

9. Legado de coisa singularizada

Se o testador legar coisa sua, singularizando-a, só terá eficácia o legado se, ao tempo do seu falecimento, ela se achava entre os bens da herança. Se a coisa legada existir entre os bens do testador, mas em quantidade inferior à do legado, ele será eficaz apenas quanto à existente (art. 1.916). A coisa é singularizada quando o testador a distingue de todas as outras dentre as que possuía, ao testar. Exemplos: lego a Maria Alice minha casa situada na Rua Nabor Meira, n. 19, na cidade de Sousa; lego a Vicente meu cavalo Figurinho, que se acha na Fazenda Nova Acauan.

Não sendo esses bens encontrados, ao ser aberta a sucessão, pressupõe-se que o testador, posteriormente ao legado, tenha se desfeito deles. Sua intenção, portanto, foi a de revogar o legado. A regra disposta no artigo 1.916 do Código Civil confirma a do artigo 1.939, II:

> Se o testador, por qualquer título, alienar no todo ou em parte a coisa legada, caducará até onde ela deixou de pertencer ao testador.

10. Legado de coisa ou quantidade localizada

O legado de coisa que deva encontrar-se em determinado lugar só terá eficácia se nele for achada, salvo se removida a título transitório (art. 1.917). As coisas legadas devem estar, habitual e permanentemente, no lugar designado pelo testador, porque assim o exige a natureza delas, ou o uso comum, ou o do testador. Exemplo: deixo a Maria cinquenta vacas de cria na Fazenda Nova Acauan. Ao ser aberta a sucessão, não valerá o legado se as vacas, na quantidade mencionada, não forem encontradas na Fazenda. Também fica sem efeito o legado, se o testador alienar ou transferir a coisa legada. Mas, se foram removidas por terceiro, de forma maliciosa, valerá o legado.

11. Legado de crédito ou de quitação de dívida

Dispõe o artigo 1.918 do Código Civil:

> O legado de crédito, ou de quitação de dívida, terá eficácia somente até a importância desta, ou daquele, ao tempo da morte do testador.

O artigo contém dois tipos de legado: de crédito e de quitação de dívida. A diferença entre os dois tipos de legados é que, no primeiro, o testador transfere ao legatário um crédito; no segundo, o testador, como credor, quita um débito em que o legatário figura como devedor.

No legado de crédito, há sub-rogação de crédito ao testador em face do legatário. Este recebe o crédito até a importância estabelecida ao tempo da morte do testador. Exemplo: se o crédito legado for de R$ 200.000,00, mas o devedor já pagou R$ 50.000,00 ao credor antes de sua morte, o crédito legado será de apenas R$ 150.000,00. Frustra-se o legado se tiver ocorrido quitação anterior à abertura da sucessão, salvo se o testamento dispuser o contrário.

Qual o alcance da expressão "legado de crédito"? Entende Pontes de Miranda[233] que as apólices, debêntures e as ações não configuram tal espécie. "Quanto aos títulos de crédito e aos títulos de conteúdo real, imóvel, sejam quais forem, constituindo espécies negociáveis como coisas, suscetíveis de significação cartular, o mesmo devemos entender."

No legado de dívida, o testador é credor e o legatário é devedor. Esse tipo de legado importa em quitação da dívida pelo valor pendente ao tempo da morte do disponente. Não compreende, contudo, as dívidas posteriores à data do testamento (§ 2º do art. 1.918). Há a presunção de que o perdão limita-se às dívidas anteriores.

Situações curiosas podem ocorrer nesse tipo legado. Segundo Pontes de Miranda[234], "se o testador cobrou a dívida, tacitamente revogou o testamento. Mas, o que acontece se o testador estava a cobrar a dívida e morreu: a) pode o herdeiro liberar o legatário, ou deve prosseguir no processo? b) E se já houve sentença condenatória?" Respondendo a essas questões, afirma o autor: "Só a interpretação da verba pode decidir:

---

233 Pontes de Miranda, *Tratado dos testamentos*, atual. de Vilson Rodrigues Alves, v. 1, p. 483.
234 Pontes de Miranda, *Tratado dos testamentos*, atual. de Vilson Rodrigues Alves, v. 3, p. 483.

a) se o testador cobrou para não prescrever, não quis revogar o legado; b) se o testador cortou relações com o legatário, claro que o seu ato de cobrança, somando a isto, vale o mesmo que revogação. Na dúvida, o artigo 1.685[235] não vale: o crédito existe, não houve sentença no caso da letra a, e cabe o artigo 1.666[236]; no caso da letra b, entendemos que só deve aplicar o artigo 1.685[237], se pediu execução."

Tanto no legado de crédito como no legado de dívida, o título representativo deverá ser entregue, no primeiro caso, ao legatário, e, no segundo, ao legatário devedor (§ 1º do art. 1.918). Segundo o magistério de João Luiz Alves[238], "o herdeiro não responde ao legatário, nem pela existência da dívida, nem pela solvência do devedor. Consiste sua obrigação em entregar, tão somente, ao legatário o título da dívida, os documentos que a ela se refiram. A nada mais é obrigado". No mesmo sentido leciona Pontes de Miranda[239]: "Com o título, o beneficiado fica na situação do artigo 945[240]. Se o credor usar do que lhe cabe no artigo 945, parágrafo 1º[241], o legatário exercerá a ação, para a sua liberação, contra o onerado, pois ficou evidenciado que se não cumpriu o legado."

Observe-se ainda que, segundo o artigo 1.919, o legado feito ao credor do testador não se presume como compensação do débito que ele tinha com o legatário, salvo declaração expressa. Essa regra tem seu fundamento no fato de que toda

---

235 Artigo 1.918 do Código Civil de 2002.
236 Artigo 1.899 do Código Civil de 2002.
237 Artigo 1.918 do Código Civil de 2002.
238 João Luiz Alves, *Código Civil anotado*, comentários ao artigo 1.685.
239 Pontes de Miranda, *Tratado dos testamentos*, atual. de Vilson Rodrigues Alves, v. 3, p. 485.
240 Artigo 324 do Código Civil de 2002.
241 Parágrafo único do artigo 324 do Código Civil de 2002.

disposição testamentária, em princípio, é feita pelo testador com a intenção de beneficiar alguém. Assim, o legatório será então duplamente beneficiado: recebe o legado e ainda pode cobrar o crédito da herança (art. 1.997). Havendo, no entanto, a ressalva do *caput* do artigo, o credor não pode mais exigir do espólio o pagamento da obrigação.

Finalmente, o parágrafo único do artigo 1.919 repete o artigo 1.686 do Código Civil de 1916, mas com redação visivelmente defeituosa. Da forma como está redigido o dispositivo, parece que o legislador quis dizer que se a dívida é posterior ao testamento, e o testador não a solveu, o legado deve ser considerado compensação da dívida. Não foi essa a intenção do legislador. João Luiz Alves[242], comentando o Código Civil anterior, assinala: "Na verdade, diz o texto que subsiste o legado, se a dívida for posterior ao testamento e o testador a solveu antes de morrer; a *contrario sensu*, se o testador morre antes de solver a dívida, posterior ao testamento, não subsiste integralmente o legado. Será esse o pensamento do legislador? Não pode ser. A dívida posterior ao testamento não altera o legado, desde que o testador não modificou ou revogou o testamento, como não o altera a dívida anterior. Em um e outro caso, o legatário pode cobrar a dívida e exigir o legado. O contrário seria estabelecer um meio de revogar o testamento que, nem o direito anterior reconhecia, nem o Código admitiu. O que o texto quis dizer foi que não altera o legado a própria dívida posterior ao testamento, ainda que o testador a tenha solvido. Não se pode presumir, isto é, interpretar que a vontade do testador é que o legado se compense com a dívida não paga, que existia ao tempo em que foi feito o testamento, nem que o fato de vir o testador a dever ao legatário, posteriormente, e morrer sem pagar-lhe essa dívida,

---

[242] João Luiz Alves, *Código Civil anotado*, comentários ao artigo 1.686.

importe na insubsistência da liberalidade, que preexistia e não foi revogada pelos meios de direito."

Ou seja, o texto quer dizer o seguinte: não fica prejudicado o legado, se o testador, depois que o fez, contraiu uma dívida nova com o legatário e a solveu antes de morrer.

12. Legado de alimentos

O legado de alimentos consiste no pagamento de prestações periódicas entregues ao legatário, durante certo tempo, por determinação do testador. Abrange o sustento, a saúde, o vestuário e a moradia, enquanto o legatário viver, além da educação, se ele for menor (art. 1.920 do CC).

Segundo afirmam Flávio Tartuce e José Fernando Simão[243] "não se trata de fixação de legado representado por um pagamento mensal de certa quantia ao legatário. Isso porque, se legada certa quantia mensal, não haverá nenhuma relação entre ela e o valor necessário à subsistência. Deve o testador ser expresso no sentido de tratar de legado com fins alimentares. Surge uma dívida de valor e não de dinheiro". O legado de alimentos pode ser a termo, sujeito a evento futuro e certo. O termo pode ser a morte do legatário ou a fixação de um prazo em anos. "Se não disse o tempo durante o qual se deveria prestar, entende-se que foi por toda a vida do beneficiado."[244]

O Código Civil é omisso quanto ao tempo de duração do legado que abrange encargo com a educação do legatário. Passa a ser, então, questão de interpretação. Assim, deve-se en-

---

[243] Flávio Tartuce; José Fernando Simão, *Direito civil*: direito das sucessões, v. 6, p. 319.
[244] Pontes de Miranda, *Tratado dos testamentos*, atual. de Vilson Rodrigues Alves, v. 3, p. 501.

tender que se aplica o artigo 1.694, parágrafo 1º, do Código Civil. Embora o artigo 1.687[245] fale em menor, Pontes de Miranda[246], no entanto, explica que se trata de uma regra jurídica dispositiva de interpretação do legado no seu importe quantitativo e qualitativo, combinado com o artigo 400[247], e não para fixar regra de duração.

O legado de alimentos tanto pode ser um encargo do espólio do testador como um ônus imposto ao herdeiro ou legatário. No primeiro caso, o testador reserva sua porção disponível, determinando a conversão em dinheiro para ser rateado durante certo tempo com o legatário; no segundo, declara: Instituo João meu herdeiro, desde que pague uma pensão alimentícia de R$ 600,00 para Francisca, até que ela atinja a maioridade.

Por último, duas questões devem ser elucidadas: a) em se tratando de legado de alimentos, não prevalece a incapacidade testamentária passiva; b) a revogação do testamento, em geral, não atinge o legado de alimentos.

13. Legado de usufruto

O nome *usufruto* deriva do próprio direito de gozo, que compreende o *uti* e o *fruti*, isto é, a faculdade de usar da coisa alheia, como se dela fosse proprietário. Advém do latim *usufructus* (fruído pelo uso). Maria Helena Diniz[248] o define da seguinte forma: "É o direito real conferido a alguém de retirar, temporariamente, de coisa alheia os frutos e utilidades que ela produz, sem alterar-lhe a substância". De Plácido e

---

245 Artigo 1.920 do Código Civil de 2002.
246 Pontes de Miranda, *Tratado dos testamentos*, atual. de Vilson Rodrigues Alves, v. 3, p. 502.
247 Artigo 1.694, parágrafo 1º, do Código Civil de 2002.
248 Maria Helena Diniz, *Dicionário jurídico*, v. 4, p. 678.

Silva[249] o conceitua como "o direito assegurado a alguém, para que possa gozar, ou fruir, as utilidades e frutos de uma coisa, cuja propriedade pertence a outrem, enquanto temporariamente destacado da mesma propriedade."

No legado de usufruto, o testador transfere ao legatário apenas o uso da coisa. A propriedade nua será dos herdeiros legítimos. Morrendo o usufrutuário, a propriedade será consolidada, com todos os seus elementos, em poder do proprietário, até então privado das suas utilidades. Salienta Pontes de Miranda[250] que a pessoa favorecida com um legado de usufruto fica obrigada a não alienar o bem recebido e a tomar, à sua custa, as providências assecuratórias da sua conservação, sob pena de lhe ser, por sentença, retirado o direito ao benefício.

O legado de usufruto pode ser temporário ou vitalício: é temporário quando o testador fixa o tempo; é vitalício quando deixado ao legatário por toda a sua vida (art. 1.921). Em se tratando de pessoa jurídica, a quem se deixou o usufruto, entende-se que foi legado pelo tempo máximo de trinta anos, se não se extinguir antes (art. 1.410, III, do CC).

14. Legado de imóvel

O legado de imóvel acha-se previsto no artigo 1.922 do Código Civil. A esse tipo de legado não se acrescem aquisições feitas depois, ainda que contíguas, salvo expressa declaração em contrário do testador. Essa regra não se aplica às benfeitorias necessárias, úteis ou voluptuárias feitas no prédio legado, nem aos acréscimos naturais, como o aluvião. Como acessórios da coisa, a ela se incorporam.

---

249 De Plácido e Silva, *Vocabulário jurídico*, p. 1.450.
250 Pontes de Miranda, *Tratado dos testamentos*, atual. de Vilson Rodrigues Alves, v. 3, p. 505.

Zeno Veloso[251] assinala que a vontade do testador, o bom senso e a lógica podem, contudo, determinar outras soluções. Cita o seguinte exemplo: depois de fazer o legado de uma casa, o testador adquire um terreno limítrofe e faz nele piscina, garagem, salões de jogos etc. Essas benfeitorias, inseridas na unidade jurídico-econômica da casa, passam a formar com ela um todo ou um conjunto. Separadas dela, não têm sentido, valia ou serventia. O mesmo se pode dizer do terreno contíguo, nos fundos da casa legada, depois comprado pelo testador. Derrubando o muro que separava os imóveis, o terreno adquirido passou a ser o quintal que a casa primitivamente não tinha.

Nesses exemplos, é inequívoca a intenção do testador de incluir as novas aquisições no imóvel legado, fazendo parte dele, incorporando-se a ele. E conclui o autor: "A vontade real do testador, que transparece inequívoca, nesses casos, tem de prevalecer, ainda que falte uma declaração expressa. Os fatos e circunstâncias afastam a incidência da previsão legislativa, e as novas aquisições, que se integram ao bem atribuído, compreendem-se no legado."

Outra hipótese apresentada pelo mesmo autor diz respeito ao fato do testador construir, no terreno legado uma casa, um edifício etc. Em face do disposto no parágrafo único do artigo 1.922, como fica a situação? Em resposta a essa indagação, o autor vale-se do ensinamento de Clóvis Beviláqua, segundo o qual, se, no terreno legado, o testador, depois de fazer seu testamento, erguer um edifício, é claro que sua intenção foi com ele beneficiar a quem destinara o terreno. No mesmo sentido é a opinião de J. M. de Carvalho Santos e de Carlos Maximiliano: "Deduz-se dos termos amplos do parágrafo único do artigo 1.689 (que corresponde ao art. 1.922,

---

251 Zeno Veloso, *Comentários ao Código Civil*: parte especial, do direito das sucessões, v. 21, p. 243-244.

parágrafo único, deste Código) dever a liberalidade abranger, tanto as edificações feitas sobre um terreno completamente nu, como as acrescidas a outras já existentes ou feitas em substituição das antigas."

Consagra-se, assim, o entendimento de Ulpiano no direito romano (*Digesto* 30 — *De legatis et fideicornmissis*, 1º, 44, § 4º), segundo o qual "se se construiu casa em área legada, deve-se ao legatário". Pontes de Miranda[252] não concorda inteiramente com essa posição. Indaga ele: "*Quid juris*, se o testador legou o terreno e nele construiu depois do testamento? O que importa é indagar da *voluntas testamentoris*. E aqui três podem ser as soluções: 1. A coisa legada se modificou, ao ponto de não ter a forma, nem lhe caber a denominação, que tinha (art. 1.708, 1)[253]. O testador legou um campo de *football* no Club X, e depois, no terreno, construiu uma avenida para aluguel. Caducou o legado. 2. A coisa legada aumentou-se de construção. Lego aos meus filhos A e B as casas a e b, e a meu filho C o terreno c onde poderá construir. Se o testador construir a casa, havemos de entender que teve tempo de fazê-lo por si, e juntar o edifício ao terreno. 3. A coisa legada é o que se individualizou, o acréscimo não foi acessório. Mas, aí tem de haver vontade contrária do testador, porque o artigo 59[254] é dispositivo, bem assim o artigo 1.706[255]."

Sopesadas todas as opiniões, não temos dúvida em afirmar que já é tempo do direito acompanhar a realidade presente. Com efeito, toda construção ou plantação existente em um terreno presume-se feita pelo proprietário e à sua custa, até que se prove o contrário (art. 1.253 do CC). No entanto, por

---

[252] Pontes de Miranda, *Tratado dos testamentos*, atual. de Vilson Rodrigues Alves, v. 3, p. 511-512.
[253] Artigo 1.939, I, do Código Civil de 2002.
[254] Sem correspondente no Código Civil de 2002.
[255] Artigo 1.937 do Código Civil de 2002.

se tratar de acessórios da coisa principal, muitas vezes seu valor é infinitamente superior ao do terreno onde foram edificadas ou plantadas.

Assim, diante da modificação substancial que se operou na coisa legada, é razoável tenha aplicação o artigo 1.939, I, do Código Civil. Veja-se que situação parecida foi resolvida pelo Código Civil. O artigo 1.255 repete a redação do artigo 547 o Código Civil anterior. Trouxe, todavia, no seu parágrafo único, uma grande inovação, ao dispor:

> Se a construção ou a plantação exceder consideravelmente o valor do terreno, aquele que, de boa-fé, plantou ou edificou, adquirirá a propriedade do solo, mediante pagamento da indenização fixada judicialmente, se não houver acordo.

Outras inovações estão nos artigos 1.258 e 1.259. O primeiro dispõe que se a construção, feita parcialmente em solo próprio, invadir solo alheio em proporção não superior à vigésima parte dele, adquire o construtor de boa-fé a propriedade da parte do solo invadido; se o valor da construção exceder o dessa parte, responde por indenização que represente também o valor da área perdida e a desvalorização da área remanescente. Pagando em décuplo as perdas e danos previstos nesse artigo, o construtor de má-fé adquire a propriedade da parte do solo que invadiu, se em proporção à vigésima parte dele e o valor da construção exceder consideravelmente o dessa parte e não se puder demolir a porção invadida sem grave prejuízo para a construção.

Já o artigo 1.259 estabelece que se o construtor estiver de boa-fé, e a invasão do solo alheio exceder a vigésima parte dele, adquire a propriedade da parte do solo invadido. Além disso, responde por perdas e danos sobre o valor que a invasão acrescer à construção, mais o da área perdida e o da desvalorização da área remanescente; se agiu de má-fé, é obrigado a demolir o que nele construiu, pagando as perdas e danos apurados, que serão devidos em dobro.

Como se verifica, são três novas regras contendo avanços consideráveis em assuntos bem semelhantes ao do legado de coisa imóvel de terreno nu, quando nele o testador constrói, depois, casa ou edifício. Nas três situações aventadas, não prevaleceu o critério da prevalência do principal sobre o acessório. Não se pode negar a complexidade do tema. Mas o que não se admite, como afirma Zeno Veloso[256], é o direito estar divorciado da economia, virando as costas para a realidade da vida contemporânea, ou brigando com os novos conceitos e valores.

---

[256] Zeno Veloso, *Comentários ao Código Civil*: parte especial, do direito das sucessões, v. 21, p. 245.

CAPÍTULO XXII

DOS EFEITOS DO LEGADO E DO SEU PAGAMENTO

1. Introdução. 2. Momento da aquisição do legado. 3. Dos frutos e dos juros da coisa legada. 4. Legado de renda vitalícia ou de pensão periódica. 5. Da escolha do legado. 6. Pessoa legitimada para o cumprimento do legado. 7. Despesas e riscos com a entrega do legado. 8. Entrega do legado. 9. Ações do legatário. 9.1. Reivindicatória. 9.2. Confessória. 9.3. Adipiscendae possessionis. 9.4. Ação de caução.

1. Introdução

No direito romano, a aquisição do legado dependia da aceitação da herança pelo herdeiro. Se houvesse recusa, o legatário perdia o legado. Depois, passou-se a fazer a distinção entre o *jus adquirendi legatum*, que nascia com a abertura da sucessão, e o direito ao legado, que somente existia no dia da aceitação da herança. A aquisição do legado não dependia de aceitação especial do legatário.

No direito moderno, alguns doutrinadores sustentam idêntica posição, sob o fundamento de que, quando puro e simples, o legado nasce no momento da morte do autor da herança, sem depender de aceitação. Essa posição, contudo, não coaduna com a do nosso direito, que adota o princípio da recusa do legado. Assim, ninguém está obrigado a aceitar um legado.

2. Momento da aquisição do legado

Herança e legado, como já frisamos, são institutos que se diferenciam. Por isso, as regras de transmissão dos bens não são as mesmas nos dois casos. Na herança, aberta a sucessão, o domínio e a posse dos bens se transferem aos herdeiros imediatamente, independentemente de qualquer formalidade (art. 1.784 do CC). No legado, tratando-se de coisa infungível, o legatário adquire o domínio desde a abertura da sucessão. Sendo a coisa fungível, a aquisição só se opera com a partilha. No entanto, em qualquer uma das hipóteses mencionadas, o legatário só entrará na posse dos bens após a partilha. Walter Morais, citado por Giselda Maria Fernandes Hironaka[257], discorrendo sobre a matéria, ensina: "Vale para os legados o princípio geral da aquisição imediata. A regra básica é a de que o legatário adquire a deixa desde a morte do testador. O que impede a instantaneidade da aquisição são as seguintes circunstâncias: 1) a existência de condição suspensiva; 2) a indeterminação do objeto; 3) a inexistência do objeto no patrimônio deixado; 4) a inexistência da personalidade do legatário."

Além disso, o legatário não toma posse da coisa legada por autoridade própria (§ 1º do art. 1.923 do CC). Deve pedi-la ao herdeiro onerado, salvo se constar que já foi entregue ao

---

257 Giselda Maria Fernandes Novaes Hironaka, *Comentários ao Código Civil*, v. 20, p. 25.

testamenteiro. Esse direito não se exercerá se houver litígio sobre a validade do testamento, bem como nos legados condicionais ou a prazo, enquanto esteja pendente a condição ou o prazo não se vença (art. 1.924).

Portanto, o ajuizamento de ação de nulidade ou de anulação do legado constitui óbice à entrega da coisa legada. Somente quando o pedido for julgado improcedente por sentença transitada em julgado, é que o legatário poderá exigir a entrega do legado. O mesmo acontece se existir condição suspensiva ou prazo, enquanto esteja pendente a condição ou o prazo não vença.

3. Dos frutos e dos juros da coisa legada

O legado de coisa certa, existente na herança, transfere ao legatário os frutos que produzir, desde a morte do testador. No entanto, isso não ocorrerá nos legados sujeitos a condição suspensiva ou a termo inicial (§ 2º do art. 1.923), ou se expressamente o testador tiver estabelecido em contrário. Os frutos são os percebidos a partir da abertura da sucessão. Na expressão "frutos" estão incluídos os rendimentos da coisa. Já no legado em dinheiro, só vencem juros desde o dia em que se constituir em mora a pessoa obrigada a prestá-lo (art. 1.925).

Assim, é preciso que o herdeiro onerado ou o testamenteiro sejam interpelados, para entregar a coisa. Três outras exceções à cobrança de juros merecem realce: a) se o legado é condicional ou a termo, só haverá incidência de juros após o implemento da condição ou do vencimento do prazo; b) se o legado é de coisa incerta, ou de coisa não encontrada dentre os bens da herança, não vencerão juros, senão da data em que o objeto se tornar certo ou for encontrado; c) se o legado é a título de alimentos, os juros correm desde a morte do testador. É que a necessidade nasceu naquele momento, não podendo assim ficar o legado sujeito às regras citadas. Pontes de Miranda[258] apresenta uma hipótese interessante: "*Quid juris*, se já foi adjudicado ou onerado o dinheiro, tirado do monte? Será preciso constituí-lo em mora? Se *modus*, não. Porque a responsabilidade não depende de reclamá-lo o beneficiado. Mas, sendo legado, é preciso que o legatário o reclame? Se o juiz manda depositar, os juros pertencem ao legatário. Se não mandou depositar? A adjudicação ao legatário ou a entrega pelo onerado ao testamenteiro constitui momento para se contarem os juros? Cumpre distinguir: 1) se o dinheiro está com o inventariante, e este não é o herdeiro, os juros são devidos, se os há, desde a adjudicação, porque o herdeiro concordou com ela e foi julgada; 2) se está com o herdeiro a quantia, tem de reclamá-la do legatário, e é da mora que correm os juros; 3) se o dinheiro está com o testamenteiro, deve reclamá-lo o legatário; se rendia, os juros são do beneficiado, e não do testamenteiro."

4. Legado de renda vitalícia ou de pensão periódica

A matéria acha-se disposta nos artigos 1.926, 1.927 e 1.928 do Código Civil. Pela regra do artigo 1.926, se o legado consistir em renda vitalícia ou pensão periódica, esta ou aquela correrá da morte do testador. Não importa que o legado, em qualquer das hipóteses, seja ou não de alimentos. Os seus efeitos só fluirão da data da morte do testador, salvo se ele fixar outra data.

Já o artigo 1.927 estabelece que se o legado for de quantidades certas, em prestações periódicas, datará da morte do testador o primeiro período. Nesse caso, o legatário terá direito a cada prestação, uma vez cumprido cada um dos perío-

---

258 Pontes de Miranda, *Tratado dos testamentos*, atual. de Vilson Rodrigues Alves, v. 3, p. 560.

dos sucessivos, ainda que venha a falecer antes do seu termo. Por fim, o artigo 1.928 dispõe que, sendo periódicas as prestações, só no termo de cada período se poderão exigir. Mas, se as prestações forem deixadas a título de alimentos, pagar-se-ão no começo de cada período, sempre que de outra forma não tenha disposto o testador.

5. Da escolha do legado

Consistindo o legado em coisa determinada pelo gênero, ao herdeiro tocará escolhê-la, guardando o meio-termo entre as congêneres da melhor e pior qualidade (art. 1.929). Como anotamos anteriormente, o legado deve ser de coisa determinada. É nulo o legado de coisa absolutamente indeterminada, sendo, todavia, válido quando se tratar de coisa determinada pelo gênero. Nesse caso, caberá ao herdeiro fazer a escolha. É o *legatum optionis*, que remonta ao direito romano.

Em tal hipótese, o testador dá ao legatário direito de tirar o que mais lhe convenha dentre as opções estabelecidas. Mas não se deve entender essa afirmação como arbítrio ilimitado, ou seja, o legatário não pode escolher a pior ou a melhor coisa: a escolha deve ser feita com base em uma média. Presume-se que tenha sido essa a vontade do testador.

Se o poder de escolha for deixado ao arbítrio de terceiro, ele, na forma do artigo 1.930, ficará obrigado a observar o meio-termo. Se o terceiro, no entanto, não quiser ou não puder exercer o direito de escolha que lhe foi conferido pelo testador, ao juiz competirá fazê-lo, observado o disposto na última parte do artigo 1.929.

Pode ainda ocorrer que a opção para a escolha da coisa determinada pelo gênero tenha sido deixada ao próprio legatário (art. 1.931). Nessa hipótese, ele poderá escolher a melhor coisa que houver na herança, presumindo-se que assim quis o testador. Se, dentre os bens, não existir coisa de tal gênero, o herdeiro onerado dar-lhe-á outra congênere, observada a disposição da última parte do artigo 1.929.

Tratando-se de legado alternativo, presume-se facultada ao herdeiro a opção (art. 1.932). Cuida-se aqui de legado com dois objetos estabelecidos, disjuntivamente. Exemplo: lego a José a Fazenda Nova Acauan ou a casa residencial da Rua Nabor Meira, n. 19, na cidade de Sousa. Como houve omissão do testador em determinar a coisa, presume-se que ele quis beneficiar o legatário, dando-lhe a opção para escolher o imóvel que melhor lhe aprouver. Saliente-se que, feita a escolha, ela se tornará irrevogável. Falecendo o herdeiro ou o legatário a quem cabia a opção, antes de exercê-la, passará esse poder aos seus herdeiros.

6. Pessoa legitimada para o cumprimento do legado

O testador pode determinar quem deverá cumprir o legado: um dos herdeiros, o testamenteiro, terceiro ou o próprio legatário. Não havendo disposição nesse sentido, o cumprimento do legado caberá aos herdeiros ou aos legatários, na proporção do que herdaram (art. 1.934). Quando indicados mais de um, os onerados dividirão entre si os ônus, na proporção do que recebam da herança.

Se a coisa legada pertencer ao herdeiro ou ao legatário (art. 1.935), só a ele incumbirá cumpri-lo, com regresso contra os coerdeiros, pela quota de cada um, salvo se o contrário expressamente dispôs o testador. Esse tipo de disposição denomina-se de prelegado, em cuja construção adota-se, em geral, a ficção.[259]

---

259 Pontes de Miranda, *Tratado dos testamentos*, atual. de Vilson Rodrigues Alves, v. 3, p. 608.

7. Despesas e riscos com a entrega do legado

As despesas e os riscos com a entrega do legado correm à conta do legatário, se não dispuser diversamente o testador (art. 1.936). As despesas são as necessárias. O testador, no entanto, pode determinar que a coisa seja entregue ao legatário livre de despesas. Se não o fez, presume-se que ele transferiu o encargo para o legatário, tais como o imposto de transmissão, as custas e os honorários.

Quanto aos riscos, a pessoa obrigada a cumprir o legado responde pelos danos ocorridos por culpa sua, bem ainda pelos danos decorrentes de força maior, desde que esteja em mora, salvo se provar que eles ocorreriam ainda que a coisa fosse entregue na ocasião devida. Fora dessas hipóteses, os riscos correrão por conta do legatário, se não dispuser diversamente o testador. Assim, se a coisa vier a se deteriorar ou perecer, sem culpa do herdeiro onerado, o legatário deverá suportar o prejuízo.

8. Entrega do legado

A coisa legada será entregue, com seus acessórios, no lugar e estado em que se achava ao falecer o testador, devendo ser passada ao legatário com todos os encargos que a onerarem (art. 1.937). Se a coisa deteriorou-se antes, presume-se que assim quis o testador, porque até então era o seu proprietário, visto que o legado só produz efeitos com a abertura da sucessão.

Os acessórios referidos no artigo em comento, conforme ensina Carvalho Santos[260], "são as coisas sem as quais o objeto

---

260 J. M. de Carvalho Santos, *Código Civil brasileiro interpretado*, v. 23, p. 483.

principal do legado não poderia servir ao seu uso ordinário, ou o legatário não poderia fazer valer o seu direito, tornando-se de qualquer forma incompleto: *sunt quaedam quae omnimodo legatum sequuntur*".

Os encargos também se transferem ao legatário, entendendo-se como tais os que gravam a coisa: penhor, hipoteca, usufruto, servidão etc. Como esses encargos não são ônus intrínsecos à coisa legada, caso o legatário venha a liquidá-los, sub-rogar-se-á nos direitos do credor contra os herdeiros. Já as obrigações pessoais do testador não se transmitem, pois ficam a cargo da herança; se o legatário as pagar, tem ação regressiva contra os herdeiros. Com relação aos ônus intrínsecos, como enfiteuse, servidão de passagem ou usufruto, o legatário terá de suportá-los.

Finalmente, dispõe o artigo 1.938 que, nos legados com encargo, aplicam-se ao legatário as disposições do Código Civil sobre as doações de igual natureza. A doação, como estabelece o artigo 555, pode ser revogada por inexecução do encargo. O mesmo ocorre com o legado, ou seja, caducará se não for cumprido o encargo.

9. Ações do legatário

No legado, várias ações são postas à disposição do legatário. Destacaremos as principais.

9.1. Reivindicatória

Se, com a morte do testador, a titularidade jurídica da coisa legada transferiu-se ao legatário, ele, em caso de resistência, tem ação reivindicatória para havê-la do herdeiro, testamenteiro, inventariante, legatários onerados do sublegado ou terceiros. O legatário pode reivindicar não só a coisa, mas também os acessórios, os rendimentos desde a morte do testador e o pagamento das indenizações por deterioração (art. 1.923 do CC).

Pontes de Miranda[261] aponta os seguintes pressupostos da ação reivindicatória: a) tratar-se de domínio do falecido que, *recta via*, se haja transmitido ao legatário; b) consistir o legado em coisa determinada e certa, pois sendo o legado de gênero, não cabe a ação reivindicatória. O mesmo se dá com os créditos, que o legatário somente pode pedir por ação pessoal ao onerado, ou cobrar ao devedor pela ação de crédito.

Nessa ação, acrescenta o citado autor, o réu pode opor: "a) nulidade de todo o testamento ou codicilo; b) nulidade (forma ou fundo) ou caducidade do legado; c) revogação da disposição invocada, ou infirmação; d) ter o testador transferido, gratuitamente, em vida, a coisa legada, ou já ser do legatário desde a data da feitura do testamento; e) tratar-se de um dos casos dos artigos 1.719^{262}, 1.720^{263}, ou faltar alguns dos pressupostos dos artigos $4º^{264}$ e 1.718^{265}; f) ser pessoa jurídica, não ter personalidade, salvo o disposto no artigo 24^{266}; g) ter de ser reduzido o legado (art. 1.727)[267]; h) não ter o legado cumprido a condição potestativa, cujo implemento não depende de outrem, ou se negativa não querer prestar caução; i) haver termo, ou condição, que obste (art. 1.691)[268];

---

261 Pontes de Miranda, *Tratado dos testamentos*, atual. de Vilson Rodrigues Alves, v. 3, p. 637.
262 Artigo 1.801 do Código Civil de 2002.
263 Artigo 1.802 do Código Civil de 2002.
264 Artigo 2º do Código Civil de 2002.
265 Artigo 1.799, I, do Código Civil de 2002.
266 Artigo 62 do Código Civil de 2002.
267 Artigo 1.801 do Código Civil de 2002.
268 Artigo 1.924 do Código Civil de 2002.

j) falta de caução, quando legatário deva caucionar; h) prescrição de trinta anos (arts. 177[269] e 179[270])."

9.2. *Confessória*

Se o objeto do legado for direito real do testador sobre coisa de outrem, aberta a sucessão, opera-se a transmissão de acordo com o artigo 1.923 do Código Civil. Nesse caso, o legatário tem ação confessória contra os herdeiros ou adquirentes do prédio ou móvel sobre o qual recai o direito real.

9.3. *Adipiscendae possessionis*

Outra ação de que o legatário pode se valer é o interdito *adipiscendae possessionis*. Tem a finalidade de haver a posse. Não se confunde com a proteção da posse. Nesse caso, ao invés de propor a ação pessoal *ex testamenti*, o legatário pode pedir a posse da coisa legada.

9.4. *Ação de caução*

O legado, como já vimos, pode ser deixado sob condição ou a termo; pode, ainda, estar em litígio. Nessas hipóteses, entre a morte do testador até a data da entrega do legado, bem ainda nos casos de fideicomisso, o legatário pode pedir caução, a fim de evitar o *periculum in mora*.

---

[269] Artigo 205 do Código Civil de 2002.
[270] Artigo 205 do Código Civil de 2002.

CAPÍTULO XXIII

CADUCIDADE DO LEGADO

1. Conceito de caducidade. 2. Causas de caducidade. 2.1. Modificação da coisa legada. 2.2. Alienação da coisa legada. 2.3. Perecimento ou evicção da coisa legada. 2.4. Exclusão do legatário da sucessão. 2.5. Morte do legatário antes do testador. 3. Da invalidade do legado.

1. Conceito de caducidade

Caducidade é a ineficácia do legado por causa posterior à sua instituição. Para Pontes de Miranda[271], caducar é perder a eficácia, cair, decair, ficar sem efeito, inutilizar-se. Caducidade dos legados é a inutilização deles por motivo superveniente passivo, seja subjetivo ou objetivo, que lhes tire os efeitos. Partindo desse conceito, é fácil perceber que a caducidade não se confunde com a nulidade do legado, nem com sua revogação. Nulidade pressupõe vício por ocasião da lavratura do legado; revogação é ato emanado da vontade do testador.

---

271 Pontes de Miranda, *Tratado dos testamentos*, atual. de Vilson Rodrigues Alves, v. 3, p. 645.

2. Causas de caducidade

A superveniência constitui requisito essencial para a ocorrência de caducidade. O artigo 1.939 do Código Civil enumera as causas:

Caducará o legado:

I — se, depois do testamento, o testador modificar a coisa legada, ao ponto de já não ter a forma nem lhe caber a denominação que possuía;

II — se o testador, por qualquer título, alienar no todo ou em parte a coisa legada; nesse caso, caducará até onde ela deixou de pertencer ao testador;

III — se a coisa perecer ou for evicta, vivo ou morto o testador, sem culpa do herdeiro ou legatário incumbido do seu cumprimento;

IV — se o legatário for excluído da sucessão, nos termos do artigo 1.815;

V — se o legatário falecer antes do testador.

A seguir, serão analisadas as causas citadas.

2.1. Modificação da coisa legada

Nem toda modificação acarreta a caducidade do legado. Somente a que for substancial, a ponto de transformar a coisa em outra espécie. Além disso, é preciso que a modificação tenha sido feita pelo testador ou por ordem sua. Não haverá caducidade se a transformação foi realizada por terceiro, sem ordem expressa do testador, ou através de caso fortuito ou força maior.

2.2. Alienação da coisa legada

Ocorrendo a alienação da coisa, é claro que o testador não mais deseja fazer a liberalidade. A caducidade se verifica ainda que a alienação seja nula. Mas não ocorrerá se o ato alienatório for inexistente, ou seja, quando faltarem alguns dos elementos do negócio jurídico.

2.3. Perecimento ou evicção da coisa legada

Perecendo a coisa legada, perde o legado o seu objeto e, portanto, caduca. Não importa a forma de perecimento: por ato voluntário, por caso fortuito ou força maior. Tratando-se, todavia, de legado de duas ou mais coisas alternativas, e uma delas perecer, subsistirá quanto às restantes; perecendo parte de uma, valerá, quanto ao seu remanescente, o legado (art. 1.940). A evicção, por seu turno, leva o legado à caducidade porque, provocando o desapossamento da coisa ou a tomada do direito real, o legado fica sem objeto, visto que a coisa não pertence ao testador.

2.4. Exclusão do legatário da sucessão

Ao legatário aplicam-se as causas de exclusão do herdeiro, ocorrendo sempre que atentar contra a vida, a honra ou a liberdade do autor da herança (arts. 1.814, 1.815 e 1.939, IV, do CC).

2.5. Morte do legatário antes do testador

No legado, há a presunção de que o testador quis beneficiar pessoalmente o legatário. Nessa situação, se ele vier a falecer antes do testador, haverá caducidade. Pode ocorrer, no entanto, que o legado tenha sido feito para o legatário e os seus herdeiros, ou resultar do seu contexto que a vontade do testador era beneficiar também os herdeiros. Nessas hipóteses, não haverá caducidade.

O legado caducará também se, depois da morte do testador, a coisa legada perecer por caso fortuito ou força maior. Contudo, não ocorrerá a caducidade se o onerado estiver em mora, aplicando-se artigo 399 do Código Civil. Caducará ainda se o legatário não aceitar o legado, quando não se verificar a condição imposta, ou se o legatário for incapaz de receber o legado, no momento da abertura da sucessão.

3. Da invalidade do legado

Como vimos, o legado será inválido quando ocorrerem vícios na sua formação. Esses vícios geralmente são causados pelos seguintes fatores: a) incapacidade do testador; b) incapacidade do legatário; c) vício de vontade; d) preterição de formalidade essencial. A matéria foi tratada no item 6 Capítulo XX, no qual examinamos a nulidade e a anulabilidade das disposições testamentárias.

CAPÍTULO XXIV

DO DIREITO DE ACRESCER

1. Noções gerais. 2. Direito de acrescer entre coerdeiros. 3. Direito de acrescer entre colegatários. 4. Direito de acrescer no legado de usufruto.

1. Noções gerais

Ocorre o direito de acrescer quando vários herdeiros forem conjuntamente chamados à herança, pela mesma disposição testamentária, em quinhões não determinados. Se qualquer deles não puder ou não quiser aceitá-la, sua parte acrescerá à dos coerdeiros, salvo o direito do substituto (art. 1.941). Conforme define Antônio José Tibúrcio de Oliveira[272], "o direito de acrescer consiste na possibilidade de que herdeiros testamentários ou legatários tenham sua herança ou seu legado aumentados, em face da impossibilidade de que um ou mais coerdeiros ou colegatários possam receber sua parte na herança ou no legado". Por exemplo: José institui Maria, Ana e Pedro como seus herdeiros testamentários. In-

---

272 Antônio José Tibúrcio de Oliveira, *Direito das sucessões*, p. 333.

sere no testamento uma cláusula dizendo que se um dos herdeiros beneficiários não puder ou não quiser a herança, a sua parte vai acrescer à dos herdeiros testamentários remanescentes. Aberta a sucessão e verificando-se que um dos instituídos faleceu ou renunciou a herança, sua quota-parte vai acrescer à dos demais. Não havendo cláusula de substituição, a quota-parte do herdeiro volta ao monte para ser repartida entre os herdeiros legítimos.

O direito de acrescer era desconhecido na legislação brasileira antes da codificação do direito civil, que se deu em 1916. Contudo, a falta de regramento específico sobre a matéria não impediu a discussão entre os doutrinadores da época sobre o direito de acrescer, já conhecido em outros países. Clóvis Beviláqua, em seu livro *Direito das sucessões*, de 1898, perguntava, após judiciosas ponderações: "Não terá lugar também no direito brasileiro o acrescimento das porções hereditárias"? Após citar vários civilistas da época, favoráveis ou contrários à tese do acrescimento, expunha sua própria opinião, nos seguintes termos: "1º Porque o caráter de universalidade da sucessão, aliado à unidade da vocação imprime uma feição de solidariedade ao direito hereditário, de modo que cada um dos coerdeiros é chamado a recolher a totalidade da herança; 2º porque o acrescimento não é mais do que um não decrescimento, isto é, um obstáculo a que ao herdeiro não se dê menos do que lhe havia acenado a disposição testamentária; 3º porque, se a lei atribui ao indivíduo a liberdade de testar, e ele, usando dessa faculdade, avantaja estranhos com seus bens, teve manifesta vontade de afastar, tanto quanto a lei lhe permitia, os herdeiros legítimos, e é a intenção do testador concretizada no testamento, que se pretende executar com fidelidade; 4º porque o testador tem meios de mostrar que não são os herdeiros testamentários os únicos que ele chama, e se, em vez de usar desses meios, deixa perceber que a eles exclusivamente destina todo o seu patrimônio ou parte dele, não devemos os intérpretes da lei construir teorias derrogativas de sua liberdade, sem uma injunção de direito que nos impulse."

Com a codificação do direito civil brasileiro, foi vitoriosa a posição de Clóvis Beviláqua. O Código Civil de 1916, nos artigos 1.710 a 1.716, consagrou o instituto do direito de acrescer entre coerdeiros e colegatários. O Código Civil atual seguiu a mesma direção, reproduzindo praticamente as mesmas regras que regulavam a matéria no Código revogado. Apenas em dois pontos diferenciou-se do anterior: a) não define o que seria a distribuição de partes da herança entre os herdeiros, como fazia o Código de 1916, limitando-se a dizer que é possível o direito de acrescer quando vários herdeiros, pela mesma disposição testamentária, forem conjuntamente chamados à herança, em quinhões não determinados; b) o artigo 1.945, deixou expresso que não pode o beneficiário do acréscimo repudiá-lo separadamente da herança ou legado que lhe caiba, salvo se o acréscimo comportar encargos especiais impostos pelo testador. Nesse caso, uma vez repudiado, reverte o acréscimo para a pessoa a favor de quem os encargos foram instituídos. O Código de 1916 não fazia menção a essa regra.

O direito de acrescer pressupõe disposição válida. Assim, se for nulo o testamento, não haverá acréscimo. Além de disso, a regra do artigo 1.941 do Código Civil é dispositiva: o testador pode dispor de forma diversa, excluindo o acréscimo e determinando que, na falta de herdeiro, sua parte deverá ir para os herdeiros legítimos. O Código Civil prevê duas espécies de direito de acrescer: entre coerdeiros ou entre colegatários de partes desiguais.

2. Direito de acrescer entre coerdeiros

Ocorre o direito de acrescer entre coerdeiros quando eles são chamados à herança conjuntamente, pela mesma disposição testamentária, a receber quinhões não determinados. Faltando um deles ou não querendo receber, sua parte vai acrescer a dos outros (art. 1.941). É necessário, portanto, que haja disposição conjunta em favor de mais de um herdeiro, sobre os mesmos bens, sem quotas especificadas. Três condições são exigidas para que ocorra o direito de acrescer entre coerdeiros: que eles sejam contemplados no mesmo testamento por uma disposição chamada conjunta; que a deixa compreenda os mesmos bens; que os quinhões não sejam determinados pelo testador.

Para uma melhor compreensão do que sejam disposições conjuntas, devemos recorrer ao direito romano, que distinguia três espécies de constituição conjunta: a) *re et verbis*; b) *re tantum*; c) *verbis tantum*. Segundo Washington de Barros Monteiro[273], dava-se a primeira conjunção quando a mesma coisa era deixada a duas ou mais pessoas por uma só frase, sem designação de partes: deixo minha casa situada em tal rua a Pedro e a Paulo. Os dois legatários são conjuntos *re*, porque uma só coisa lhes foi legada, e *verbis*, porque compreendidos ambos na mesma frase e na mesma disposição.

Verificava-se a segunda conjunção (*re tantum*) quando a coisa era deixada a pessoas diferentes, mas por frases distintas: deixo minha casa situada em tal rua a Paulo. Mais adiante, no testamento, o testador acrescentava: deixo aquela mesma casa a Pedro. Nessa instituição, os dois legatários são conjuntos *re*, porque contemplados com a mesma coisa, mas não conjuntos *verbis*, porque efetivados os legados através de disposições diferentes, embora constantes do mesmo testamento.

Finalmente, ocorria a terceira forma de conjunção (*verbis tantum*), sempre que a mesma coisa era deixada a duas ou

---

[273] Washington de Barros Monteiro, *Curso de direito civil*: direito das sucessões, 35. ed., v. 6, p. 217.

mais pessoas, na mesma frase, mas com designação das quotas de cada um: lego minha casa situada em tal rua a Pedro e a Paulo, metade para cada um. Nessa modalidade de conjunção, duas frações distintas do mesmo imóvel eram deixadas a cada legatário. Na realidade, existiam dois legados, com objetos diferentes. No Brasil, o direito de acrescer verifica-se nas duas primeiras conjunções, sendo, na segunda, de forma mais incisiva.

3. Direito de acrescer entre colegatários

O direito de acrescer competirá aos colegatários, quando nomeados conjuntamente a respeito de uma só coisa, determinada e certa, ou quando o objeto do legado não puder ser dividido sem risco de desvalorização (art. 1.942). Faltando um dos colegatários, sua quota vai acrescer à dos demais, salvo se lhe foi dado substituto pelo testador. Ressalte-se que, embora o artigo refira-se a uma só coisa, nada impede que sejam várias coisas certas e determinadas. Conforme o ensinamento de Vieira Ferreira[274], o legislador disse uma só coisa, decerto, para exigir somente que, sobre o mesmo objeto e em todo ele, recaia o direito de cada colegatário.

Pode ainda acontecer que um dos coerdeiros ou colegatários, nas condições do artigo 1.942, venha a morrer antes do testador. Ou ainda, venha a renunciar a herança ou o legado, seja excluído da sucessão, ou não se verificar a condição sob a qual foi instituído. Em qualquer dessas hipóteses, conforme estabelece o artigo 1.943, seu quinhão, salvo o direito do substituto, será acrescido à parte dos coerdeiros ou colegatários conjuntos. Entretanto, os coerdeiros ou colegatários, aos

---

[274] Luis Fernando Vieira Ferreira, Testamento. Direito de acrescer. Vínculo, *Revista dos Tribunais*, São Paulo, v. 163, p. 489-495, out. 1946.

quais acresceu o quinhão daquele que não quis ou não pôde suceder, ficam sujeitos às obrigações ou encargos que o oneravam.

4. Direito de acrescer no legado de usufruto

Usufruto, segundo De Plácido e Silva[275], é o direito assegurado a alguém para gozar ou fruir as utilidades e frutos de uma coisa, cuja propriedade pertence a outrem, enquanto, temporariamente, destacado da mesma propriedade. A instituição de usufruto impõe a coexistência de dois titulares de direito sobre a coisa: a) o nu-proprietário, a quem compete a propriedade, cabendo-lhe o direito de senhor direto da coisa, de que se destacaram os direitos de uso e gozo; b) o usufrutuário, a quem se confere o direito de usar e gozar de uma coisa, por certo tempo.

Legado um só usufruto conjuntamente a duas ou mais pessoas, a parte da que faltar acresce aos colegatários. Se não houver conjunção entre os colegatários, ou se, apesar de conjuntos, só lhes foi legada certa parte do usufruto, consolidar-se-ão na propriedade as quotas dos que faltarem, à medida que eles forem faltando (art. 1.946 e parágrafo único). Ou seja, havendo disposição conjunta de usufruto em favor de duas ou mais pessoas, haverá direito de acrescer, desde que ocorra algum caso de caducidade, em relação a qualquer dos usufrutuários. Não havendo disposição conjunta, ou se, apesar de conjuntos, houve distribuição do usufruto entre os beneficiários, não haverá acrescimento, mas consolidação da propriedade, se um deles vier a faltar, até que se extinga o direito real.

---

275 De Plácido e Silva, *Vocabulário jurídico*, p. 1.450.

CAPÍTULO XXV

DAS SUBSTITUIÇÕES

1. Conceito. 2. Espécies de substituição. 3. Substituição vulgar ou direta. 4. Substituição fideicomissária. 4.1. Fideicomisso e usufruto. 4.2. Da renúncia do fiduciário ou do fideicomissário. 4.3. Da caducidade do fideicomisso. 4.4. Dos graus do fideicomisso. 4.5. Dos encargos. 5. Da substituição compendiosa.

1. Conceito

Na definição de Washington de Barros Monteiro[276], substituição é a indicação de certa pessoa para recolher a herança, ou legado, na falta ou depois de outra, nomeada em primeiro lugar. Ou, como define Roberto de Ruggiero[277], "substituição é, em geral, a chamada que o testador faz de um segundo herdeiro ou de um segundo legatário em lugar do primeiro". Substituído é o nome que se dá ao herdeiro ou legatário que

---

276 Washington de Barros Monteiro, *Curso de direito civil*: direito das sucessões, 35. ed., p. 223.
277 Roberto de Ruggiero, *Instituições de direito civil*, v. 3, 1958, p. 656.

não quis ou não pôde aceitar a herança. Substituto é aquele a quem deve passar a herança ou o legado.

2. Espécies de substituição

A substituição, no direito antigo, era muito complexa, ao contrário dos tempos modernos, em que se apresenta bastante simplificada. Das antigas espécies de substituição, sobrevivem apenas três no direito brasileiro: a vulgar, a fideicomissária e a compendiosa.

3. Substituição vulgar ou direta

Substituição vulgar ou direta é aquela em que o testador substitui o herdeiro instituído ou o legatário por outra pessoa, quando o primeiro não puder ou não quiser aceitar a herança ou o legado. Exemplos: nomeio José meu herdeiro; se ele não aceitar, nomeio João. Lego minha casa da Rua Nabor Meira, n. 19, na cidade de Sousa, a Vicente; se ele não aceitar, nomeio Maria. É, portanto, uma substituição condicional, porque fica na dependência de o substituído não aceitar a herança ou o legado.

O testador pode substituir várias pessoas por uma só, ou vice-versa, e ainda substituir com reciprocidade, ou sem ela. O substituto fica sujeito à condição ou encargo imposto ao substituído, quando não for diversa a intenção manifestada pelo testador, ou não resultar outra coisa da natureza da condição ou do encargo. Se, entre muitos coerdeiros ou legatários de partes desiguais, for estabelecida substituição recíproca, a proporção dos quinhões fixada na primeira disposição entender-se-á mantida na segunda; se, com as outras anteriormente nomeadas, for incluída mais alguma pessoa na substituição, o quinhão vago pertencerá em partes iguais aos substitutos.

4. Substituição fideicomissária

O fideicomisso originou-se em Roma. Teve relevância na Idade Média, para manter intacto o poder das famílias abastadas. Foi abolido pela Revolução Francesa, que o considerou contrário à livre circulação dos bens e, principalmente, pela sua feição feudalista, gerando desigualdade dentro das próprias famílias e concentrando as riquezas nos filhos varões e, dentre eles, nos primogênitos. Mas, como esclarece Clóvis Beviláqua[278], "na França mesma, esse ódio à substituição fideicomissária desapareceu, e houve até uma certa inclinação da jurisprudência para alargar o campo das substituições não proibidas".

A corrente de ideias contrária ao fideicomisso encontrou no Brasil numerosos adeptos. Quando da elaboração do projeto do Código Civil de 1916, o Senado, por dois terços, manifestou-se contrário à sua aprovação. Terminou sendo aprovado, com limitação, não podendo ir além do segundo grau. Foi consagrado no artigo 1.733 do Código Civil de 1916, nos seguintes termos:

> Pode também o testador instituir herdeiros ou legatários por meio de fideicomisso, impondo a um deles, o gravado ou fiduciário, a obrigação de, por sua morte, há certo tempo, ou sob certa condição, transmitir ao outro, que se qualifica de fideicomissário, a herança, ou o legado.

O Código Civil de 2002, no artigo 1.951, repetiu quase por inteiro o artigo 1.733 do Código Civil anterior. Todavia, no artigo 1.952, trouxe uma modificação relevante: somente

---

278 Clóvis Beviláqua, *Código Civil dos Estados Unidos do Brasil*, Edição histórica, v. 2, p. 941.

se permite a substituição em favor dos não concebidos ao tempo da morte do testador. Assim, não é qualquer pessoa que pode ser instituída como substituta, mas tão só a prole eventual não concebida ao tempo da morte do testador. São requisitos, para que ocorra a substituição fideicomissária: a) dupla vocação; b) ordem sucessiva; c) admissibilidade apenas para os não concebidos ao tempo da morte do testador; d) obrigação de conservar, para depois restituir.

Para que se caracterize a substituição fideicomissária, três ordens de pessoas atuam obrigatoriamente: a) o fideicomitente, que faz a disposição; b) o fiduciário, que recebe a coisa, em primeiro lugar, ao ser aberta a sucessão; c) o fideicomissário, que recebe a herança ou o legado do fiduciário, em cujas mãos consolida-se a propriedade da coisa.

A substituição fideicomissária é indireta, pois entre o fideicomitente e o fideicomissário, que é o destinatário final, interpõe-se o fiduciário. Nessa cadeia sucessória, o fiduciário recebe a coisa sob condição resolutiva. Torna-se proprietário resolúvel, temporário, até que ocorra a condição imposta pelo fideicomitente, quando, então, a coisa transmite-se ao fideicomissário. Enquanto for proprietário, pode dispor plenamente da coisa, inclusive, aliená-la. A alienação, no entanto, fica sem efeito, quando ocorrer a condição resolutiva. O fideicomissário, por sua vez, fica sob condição suspensiva. Só quando ocorrer o implemento do fato, receberá a herança ou o legado.

Questão relevante ocorre quando a morte do fiduciário não é o evento previsto como condição ou termo e o fiduciário vem a falecer antes da condição ou do termo imposto pelo testador. O Código é omisso. Nesse caso, entendemos que os bens fideicometidos não se transferem ao fideicomissário, mas aos herdeiros do fiduciário, até que ocorra a condição ou o termo previsto.

4.1. Fideicomisso e usufruto

O fideicomisso e o usufruto são semelhantes, tendo em vista que ambos conservam o benefício patrimonial da propriedade para certas pessoas: proprietário no usufruto e fideicomissário no fideicomisso. Mas são distintos nos seguintes aspectos: a) no usufruto, o testador estabelece que o uso e o gozo da coisa pertencerão a determinada pessoa e a propriedade a outra; existem, pois, dois titulares simultâneos de direitos reais: a nua-propriedade para um e usufruto para outro; no fideicomisso, isso não acontece; os titulares do direito de propriedade são sucessivos; b) o usufruto é intransferível, enquanto que no fideicomisso o fiduciário pode ceder os seus direitos, "embora a resolução dos mesmos venha a alcançar os terceiros que adquiriram os bens dados em fideicomisso"[279]; c) o nu-proprietário pode dispor do seu direito, o que não ocorre com o fideicomissário, que apenas pode exigir caução do fiduciário, a fim de evitar a destruição ou o perecimento dos bens dados em fideicomisso; d) no usufruto, o nu-proprietário é pessoa já existente, enquanto no fideicomisso, o fideicomissário deve ser prole eventual. Sobre a matéria, observa Alnoldo Wald: "É preciso reconhecer, todavia, que tais distinções básicas oferecem dificuldades na prática, pois a doutrina admite a alienação do direito do fideicomissário, como a cessão de qualquer direito eventual, que o titular não sabe se chegará ou não a adquirir. A ideia de que a referência à prole futura importa em recurso ao fideicomisso também tem sofrido contestação, pois nada impede diante do texto do artigo 1.718[280] a prole eventual de pessoa certa de ser constituída herdeira, podendo, pois, o testador deixar certo bem como legado à prole ainda inexistente de certa pessoa e

---

279 Arnoldo Wald, *Direito das sucessões*, 12. ed., 2002, p. 185.
280 Artigo 1.799, I, do Código Civil de 2002.

em usufruto a outrem. Na dúvida, a doutrina tem optado pelo reconhecimento de usufruto, por entender que o fideicomisso exige intenção clara do testador de estabelecê-lo, sofrendo nisto a influência de autores alienígenas, pertencentes a países cujas legislações proíbem ou restringem o fideicomisso."

4.2. Da renúncia do fiduciário ou do fideicomissário

Aberta a sucessão, o fiduciário é obrigado a proceder ao inventário dos bens gravados e a prestar caução de restituí-los, se o exigir o fideicomissário. Três situações podem ocorrer nessa fase: a) se o fiduciário renunciar a herança ou o legado, defere-se ao fideicomissário o poder de aceitar, antecipando-se, assim, a vocação hereditária, salvo disposição em contrário do testador (art. 1.954); b) se o fideicomissário renunciar a herança ou o legado, o fideicomisso caducará, passando a propriedade do fiduciário a ser plena, salvo disposição em contrário do testador (art. 1.955); c) se o fideicomissário aceitar a herança ou o legado, o fideicomissário terá direito à parte que, em qualquer tempo, acrescer ao fiduciário.

4.3. Da caducidade do fideicomisso

Caduca o fideicomisso se o fideicomissário morrer antes do fiduciário, ou antes de realizar-se a condição resolutória do direito deste último. Nesse caso, a propriedade consolida-se no fiduciário (art. 1.958). Como ficou esclarecido anteriormente, o direito do fideicomissário depende do implemento da condição suspensiva imposta pelo testador. Morrendo o fideicomissário antes do fiduciário ou antes de realizar-se a condição, deixa de haver, em qualquer das hipóteses, a substituição, ficando a sucessão reduzida a um só grau.

Carvalho Santos, Pontes de Miranda, Carlos Maximiliano, Itabaiana de Oliveira e Coelho da Rocha apontam outros casos de caducidade do fideicomisso: a) se o fiduciário morrer antes do testador ou antes de se verificar a condição; b) se o fideicomissário for julgado incapaz ou indigno; c) se o objeto do fideicomisso perecer; d) se o fideicomisso for declarado nulo; e) se o fideicomissário morrer juntamente com o testador; f) se o fideicomissário e o fiduciário sucumbirem lado a lado, após o testador.

Ocorrerá também a caducidade do legado nas hipóteses do *caput* do artigo 1.952 e do seu parágrafo único. Os efeitos da caducidade é que serão diferentes: na primeira, o fideicomissário, quando concebido antes, nenhum direito terá; na segunda, o fideicomissário, nascido depois, adquirirá a herança, restando ao fiduciário apenas o usufruto dos bens. Note-se que não há referência à condição suspensiva prevista no artigo 2º do Código Civil, ou seja, que a herança testamentária conferida no testamento ao fideicomissário concebido ficaria ressalvada, adquirindo-a caso viesse a nascer com vida.

Acrescente-se que, na hipótese do *caput* do artigo 1.952, a matéria é complexa e, sem dúvida, será objeto de muitas discussões, quando for apreciado um caso concreto. No Código Civil anterior, não existia tal controvérsia. É que não importava a concepção ou o nascimento do fideicomissário. Morrendo o fideicomitente, o fiduciário entrava na propriedade dos bens fideicomitentes e os repassaria ao fideicomissário, na época própria marcada no fideicomisso.

Outra questão complexa surge quando o fideicomissário ainda não estiver concebido ao tempo da morte do fiduciário, do advento do termo ou do implemento da condição (art. 1.951). Alguns autores não admitem a aplicação, no caso, do artigo 1.800, parágrafo 4º. Arnoldo Wald[281] entende que há caducidade, salvo expressa previsão testamentária a respeito de um prazo de espera para a concepção do fideicomissário.

---

281 Arnoldo Wald, *Direito das sucessões*, 12. ed., 2002, p. 189.

Orlando Gomes[282] tem opinião contrária, asseverando que não se aplicam ao instituto do fideicomisso as regras atinentes à disposição em favor da prole eventual previstas no artigo 1.800, inclusive o prazo estabelecido no parágrafo 4º. Zeno Veloso[283], embora reconhecendo que o tema é controvertido, absorve a doutrina de Caio Mário da Silva Pereira, Sílvio de Salvo Venosa, Paulo Nader e Carlos Roberto Barbosa Moreira, afirmando: "Se, à época do óbito do fiduciário, advento do termo ou implemento da condição, ainda não houver a prole eventual, dever-se-á observar a orientação do testador e, não havendo previsão a respeito, a solução será a nomeação de administrador para os bens gravados, aplicando-se o artigo 1.800, parágrafo 4º: dever-se-á aguardar a concepção do fideicomissário pelo prazo de dois anos, contado do fato ligado ao fiduciário."

4.4. Dos graus do fideicomisso

Foi dito anteriormente que no fideicomisso existem duas sucessões e, portanto, dois herdeiros: o fiduciário, que é instituído com o encargo de entregar a herança ou o legado, em determinado momento, ou quando ocorrer determinada condição, e o fideicomissário, que é designado pelo testador para receber do fiduciário a herança ou o legado. Conforme está definido na lei, não pode haver fideicomisso além do segundo grau, sob pena de nulidade (art. 1.959). A respeito da matéria, ensina Clóvis Beviláqua[284]: "Se o testador determina, por-

---

282 Orlando Gomes, *Sucessões*, 12. ed., p. 210.
283 Zeno Veloso, Código Civil comentado: livro V, do direito das sucessões, arts. 1.784 a 2.027, in Regina Beatriz Tavares (Coord.), *Código Civil comentado*, 6. ed., p. 2.132.
284 Clóvis Beviláqua, *Código Civil dos Estados Unidos do Brasil*, Edição histórica, v. 2, p. 944.

tanto, que o fideicomissário entregue a terceiro o que recebeu do fiduciário, não prevalece a disposição; o terceiro nada pode reclamar, nem mesmo por ocasião da morte do fideicomissário, pois aos herdeiros deste é que vem a tocar a herança ou o legado". A nulidade, todavia, não prejudica a instituição, que valerá sem o encargo resolutório (art. 1.960).

4.5. *Dos encargos*

Os encargos da herança ou do legado, em regra, são de responsabilidade do fiduciário. Mas, se por uma causa ou por outra, ocorrer a condição resolutiva sem a satisfação desses encargos, o fideicomissário responderá por eles (art. 1.957). A palavra "encargos" está empregada como abrangendo legado, modo e obrigações.

Clóvis Beviláqua[285] esclarece bem essa matéria: "O direito do fiduciário extingue-se com o advento da resolução e as obrigações por ele contraídas a respeito da herança hão de ser a projeção e de ter o limite do seu direito". Carvalho Santos e Carlos Maximiliano admitem uma exceção a essa regra: passam para o fideicomissário as obrigações resultantes de administração ordenada, criteriosa, profícua do fiduciário; já o beneficiado responde pelos encargos necessários, nascidos depois da abertura da sucessão.

5. Da substituição compendiosa

Trata-se de substituição mista, pois abrange a substituição vulgar e a substituição fideicomissária. Verifica-se, como se colhe da doutrina, quando o testador dá substituto ao fiduciá-

---

285 Clóvis Beviláqua, *Código Civil dos Estados Unidos do Brasil*, Edição histórica, v. 2, p. 948.

rio ou ao fideicomissário, no caso em que um ou outro não possa ou não queira aceitar a herança ou o legado. É de pouca valia em nosso direito e, por isso, não merece maiores explicações.

CAPÍTULO XXVI

DA DESERDAÇÃO

1. Introdução. 2. Distinção entre deserdação e indignidade. 3. Pressupostos da deserdação. 4. Causas de deserdação. 5. Efeitos da deserdação. 6. Ação de deserdação.

1. Introdução

Deserdação é o ato pelo qual o autor da herança priva o herdeiro necessário de sua quota, excluindo-o da sucessão. É uma peculiaridade do nosso direito, que segue a linha do direito espanhol e português. Trata-se de um instituto muito criticado. Clóvis Beviláqua[286] assim o define: "É um instituto odioso e inútil. Odioso, porque imprime à última vontade do indivíduo a forma hostil de castigo, a expressão de cólera; e inútil porque os efeitos legais da indignidade são suficientes para privar da herança os que, realmente, não a merecem". Não menos severas foram as críticas de Orosimbo Nonato, Orlando Gomes e Washington de Barros Monteiro.

---

286 Clóvis Beviláqua, *Código Civil dos Estados Unidos do Brasil*, Edição histórica, v. 2, p. 953.

Embora se reconheça o valor dos citados mestres, grandeza maior das nossas letras jurídicas, prefiro acostar-me ao pensamento do não menos notável Zeno Veloso[287]. Para ele, a deserdação é um instituto que pode apresentar serventia e préstimo. O fato de uma figura jurídica ser raramente utilizada não justifica a sua ablação do ordenamento positivo. Pode haver necessidade de uma pessoa deserdar herdeiro seu e ser de inteira justiça que essa providência extrema tenha de ser tomada. Não se olvide que a privação da legítima só é possível se o acusado praticou algum ato ignóbil, previsto na lei como ensejador da medida. Jamais ocorre por puro arbítrio do testador. E acrescenta: "Alerte-se que ao direito do herdeiro à legítima devem corresponder deveres. Quem não cumpre seus deveres e deveres relacionados com o direito de família, portanto deveres elementares, conspícuos, sagrados não pode pretender que seus direitos sejam absolutos e intangíveis. O herdeiro necessário descendente, ascendente, cônjuge está relacionado com o testador por laço familiar mais íntimo, estreitíssimo, tanto que é um sucessor especial, privilegiado, dadas essas fortes ligações com o *de cujus*."

2. Distinção entre deserdação e indignidade

Como anotamos anteriormente, comparando-se a indignidade com a deserdação, observa-se que, em certos aspectos, confundem-se. É que ambas têm basicamente as mesmas causas e visam a um mesmo objetivo: a exclusão do herdeiro.

3. Pressupostos da deserdação

São pressupostos da deserdação: a) que exista herdeiro

---

287 Zeno Veloso, *Comentários ao Código Civil*: parte especial do direito das sucessões, v. 21, p. 307-308.

necessário; b) que esse herdeiro sobreviva ao testador, ao ser aberta a sucessão; c) que o autor da herança faça, em testamento, expressa declaração da causa de deserdação; d) que essa causa seja demonstrada em juízo, após a abertura da sucessão.

A deserdação somente alcança os herdeiros necessários. Para essa classe de herdeiros, trata-se de uma exceção à regra geral, pois lhes pertence, por força dos artigos 1.789 e 1.846, a metade dos bens do autor da herança. Este, enquanto vivo estiver, é o titular dessa porção de bens; no entanto, dela não poderá dispor por ato de liberalidade, como doação, testamento ou legado.

Significa que os herdeiros necessários não podem ser privados dessa reserva patrimonial, senão em caso de justa deserdação. Em princípio, a deserdação não alcança toda a herança, mas somente a legítima. Quanto à outra parte da herança a porção disponível , o testador não precisa de cláusula de deserdação para retirá-la dos herdeiros necessários. Basta que disponha em favor de outra pessoa. Mas seria burocratizar demais, obrigando o testador a fazer dois testamentos. Por isso, nada impede que ele utilize a deserdação ampla, envolvendo a herança toda, mesmo porque não teria sentido privar o herdeiro apenas da legítima, deixando-lhe a outra porção de bens.

Pode acontecer que, aberta a sucessão, não mais sobreviva o deserdado. Nesse caso, a cláusula de deserdação caducará, sendo que a ação não poderá ser proposta contra os sucessores do deserdado falecido, pois a pena não deverá ir além do criminoso.

Em relação aos colaterais, o autor da herança não precisa utilizar o instituto da deserdação para excluí-los da sucessão; basta que faça um testamento dos bens para outra pessoa, sem os contemplar (art. 1.850 do CC). De outro lado, se o *de cujus* não determinou a deserdação, podem os interessados pedir a exclusão do herdeiro por indignidade (arts. 1.814 e 1.815).

A deserdação somente pode ser ordenada em testamento com expressa declaração de causa (art. 1.964), sob pena de nulidade. Por nenhum outro instrumento, pode o testador fazer deserdação. Mas nem sempre foi assim. Antes da codificação, permitia-se fazê-la por escritura pública ou ação judicial. O Código Civil de 1916 consagrou o entendimento de que somente através de disposição testamentária era possível modificar-se o curso da sucessão legítima.

4. Causas de deserdação

O artigo 1.962 do Código Civil cuida das causas de deserdação dos descendentes pelos ascendentes, ao dispor:

Além das causas mencionadas no artigo 1.814, autorizam a deserdação dos descendentes por seus ascendentes:

I — ofensa física;

II — injúria grave;

III — relações ilícitas com a madrasta ou com o padrasto;

IV — desamparo do ascendente em alienação mental ou grave enfermidade.

O artigo 1.963 trata das causas de deserdação dos ascendentes pelos descendentes, estabelecendo:

Além das causas enumeradas no artigo 1.814, autorizam a deserdação dos ascendentes pelos descendentes:

I — ofensa física;

II — injúria grave;

III — relações ilícitas com a mulher ou companheira do filho ou a do neto, ou com o marido ou companheiro da filha ou o da neta;

IV — desamparo do filho ou neto com deficiência mental ou grave enfermidade.

A inovação que se observa é apenas com relação à inclusão do companheiro e da companheira.

As causas previstas no artigo 1.814, que se aplicam tanto ao instituto da exclusão por indignidade, como ao instituto da deserdação, são as seguintes:

São excluídos da sucessão os herdeiros ou legatários:

I — que houverem sido autores, coautores ou partícipes de homicídio doloso, ou tentativa deste, contra a pessoa de cuja sucessão se tratar, seu cônjuge, companheiro, ascendente ou descendente;

II — que houverem acusado caluniosamente em juízo o autor da herança ou incorrerem em crime contra a sua honra, ou de seu cônjuge ou companheiro;

III — que, por violência ou meios fraudulentos, inibirem ou obstarem o autor da herança de dispor livremente de seus bens por ato de última vontade.

Observe-se que houve uma omissão grave do legislador, ao tratar da matéria. É que, embora o artigo 1.961 refira-se a herdeiros necessários, os artigos seguintes só mencionam os descendentes e os ascendentes, esquecendo-se do cônjuge, que também é herdeiro necessário, e sujeito, portanto, à mesma penalidade civil. Para corrigir a omissão, foi proposto pelo então deputado Ricardo Fiúza, já falecido, o acréscimo de um artigo, o 1.963-A. A falha legislativa, contudo, deve ser enfrentada pelo juiz, diante do caso concreto.

O fundamento é simples: se os herdeiros necessários podem ser privados de sua legítima, e se o cônjuge é herdeiro necessário (art. 1.845), logo não tem como ficar isento da penalidade só porque o Código Civil não lhe dedicou um artigo semelhante aos artigos 1.962 e 1.963. Assim, praticando ato ou fato que demonstre ausência do sentimento de respeito para com o outro cônjuge, ou acarrete descumprimento dos deveres do casamento (art. 1.566), pode ser-lhe aplicada a pena de deserdação.

5. Efeitos da deserdação

Os efeitos decorrentes da exclusão por deserdação são pessoais, como acontece com o instituto da exclusão (art. 1.814). A matéria já foi objeto de exame no item 6 do Capítulo VII. Acrescente-se apenas que não tendo o deserdado descendentes (que herdariam por representação), mas existindo outros herdeiros necessários, além do excluído, a parte da herança que constituiria sua legítima vai acrescer à dos outros herdeiros necessários, não podendo dela dispor o testador em favor de terceiro. Só numa situação o testador pode instituir herdeiro para herdar toda a parte que tocaria ao deserdado: quando este for o único herdeiro necessário e não deixar descendentes.

6. Ação de deserdação

Não basta a cláusula testamentária de deserdação. É preciso ainda que, aberta a sucessão, o herdeiro instituído, ou aquele a quem aproveite a deserdação, prove a veracidade da causa alegada pelo testador (art. 1.965 do CC).

O direito de propor a ação de deserdação extingue-se no prazo de quatro anos, a contar da data da abertura do testamento (parágrafo único do art. 1.965), sendo o prazo de decadência. Ajuizada a demanda, enquanto pendente de julgamento, os bens do herdeiro ficam em depósito ou na posse do inventariante. Não provada a causa, a deserdação tornar-se-á ineficaz. Os bens serão então entregues ao herdeiro como se a deserdação não tivesse ocorrido. Por outro lado, é possível a revogação da deserdação, que poderá ser feita por testamento ou por outro documento autêntico.

Aplica-se à ação de deserdação, no que couber, o que dissemos no Capítulo VII sobre a exclusão por indignidade.

CAPÍTULO XXVII

DA REDUÇÃO DAS DISPOSIÇÕES TESTAMENTÁRIAS

1. Introdução. 2. Regras sobre redução. 3. Aspecto formal da redução.

1. Introdução

Assinalamos, no Capítulo XIII, que herdeiros necessários são aqueles a quem se defere a herança, mesmo contra a vontade do *de cujus*. Afirmamos que o fundamento dessa proteção repousa em deveres morais e jurídicos, baseados principalmente em que seria odioso conceder-se uma ilimitada faculdade de testar, deixando pessoas ligadas ao testador pelos laços de sangue em situação de miséria.

Vem do direito romano a origem da redução das disposições testamentárias. De início, o testador podia dispor livremente dos seus bens, testando-os para quem melhor lhe aprouvesse. Posteriormente, os romanos passaram a não tolerar o comportamento de quem afastava da sua sucessão parentes próximos. Esses testamentos eram considerados contra os deveres morais. Justiniano, na Novela 115, proibiu a exclusão dos descendentes, salvo se houvesse causa plausível, devidamente justificada. Surgiu assim a ideia de legítima.

2. Regras sobre redução

Como foi mencionado, quando o testador tiver herdeiro necessário, é obrigado a respeitar a sua legítima, só podendo dispor até a metade da herança (art. 1.789). Se dispuser só em parte da quota disponível, o remanescente pertencerá aos herdeiros legítimos (art. 1.966). Dispondo de mais da metade dos bens, haverá excesso. Nesse caso, as disposições serão reduzidas aos limites da porção disponível, observando-se as seguintes regras:

a) Se as disposições testamentárias excederem a porção disponível, serão proporcionalmente reduzidas as quotas dos testamentários. Exemplo: José tem um filho e um patrimônio no valor de R$ 100.000,00. Por óbvio, a herança do filho corresponde a R$ 50.000,00. José, no entanto, fez um testamento de 70% dos seus bens para o seu irmão Joaquim. Nesse caso, a disposição testamentária do herdeiro será reduzida em 20%, para resguardar a legítima do filho.

b) Havendo herança testamentária e legado, a redução far-se-á primeiramente na quota do herdeiro; se não bastar, serão reduzidos também os legados. Significa dizer que os legados não serão reduzidos, enquanto houver herança deixada pelo testador. Priorizam-se os herdeiros instituídos nas reduções porque representam a pessoa do autor da herança, cuja vontade devem cumprir, enquanto os legatários são apenas beneficiários de coisa individuada por ato *causa mortis*.

Exemplo: José tem um filho e um patrimônio de R$ 100.000,00. Porção disponível: R$ 50.000,00. Legítima: R$ 50.000,00. José fez um legado, para Maria, de um apartamento no valor de R$ 40.000,00 e testou R$ 50.000,00 dos seus bens para seu tio Miguel. Extrapolou, portanto, a porção disponível, em R$ 40.000,00 (90-50=40), deixando o filho com apenas R$ 10.000,00 da sua herança. Nesse caso, a redução testamentária recairá inicialmente sobre a quota do herdeiro Miguel, cuja herança será reduzida em R$ 40.000,00, ficando em R$ 10.000,00. Como a redução foi suficiente para preservar a legítima, o legado ficará inteiro.

Outro exemplo, com valores modificados. Patrimônio: R$ 80.000,00. Porção disponível: R$ 40.000,00. Legítima: R$ 40.000,00. Legado R$ 50.000,00. Herança do herdeiro testamentário: R$ 30.000,00. O filho nada herdaria, pois a legítima foi absorvida por inteiro pela herança testamentária e pelo legado. Nessa hipótese, a redução testamentária recairá, em primeiro lugar, na quota do herdeiro (R$ 30.000,00), que ficará zerada. Como a redução não bastou para preservar a legítima do filho, o legado também será reduzido em R$ 10.000,00, restando apenas R$ 40.000,00.

c) Se o testador, prevenindo o caso, dispuser que se inteirem de preferência certos herdeiros e legatários, a redução far-se-á nos outros quinhões ou legados, observando-se a seu respeito a ordem estabelecida no parágrafo 1º do artigo 1.967. Herdeiros e legatários ficam na mesma situação, aplicando-se a redução proporcionalmente. Nessa hipótese, o testador preveniu o excesso e forneceu a solução, dispondo que se inteirem, de preferência, certos herdeiros e legatários. A redução far-se-á nos quinhões ou legados indicados. É possível até que o testador determine que se reduza em primeiro lugar o legado e, se não bastar, também a quota do herdeiro.

d) Quando o legado consistir em prédio divisível sujeito a redução, far-se-á esta, dividindo-o proporcionalmente (art. 1.968). Duas situações poderão ocorrer:

I) Se não for possível a divisão, e o excesso do legado for superior a mais de um quarto do valor do prédio, o legatário deixará inteiro na herança o imóvel legado, ficando com o direito de pedir aos herdeiros o valor que couber na parte disponível. Exemplo: José, pai de Ana, legou um terreno no valor R$ 80.000,00 para seu irmão Miguel. Cálculo: Valor do patrimônio: R$ 80.000,00. Legítima: R$ 40.000. Redução: R$ 40.000,00. Excesso: R$ 40.000,00. Como a parte excedente é superior a 1/4 (1/4 de 80 é igual a 20), o imóvel vai para a filha Ana. O legatário Miguel ficará como credor do espólio da importância de R$ 40.000,00.

II) Se o excesso não for de valor superior a mais de um quarto, aos herdeiros fará tornar em dinheiro o legatário, que ficará com o prédio. Exemplo: José, pai de Ana, tem um patrimônio de R$ 160.000,00. Legou um terreno, no valor R$ 90.000,00, para seu irmão Miguel, restando R$ 70.000,00 dos seus bens para sua filha. Valor do patrimônio: R$ 160.000,00. Legítima: R$ 80.000,00. Redução: R$ 10.000,00. Excesso: R$ 10.000,00. Como a parte excedente é inferior a 1/4 (1/4 de 90 é igual a 23), o imóvel vai para Miguel e a filha Ana ficará com um crédito de R$ 10.000,00, a ser pago pelo legatário.

Finalmente, se o legatário for também herdeiro necessário, poderá inteirar sua legítima no mesmo imóvel, de preferência aos outros, sempre que ela e a parte subsistente do legado lhe absorverem o valor.

Além desse sistema de redução do excesso inoficioso aplicável às disposições testamentárias, o Código Civil prevê um terceiro: o do artigo 549, reservado às doações. São dois sistemas de controle com uma mesma finalidade: manter intangível a legítima dos herdeiros necessários. Contudo, há sanções diversas para as duas hipóteses. No caso do artigo 549, nula é a doação quanto à parte que exceder à de que o doador, no momento da liberalidade, poderia dispor em testamento. Tratando-se, no entanto, de disposição testamentária que exceder a quota disponível, a cláusula é válida. Apenas a parte excedente será ineficaz, reduzindo-se as quotas do herdeiro ou herdeiros instituídos, conforme as regras já expostas. Nota-se, assim, que o Código Civil foi mais rígido quando o excesso decorrer de doação, embora na prática essa rigidez não se faça sentir.

3. Aspecto formal da redução

A redução efetua-se, em regra, no processo de inventário. Não sendo possível, os interessados poderão se valer da ação *in rem scripta*. O pedido de redução, em qualquer uma das hipóteses aludidas, só poderá ser deduzido após a morte do testador, quando então o testamento começa a produzir seus efeitos. Podem promover pedido de redução os herdeiros ou os seus credores, os cessionários e representantes. Os credores do espólio não têm legitimidade, pois os herdeiros e legatários respondem pelas dívidas. Carlos Maximiliano, citado por Carvalho Santos[288], no entanto, faz as seguintes observações sobre a matéria: "Entenda-se bem: estes não têm ação para fazer reverterem ao acervo as dádivas inoficiosas feitas em vida do *de cujus*; gozam, entretanto, da preferência para o integral pagamento das dívidas, contra as liberalidades oriundas de testamento; a partilha só se dá depois de atendidos os créditos contra a sucessão *deducto aere alieno*; até os herdeiros necessários sofrem a redução do que falta para cobrir o passivo. *Nemo liberalis nisi liberatus* (ninguém pode

---

[288] Carlos Maximiliano, *Direito das sucessões*, n. 1.189, apud J. M. de Carvalho Santos, *Código Civil brasileiro interpretado*, v. 24, p. 128.

mostrar-se liberal sem estar livre de compromissos). Obtida a colação das doações a herdeiros necessários ou a redução, em geral, nem assim aproveita ao credor do falecido o bem doado; com maior propriedade, se costuma dizer que as doações se colacionam à massa depois de deduzidas as dívidas. Exemplo: patrimônio do inventariado, na data do óbito — 15:000$000; doações — 10:000$000; dívidas 20:000$000. Os credores rateiam, entre si, 15:000$000; perdem 5:000$000, porque os 10:000$000 das doações tocam aos legitimários. Em sendo a dívida anterior à doação, presume-se feita esta em fraude dos credores, os quais podem reclamar e anulá-la, com este fundamento; não por atentar contra a reserva sucessória."

Sobre a mesma matéria, leciona Mauro Antonini[289]: "É importante observar que o excedido da metade disponível só será objeto de redução se houver pedido nesse sentido, apresentado no inventário pelos herdeiros necessários prejudicados. Caso se omitam, prevalecerá a disposição testamentária prejudicial à legítima. Podem, portanto, renunciar à proteção legal que lhes assegura metade da herança. Não se trata da renúncia parcial da herança, vedada pelo artigo 1.808, mas de renúncia à garantia de metade da herança. Se o fizerem em prejuízo de credores, porém, estes poderão solicitar a redução das disposições testamentárias, a fim de preservar seus créditos, aplicando-se a regra que, tratando da renúncia, protege os credores do herdeiro renunciante (art. 1.813)."

---

[289] Mauro Antonini, *Código Civil comentado*: doutrina e jurisprudência, Coordenação do Ministro Cezar Peluso, 2. ed., p. 2.081.

CAPÍTULO XXVIII

DA REVOGAÇÃO DO TESTAMENTO

1. Introdução. 2. Formas de revogação. 3.Efeitos da revogação. 4. Revogação do testamento cerrado.

1. Introdução

O testamento é um ato essencialmente revogável. Tão forte é essa regra que será nula a cláusula em que o testador renuncia a faculdade de revogar o seu testamento. A revogação pode ocorrer a qualquer tempo, desde que o testador tenha capacidade de testar.

2. Formas de revogação

O Código Civil dispõe sobre essa matéria, prevendo as suas modalidades e efeitos nos artigos 1.969 a 1.972. No primeiro deles, dispõe que o testamento pode ser revogado pelo mesmo modo e forma como pode ser feito. Assim, um testamento pode ser revogado por outro testamento. Não é possível revogar-se o testamento através de escritura pública ou qualquer outro ato solene. Não importa a forma do testamento usado para revogar o anterior. O testamento particular revoga o testamento público e vice-versa; o público revoga o testamento cerrado, e assim sucessivamente. Revogado o testamento, se o testador pretender restaurar o testamento revogado, só poderá fazê-lo através de outro testamento, não valendo a simples declaração retratando a revogação.

A revogação do testamento pode ser total ou parcial, conforme se refira a todas as disposições ou apenas a parte delas (art. 1.970). Se for parcial, ou se o testamento posterior não contiver cláusula revogatória expressa, o anterior subsiste em tudo que não for contrário ao posterior. Haverá também revogação se o testamento posterior contiver cláusula incompatível com o anterior. Nesse caso, é manifesta a intenção do testador de revogar o primeiro.

Ensina Carvalho Santos[290] que a incompatibilidade de disposições, de que resulta a revogação tácita, pode ser material ou intencional. É material, quando seja fisicamente impossível executarem-se as novas disposições; é intencional, quando, não sendo impossível executarem-se umas e outras disposições, com o contexto do testamento, evidencia-se ter sido a intenção do testador anular o testamento anterior e dar efeito somente ao posterior. Exemplos de incompatibilidade material: a) a instituição de dois herdeiros na plena propriedade de uma só coisa, pois é fisicamente impossível que ela pertença, ao mesmo tempo e por inteiro, a duas pessoas; b) a instituição de herdeiro puro e simples no primeiro testamento, e sob condição suspensiva no segundo.

3. Efeitos da revogação

A revogação produzirá seus efeitos, ainda quando o testamento que a encerra vier a caducar por exclusão, incapacida-

---

[290] J. M. de Carvalho Santos, *Código Civil brasileiro interpretado*, v. 24, p. 236.

de ou renúncia do herdeiro nele nomeado. Não valerá se o testamento revogatório for anulado por omissão ou infração de solenidades essenciais ou por vícios intrínsecos (art. 1.971). São duas situações: a) se o testamento revogatório vier a caducar, não produzirá efeitos quanto aos herdeiros nele instituídos, mas afetará os herdeiros instituídos no testamento anterior; b) se, todavia, vier a ser anulado por qualquer vício extrínseco ou intrínseco, ou declarado nulo por falta de solenidade essencial, não produzirá efeitos quanto aos herdeiros contemplados no primeiro, porque, no caso, não ocorreu revogação. Além disso, a revogação do testamento revogador não devolve a eficácia ao testamento revogado anteriormente. Ou seja, não se verifica o fenômeno da repristinação.

4. Revogação do testamento cerrado

Além das formas comuns de revogação, o testamento cerrado tem uma que lhe é peculiar: considerar-se-á revogado se for aberto ou dilacerado pelo testador, ou se for aberto ou dilacerado com seu consentimento (art. 1.972). É que o fato de abrir ou dilacerar o testamento cerrado é contrário à sua formação e à sua natureza de testamento místico ou secreto.

Se foi o próprio testador quem abriu ou dilacerou o testamento, manifesta é a sua vontade de revogar o ato de sua vontade. Quando for aberto ou dilacerado por terceiro, só haverá revogação se o ato foi praticado por ordem do testador ou ele teve prévio conhecimento. Não ocorrerá revogação se o testador abriu ou dilacerou o testamento involuntariamente. A prova desse fato incumbe ao herdeiro beneficiado pelo testamento.

Nesse contexto, mais duas hipóteses merecem ser citadas: a) se o testamento cerrado for encontrado aberto ou dilacerado, no espólio do testador, presume-se ter sido o ato praticado por ele, com o propósito de revogar o testamento, cabendo ao herdeiro instituído ilidir essa presunção; b) se o testamento foi entregue a terceiro, presume-se que este foi quem o abriu ou dilacerou. O Código Civil de 2002, a exemplo do anterior, não se refere a esses casos, incumbindo ao juiz o exame dos fatos.

CAPÍTULO XXIX

DO ROMPIMENTO DO TESTAMENTO

1. Introdução. 2. Condição para o rompimento. 3. Situações especiais. 3.1. Rompimento de testamento por agnação do póstumo. 3.2. Rompimento de testamento pela existência de filho extramatrimonial não reconhecido. 3.3. Rompimento do testamento pela adoção de filho. 3.4. Rompimento do testamento pela existência de descendentes indignos. 3.5. Rompimento do testamento pela descendência proveniente de casamento putativo. 3.6. Rompimento do testamento pelo casamento posterior do testador. 3.7. Rompimento do testamento na ignorância de existirem outros herdeiros necessários. 4. Causa impeditiva do rompimento do testamento.

1. Introdução

Rompimento é a revogação presumida ou ficta do testamento. A matéria está tratada, no Código Civil de 2002, em capítulo próprio, ao contrário do Código Civil de 1916, que a disciplinava juntamente com a revogação real. Rompe-se o testamento em todas as suas disposições, conforme o artigo 1.973, sobrevindo descendente sucessível ao testador, que não o tinha ou não o conhecia quando testou, se esse descendente sobreviver ao testador. Trata-se de uma presunção fundada nos sentimentos de afeto do testador para com os seus descendentes. Presume-se que o testador, se tivesse conhecimento da existência de descendentes sucessíveis, ao testar, não teria instituído como herdeiros outros, em detrimento dos seus.

Sempre se entendeu que a consciência pública reprova quase sempre aqueles ascendentes ou pais que, ao disporem de seus bens, em detrimento dos seus filhos e descendentes, preferem pessoas estranhas. Carvalho Santos[291], citando Pacifici-Mazzoni, assinala: "Este fato contraria e contradiz aos mais puros e elevados afetos do coração humano, fazendo crer que o testador desconhecia os seus deveres morais para com a família, ou, o que é pior, teve o propósito de prejudicá-la". Clóvis Beviláqua[292], discorrendo sobre o tema, ensina: "Se o indivíduo faz o seu testamento, quando não tem descendente sucessível, ou não o conhece, distribuirá seus bens de um certo modo; e, se, depois, se reduzirem as suas liberalidades à metade, já o testamento não exprime a sua vontade. Muitos legados deixaria de ter feito, muitas determinações teria calado, se soubesse que apenas disporia da metade de seus bens. É, pois, justo que se considere roto o seu testamento, deixando-lhe a liberdade de fazer outro, se quiser. A situação não é a mesma de quem, sabendo que tem herdeiros necessários, redige o seu testamento como se os não tivesse. O que assim procede infringe conscientemente a lei, contra a qual ergue a sua vontade; a lei não lhe consente o excesso, mas lhe respeita o direito. Aquele a quem aparece descendência, antes inexis-

---

291 J. M. de Carvalho Santos, *Código Civil brasileiro interpretado*, v. 24, p. 248.
292 Clóvis Beviláqua, *Código Civil dos Estados Unidos do Brasil*, Edição histórica, v. 2, p. 964.

tente ou ignorada, não violou lei alguma; dispondo da totalidade do seu patrimônio, usou de um direito reconhecido; as circunstâncias é que mudaram, e, com elas, mudou o seu estado de espírito em relação ao destino de seus bens depois de sua morte."

2. Condição para o rompimento

A condição estabelecida no artigo 1.973 para o rompimento do testamento é que sobrevenha descendente sucessível ao testador, que não o tinha ou não o conhecia quando testou, se esse descendente sobreviver ao testador. Portanto, para que haja rompimento do testamento, é preciso que sobrevenham descendentes: a) que o testador, ao testar, não tinha; b) tendo-os, não sabia da sua existência; c) que o descendente superveniente não venha a falecer antes do testador. Se o testador, ao fazer o seu testamento, sabia da existência de descendentes, não se rompe o testamento. Nesse caso, haverá redução da disposição testamentária, se exceder os limites da porção disponível.

A superveniência de outro descendente implica a revogação do testamento? Orlando Gomes[293] entende que sim: "Não se exige a inexistência anterior de descendente. Rompe-se o testamento do mesmo modo, se aparece mais um descendente. Superveniência de outro filho determina a caducidade, tal como se nenhum outro houvesse. A razão é que, se já o tivesse, testaria diferentemente, não deixando, presumivelmente, de o contemplar". Entendemos, todavia, como Pontes de Miranda[294]: "Preliminarmente, lembremo-nos que pelo fato de já haver herdeiros necessários a aparição ou su-

---

293 Orlando Gomes, *Sucessões*, 12. ed., n. 194, p. 225.
294 Pontes de Miranda, *Tratado dos testamentos*, atual. de Vilson Rodrigues Alves, v. 5, p. 112.

perveniência de outro não rompe o testamento". No mesmo sentido se expressa Zeno Veloso[295]: "Se o testador tem descendente, conhece-o, e testa, o testamento não se rompe pela superveniência de outro descendente. A ruptura, nos termos explícitos do artigo 1.973, dá-se quando sobrevém descendente sucessível ao testador, que o não tinha, ou não o conhecia, quando testou. Nesse sentido, por sinal, e com a mesma compreensão, era o artigo 911 do Anteprojeto Orlando Gomes e a jurisprudência dominante (*RF*, 110/152, 188/245; *RT*, 166/245, 169/570, 289/827; *RTJ*, 45/469)."

3. Situações especiais

3.1. *Rompimento de testamento por agnação do póstumo*

Ocorre essa hipótese quando, ao fazer o testamento, o testador não sabia que sua mulher ou sua nora ou sua filha havia concebido um filho. Nesse caso, haverá rompimento do testamento. Se, no entanto, o testador, ao fazer o testamento, sabia do estado de gravidez de sua mulher, de sua nora ou de sua filha, o testamento não se rompe.

3.2. *Rompimento de testamento pela existência de filho extramatrimonial não reconhecido*

Rompe-se o testamento se, ao tempo da sua feitura, existia filho extramatrimonial não reconhecido, de cuja existência o testador não sabia. Operando-se o reconhecimento do filho, seja voluntário ou judicial, após o testamento, há causa de ruptura do ato de última vontade. Todavia, se o testador sabia da

---

295 Zeno Veloso, *Comentários ao Código Civil*: parte especial, do direito das sucessões, v. 21, p. 368.

existência do filho ao testar, não se rompe o testamento. A questão, todavia, torna-se delicada quando o reconhecimento do filho for judicial. A respeito da matéria, assinala Washington de Barros Monteiro[296], citando Carpenter e Philadelpho Azevedo: "Tal reconhecimento induz rompimento do ato de última vontade, nos termos do artigo 1.973, que também prevê a hipótese de o testador não conhecer o filho quando testou. Contudo, idêntico dispositivo já vigorava ao tempo do Código de 1916 e essa posição não era pacífica, sustentando-se também, ao inverso, com bons fundamentos, que o testamento ficará nulo apenas quanto à parte pertencente aos herdeiros necessários, prevalecendo, quanto à porção disponível, de que o testador pode livre e desembaraçadamente dispor."

Não enxergamos dificuldade no caso. Como afirmamos anteriormente (item 2), se o testador, ao fazer o seu testamento, sabia da existência de descendentes, não se rompe o testamento. Nesse caso, haverá redução da disposição testamentária, se exceder aos limites da porção disponível.

3.3. *Rompimento do testamento pela adoção de filho*

No direito anterior ao Estatuto da Criança e do Adolescente, a adoção posterior não rompia o testamento, tendo em vista que os adotivos geralmente não herdavam. Com a Constituição Federal de 1988, a situação mudou completamente, ante a igualdade dos filhos estabelecida no artigo 227, parágrafo 6º.

A adoção posterior, portanto, é causa de rompimento de testamento, dada a condição de herdeiro necessário do filho adotivo. A regra, todavia, só se aplica se o testador não tinha descendente, pois, se já o possuía, a adoção posterior tornar-se-á irrelevante.

---

296 Washington de Barros Monteiro, *Curso de direito civil*: direito das sucessões, 35. ed., v. 6, p. 259.

3.4. Rompimento do testamento pela existência de descendentes indignos

A existência de filhos ou descendentes indignos de suceder ao *de cujus* será ou não causa de rompimento do testamento? Haverá, no caso, descendentes sucessíveis? Entendemos que os indignos não se colocam entre os descendentes sucessíveis, pois não podem herdar. Portanto, o testamento é válido. Situação diversa acontece se o herdeiro indigno de suceder vem a falecer antes do testador, deixando filhos. Como os efeitos da indignidade não se transmitem (art. 1.816), o testamento se rompe, em virtude da superveniência de descendentes.

3.5. Rompimento do testamento pela descendência proveniente de casamento putativo

O casamento putativo é aquele nulo ou anulável contraído de boa-fé por um ou por ambos os cônjuges. Declarada a nulidade ou a anulabilidade do casamento, a sentença não produz efeitos contra quem estava de boa-fé. E, ainda que contraído de má-fé por ambos os cônjuges – hipótese que não configura putatividade , os efeitos da decisão não atingirão os filhos. Por conseguinte, a superveniência de descendentes sucessíveis de casamento putativo ou não acarretará o rompimento do testamento.

3.6. Rompimento do testamento pelo casamento posterior do testador

O direito brasileiro não contempla essa hipótese de rompimento de testamento. Portanto, não é caso de ruptura, mesmo porque, se quisesse revogar o seu ato, o testador o teria feito. E se o disponente beneficiou o seu cônjuge de quem veio depois a se separar ou a se divorciar? Há quem entenda que se rompe o testamento. Entretanto, entendemos que essa interpretação não pode ser aceita, pelos seguintes motivos: a) falta previsão legal para o caso, não sendo correto presumir-se que essa seria a vontade do testador; b) se o testador quisesse revogar o testamento, o teria feito.

Ocorre, contudo, uma exceção: quando o cônjuge beneficiário do testamento requerer ação de separação judicial com fundamento no parágrafo 2º do artigo 1.572 do Código Civil. Nesse caso, o parágrafo 3º do mesmo artigo estabelece que reverterão ao cônjuge enfermo, que não houver pedido a separação judicial, os remanescentes dos bens que levou para o casamento e, se o regime dos bens adotado o permitir, a meação dos adquiridos na constância da sociedade conjugal.

Essa regra traz uma penalidade para o cônjuge que requerer a ação de separação. Tem como fundamento desestimular o autor a não pretender uma separação judicial por meios que afastem os deveres legais do casamento, envoltos em princípios morais, éticos e sociais. Por que então não se admitir o rompimento do testamento realizado ao tempo em que o cônjuge estava sadio? Não há dúvida que essa seria a vontade do testador, se pudesse se manifestar de acordo com sua vontade, quando o outro pediu a separação.

Ainda sobre o cônjuge, há outra hipótese se, depois do testamento, o testador vem a se casar em regime de bens que admita o direito de concorrência na herança. Nesse caso, também não se rompe o testamento. Poderá ocorrer redução das disposições testamentárias ou do legado, para resguardar a quota-parte do cônjuge sobrevivente.

3.7. *Rompimento do testamento na ignorância de existirem outros herdeiros necessários*

Essa regra está no artigo 1.974, que reproduz literalmente o artigo 1.751 do Código Civil de 1916. Deve ser interpretada como um complemento do artigo 1.973. Os outros herdeiros necessários a que alude o artigo são os ascendentes e o cônjuge. Assim, rompe-se o testamento se o testador, ao testar, ignorava que seus pais ou seus avós, ou o cônjuge, ainda estavam vivos. A condição primordial para que ocorra o rompimento é que qualquer deles sobreviva ao testador.

4. Causa impeditiva do rompimento do testamento

Estabelece o artigo 1.975 do Código Civil:

> Não se rompe o testamento, se o testador dispuser da sua metade, não contemplando os herdeiros necessários de cuja existência saiba, ou quando os exclua dessa parte.

Ou seja, sempre que o testador, prevendo a possibilidade da existência ou superveniência de herdeiros necessários, vem a testar a sua metade, o testamento é válido. Havendo excesso, reduzir-se-ão as disposições testamentárias. Trata-se de mais um artigo ocioso, pois a matéria já está disciplinada no artigo 1.967.

Saliente-se que, no anteprojeto Orlando Gomes, a proposta era a seguinte: "O testamento não se rompe se nele o testador houver previsto a existência ou superveniência de descendentes". Observe-se, por fim, que o ato declarativo de rompimento de testamento pode ser feito no próprio inventário, não se exigindo ação especial.

CAPÍTULO XXX

DO TESTAMENTEIRO

1. Noções gerais. 2. Conceito e natureza jurídica do testamenteiro. 3. Nomeação do testamenteiro. 4. Da aceitação da testamentaria. 5. Da posse e da administração da herança. 6. Outras regras.

1. Noções gerais

Este instituto não existia no direito romano, embora houvesse pessoas com funções de custear funerais e distribuir legados, que se assemelhavam mais a mandatários especiais. Atribui-se a paternidade do instituto ao direito canônico, em virtude de negligências frequentes por parte dos herdeiros. Dias Ferreira, citado por Carvalho Santos[297], discorrendo sobre a matéria, assinala: "Desde logo se confiou ao testamenteiro o serviço espiritual mais do que o temporal, já por ser o serviço espiritual o que menos importaria aos herdeiros, já por ser nas disposições espirituais que o testador havia de ter mais empenho."

---

297 J. M. de Carvalho Santos, *Código Civil brasileiro interpretado*, v. 24, p. 261.

Por motivos diversos, a presença de um terceiro tornou-se necessária para cumprir as disposições testamentárias. Cunha Gonçalves[298], citado por Carvalho Santos, aponta as seguintes razões que concorreram para a criação do instituto: "a) a tendência mais frequente entre os herdeiros é a de se apropriarem da herança, relegando a plano secundário o cumprimento da vontade do disponente; b) se a dificuldade não aparece aí, em virtude da competição dos herdeiros aos melhores quinhões, surge pelo fato de não estarem os herdeiros em condições de executar o testamento, por serem incapazes ou inexperientes, por se encontrarem em lugar remoto, ou por não serem encontrados; c) finalmente, muitas vezes acontece que não há herdeiros, mas só legatários, ou toda a herança é destinada a instituições pias, cada caso criando dificuldades cuja solução é dada pela nomeação de pessoa capaz de dar cumprimento à vontade do testador."

2. Conceito e natureza jurídica do testamenteiro

Pode-se conceituar testamenteiro como a pessoa encarregada de dar cumprimento às disposições de última vontade do testador, exercendo a testamentaria. Para De Plácido e Silva[299], testamenteiro é a pessoa a quem se cometem os encargos de uma testamentaria para que cumpra as disposições de um testamento. Tem, portanto, a incumbência de promover o andamento judicial do testamento no sentido de concretizar as disposições de última vontade do *de cujus*.

A natureza jurídica do testamenteiro tem provocado acir-

---

298 Luiz da Cunha Gonçalves, *Tratado de direito civil*, v. 10, n. 1.475, apud J. M. de Carvalhos Santos, *Código Civil brasileiro interpretado*, v. 24, p. 260.
299 De Plácido e Silva, *Vocabulário jurídico*, p. 1.391.

radas discussões no campo doutrinário. Há quem os compare a tutores ou a árbitros encarregados de resolver as dificuldades no cumprimento da vontade do testador, ou ainda a representantes formais do testador. Outras correntes sustentam que o testamenteiro é um legatário *sub modo*, ou um gestor de negócios, sendo a sua função um quase mandato ou um quase contrato. Há até a concepção de alguns de que se trata de um funcionário privado, que executa uma lei privada: o testamento.

A testamentaria, na verdade, é um instituto *sui generis*, conforme acentua a maioria dos doutrinadores. Esse caráter especial da função do testamenteiro, segundo Carlos Maximiliano[300], depreende-se dos seguintes atributos que o distinguem do mandato: a) o mandato é um contrato gratuito, em regra, enquanto a testamentaria não é contrato e é quase sempre remunerada; b) a solidariedade não se presume entre os mandatários, mas presume-se entre os testamenteiros; c) o mandato termina com a morte do mandante, ao passo que a função do testamenteiro, justamente nesse momento é que tem início; d) o testamenteiro age em seu nome individual, enquanto o mandatário age em nome e sob a responsabilidade de terceiro; e) o mandato é constituído por qualquer forma, enquanto a testamentaria só se constitui por meio de testamento ou codicilo; f) o mandato pode ser exercido validamente por quem não tem capacidade para obrigar-se (menor emancipado ou cônjuge casado não autorizado etc.), enquanto o testamenteiro só pode ser pessoa que possa contrair obrigações; g) o mandatário não exerce função, nem cargo: cumpre o contrato; o testamenteiro exerce função civil, é o titular de um cargo.

---

300 Carlos Maximiliano, *Direito das sucessões*, n. 1.371, apud J. M. de Carvalho Santos, *Código Civil brasileiro interpretado*, v. 24, p. 262.

Cunha Gonçalves[302] reconhece também o caráter *sui generis* da testamentaria, mas atribui ao instituto a condição de um mandato de natureza especial. Nega que o testamenteiro exerça tal mandato em nome dos herdeiros, sustentando que ele só pode ser mandatário especial do testador, porquanto é ele que o nomeia e lhe confere o mandato geral de executar o testamento, além de atribuições ou poderes especiais. E conclui: "A controvérsia nasce de se julgar elemento necessário da testamentaria a representação de alguém. Ora, nós já vimos que pode haver mandato sem representação e representação sem mandato. No presente caso, o testamenteiro tem mandato sem representação, porque ele não produz atos em proveito de certo mandante ou de um determinado patrimônio de pessoa viva, mas executa a vontade de um defunto, ora contra os herdeiros, ora contra os legatários, ora segundo a lei e em desacordo com a vontade do testador."

Maria Helena Diniz[303], com apoio nas lições de Washington de Barros Monteiro e Itabaiana de Oliveira, assinala sobre a matéria: "A testamentaria é instituto *sui generis* e autônomo, regido por normas peculiares e próprias, de que o testamenteiro tem seu campo de ação delimitado pela vontade do testador, sendo mero agente da execução da vontade do *auctor successionis*. É um encargo imposto pelo testador a quem confia, para que fiscalize o cumprimento de seu ato de última vontade, quando ele não mais existir, constituindo um múnus de ordem privada."

---

302 Luiz da Cunha Gonçalves, *Tratado de direito civil*, v. 10, n. 1.476, apud J. M. de Carvalho Santos, *Código Civil brasileiro interpretado*, v. 24, p. 262.
303 Maria Helena Diniz, *Curso de direito civil brasileiro*: direito das sucessões, 21. ed., v. 6, p. 282.

3. Nomeação do testamenteiro

A nomeação de testamenteiro é uma faculdade do testador. A lei não indica a forma externa de nomeação. Tratando-se, no entanto, de disposição de última vontade, só se pode fazer em testamento ou codicilo, não se admitindo a designação em outro título. O testador pode nomear mais de um testamenteiro, em conjunto ou separadamente, para darem cumprimento às disposições de sua última vontade, conforme dispõe o artigo 1.976 do Código Civil. Nomeando mais de um, o testador poderá indicar a ordem sucessiva em que devem servir.

A nomeação poderá ser *in solidum*, ou seja, um dos testamenteiros executará o testamento sem o concurso dos demais. Não havendo menção expressa a esse respeito, entender-se-á que o múnus será exercido por todos os testamenteiros, ficando solidariamente obrigados a dar conta dos bens que lhes forem confiados, salvo se cada um tiver, pelo testamento, funções distintas, e a elas se limitar (art. 1.986).

Na falta de testamenteiro nomeado pelo testador, a testamentaria será exercida pelo cônjuge sobrevivente, desde que casado no regime de comunhão de bens; na falta dele, exercer-se-á por herdeiro nomeado pelo juiz (art. 1.984). A nomeação excepcionalmente poderá recair em pessoa estranha, quando, por exemplo, há um só herdeiro, que é incapaz.

4. Da aceitação da testamentaria

A testamentaria é um múnus privado que gera direitos e obrigações. Por isso, é necessário que haja aceitação, ato formal que se realiza através de termo assinado pelo juiz e pelo testamenteiro (parágrafo único do art. 1.127 do CPC). Havendo aceitação, o encargo da testamentaria não se transmite aos herdeiros do testamenteiro, nem é delegável. Todavia, o testamenteiro pode fazer-se representar em juízo ou fora dele, mediante mandatário com poderes especiais (art. 1.985), e até mesmo renunciar o encargo após a aceitação.

5. Da posse e da administração da herança

O testador pode conceder ao testamenteiro a posse e a administração da herança, ou de parte dela, não havendo cônjuge ou herdeiros necessários (art. 1.977 do CC). Essa medida tem por objetivo evitar que os herdeiros extraviem bens em detrimento dos herdeiros instituídos ou nomeados. Não se trata de disposição arbitrária. A própria regra excepciona: "não havendo cônjuge ou herdeiros necessários". A expressão é imprópria. Bastava dizer "não havendo herdeiros necessário", considerando-se que o cônjuge já o é. Tratando-se de testamenteiro universal, assim considerado o que tem a posse e a administração dos bens, incumbe-lhe requerer o inventário e cumprir o testamento.

Permite o parágrafo único do artigo 1.977 do Código Civil, no entanto, que qualquer herdeiro possa requerer partilha imediata, ou devolução da herança, habilitando o testamenteiro com os meios necessários para o cumprimento dos legados ou dando caução de prestá-los. É uma forma que o herdeiro tem de reduzir a posse do testamenteiro sobre os bens inventariados. Mas não será procedente a intervenção do herdeiro, se ele não habilitar o testamenteiro a cumprir o testamento ou o legado, ou não lhe der garantias. Satisfeitas as exigências, cessa a posse do testamenteiro.

6. Outras regras

a) O testamenteiro nomeado, ou qualquer parte interessada, pode requerer, assim como o juiz pode ordenar de ofício, ao detentor do testamento, que o leve a registro (art.

1.979). Essa formalidade poderá ser feita pelo testamenteiro, caso o testamento esteja em seu poder. Estando em poder de outra pessoa, incumbe-lhe requerer ao juiz que ordene ao detentor que o registre. Saliente-se que o registro do testamento consiste na sua inscrição em livro próprio, que deve existir no cartório e na repartição fiscal do local do cumprimento.

b) O testamenteiro é obrigado a cumprir as disposições testamentárias, no prazo marcado pelo testador, e a prestar contas do que recebeu e despendeu, subsistindo sua responsabilidade, enquanto durar a execução do testamento (art. 1.980). A lei faculta ao testador fixar prazo para o cumprimento das suas disposições testamentárias. Não o fazendo, aplica-se a regra do artigo 1.983:

> Não concedendo o testador prazo maior, cumprirá o testamenteiro o testamento e prestará contas em cento e oitenta dias, contados da aceitação da testamentaria.
>
> Parágrafo único — Pode esse prazo ser prorrogado se houver motivo suficiente.

Esse prazo conta-se da aceitação do encargo. Havendo, no entanto, demanda sobre a herança, o prazo será contado do trânsito em julgado da sentença. Convém observar que a prestação de contas é um dos deveres do testamenteiro e será feita aos herdeiros, aos legatários, aos seus sucessores, aos curadores e tutores, se houver incapaz. A responsabilidade do testamenteiro somente cessará quando suas contas forem julgadas boas e válidas.

c) Compete ao testamenteiro, com ou sem o concurso do inventariante e dos herdeiros instituídos, defender a validade do testamento (art. 1.981). Nesse sentido, dispõe o artigo 1.137 do Código de Processo Civil:

Incumbe ao testamenteiro:

I — cumprir as obrigações do testamento;

II — propugnar a validade do testamento;

III — defender a posse dos bens da herança;

IV — requerer ao juiz que lhe conceda os meios necessários para cumprir as disposições testamentárias.

Uma das atribuições do testamenteiro é, portanto, defender o testamento. Para tanto, na ação intentada com o objetivo de invalidá-lo, o testamenteiro deve ser citado, embora devam ser também os herdeiros testamentários. O testamenteiro poderá agir isoladamente ou com o concurso dos herdeiros e do inventariante, independentemente de que tenha ou não a posse e a administração da herança.

d) O testamenteiro tem suas atribuições estabelecidas nos artigos 1.135 a 1.137 do Código de Processo Civil. Mas elas não se esgotam aí, pois o testador pode incumbi-lo de outros poderes e impor-lhe outras obrigações, sempre no limite da lei, conforme preconiza o artigo 1.982 do Código Civil.

e) O testamenteiro, não sendo herdeiro ou legatário, terá direito a um prêmio, que se chama vintena, pago em dinheiro, à conta da parte disponível, quando houver herdeiro necessário (parágrafo único do art. 1.987). Cabe ao testador fixar o prêmio. Não o fazendo, fá-lo-á o juiz mediante arbitramento, entre um a cinco por cento do valor da herança líquida, conforme a importância dela e maior ou menor dificuldade na execução do testamento (art. 1.987). Destina-se o prêmio a recompensar o trabalho do testamenteiro. Se vários testamenteiros exerceram simultaneamente a testamentaria, a vintena será dividida entre eles. Faltando alguns, a parte deles acrescerá às dos demais. Se os testamenteiros exercerem a testamentaria sucessivamente, cada um receberá a sua parte proporcional ao seu trabalho.

O herdeiro instituído ou o legatário, nomeado testamenteiro, poderá preferir o prêmio à herança ou ao legado (art. 1.988). O artigo 1.767 do Código Civil anterior referia-se só a legado. O Código Civil de 2002 deu mais amplitude à regra, estendendo o prêmio ao herdeiro instituído ou ao legatário, em caso de opção.

f) Reverterá à herança o prêmio que o testamenteiro perder, por ser removido ou por não ter cumprido o testamento (art. 1.989). No direito anterior, o prêmio que o testamenteiro perdia era considerado resíduo e como tal se devolvia à Fazenda Nacional (arts. 35 do Dec. n. 834, de 02.10.1851, e 32 da Lei n. 221, de 20.11.1894). Segundo Carvalho Santos[304], a vintena que reverte à herança só pode ser aquela estabelecida pelo testador, porque a arbitrada pelo juiz não chega a fixar-se, quando o testamenteiro tenha perdido o direito a ela.

O Código de Processo Civil, no artigo 1.140, trata da remoção do testamenteiro, ao dispor:

O testamenteiro será removido e perderá o prêmio se:

I — lhe forem glosadas as despesas por ilegais ou em discordância com o testamento;

II — não cumprir as disposições testamentárias.

O artigo 1.141 cuida do pedido de demissão, estabelecendo:

---

[304] J. M. de Carvalho Santos, *Código Civil brasileiro interpretado*, v. 24, p. 317.

O testamenteiro, que quiser demitir-se do encargo, poderá requerer ao juiz a escusa, alegando causa legítima. Ouvidos os interessados e o órgão do Ministério Público, o juiz decidirá.

A remoção é uma punição por atos praticados contra o interesse da herança, tais como: despesas ilegais ou não suficientemente comprovadas; falta de diligência para ultimar o inventário, no prazo marcado, quando lhe couber promovê-lo; omissão quanto ao cumprimento das disposições testamentárias.

g) Se o testador tiver distribuído toda a herança em legados, exercerá o testamenteiro as funções de inventariante (art. 1.990 do CC). Essa regra pressupõe que não haja cônjuge sobrevivente em condição de ser cabeça de casal ou herdeiro legítimo capaz de exercer a inventariança. Não havendo, o testamenteiro exercerá as funções de inventariante, incumbindo-lhe a administração dos bens da herança. Justifica-se essa situação porque a posse da coisa legada somente passa ao legatário com a partilha, quer se trate de coisa imóvel, ou móvel.

CAPÍTULO XXXI

DO INVENTÁRIO

1. Introdução. 2. Natureza da ação de inventário. 3. Prazo para abertura da ação de inventário. 4. Espécies de inventário. 5. Inventário comum e suas fases. 5.1. Pedido de abertura e legitimidade. 5.1.1. O cônjuge sobrevivente. 5.1.2. O herdeiro. 5.1.3. O legatário. 5.1.4. O testamenteiro. 5.1.5. O cessionário do herdeiro ou do legatário. 5.1.6. O credor do herdeiro, do legatário, do autor da herança ou do cônjuge supérstite. 5.1.7. O síndico da falência do herdeiro, do legatário, do autor da herança ou do cônjuge supérstite. 5.1.8. O Ministério Público e a Fazenda Pública. 5.2. Do administrador provisório. 5.3. Do inventariante. 5.4. Das primeiras declarações. 5.5. Citações. 5.6. Impugnações. 5.7. Pedido de admissão para participar do inventário. 5.8. Avaliações. 5.9. Do cálculo. 5.10. Julgamento do cálculo. 5.11. Súmulas do Supremo Tribunal Federal sobre imposto de transmissão. 6. Prestação de contas. 7. Créditos do espólio. 8. Dívidas do espólio. 9. Discriminação do patrimônio do herdeiro. 10. Dívida do herdeiro ao espólio. 11. Dívidas de alimentos. 12. Do seguro de vida. 13. Conta bancária conjunta. 14. Crédito trabalhista. 15. Do inventário negativo. 16. Do bem de família. 17. Sucessões irregulares.

1. Introdução

Já afirmamos que, com a morte do *de cujus*, a herança transmite-se, desde logo, aos seus herdeiros legítimos e testamentários, independentemente de qualquer formalidade. Essa transmissão opera-se ainda que o herdeiro desconheça sua qualidade, ou, a conhecendo, não saiba da morte do autor da herança.

A lei exige a abertura de inventário apenas com o objetivo de liquidar o patrimônio do defunto, apurando-se a quantidade e a qualidade dos seus bens, quer os que se encontravam em seu poder, quando da sua morte, ou em poder de outrem, desde que lhe pertençam, bem ainda quem são os seus herdeiros.

2. Natureza da ação de inventário

A palavra inventário é derivada do latim *inventarium, de invenire* (agenciar, diligenciar, promover)[305]. No direito processual civil, inventário é uma ação especial de jurisdição contenciosa, prevista no Livro IV do Código Civil (Dos Procedimentos Especiais). Tem portanto rito próprio, que o diferencia tanto do procedimento comum, como do procedimento de jurisdição voluntária.

Nele o juiz decidirá todas as questões de direito, e também as questões de fato, quando se acharem provadas por documento, só remetendo para os meios ordinários as que demandarem alta indagação ou dependerem de outras provas

---

305 De Plácido e Silva, *Vocabulário jurídico*, p. 773.

(art. 984 do CPC). A respeito da matéria, Hamilton de Morais Barros:[306]

> No inventário, decide o juiz todas as questões de direito e também as questões de fato, mas quando este já se achar provado por documentos. Isso quer dizer que o juiz não abrirá para as questões que lhe são apresentadas, o que seria uma fase probatória, isto é, não iria desvirtuar o feito, tirando-o das suas finalidades certas, determinadas, de apuração do montante de bens do morto e do seu rateio com quem de direito, para perder-se no meandro de outros problemas que, posto sejam ou possam ser relevantes, têm o seu tratamento processual e seu deslinde fora dos limites certos e rígidos deste procedimento especial. Esses problemas são postos e decididos, quando dependentes da prova a ser colhida, em outras ações que não a de inventário e de partilha. Se a questão for uma questão de fato e o fato já estiver provado por documento nos autos do inventário, o juiz conhecerá dessa questão e a irá decidir como de direito. O que não quer a lei, nem aceita a doutrina, nem interessa às partes, é que se instale no feito o tumulto, pois que a tanto importa o tratar no procedimento de inventário, cumulado com ele, perturbando-o e desvirtuando-o, problema que é objeto de outra ação, ordinária, sumaríssima, ou especial, onde cabem a plena postulação, a discussão ampla e a prova cumprida dos fatos da causa, bem como a apuração do teor da decisão através dos recursos cabíveis.

3. Prazo para abertura da ação de inventário

O Código Civil, no artigo 1.796, dispõe que:

---

306 Hamilton de Morais Barros, *Comentários ao Código de Processo Civil*, v. 9, p. 155.

No prazo de trinta dias, a contar da abertura da sucessão, instaurar-se-á o inventário do patrimônio hereditário, perante o juízo competente no lugar da sucessão, para fins de liquidação e, quando for o caso, de partilha da herança.

O prazo de trinta dias ajustava-se ao previsto no artigo 983 do Código de Processo Civil, que vigorava à época da promulgação do Código Civil atual. Ocorre que a Lei n. 11.441/2007 modificou o artigo 983, que passou a ter a seguinte redação:

O processo de inventário e partilha deve ser aberto dentro de 60 (sessenta) dias a contar da abertura da sucessão, ultimando-se nos 12 (doze) meses subsequentes, podendo o juiz prorrogar tais prazos, de ofício ou a requerimento de parte.

Sobre essa modificação, cabe fazer duas observações: a) a Lei n. 11.441/2007 não revogou o artigo 1.796 do Código Civil, apenas o derrogou na parte referente ao prazo, que passou a ser de sessenta dias. Permanece, assim, sua parte final (a contar da abertura da sucessão, instaurar-se-á o inventário do patrimônio hereditário, perante o juízo competente no lugar da sucessão, para fins de liquidação e, quando for o caso, de partilha da herança); b) embora o artigo 983 do Código de Processo Civil refira-se a "processo de inventário e partilha", sua aplicação é também extensiva aos inventários e partilhas extrajudiciais.

4. Espécies de inventário

O inventário pode ser judicial ou extrajudicial. É judicial quando há herdeiro incapaz, testamento ou discordância dos herdeiros com relação à partilha dos bens. É extrajudicial quando, não havendo herdeiro incapaz ou testamento, os herdeiros preferem fazer a partilha amigavelmente, através de escritura pública (Lei n. 11.441, de 2007).

O inventário judicial pode ser comum ou em forma de arrolamento. O inventário comum processa-se nos termos dos artigos 982 e seguintes do Código de Processo Civil. O arrolamento tem seu disciplinamento traçado nos artigos 1.031 a 1.038, com a alteração trazida pela Lei n. 7.019, de 31 de agosto de 1982.

5. Inventário comum e suas fases

O inventário comum é o tradicional. Atualmente, tem aplicação, quando não caibam os procedimentos mais simples. Examinaremos, a seguir, suas diversas fases.

5.1. Pedido de abertura e legitimidade

O inventário será requerido por pessoa interessada na herança, devidamente representada, que comunicará ao juiz o falecimento do *de cujus* e solicitará a nomeação de inventariante, juntando os documentos necessários. Nos termos do artigo 987 do Código de Processo Civil, a quem estiver na posse e administração do espólio incumbe, no prazo estabelecido no artigo 983, requerer o inventário e a partilha. Não é necessário que seja o cônjuge ou um herdeiro legítimo. É qualquer pessoa que esteja na posse e na administração dos bens inventariados.

Têm, contudo, legitimidade concorrente, conforme o artigo 988 do Código de Processo Civil:

I — o cônjuge supérstite;

II — o herdeiro;

III — o legatário;

IV — o testamenteiro;

V — o cessionário do herdeiro ou do legatário;

VI — o credor do herdeiro, do legatário ou do autor da herança;

VII — o síndico da falência do herdeiro, do legatário, do autor da herança ou do cônjuge supérstite;

VIII — o Ministério Público, havendo herdeiros incapazes;

IX — a Fazenda Pública, quando tiver interesse.

Se nenhum desses legitimados requerer a abertura do inventário, o juiz determinará, de ofício, que se inicie o processo (art. 989 do CPC).

5.1.1. *O cônjuge sobrevivente*

Se o regime de bens for o da comunhão, a legitimidade está justificada, em virtude da comunicação dos bens, que forma uma única massa indivisa em que marido e mulher são condôminos. No regime de separação completa de bens atuais e futuros, se houver herdeiros menores sob o poder familiar, ou comunhão de aquestos, haverá também legitimidade do cônjuge. Admite-se também a legitimidade do cônjuge sobrevivente, ainda que não seja meeiro, herdeiro ou legatário, ou não tenha filhos do autor da herança.

Nesses casos, como não tem nenhum interesse pessoal ou como não lhe advém qualquer vantagem, a legitimidade vai até o deferimento da petição. Sua missão processual termina aí, porque a preferência legal para o cargo de inventariante é de outras pessoas. Nomeado o inventariante, ele passa a ser o representante legal do espólio.

5.1.2. O *herdeiro*

A legitimidade do herdeiro para tal mister é evidente, porque almeja que seja reconhecida sua qualidade como tal e, depois, o reconhecimento do seu quinhão.

5.1.3. O *legatário*

Tem uma posição muito parecida com a do herdeiro, embora o seu direito nasça da vontade do *de cujus*, enquanto o do herdeiro advém da lei.

5.1.4. O *testamenteiro*

Trata-se de pessoa encarregada pelo testador, ou pelo juiz, de dar cumprimento às disposições de última vontade do morto. Como essas disposições somente podem ser cumpridas no inventário, é evidente que o testamenteiro tem a faculdade de pedir o início do processo, meio através do qual se desincumbirá do encargo. Saliente-se que o Código de Processo Civil não exige que os bens estejam na posse do testamenteiro, para que se habilite a requerer a abertura do inventário.

O Código Civil, no entanto, dispõe de forma contrária, ao dispor no artigo 1.978:

> Tendo o testamenteiro a posse e a administração dos bens, incumbe-lhe requerer inventário e cumprir o testamento.

Ou seja, não havendo cônjuge ou herdeiros necessários, o testador pode conceder ao testamenteiro a posse e a administração da herança, ou de parte dela (art. 1.977). Portanto, só nessa hipótese poderá o testamenteiro requerer o inventário. Não ocorrendo a situação prevista nesse dispositivo, o testamenteiro se habilitará no processo ou será habilitado, a requerimento de qualquer herdeiro, com os meios necessários para o cumprimento dos legados, ou dando caução de prestá-los (parágrafo único do art. 1.977).

5.1.5. O *cessionário do herdeiro ou do legatário*

Como assinalamos no item 3 do Capítulo IV, deste livro, a cessão é um negócio jurídico *inter vivos*, translativo, gratuito ou oneroso. Somente pode ocorrer depois da morte do autor da herança. O artigo 426 do Código Civil dispõe que não pode ser objeto de contrato a herança de pessoa viva. Assim, cessão de herança antes da morte do *de cujus* é pacto sucessório repelido pelo nosso ordenamento jurídico.

Com a morte do autor da herança, é aberta a sucessão, e nasce a figura do herdeiro. Como titular de direitos hereditários, ele pode então aliená-los, gratuita ou onerosamente. Essa alienação denomina-se de cessão de herança ou cessão de direitos hereditários. O cessionário deve provar sua qualidade, para legitimar-se a pedir o início do inventário e receber sua quota, em substituição ao cedente.

5.1.6. O *credor do herdeiro, do legatário, do autor da herança ou do cônjuge supérstite*

As razões são óbvias, pois é no processo de inventário em que são liquidados os bens do espólio. Enquanto houver dívida do morto, herança não haverá. Portanto, serão separados o ativo e o passivo, partilhando-se entre os herdeiros apenas o monte líquido. Havendo dívidas do autor da herança, se necessário, serão separados bens para serem alienados, a fim de que, com o produto da venda, sejam satisfeitas. Com relação às dívidas do herdeiro, do legatário ou do cônjuge supérstite, seus credores, com a partilha dos bens, conhecerão o quinhão de cada um, para efeito de cobrança.

5.1.7. O síndico da falência do herdeiro, do legatário, do autor da herança ou do cônjuge supérstite

Como se sabe, a falência é uma execução coletiva, dela participando todos os credores. O interesse do síndico, como representante da massa falida, é promover a abertura do inventário, a fim de que possa arrecadar bens do devedor, seja do herdeiro, do legatário, do autor da herança ou do cônjuge supérstite. A respeito da matéria, ensina Hamilton de Morais e Barros[307]: "Concede-se a iniciativa da abertura do inventário ao síndico, como um meio de exercício do seu encargo. Se o falido for herdeiro, é o inventário que irá dizer quais as coisas individuadas ou quanto em dinheiro, ou títulos, ou outros bens lhe tocará; se for falido o legatário, é o inventário que irá liberar o legado, depois de torná-lo efetivamente certo. Se, na falência, incidir o cônjuge supérstite, o inventário irá apartar o que lhe toca no patrimônio arrecadado. Se, ao contrário, o falido for o morto, o inventário irá determinar o que tinha, separando, também, a sua parte da do cônjuge que sobreviveu.Tem a falência de comum com o inventário visarem ambos os procedimentos à liquidação de um patrimônio. Eis por que, para que isso aconteça nas falências do morto ou do seu cônjuge sobrevivo, é imprescindível que se saiba de que se compõe tal patrimônio, dissolvida pela morte a sociedade conjugal."

5.1.8. O Ministério Público e a Fazenda Pública

A legitimidade do Ministério Público restringe-se à hipótese de haver interesse de herdeiro incapaz. Quanto à Fazenda Pública, o Código de Processo Civil, no inciso IX do artigo

---

[307] Hamilton de Morais e Barros, *Comentários ao Código de Processo Civil*, v. 9, p. 167.

988, usa a expressão "quando tiver interesse". Trata-se, todavia, de uma condicionante inteiramente dispensável, porque a Fazenda Pública tem sempre interesse no inventário, em virtude do imposto de transmissão *causa mortis*.

A esse rol de legitimados deve ser acrescentado o companheiro ou a companheira, em caso de união estável. Se houver impugnação de algum herdeiro à qualidade pretendida, o juiz, se não puder decidir a matéria nos próprios autos, por carecer de provas, remeterá as partes para as vias ordinárias. É conveniente, nesse caso, que determine a separação de bens em poder do inventariante, para acautelar o direito questionado. Sobre a matéria, escreve José da Silva Pacheco[308]: "A reserva de bens em inventário, em princípio, só é concedida a herdeiro excluído até que seja decidido o litígio. Mas, dadas certas circunstâncias que evidenciam ao primeiro golpe de vista a frustração do julgado, e quando os fatos alinhados no litígio, bilateralmente, se evidenciam sérios, pode a pedida ser estendida à companheira do inventariado, com quem até teve comprovadamente dois filhos."

Essa regra não vale para a concubina, conforme esclarecem Sebastião Luiz Amorim e Euclides Benedito de Oliveira:[309]

> O dispositivo contém referência expressa a herdeiro, de modo que não aproveita à concubina que pretenda o reconhecimento da sociedade de fato com o autor da herança. Assim entendia a jurisprudência (*RJTJESP* 48/207, 99/174, 68/53, 598/83, 603/76, 605/62, 68 e 80, 632/101) antes das novações legislativas que resultaram na outorga de direi-

---

308 José da Silva Pacheco, *Inventários e partilhas na sucessão legítima e testamentária*, p. 452.
309 Luiz Sebastião Amorim; Euclides Benedito de Oliveira, *Inventários e partilhas*, 21. ed., p. 366.

tos sucessórios aos companheiros. Theotônio Negrão lembra julgado favorável à concubina, em caso especial, por haver receio de frustração dos seus possíveis direitos (*RT* 255/266). Ressalva, porém, que mais adequada seria a invocação do artigo 798 do Código de Processo Civil, ante ajuizamento de medida cautelar (*RT* 598/83, 654/79; *ESP* 90/370; *Bol. AASP* 1.662/255).

Trata-se, contudo, de matéria controvertida. É que vários julgados vêm entendendo possível a reserva de bens em casos tais, sob o fundamento de que o patrimônio oriundo da relação concubinária, embora não seja herança, presume-se adquirido pelo esforço comum.

5.2. Do *administrador provisório*

Até que o inventariante preste o compromisso, o espólio ficará sob administração provisória. (art. 985 do CPC). O administrador provisório é uma pessoa física que se coloca entre o autor da herança e o inventariante. Sua presença é transitória. A ideia da sua criação vem de regra, segundo a qual, com a morte, a herança do falecido se transfere imediatamente para os seus herdeiros (art. 1.784 do CC). O inventariante somente vai aparecer depois, no processo de inventário. Assim, é necessário que, entre a abertura da sucessão e a nomeação do inventariante, exista um representante provisório da massa hereditária.

Incumbe ao administrador provisório representar, ativa e passivamente, o espólio, bem como trazer ao acervo os frutos que, desde a abertura da sucessão, percebeu. Tem direito ao reembolso das despesas necessárias e úteis que fez e responde pelo dano a que, por dolo ou culpa, der causa (art. 986 do CPC).

No Código Civil de 1916, essa função de cuidar provisoriamente dos bens da herança constituía encargo de "cabeça de casal", atribuído ao cônjuge sobrevivente. O Código Civil atual, no artigo 1.797, estabelece uma ordem de preferência para o exercício da administração da herança, até o compromisso do inventariante, cabendo o encargo, sucessivamente:

I — ao cônjuge ou companheiro, se com o outro convivia ao tempo da abertura da sucessão;

II — ao herdeiro que estiver na posse e administração dos bens e, se houver mais de um nessas condições, ao mais velho;

III — ao testamenteiro;

IV — à pessoa de confiança do juiz, na falta ou escusa das pessoas indicadas nos incisos antecedentes, ou quando tiverem de ser afastadas por motivo grave levado ao conhecimento do juiz.

5.3. *Do inventariante*

Inventariante é a pessoa nomeada pelo juiz para administrar o espólio, representá-lo ativa e passivamente, e promover o andamento do inventário, até a partilha (art. 1.991 do CC). A nomeação não pode recair em pessoa jurídica ou pessoa incapaz. Pode ser nomeado inventariante, consoante o artigo 990 do Código de Processo Civil:

I — o cônjuge sobrevivente casado sob o regime de comunhão, desde que estivesse convivendo com o outro ao tempo da morte deste;

II — o herdeiro que se achar na posse e administração do espólio, se não houver cônjuge supérstite ou este não puder ser nomeado;

III — qualquer herdeiro, nenhum estando na posse e administração do espólio;

IV — o testamenteiro, se lhe foi confiada a administração do espólio ou toda a herança estiver distribuída em legados;

V — o inventariante judicial, se houver;

VI — pessoa estranha idônea, onde não houver inventariante judicial.

As hipóteses são bastante claras e dispensam maiores comentários. Convém apenas assinalar que a ordem de nomeação deve ser rigorosamente seguida, excetuando-se os casos em que o magistrado tenha fundadas razões para desconsiderá-los, com o fim de evitar tumultos processuais ou mesmo a sonegação de bens, como se dá, por exemplo, na litigiosidade existente entre as partes.[310]

Além disso, é preciso observar as seguintes regras: a) para que o cônjuge supérstite desfrute de primazia na nomeação à inventariança, basta que seu casamento tenha sido o da comunhão parcial.[311]; b) o cônjuge sobrevivente, casado sob o regime de separação legal de bens, tem direito à inventariança, desde que esteja na posse e na administração do espólio, em razão da meação de bens adquiridos pelo esforço comum durante o matrimônio[312]; c) não há distinção entre o herdeiro legítimo e o testamentário; d) o menor não pode ser nomeado inventariante, embora haja opiniões que não vêem inconve-

---

310 STJ REsp n. 283.994/SP, 4ª Turma, rel. Min. Cesar Asfor Rocha, j. 06.03.2001, *DJU*, de 07.05.2001.
311 STJ — REsp n. 31.152-8/SP, 4ª Turma, rel. Min. Barros Monteiro, j. 09.11.1993, *DJU*, de 13.12.1993, p. 27.465, *RSTJ*, v. 58, p. 344.
312 STF — RE n. 83.178/SP, rel. Min. Leitão de Abreu, j. 01.09.1978, *RTJ* 89/895.

nientes na sua investidura no cargo, pois será representado em todos os atos que tiver de praticar. Qualquer interessado pode impugnar a nomeação do inventariante no prazo de dez dias após a citação das partes (art. 1.000, II, do CPC).

Na relação constante do artigo 990 do Código de Processo Civil, inclui-se o companheiro ou a companheira, em caso de união estável. A esse respeito, ensina Washington de Barros Monteiro[313]: "Embora a Lei de 1916 não mencionasse, à luz dos direitos conferidos aos companheiros pelas Leis ns. 8.971/94 e 9.278/96, o Código Civil de 2002 permite que o companheiro possa ser nomeado inventariante, seja pela participação na herança, seja pela condição de condômino dos bens adquiridos a título oneroso na vigência da ligação estável."

Nos termos do artigo 995 do Código de Processo Civil, o inventariante poderá ser removido, a requerimento de qualquer interessado, nas seguintes hipóteses:

I — se não prestar, no prazo legal, as primeiras e as últimas declarações;

II — se não der ao inventário andamento regular, suscitando dúvidas infundadas ou praticando atos meramente protelatórios;

III — se, por culpa sua, se deteriorarem, forem dilapidados ou sofrerem dano bens do espólio;

IV — se não defender o espólio nas ações em que for citado, deixar de cobrar dívidas ativas ou não promover as medidas necessárias para evitar o perecimento de direitos;

---

313 Washington de Barros Monteiro, *Curso de direito civil*: direito das sucessões, 35. ed., v. 6, p. 277.

V — se não prestar contas ou as que prestar não forem julgadas boas;

VI — se sonegar, ocultar ou desviar bens do espólio.

Requerida a remoção com fundamento em qualquer dos motivos mencionados, o inventariante será intimado para, no prazo de cinco dias, defender-se e produzir provas. O incidente correrá em apenso aos autos do inventário (art. 996 do CPC). Se o juiz acolher o pedido, nomeará outro inventariante, observada a preferência prevista no artigo 990 do mesmo Código. O inventariante removido entregará imediatamente ao substituto os bens do espólio; deixando de fazê-lo, será compelido mediante mandado de busca e apreensão, ou de imissão na posse, conforme se tratar de bem móvel ou imóvel (art. 998 do CPC).

O artigo 991 do Código de Processo Civil trata das funções do inventariante, dispondo:

Incumbe ao inventariante:

I — representar o espólio ativa e passivamente, em juízo ou fora dele, observando-se, quanto ao dativo, o disposto no artigo 12, parágrafo 1º;

II — administrar o espólio, velando-lhe os bens com a mesma diligência como se seus fossem;

III — prestar as primeiras e últimas declarações pessoalmente ou por procurador com poderes especiais;

IV — exibir em cartório, a qualquer tempo, para exame das partes, os documentos relativos ao espólio;

V — juntar aos autos certidão do testamento, se houver;

VI — trazer à colação os bens recebidos pelo herdeiro ausente, renunciante ou excluído;

VII — prestar contas de sua gestão ao deixar o cargo ou sempre que o juiz lhe determinar;

VIII — requerer a declaração de insolvência (art. 748).

Essas funções vão até o trânsito em julgado da sentença de partilha. A partir desse momento, não haverá mais espólio.

Tem portanto o inventariante todos os poderes de administração, podendo, sob a fiscalização dos herdeiros, pagar impostos, requerer medidas judiciais, receber dívidas sem transigir, alugar prédios pertencentes ao espólio, desde que não seja a prazo muito longo, concordar com sublocações e cessões, comparecer às assembleias de acionistas, solver débitos e admitir prepostos.

Outros atos não podem ser praticados pelo inventariante, senão ouvindo os interessados e com autorização do juiz, como prevê o artigo 992 do Código de Processo Civil:

I — alienar bens de qualquer espécie;

II — transigir em juízo ou fora dele;

III — pagar dívidas do espólio;

IV — fazer as despesas necessárias com a conservação e o melhoramento dos bens do espólio.

5.4. Das primeiras declarações

A principal peça do inventário são as primeiras declarações do inventariante. Por isso, elas devem ser claras, precisas e circunstanciadas. Serão prestadas dentro de vinte dias, contados da data do compromisso (art. 993 do CPC). No termo, assinado pelo juiz, escrivão e inventariante, serão exarados:

I — o nome, estado, idade e domicílio do autor da herança, dia e lugar em que faleceu e bem ainda se deixou testamento;

II — o nome, estado, idade e residência dos herdeiros e, havendo cônjuge supérstite, o regime de bens do casamento;

III — a qualidade dos herdeiros e o grau de seu parentesco com o inventariado;

IV — a relação completa e individuada de todos os bens do espólio e dos alheios que nele forem encontrados, descrevendo-se:

a) os imóveis, com as suas especificações, nomeadamente local em que se encontram, extensão da área, limites, confrontações, benfeitorias, origem dos títulos, números das transcrições aquisitivas e ônus que os gravam;

b) os móveis, com os sinais característicos;

c) os semoventes, seu número, espécies, marcas e sinais distintivos;

d) o dinheiro, as joias, os objetos de ouro e prata, e as pedras preciosas, declarando-se-lhes especificadamente a qualidade, o peso e a importância;

e) os títulos da dívida pública, bem como as ações, cotas e títulos de sociedade, mencionando-se-lhes o número, o valor e a data;

f) as dívidas ativas e passivas, indicando-se-lhes as datas, títulos, origem da obrigação, bem como os nomes dos credores e dos devedores;

g) direitos e ações;

h) o valor corrente de cada um dos bens do espólio.

Convém chamar a atenção para o disposto no inciso IV, alínea "a", que exige a individualização completa dos imóveis, com as suas especificações, nomeadamente local em que se encontram, extensão da área, limites, confrontações, benfeitorias, origem dos títulos, números das transcrições aquisitivas e ônus que os gravam. Essa exigência compatibiliza com a do artigo 222 da Lei n. 6.015, de 31 de dezembro de 1973, que prescreve:

> Em todas as escrituras e em todos os atos relativos a imóveis, bem como nas cartas de sentença e formais de partilha, o tabelião ou escrivão deve fazer referência à matrícula ou ao registro anterior, seu número e cartório.

Cabe então indagar se a simples posse do imóvel pelo inventariado, sem título de domínio, pode ser objeto de inventário. A resposta é negativa, não só pela clareza do Código de Processo Civil, como pela segurança jurídica que deve imperar em matéria dessa ordem. A única solução existente para o caso é a usucapião, cuja ação deve ser requerida pelo espólio. O imóvel só poderá ser inventariado depois do trânsito em julgado da sentença que julgar procedente o pedido.

Ante a falta de outras alternativas, será um longo caminho a percorrer. Washington de Barros Monteiro[314] entende que, embora não registrados em nome do *de cujus*, urge se descrevam no inventário os imóveis que lhe pertenciam e constituíam parte integrante de seu patrimônio. E acrescenta: "É de

---

314 Washington de Barros Monteiro, *Curso de direito civil*: direito das sucessões, 35. ed., v. 6, p. 279.

regra, porém, que somente se inventariam bens que, na época da morte, estavam na posse do defunto, em conformidade com a regra *quale te invenio, talem te judico*".

Outra regra importante é a do parágrafo único do artigo 993 do Código de Processo Civil, que estatui:

O juiz determinará que se proceda:

I — ao balanço do estabelecimento, se o autor da herança era comerciante em nome individual;

II — à apuração de haveres, se o autor da herança era sócio de sociedade que não anônima.

Esse comando deve ser conjugado com o do artigo 1.028 do Código Civil, que estabelece:

No caso de morte de sócio, liquidar-se-á sua quota, salvo:

I — se o contrato dispuser diferentemente;

II — se os sócios remanescentes optarem pela dissolução da sociedade;

III — se, por acordo com os herdeiros, regular-se a substituição do sócio falecido.

Portanto, deve prevalecer inicialmente a regra geral do *caput* do artigo, que é de liquidação da quota do falecido, salvo se ocorrerem as situações mencionadas nos incisos.

A apuração se faz através de contador, não se aplicando as normas do Código de Processo Civil sobre perícia. Tomar-se-á por base o último balanço, se o contrato social determinar. Sendo omisso ou caduco, o perito procederá ao balanço geral do estabelecimento, atualizando os valores. Entretanto, deve observar a Súmula n. 265 do STF:

Na apuração de haveres, não prevalece o balanço não aprovado pelo sócio falecido, excluído ou que se retirou.

Saliente-se ainda que as reservas sociais não entram em inventário[315], bem ainda os lucros ou perdas posteriores à data do falecimento do autor da herança.

Por fim, a retirada, exclusão ou morte do sócio não o exime, ou os seus herdeiros, da responsabilidade pelas obrigações sociais anteriores, até dois anos após averbada a resolução da sociedade; nem nos dois primeiros casos, pelas posteriores e em igual prazo, enquanto não se requerer a averbação (art. 1.032 do CC).

5.5. Citações

Prestadas as primeiras declarações, serão citados, para os termos do inventário e partilha, o cônjuge, os herdeiros, os legatários, a Fazenda Pública, o Ministério Público, se houver herdeiro incapaz ou ausente, e o testamenteiro, se o finado deixou testamento. As pessoas residentes na comarca onde corre o inventário serão citadas, conforme o disposto nos artigos 224 a 230 do Código de Processo Civil. Além delas, serão citadas por edital, com o prazo de vinte a sessenta dias, todas as demais residentes, tanto no Brasil como no estrangeiro (art. 999 do CPC).

No ato da citação, as partes receberão cópias das primeiras declarações. Cópias também serão remetidas pelo escrivão à Fazenda Pública, ao Ministério Público, ao testamenteiro, se houver, e ao advogado, se a parte já estiver representada nos autos. A Fazenda Pública, no prazo de vinte dias, após a vista de que trata o artigo citado, informará ao Juízo, de acordo

---

[315] Waldemar Ferreira, *Compêndio das sociedades mercantis*, § 23, v. 1, p. 172.

com os dados que constam de seu cadastro imobiliário, o valor dos bens de raiz descritos nas primeiras declarações.

Observe-se que a citação por edital de todas as pessoas não residentes na comarca onde corre o inventário, disposta no parágrafo 1º do artigo 999 do Código de Processo Civil, não agride nenhum dispositivo constitucional, como decidiu o Plenário do Supremo Tribunal Federal, em recurso extraordinário interposto contra acórdão do Tribunal de Justiça do Estado do Rio Grande do Norte que entendera válida a citação por edital de herdeiro e de seu cônjuge, domiciliados em comarca diversa daquela em que estava sendo processado o inventário. Os recorrentes alegavam que não deveriam ter sido citados por esse modo, haja vista possuírem endereço certo. Ademais, sustentavam ofensa aos princípios da isonomia, da ampla defesa, do contraditório e do devido processo legal.[316]

5.6. Impugnações

Concluídas as citações, abrir-se-á vista às partes, em cartório e pelo prazo comum de dez dias, para dizerem sobre as primeiras declarações. Nessa oportunidade, cabe à parte, segundo o artigo 1.000 do Código de Processo Civil:

I — arguir erros e omissões;

II — reclamar contra a nomeação do inventariante;

III — contestar a qualidade de quem foi incluído no título de herdeiro.

---

316 STF RE n. 552598/RN, rel. Min. Menezes Direito, *DJU*, de 23.09.2008.

Três hipóteses podem ocorrer: a) se o juiz julgar procedente a impugnação referida no inciso I, mandará retificar as primeiras declarações; b) se acolher o pedido de que trata o inciso II, nomeará outro inventariante, observada a preferência legal; c) verificando que a disputa sobre a qualidade de herdeiro, a que alude o inciso III, constitui matéria de alta indagação, remeterá a parte para os meios ordinários e sobrestará, até o julgamento da ação, a entrega do quinhão que na partilha couber ao herdeiro admitido (parágrafo único do art. 1.000 do CPC).

5.7. *Pedido de admissão para participar do inventário*

Qualquer pessoa que se julgar preterida poderá requerer sua admissão no inventário, desde que o faça antes da partilha. Nesse caso, o juiz ouvirá os interessados no prazo de dez dias, decidindo em seguida. Se não acolher o pedido, remeterá o requerente para os meios ordinários, mandando reservar, em poder do inventariante, o quinhão do herdeiro excluído, até que se decida o litígio (art. 1.001 do CPC).

A regra aplica-se também à união estável. O companheiro sobrevivente poderá requerer sua admissão no processo ou, até mesmo, como já afirmamos, a instauração do inventário. Se os herdeiros forem maiores e capazes, e concordarem com o pedido, não será mais preciso demandar acerca da existência da união estável. Havendo dissenso de algum herdeiro à qualidade pretendida, o juiz, se não puder decidir a matéria nos próprios autos, por carecer de provas, remeterá as partes para as vias ordinárias, determinando a separação de bens em poder do inventariante, para acautelar o direito questionado.

Com relação ao concubino, por não ser herdeiro, não poderá ingressar no inventário. Não obstante, provando nas vias ordinárias a existência de sociedade de fato (Súmula n. 380 do STF), poderá demandar o espólio para reivindicar, não a herança, mas sua parte nos bens que ajudou a adquirir.

5.8. Avaliações

Decididas pelo juiz as impugnações porventura formuladas, proceder-se-á à avaliação dos bens do espólio, observando-se, no que couber, as regras dos artigos 681 a 683 do Código de Processo Civil. Os bens situados em outras comarcas serão avaliados através de carta precatória, salvo se forem de pequeno valor ou perfeitamente conhecidos do perito nomeado (art. 1.006 do CPC). Títulos da dívida pública, ações de sociedades e títulos negociáveis em bolsa são dispensados de avaliação, exigindo-se apenas que se comprove a cotação oficial do dia, por certidão ou publicação no órgão oficial (art. 682 do CPC).

Não se procederá à avaliação se todas as partes forem capazes e a Fazenda Estadual, intimada na forma do artigo 237, I, do Código de Processo Civil, concordar expressamente com o valor atribuído nas primeiras declarações aos bens do espólio (art. 1.007 do CPC). Poderá, no entanto, a Fazenda Pública atribuir outros valores a alguns bens ou a todos, aplicando-se, conforme o caso, o artigo 1.008 do mesmo diploma legal.

Observe-se que, mesmo havendo parte incapaz, é desnecessária a avaliação, na forma do artigo 1.008, quando se fizer a partilha atribuindo-se quinhões iguais aos herdeiros, em todos os bens do espólio. Conforme vêm se pronunciando os tribunais, no caso, uma avaliação não traria melhor resultado aos incapazes. Assim, o princípio da igualdade absoluta estaria atendido, qualquer que fosse o valor dos bens.

Saliente-se ainda que o valor atribuído aos bens nas declarações iniciais deve ser atualizado ao preço de mercado (por estimativa ou avaliação). O objetivo é evitar a incidência do imposto de renda sobre o lucro imobiliário, previsto no artigo 16 da Lei n. 7.713/88, quando os bens havidos por herança forem alienados por valor superior ao da aquisição no inventário. Embora, nessa hipótese, haja um aumento do imposto *causa mortis*, haveria, no entanto, uma compensação com a não incidência de fato gerador do imposto de renda, de percentual muito mais elevado. Essa matéria tem um novo enfoque dado pelo Superior Tribunal de Justiça:

> Tributária. Alienação de imóvel herdado. Imposto sobre lucro imobiliário. Legislação revogada. Não incidência. Decreto-Lei n. 9.330/46. Lei n. 3.470/58. Decreto-Lei n. 94/66. Decreto-Lei n. 1.641/78. Portaria MF n. 80/79.1. Recaindo o imposto sobre lucro imobiliário entre o valor de venda e o "custo" do imóvel para o vendedor, inexistindo este nas aquisições a título gracioso, entre os quais inclui-se a herança (hipótese ocorrente), da sua incidência escapam os bens havidos por essa forma. Trata-se, outrossim, de alienação anterior à revogação da Lei n. 3.470/58. 2. Avulta, no caso, por decurso do tempo, o afastamento da escrita legislativa para a concreta imposição fiscal, descogitando-se de lucro imobiliário na alienação de bem havido por herança. 3. A Portaria MF n. 80/79, sem previsão legal, estabeleceu base de cálculo, ficando órfã da legalidade. 4. Embargos acolhidos.[317]

> Imposto de renda. Lucro imobiliário. Herança. A turma reiterou o entendimento de não incidência do imposto de renda sobre venda de imóvel havido por herança, mormente se fundamentado na Portaria MF n. 80/79, ademais declarada ilegal por esta Corte, pois não poderia fixar tal cálculo de imposto, por ser matéria submetida à reserva legal. Precedentes citados: EResp n. 23.999/RJ, *DJU*, de 19.12.1997 e REsp n. 57.415-RJ, *DJU*, de 10.04.1995.[318]

---

[317] STJ EREsp n. 23.999/RJ, 1ª Seção, rel. Min. Milton Luiz Pereira, j. 26.11.1997, *DJU*, de 19.12.1997, p. 67.435.
[318] STJ REsp n. 1.042.739/RJ, 2ª Turma, rel. Min. Castro Meira, j. 26.08.2008, *DJe*, de 25.09.2008.

Feita a avaliação e entregue o laudo respectivo, o juiz mandará que sobre ele se manifestem as partes no prazo de dez dias, que correrá em cartório. Havendo impugnação, incumbirá ao juiz decidir, de plano, à vista do que constar dos autos. Julgando procedente a impugnação, determinará que o perito retifique a avaliação, observando os fundamentos da decisão.

A avaliação não será repetida, salvo quando viciada por erro ou dolo do perito, ou quando se verificar posteriormente que os bens apresentam defeito que lhes diminui o valor (art. 1.010 do CPC). Aceito o laudo ou resolvidas as impugnações suscitadas a seu respeito, lavrar-se-á em seguida o termo de últimas declarações, no qual o inventariante poderá emendar, aditar ou completar as primeiras.

5.9. Do cálculo

Outra fase importante do inventário é o cálculo. Seu objetivo, conforme o ensinamento de Orlando de Sousa[319], não é apenas a determinação do valor do imposto. Forma um "conjunto de operações matemáticas necessárias à apuração das despesas judiciais, custas do processo do inventário e dos impostos a serem deduzidos do monte-mor, os limites da legítima, o valor dos bens trazidos à colação e a determinação da meação do cônjuge sobrevivente".

Nele se definem: a) o monte-mor (conjunto de todos os bens que compõem o ativo do *de cujus*; b) o monte líquido (monte-mor menos as dívidas do espólio); c) a meação do cônjuge supérstite; d) a herança dos herdeiros; e) o imposto de transmissão *causa mortis*; f) as custas processuais e a taxa judiciária. Se o regime do casamento for o da comunhão, o

---

319 Orlando de Sousa, *Inventários e partilhas*: família, p. 154.

monte líquido será dividido em duas partes iguais: uma será a meação do cônjuge sobrevivente, a outra, a herança.

Não havendo meação, a herança corresponderá ao monte líquido. A parte reservada à herança comporta ainda a seguinte divisão: a porção disponível e a legítima dos herdeiros necessários. Se o autor da herança não fez doação nem deixou testamento, não tem sentido essa divisão. O imposto não incide sobre o monte-mor, mas apenas sobre a herança e legados. Também não incide sobre a meação, que não é objeto de sucessão, pois já pertencia, em comunhão, ao cônjuge sobrevivo. Haverá apenas simples divisão resultante da dissolução da comunhão conjugal.

O cálculo é feito pelo contador do Juízo, observando a lei civil sobre regime de bens, direitos hereditários e a lei fiscal. Existindo imóveis em mais de um Município do mesmo Estado, é conveniente que o imposto seja calculado separadamente, embora deva ser recolhido à Fazenda Estadual (art. 155, I, da CF). Para os imóveis situados em diferentes Estados da Federação, o recolhimento far-se-á através de carta precatória.

Se algum herdeiro trouxer bens à colação, já havendo pago o imposto de transmissão *inter vivos*, eles vão permanecer com o conferente e não haverá, quanto a eles, imposto de transmissão *causa mortis* a pagar. Convém esclarecer que o imposto de transmissão incide sobre todos os bens ou direitos, ao contrário do sistema da Constituição Federal de 1967, que tributava apenas a propriedade imobiliária.

A base de cálculo do imposto *causa mortis* (ITCMD) é o valor venal do bem ou do direito transmitido, expresso e atualizado. Valor venal é o valor de mercado na data da abertura da sucessão ou da doação. Nos processos de inventário, como expusemos, apura-se o valor venal por avaliação judicial. Mas ela pode ser dispensada, na forma dos artigos 1.007 e 1.008 do Código de Processo Civil. Tratando-se de bens imóveis, o valor de base de cálculo não poderá ser inferior ao que constar do lançamento fiscal: IPTU, se urbano, ou ITR, se rural.

Sobre o compromisso de compra e venda, duas colocações se tornam necessárias: a) havendo bem compromissado à venda pelo autor da herança, o imposto há de ser calculado sobre o crédito existente, ou seja, o valor a ser transmitido aos herdeiros (preço a receber); tem lugar o entendimento consagrado pelo Supremo Tribunal Federal na Súmula n. 590, que manda calcular o imposto de transmissão *causa mortis* sobre o saldo credor da promessa de compra e venda de imóvel, no momento da abertura da sucessão do promitente vendedor; b) havendo aquisição de bem mediante compromisso feito pelo autor da herança, aplica-se o raciocínio *a contrario sensu*: servirão de base para o cálculo do tributo apenas as parcelas já pagas até a data do óbito.[320]

Cumpre também, nessa fase do processo de inventário, fixar com precisão a natureza das renúncias porventura verificadas. A renúncia, como já se disse no Capítulo VI, pode ser pura e simples ou translativa dos direitos hereditários. A renúncia pura e simples não está sujeita a imposto pelo renunciante, pois, não tendo aceitado a herança, o quinhão vai acrescer o dos demais herdeiros, que pagarão a obrigação tributária *causa mortis*.

Se a renúncia for translativa de direitos hereditários (o filho renuncia a herança em benefício da mãe viúva, ou um irmão renuncia em favor do outro etc.), são devidos dois impostos: o de transmissão *causa mortis* e o de doação, ambos ao Estado ou ao Distrito Federal (art. 155, I, da CF). O primeiro, porque houve aceitação da herança fato gerador do imposto de transmissão *causa mortis*; o segundo, porque hou-

---

[320] Luiz Sebastião Amorim; Euclides Benedito de Oliveira, *Inventários e partilhas*, 21. ed., p. 437.

ve alienação do quinhão, mediante doação, que também é fato gerador de imposto de transmissão *inter vivos*. Pode acontecer que a renúncia translativa signifique não uma doação, mas um contrato de compra e venda. Nesse caso, serão devidos também dois impostos: o de transmissão *causa mortis* ao Estado ou ao Distrito Federal e o de transmissão *inter vivos* ao Município (art.156, II, da CF).

Outro tema complexo nessa seara diz respeito à base para calcular as custas e os honorários de advogado. Sobre o cálculo das custas, Sebastião Amorim e Euclides de Oliveira[321] registram a posição do Tribunal de Justiça de São Paulo, que entende incidir sobre o monte-mor, isto é, o conjunto de bens da herança, tudo que pertencia ao *de cujus*:

> Poderia ensejar dúvida, quanto à abrangência unicamente dos bens transmitidos, com exceção da meação já pertencente ao cônjuge supérstite. Essa dúvida, porém, não aflora se a menção é ao monte-mor. O próprio vernáculo é decisivo: mor é forma sincopada de maior. Assim, o monte maior jamais poderá ser a parte transmissível que é a relação de todos os bens, sem exclusão de um só. Logo, o valor para a taxação não pode ser representado pela metade. Por outro lado, a lei colocou lado a lado, para o mesmo fim, o valor do monte-mor e o valor dos bens arrecadados, numa evidente afirmação da globalidade.[322]

Assinalam os citados autores que subsistem divergências doutrinárias e jurisprudenciais a respeito do intrigante tema fiscal. O próprio Tribunal de Justiça de São Paulo vem apresentando evolução exegética, no sentido de que a incidência

---

321 Luiz Sebastião Amorim; Euclides Benedito de Oliveira, *Inventários e partilhas*, 21. ed., p. 311.
322 TJSP AI n. 18.104-1/ SP, j. 03.11.1981.

das custas em processo de inventário deve ocorrer apenas sobre o valor da herança, porque ele é o objeto específico da transmissão de bens *causa mortis*. O argumento é que a meação não constitui patrimônio do defunto e por isso não entra no conceito de herança nem de monte-mor, pela simples razão prática de formar, com aquele patrimônio, composição *pro indiviso*. Esse entendimento constou de aresto da antiga 2ª Câmara Cível, em voto da lavra do saudoso Desembargador Walter de Moraes, no AI n. 158.430-1.

Esse julgamento mereceu citação no AI n. 158.1084-6-00/SP, com sólida fundamentação, registrando o magistério de ilustres juristas, como Lacerda de Almeida, Clóvis Beviláqua, Carlos Maximiliano e Carvalho Santos. O acórdão está ementado nos seguintes termos:

> A meação do cônjuge sobrevivente, que de modo e em sentido algum pode reputar-se parte da herança, nada tem, a rigor, com o inventário ou arrolamento, de cuja causa não participa como patrimônio considerável, senão para o só efeito de, em atividade jurisdicional de todo em todo secundária, permitir a identificação da porção disponível, quando seja o caso, e do monte partível, este sim, alvo de divisão entre os herdeiros.[323]

Segundo os dois ilustres tratadistas, o aresto lembra que "já não é pouco o que se paga, como taxa judiciária, com base só nas coisas que eram do defunto". E concluem: "A taxa judiciária, nos inventários e arrolamentos, não é calculada sobre o monte-mor, quando neste se compreende meação do cônjuge supérstite, a qual, não constituindo patrimônio do defunto, não entra no conceito de herança."

---

323 TJSP AI n. 158.1084/6-00/SP, 2ª Câmara de Direito Privado, rel. Cezar Peluso, j. 22.08.2000.

Na mesma linha, a decisão da Turma Especial da Seção de Direito Privado desse Tribunal, em incidente de uniformização de jurisprudência no AI n. 139.700-4/0-01-SP, por maioria, firmando-se a seguinte ementa:

> Nos processos de inventário e arrolamento, a base de cálculo da taxa judiciária não inclui o valor da meação do cônjuge sobrevivente, que tenha sido casado com o falecido pelo regime da comunhão universal ou parcial de bens.[324]

Dessa posição não diverge a 2ª Câmara Cível do Tribunal de Justiça da Paraíba:

> Custas processuais e taxa judiciária. Inventário. Meação. Incidência. Impossibilidade. Agravo provido. A meação do cônjuge sobrevivente não pode reputar-se parte da herança. Não integra o inventário, senão para o só efeito de, em atividade jurisdicional de todo em todo secundária, permitir a identificação da porção disponível, quando seja o caso, e do monte partível. Por isso, as custas processuais e a taxa judiciária não se calculam, nos inventários e arrolamentos, sobre a meação do cônjuge supérstite, pois esta não compõe o valor da causa.
>
> Voto: A meação, no regime de comunhão de bens, é a parte que cabe ao cônjuge sobrevivente. Não implica herança, mas um direito de sócio aos bens da sociedade conjugal, que se mede ou se computa pela metade deles. Por isso mesmo, não incide imposto de transmissão *causa mortis* sobre ela, eis que não houve fato gerador, pois nada se transmitiu. Herança será a outra parte que competia ao cônjuge e que, pela morte, transmitiu-se aos seus sucessores. A incidência do

---

[324] TJSP AI n. 139.700-4/0-01/SP, Turma Especial da Seção de Direito Privado, rel. César Peluso, j. 01.12.2000.

tributo é sobre a legítima dos herdeiros tão somente. Ora, se a meação é isenta de imposto, de igual forma deve ser imune de custas processuais e taxa judiciária, porquanto o meeiro nada adquiriu com o falecimento do outro consorte. Apenas continuou com os bens que já lhe pertenciam, em razão do regime de bens adotado, não sendo obrigado, portanto, a pagar nada ao Estado. Conforme Lacerda de Almeida (*Sucessões*, Rio de Janeiro, 1915, p. 32), a taxa judiciária, nos inventários e arrolamentos, não é calculada sobre o monte-mor, quando neste se compreenda meação do cônjuge supérstite, a qual, não constituindo patrimônio do defunto, não entra no conceito lato de herança, que é o objeto próprio daquelas causas e, pois, do respectivo serviço público, de natureza forense ou jurisdicional. Noutras palavras, em tal caso, o valor do monte-mor não é o da causa do inventário ou arrolamento. É que, abrangendo, na hipótese em que o defunto tenha sido casado sob o regime da comunhão de bens, a meação do consorte sobrevivo, a qual, como uma das duas metades ideais do patrimônio remanescente à operação aritmética, se apura por corriqueira divisão, depois de abatidos os encargos e dívidas comuns (ver, a propósito, Clóvis Beviláqua, *Código Civil comentado*, 10. ed., Rio de Janeiro: Francisco Alves, 1958, v. 6, p. 141, obs. 1 ao art. 1.722, e p. 226-227, obs. 1 ao art. 1.797; Ferreira Alves, Do direito das sucessões, in *Manual do Código Civil brasileiro*, Rio de Janeiro: Jacintho R. dos Santos, 1917, v. 19, p. 306, n. 192; Carlos Maximiliano, *Direito das sucessões*, 2. ed., Rio de Janeiro: Freitas Bastos, 1943, v. 3, p. 17-18, n. 1.175, e p. 373-375, n. 1.518-1.520; Carvalho Santos, *Código Civil brasileiro interpretado*, 4. ed., Rio de Janeiro; São Paulo: Freitas Bastos, 1953, v. 24, p. 77-83, n. 3). Assim, por definição mesma, o monte-mor não corresponde à herança, tomada a palavra na acepção estrita de patrimônio transmitido *causa mortis*, e, como tal, objeto específico do processo de inventário ou arrolamento. Nele, é mister distinguir e separar as duas massas patrimoniais resultantes da dedução das dívidas e encargos comuns: uma pertencente aos herdeiros e a outra ao cônjuge meeiro: "Se o *de cujus* deixou cônjuge, a massa dos bens não é só herança, porque há o patrimônio herdado e o patrimônio do cônjuge. As dívidas que o *de cujus* podia contrair, ou que o cônjuge sobrevivo podia contrair, com repercussão na comunhão, são dívidas da massa dos bens dos cônjuges, de modo que têm de ser computadas na massa dupla." (Pontes de Miranda, *Tratado de direito privado*, 2. ed., Rio de Janeiro: Borsoi, 1969, v. 60. p. 307, § 6.008, n. 8). O Tribunal de Justiça de São Paulo decidiu que a taxa judiciária não se calcula, nos inventários e arrolamentos, sobre a meação do cônjuge supérstite, a qual não integra o valor da causa. Do corpo do acórdão, extrai-se o seguinte trecho: "A meação do cônjuge sobrevivente, que de modo e em sentido algum pode reputar-se parte da herança, nada tem, a rigor, com o inventário ou arrolamento, de cuja causa não participa como patrimônio considerável, senão para o só efeito de, em atividade jurisdicional de todo em todo secundária, permitir a identificação da porção disponível, quando seja o caso, e do monte partível, este sim alvo da divisão entre herdeiros. Nesse preciso significado, não se pode admitir que sobre a meação incidam custas e taxa judiciária." (AI n. 158108-4/6-00, *Jurisprudência civil*, v. 356, p. 311). Nesse preciso significado, não se pode admitir que sobre a meação incidam custas e taxa judiciária. Por tais razões, a Câmara deu provimento ao agravo.[325]

Recentemente, o Superior Tribunal de Justiça decidiu:

1. É dominante nesta Corte a orientação segundo a qual o valor correspondente à meação do cônjuge supérstite não integra a base de cálculo da taxa judiciária a ser recolhida no

---

[325] TJPB AI n. 2002.006806-3/Capital, 2ª Câmara Cível, rel. Des. Antônio Elias de Queiroga.

processo de inventário. Nesse sentido, os julgados cujas ementas abaixo se transcrevem: 1. No processo de inventário, a taxa judiciária deve ser calculada sobre o valor dos bens deixados pelo *de cujus*, excluindo-se a meação do cônjuge supérstite. 2. Não se enquadra no conceito legal de herança a meação pertencente ao cônjuge sobrevivo. 3. Recurso especial improvido.[326]

Processual civil. Recurso especial. Arrolamento. Taxa judiciária. Artigo 1.034 do Código de Processo Civil. Precedentes. 1. A teor do artigo 1.034 e seus parágrafos do Código de Processo Civil, nos processos de inventário sob forma de arrolamento não cabe apreciação e decisão sobre taxa judiciária, que deve ser calculada com base no valor atribuído pelos herdeiros. 2. A rigor, a meação do cônjuge supérstite não se insere no conceito de herança. 3. Recurso especial conhecido e provido.[327]

Tributário e processual civil. Decisão lastreada em dois fundamentos, inatacada em um deles. Manutenção. Inventário. Taxa judiciária. Base de cálculo. Meação. Inclusão. 1. (...). 2. A taxa judiciária tem por fato gerador a prestação de serviços públicos, de natureza forense, por isso que sua cobrança visa à remuneração de serviços processuais e a sua base de cálculo é o conteúdo econômico objeto da causa. 3. A taxa judiciária, no processo de inventário, não deve ser calculada sobre o monte-mor, neste incluído o montante relativo à meação do cônjuge supérstite, a qual, não constituindo patrimônio do *de cujus*, não se enquadra no conceito legal de herança, não é objeto do serviço público prestado, e, consequentemente,

---

[326] STJ REsp n. 343.718/SP, 2ª Turma, Min. Eliana Calmon, *DJU*, de 20.06.2005.
[327] STJ REsp n. 437.525/SP, 1ª Turma, rel. Min. Luiz Fux, j. 20.11.2003, *DJU*, de 09.12.2003.

da base de cálculo da citada taxa. 4. Recurso especial provido.[328]

Quanto ao cálculo da verba honorária, a base é o valor integrante do acervo hereditário, desde que não haja interesses em conflito. Nesse sentido é a posição do Superior Tribunal de Justiça:

> Honorários de advogado. Inventário. Arbitramento. A base de cálculo dos honorários do advogado contratado para o inventário e partilha deve corresponder ao valor dos bens integrantes do acervo, excluídos os já transferidos a terceiros. Recurso conhecido e provido parcialmente.[329]

> Honorários de advogado. Inventário. Meação. Os honorários do advogado contratado pela inventariante e pelos herdeiros para promover o inventário e a partilha dos bens do *de cujus*, casado em comunhão de bens, e que atua na defesa dos interesses de todos os interessados, são calculados sobre o valor dos bens da herança e da meação. Recurso conhecido em parte, apenas, para reduzir o percentual.[330]

O mesmo não acontece se existirem interesses antagônicos dos herdeiros com o inventariante e multiplicidade de procuradores. Nesse caso, os honorários do advogado contratado pelo inventariante, sem prévia consulta ou anuência dos

---

328 STJ REsp n. 469.613/SP (2002/0123809-1), 1ª Turma, rel. Min. Teori Albino Zavascki, j. 15.05.2006, *DJU*, de 25.05.2006.
329 STJ REsp n. 121.737/PR (1997/0014730-4), rel. Min. Barros Monteiro, rel. p/acórdão Min. Ruy Rosado,. *DJU*, de 04.03.2002, p. 258.
330 STJ REsp n. 215.638/SP (1999/0044923-1), rel. Min. Ruy Rosado de Aguiar, *DJU*, de 12.06.2000, p. 114.

demais, não constituem ônus do espólio. Cada qual responde pelo pagamento do trabalho dos respectivos procuradores.[331]

5.10. Julgamento do cálculo

Feito o cálculo, serão ouvidas todas as partes no prazo comum de cinco dias, que correrá em cartório, e, em seguida, a Fazenda Pública Estadual. Se for o caso (hipótese de doação translativa onerosa), também será ouvida a Fazenda Pública Municipal. As impugnações porventura deduzidas serão acolhidas ou repelidas, adotando-se, no primeiro caso, as soluções pertinentes. Não havendo impugnações, ou, se as houver e forem decididas, o juiz julgará o cálculo do imposto (art. 1.013 do CPC). Dessa decisão, caberá agravo de instrumento, conforme o seguinte julgado:

> Processual civil. Inventário e partilha. Decisão homologatória dos cálculos de liquidação do imposto de transmissão *mortis causa*. I — Cabe agravo de instrumento, e não apelação, da decisão que, em autos de inventário e partilha, homologa os cálculos de liquidação do imposto de transmissão *mortis causa*. II — Recurso especial conhecido, mas desprovido.[332]

5.11. Súmulas do Supremo Tribunal Federal sobre imposto de transmissão

> Súmula n. 112 — O imposto de transmissão *causa mortis* é devido pela alíquota vigente ao tempo da abertura da sucessão.

---

331 .STJ REsp n. 324.085/RS (2001/0060616-5), rel. Min. Aldir Passarinho Júnior, *DJU*, de 15.04.2002, p. 225.
332 STJ REsp n. 34895/PE (1993/0012938-4), rel. Min. Antônio de Pádua Ribeiro, *DJU*, de 08.04.1996, p. 10.463.

Súmula n. 113 — O imposto de transmissão *causa mortis* é calculado sobre o valor dos bens na data da avaliação.

Súmula n. 114 — O imposto de transmissão *causa mortis* não é exigível antes da homologação do cálculo.

Súmula n. 115 — Sobre os honorários do advogado contratado pelo inventariante, com a homologação do juiz, não incide o imposto de transmissão *causa mortis*.

Súmula n. 116 — Em desquite ou inventário, é legítima a cobrança do chamado imposto de reposição, quando houver desigualdade nos valores partilhados.

Súmula n. 331 — É legítima a incidência do imposto de transmissão *causa mortis* no inventário por morte presumida.

Súmula n. 435 — O imposto de transmissão *causa mortis* pela transferência de ações é devido ao estado em que tem sede a companhia.

Súmula n. 590 — Calcula-se o imposto de transmissão *causa mortis* sobre o saldo credor da promessa de compra e venda de imóvel, no momento da abertura da sucessão do promitente vendedor.

6. Prestação de contas

O inventariante, como qualquer gestor de valores alheios, está obrigado a prestar contas, sob pena de remoção (art. 995, V, do CPC). A prestação de contas pode ser administrativa ou contenciosa, conforme haja ou não acordo entre os interessados, e obedecerá à forma mercantil. Será sempre contenciosa se existirem incapazes. Se impugnada, segue a forma contenciosa, aplicando-se-lhe os artigos 916 a 919 do Código de Processo Civil. As contas do inventariante, do tutor, do curador, do depositário e de outro qualquer administrador serão prestadas em apenso aos autos do processo em que tiver sido nomeado.

Sendo o inventariante condenado a pagar o saldo, e não o fazendo no prazo legal, o juiz poderá destituí-lo, sequestrar os bens sob sua guarda e glosar o prêmio ou gratificação a que teria direito (art. 919 do CPC). Adverte Washington de Barros Monteiro[333] que a obrigação de prestar contas, não sendo de natureza personalíssima, transmite-se aos herdeiros do inventariante. Cabe ao espólio, e não à viúva-meeira, a obrigação de prestar contas da inventariança exercida pelo *de cujus*. O recurso cabível da sentença que julga a prestação de contas será o de apelação.

7. Créditos do espólio

Os créditos deixados pelo *de cujus* integram o patrimônio inventariado. Por isso, devem ser declarados, na forma da alínea "f", inciso IV, do artigo 993 do Código de Processo Civil. Serão objeto de cobrança através de procedimento comum ou por meio de execução, conforme a natureza do título. Caso a ação tenha sido iniciada em vida pelo titular do crédito, com sua morte, dar-se-á a substituição processual pelo espólio ou pelos sucessores do falecido, conforme as regras estabelecidas nos artigos 43 e 1.055 a 1.062 do Código de Processo Civil.

8. Dívidas do espólio

Com o falecimento do autor da herança, os direitos dos credores não sofrem alterações: a herança responde como um devedor solidário. Por isso, incumbe ao inventariante declarar

---

[333] Washington de Barros Monteiro, *Curso de direito civil*: direito das sucessões, 35. ed., v. 6, p. 291.

as dívidas passivas do espólio, para serem satisfeitas e abatidas do monte-mor, indicando as datas, títulos, origem da obrigação, bem como os nomes dos credores. São também dívidas do espólio as despesas funerárias, haja ou não herdeiros legítimos. Todavia, as de sufrágios por alma do falecido só obrigarão a herança quando ordenadas em testamento ou codicilo (art. 1.998 do CC).

O pagamento, fundado em documento revestido das formalidades legais, deverá ser requerido antes da partilha. A petição será distribuída por dependência e autuada em apenso aos autos do inventário. Concordando as partes com o pedido, o juiz, ao declarar habilitado o credor, mandará que se faça a separação de dinheiro ou, em sua falta, de bens suficientes para o seu pagamento. Separados os bens, tantos quantos forem necessários para o pagamento dos credores habilitados, o juiz mandará aliená-los em praça ou leilão, observadas, no que forem aplicáveis, as regras do Livro II, Título II, Capítulo IV, Seção I, Subseção VII e Seção II, Subseções I e II do Código de Processo Civil.

Se o credor **requerer que, em vez de dinheiro, sejam-lhe adjudicados, para o seu pagamento,** os bens já reservados, o juiz deferir-lhe-á o pedido, concordando todas as partes. Não havendo concordância de todas as partes sobre o pedido de pagamento feito pelo credor, será ele remetido para os meios ordinários. Se a impugnação não se fundar na alegação de pagamento, acompanhada de prova consistente, o juiz mandará reservar, em poder do inventariante, bens suficientes para a solução do débito, sobre os quais venha a recair oportunamente a execução. Feita a partilha, respondem os herdeiros, cada qual na proporção da parte que na herança lhe couber.

9. Discriminação do patrimônio do herdeiro

Na transferência dos bens para os herdeiros, com a abertura da sucessão, pode haver confusão entre o patrimônio particular dos herdeiros e a herança recebida, causando perplexidade aos credores do *de cujus*. Para evitar esse inconveniente, há a faculdade de pedir a separação do patrimônio, beneficiando, assim, os credores e os legatários, que passam a ter preferência sobre os credores pessoais dos herdeiros. Têm direito de pedir a separação do patrimônio, conforme estabelece o artigo 2.000 do Código Civil, os legatários e os credores.

10. Dívida do herdeiro ao espólio

Dispõe o artigo 2.001 do Código Civil:

> Se o herdeiro for devedor ao espólio, sua dívida será partilhada igualmente entre todos, salvo se a maioria consentir que o débito seja imputado inteiramente no quinhão do devedor.

O texto repete o artigo 1.800 do Código Civil de 1916. Clóvis Beviláqua[334] fazia pesada crítica a esse dispositivo, afirmando que o legislador deixou-se impressionar por alguns fatos ocorridos.

Asseverava o citado autor que a imputação da dívida inteira ao quinhão do devedor poderia importar em prejuízo para os coerdeiros; mas se, ao contrário, fosse insolvente, ruinosa para os consortes seria a partilha da dívida. A seu ver, a solução verdadeira, consagrada pelo direito romano, seria o pagamento. Como, porém, o herdeiro tem direito à sua quota hereditária, compensam-se o dever e o haver, enquanto equivalerem. João Luiz Alves[335], comentando o referido dispositi-

---

334 Clóvis Beviláqua, *Código Civil dos Estados Unidos do Brasil*, Edição histórica, v. 2, p. 1.038-1.039.
335 João Luiz Alves, *Código Civil anotado*, comentários ao artigo 1.800.

vo, entendia que o Código Civil adotou a doutrina já aceita entre nós e defendida por Teixeira de Freitas, que assim se manifestava: "As dívidas passivas dos herdeiros para com a herança, como se os devedores fossem pessoas estranhas, não se imputam por inteiro em seus quinhões hereditários. Partilham-se por todos os herdeiros na mesma proporção das outras dívidas ativas da herança. Este sistema tem a vantagem de impedir a fraude dos herdeiros contra seus credores, reduzidos a cobrar-se pelo que da herança possa vir; fraude, que é frequente em nosso foro, por combinação do herdeiro devedor com o inventariante e mais coerdeiros, simulando dever à herança, e burlando até embargos e penhora feita no rosto dos autos de inventário. Tenho visto muitas vezes imputar-se no quinhão dos herdeiros a totalidade do que devem à herança, quando, aliás, só se lhes deve imputar uma parte da dívida na proporção de sua cota, dando-se aos outros herdeiros partes respectivas."

Pelo sistema adotado atualmente, procede-se como se a dívida fosse de um estranho: será partilhada entre os herdeiros, salvo se a maioria consentir que o débito seja imputado inteiramente no quinhão do devedor.

11. Dívidas de alimentos

O artigo 402 do Código Civil de 1916 estabelecia regra de intransmissibilidade da obrigação de alimentar aos herdeiros do devedor. A regra se impunha até porque se tratava de uma obrigação personalíssima que não podia passar da pessoa do alimentante. Assim, diante do que estabelecia o artigo 402 do Código Civil, morrendo o devedor, a obrigação de alimentar que pesava sobre ele não passava aos seus herdeiros, e a obrigação se extinguia. Da mesma forma, falecendo o alimentado, o direito que ele tinha não se transmitia aos seus herdeiros, e cessava com a morte do que recebia alimentos. Podia acontecer, como adverte Zeno Veloso[336], serem os herdeiros do devedor acionados pelo que ele outrora alimentava, mas não por causa, obviamente, de sucessão hereditária, mas por ser possível estabelecer-se uma obrigação alimentar entre tais herdeiros e o alimentando que, nessa hipótese, agia por direito próprio contra os requeridos.

A regra da intransmissibilidade da prestação alimentícia vigorou até a entrada em vigor da Lei n. 6.515/77 (Lei do Divórcio), cujo artigo 23 dispôs que a obrigação de alimentar transmite-se aos herdeiros do devedor, na forma do artigo 1.796 do Código Civil de 1916. Esse artigo prescrevia:

> A herança responde pelo pagamento das dívidas do falecido; mas, feita a partilha, só respondem os herdeiros, cada qual em proporção da parte que na herança lhe coube.

Muito se discutiu sobre esse artigo da Lei do Divórcio. Pelo menos, três correntes doutrinárias se formaram. A primeira entendia que o artigo 23 da Lei do Divórcio não trazia qualquer inovação. Mantinha-se, assim, o velho princípio da intransmissibilidade da obrigação de alimentar. Para Zeno Veloso[337], o objetivo do aludido dispositivo (art. 23), inclusive a remissão que fazia ao artigo 1.796, era o de reafirmar que se transmitiriam as pensões atrasadas, as prestações vencidas – e não adimplidas até a data da morte e da abertura da sucessão do devedor, as quais, como dívidas comuns, tinham de ser pagas pelo espólio.

Era o pensamento defendido por Clóvis Beviláqua[338]: "Falecendo o devedor, não ficam os seus herdeiros obrigados a

---

336 Zeno Veloso, *Código Civil comentado*, v. 17, p. 36.
337 Zeno Veloso, *Código Civil comentado*, v. 17, p. 36-37.
338 Clóvis Beviláqua, *Código Civil dos Estados Unidos do Brasil*, Edição histórica, v. 1, p. 868.

continuar a cumpri-la. Mas, se há atrasados, respondem por eles os sucessores; porque não constituem mais pensão, assumem o caráter de uma dívida comum, que deixou de ser paga, e que somente podia ser cobrada por ação ordinária, ao passo que a pensão alimentar, sendo privilegiada, exige um remédio mais pronto."

Por essa corrente, como se observa, o artigo 23 da Lei do Divórcio era uma inutilidade. Servia apenas para explicitar o que já era óbvio: com a abertura da sucessão, aos herdeiros transmitiam-se as obrigações passivas do falecido, embora eles só respondessem pelas dívidas nos limites das forças da herança.

A segunda corrente entendia que o artigo 23 da Lei do Divórcio havia revogado o artigo 402 do Código Civil de 1916, abolindo o princípio da intransmissibilidade da obrigação alimentar. Sendo assim, em qualquer caso, a obrigação de prestar alimentos se transmitia aos herdeiros do devedor, dentro das forças da herança, como apontava a remissão ao artigo 1.796 do Código Civil anterior.

A terceira corrente posicionou-se de forma intermediária. Ou seja, o artigo 23, apesar de sua amplitude semântica, não podia ter aplicação generalizada, e não tinha revogado o artigo 402 do Código Civil. Apenas o derrogara, apresentando uma exceção à regra que ele exprimia. Assim, com relação a alimentos entre parentes, mantinha-se o princípio da intransmissibilidade da obrigação de pagar alimentos, aplicando-se a transmissão da aludida obrigação, tão só, aos alimentos devidos ao cônjuge, em consequência de separação ou de divórcio. Lembra Zeno Veloso[339] que essa foi a justificativa que deu ao citado artigo o senador Nelson Carneiro, autor do projeto que deu origem à Lei do Divórcio, pretendendo, portanto, assegu-

---

339 Zeno Veloso, *Código Civil comentado*, v. 17, p. 37.

rar à mulher, ainda depois de morto o marido, se ele deixou bens, o bastante para que ela seja alimentada.

O artigo. 1.700 do Código Civil de 2002 repete o artigo 23 da Lei do Divórcio, ao estabelecer:

> A obrigação de prestar alimentos transmite-se aos herdeiros do devedor, na forma do art. 1.694.

Qual a extensão de aplicabilidade deste artigo? Observa-se que a sua regra é muito ampla: estabelece a transmissibilidade da obrigação de alimentos em qualquer caso, aplicando-se não só aos alimentos decorrentes do casamento desfeito, mas também do parentesco. No entanto, a posição da doutrina segue o entendimento diverso:

Regina Beatriz Tavares[340] leciona que "a transmissibilidade da obrigação de alimentos deve ser restrita ao companheiro e ao cônjuge, porque, com relação aos parentes, estes já são os próprios herdeiros, em linha reta, havidos como necessários, ou, via de regra, têm grau de parentesco com os herdeiros, o que os legitima a postular alimentos junto àqueles". Além disso, "a obrigação do devedor sempre deve ficar limitada às forças da herança, não fazendo sentido que os herdeiros do falecido passem a ter a obrigação de prestar alimentos ao credor do falecido segundo suas próprias possibilidades, nos termos do que dispõe o artigo 1.792 do Código Civil."

Milton Paulo de Carvalho Filho[341] assevera que a obrigação alimentar e o dever de sustento são transmissíveis aos herdeiros daquele que os deve, o que significa que o credor poderá exigir os alimentos dos herdeiros do devedor quando

---

340 Regina Beatriz Tavares da Silva (Coord.), *Código Civil comentado*, 6. ed., p. 1.851.
341 Milton Paulo de Carvalho Filho, *Código Civil comentado*, p. 1.823-1.824.

ele falecer, até as forças da herança (art. 1.792), já que será considerada dívida do falecido (art. 1.997). Acresce que a própria obrigação alimentar e as prestações vencidas e não pagas se transmitem, até limite da herança, embora o artigo não faça qualquer referência a que a transmissibilidade deva ocorrer nas forças da herança. No entanto, assim deve ser interpretado, pois, não sendo, ofenderá uma das características fundamentais da obrigação alimentar que é o fato de ser personalíssima. Logo, ao equivocadamente reportar-se ao artigo 1.694 — a remissão deveria ser feita ao artigo 1.997.

E conclui o autor:

> Para que tenha sentido, a presente regra deverá ser aplicada quando o alimentado não for herdeiro do devedor da pensão alimentícia, uma vez que, em razão do seu grau de parentesco, estará legitimado a postular alimentos de qualquer dos herdeiros, cuja pensão será fixada segundo sua capacidade econômica, como determina o disposto no artigo 1.694. Assim, a transmissibilidade de que trata o artigo é a decorrente de obrigação entre cônjuges e companheiros e, mesmo assim, quando o alimentado não for herdeiro do devedor falecido. Já o cônjuge, embora herdeiro necessário (cf. art. 1.845), pode não ter direito à herança por força da conjugação das regras constantes dos artigos 1.829, *caput*, e I, 1.641,11, 1.832 e 1.837, o que autorizará neste caso a transmissão da obrigação.

Zeno Veloso[342] tem o mesmo entendimento. Afirma que o artigo 1.700 do Código Civil pode gerar situações absurdas, inadmissíveis, como, por exemplo: "um alimentante, que morreu, pagava pensão ao seu irmão, e os filhos do falecido ficam obrigados a pensionar o tio; o ex-marido pagava pensão

---

342 Zeno Veloso, Código Civil comentado, v. XVII, p..39/40.

a ex-mulher, e, morto o devedor, a obrigação se transmitiria a seu filho, também descendente da alimentanda. Conclui que o artigo 1.700 só pode ter aplicação se o alimentado não é, por sua vez, herdeiro do devedor da pensão. E, ainda, esse artigo só pode ser invocado se o dever de prestar alimentos já foi determinado por acordo ou sentença judicial. Em qualquer caso, a obrigação do herdeiro tem de ser limitada às forças da herança, pois o art. 1.792, embora não tenha sido expressamente invocado no art. 1.700, enuncia um princípio capital de Direito das Sucessões, o de que o herdeiro só responde *intra vires hereditatis* – dentro das forças da herança.

Sílvio de Salvo Venosa[343] ensina que o mencionado artigo 23, de seu lado, reportava-se ao artigo 1.796 do velho Código, pelo qual a herança responde pelas dívidas do falecido. Contudo, feita a partilha, só respondem os herdeiros, cada qual em proporção à parte que na herança lhe coube. Anota, no entanto, que, embora o dispositivo em berlinda fale em transmissão aos herdeiros, essa transmissão é ao espólio. É a herança, o monte-mor, que recebe o encargo. E conclui:

> De qualquer forma, ainda que se aprofunde a discussão, os herdeiros jamais devem concorrer com seus próprios bens para alimentar o credor do morto. Por isso, devem fazer o inventário, justamente para discriminar o patrimônio próprio e os bens recebidos na herança. Participam da prestação alimentícia transmitida, na proporção de seus quinhões. Não há sucessão da pensão alimentícia além das forças da herança; isto é uma verdade que não pode ser subvertida. Cabe ao credor tomar as medidas procedimentais cabíveis para que se assegure a manutenção da pensão, conforme os ativos da herança.

---

343 Sílvio de Salvo Venosa, *Direito civil*: direito de família, v. 6, p. 378.

O Superior Tribunal de Justiça tem dado efeito restrito ao artigo 1.700, conforme se verifica dos acórdãos adiante transcritos:

Direito civil e processual civil. Execução. Alimentos. Transmissibilidade. Espólio. Transmite-se, aos herdeiros do alimentante, a obrigação de prestar alimentos, nos termos do artigo 1.700 do Código Civil de 2002. O espólio tem a obrigação de continuar prestando alimentos àquele a quem o falecido devia. Isso porque o alimentado e herdeiro não podem ficar à mercê do encerramento do inventário, considerada a morosidade inerente a tal procedimento e o caráter de necessidade intrínseco aos alimentos.[344]

O voto está assim escrito:

A jurisprudência desta Corte estabeleceu entendimento no sentido de que o espólio tem a obrigação de continuar prestando alimentos àquele a quem o falecido devia, mesmo que vencidos após a morte deste, ao argumento de que o alimentado e herdeiro não pode ficar à mercê do encerramento do inventário, notadamente, considerada a morosidade inerente a tal procedimento e o caráter de necessidade implícito nos alimentos (REsp n. 60.635/RS, relator: Min. Relator Min. Ruy Rosado de Aguiar, *DJU*, de 30.10.2000; REsp n. 219.199/PB, relator p/ ac. Min. Fernando Gonçalves, *DJU*, de 03.05.2004, este último, da Segunda Seção, trazido como paradigma pela recorrente).

E também:

Civil. Alimentos. Espólio. A transmissibilidade da obrigação de prestar alimentos, prevista no artigo 23 da Lei n. 6.515,

---

344 STJ — REsp n. 1010963/MG, 3ª Turma, rel. Min. Nancy Andrighi, j. 26.06.2008, *DJU*, de 05.08.2008.

de 1977, é restrita às pensões devidas em razão da separação ou divórcio judicial, cujo direito já estava constituído à data do óbito do alimentante; não autoriza ação nova, em face do espólio, fora desse contexto. Recurso especial não conhecido.[345]

Alimentos. Ação julgada procedente. Morte do alimentante. I. A obrigação de prestar alimentos transmite-se aos herdeiros do devedor, respondendo a herança pelo pagamento das dívidas do falecido. Lei n. 6.515, de 1977, artigo 23, e Código Civil, artigo 1.796. Aplicação. II. A condição de alimentante é personalíssima e não se transmite aos herdeiros; todavia, isso não afasta a responsabilidade dos herdeiros pelo pagamento dos débitos alimentares verificados até a data do óbito. III. Falecido o alimentante após a sentença que o condenou a pagar prestação alimentar, deve o recurso de apelação ter prosseguimento, apreciando-se o *meritum causae*.[346]

Em conclusão, não temos dúvida de que a interpretação dada ao artigo 1.700 do Código Civil deve ser restrita. Aplica-se o artigo comentado apenas às pensões decorrentes de casamento ou união estável, limitada a obrigação às forças da herança, desde que o credor da pensão não seja herdeiro do falecido, conforme consta do Projeto de Lei n. 6.960/2002, de autoria da jurista Regina Beatriz Tavares. O pai, por exemplo, que deve pensão alimentar ao filho, morrendo ele, a obrigação não se transfere aos outros filhos, visto ser o alimentado herdeiro do alimentante falecido. Nesse caso, o alimentado estará legitimado a postular alimentos de qualquer dos

---

345 STJ — REsp n. 232.901/RJ3ª Turma, rel. Min. Ari Pargendler, Terceira Turma, j. 07.12.1999, *DJU*, de 01.08.2000, p. 269.
346 STJ — REsp n. 64112/SC, 3ª Turma, rel. Min. Antônio de Pádua Ribeiro, j. 16.05.2002.

herdeiros, cuja pensão será fixada segundo sua capacidade econômica, como determina o disposto no artigo 1.694. O mesmo acontece quando o ex-marido que pagava pensão a ex-mulher. Morto o devedor, a obrigação não se transmite ao filho do casal, por ser descendente da alimentanda.

12. Do seguro de vida

Pelo contrato de seguro, o segurador se obriga, mediante o pagamento do prêmio, a garantir interesse legítimo do segurado, relativo a pessoa ou a coisa, contra riscos predeterminados (art. 757 do CC). Morrendo o segurado, o seguro de vida que deixou não entra em inventário. É que o valor segurado não é herança, pois não sai do patrimônio do *de cujus*, mas da seguradora. Saliente-se que, ocorrendo dúvida acerca dos beneficiários ou recusa de pagamento por parte da seguradora, a matéria não pode ser discutida no processo de inventário. Citamos dois julgados a respeito do assunto:

> Agravo de instrumento. Inventário negativo. Embora o contrato de seguro celebrado pelo *de cujus* seja matéria obrigacional, distante do direito sucessório, a sua exibição, pela seguradora, nos autos do inventário, é necessária, para que se possa averiguar se foi cumprido o contratado e se os sucessores são efetivamente os beneficiários, mas, principalmente, porque, sendo documento de conteúdo comum às partes, não se pode admitir a recusa em exibir o documento.[347]

O contrato de seguro de vida não constitui herança do falecido, até porque o beneficiário pode não ser herdeiro. Recu-

---

[347] TJRS AI n. 70000138883, 8ª Câmara Cível, rel. Alzir Felippe Schmitz, j. 21.10.1999.

sado o pagamento pela seguradora, o beneficiário deverá apor a ação própria.[348]

Pode ocorrer, no entanto, que os beneficiários sejam menores ou incapazes. Nesse caso, o juiz do inventário, por economia processual, autorizará o recebimento do seguro ou determinará o depósito em conta judicial. Tecnicamente, porém, como já se disse, o juízo orfanológico não é o competente para autorização do recebimento de seguro.

Não se deve olvidar, todavia, a possibilidade do autor da herança favorecer um determinado herdeiro necessário, colocando-o como beneficiário de um seguro, em detrimento dos outros. Nessa hipótese, o prêmio pago pelo inventariado à seguradora durante sua vida, em virtude do contrato de seguro, deve ser considerado como adiantamento de legítima, pois se trata de uma autêntica doação.

Finalmente, conforme estabelece o Decreto-Lei n. 5.384, de 8 de abril de 1943, na falta de beneficiário nomeado, pagar-se-á o seguro de vida, sendo metade à mulher e metade aos herdeiros do segurado. Aplica-se o mesmo critério aos pecúlios deixados em institutos de previdência que, na falta de designação especial de beneficiários, deferem-se aos herdeiros e ao cônjuge supérstite.

Tratando-se de seguro de automóvel, a situação é diversa. Esse tipo de seguro visa à reposição do valor do bem sinistrado e não se confunde com seguro de vida. Se o regime de bens for o da comunhão universal, o cônjuge supérstite fará jus a 50% da indenização. A outra metade será partilhada entre os herdeiros, se houver. Sendo o regime de comunhão parcial, aplica-se a mesma regra para o cônjuge sobrevivente, se o seguro foi contratado durante a sociedade conjugal. Se ante-

---

[348] *Ementário do Diário Oficial do Estado do Rio de Janeiro*, n. 100, de 27.05.1999. Ementa n. 21.

rior, constituirá patrimônio particular do *de cujus* e será partilhado entre os seus herdeiros.

13. Conta bancária conjunta

Havendo contas bancárias conjuntas, em nome do autor da herança e do outro cônjuge, a parte correspondente ao falecido será declarada no inventário, para efeito de partilha. É nesse sentido a orientação dos tribunais:

> Conta conjunta. Inventário, apenas, a metade do saldo da referida conta bancária. Legitimidade da viúva para oferecer embargos de terceiros. Embargos de terceiro contra o espólio, ajuizados pela viúva do *de cujus*, objetivando excluir do inventário a importância da conta de poupança conjunta que mantinha com o *de cujus*. Legitimidade ativa para a ação de embargos de terceiro. Correta a decisão de 1ª instância que mandou permanecesse para ser inventariada apenas a metade da referida conta.[349]

14. Crédito trabalhista

O cônjuge sobrevivente tem direito à metade da indenização trabalhista recebida pelo falecido. Integra a comunhão a indenização correspondente a direitos adquiridos durante o tempo de casamento sob o regime de comunhão universal. Esse é o entendimento da Quarta Turma do Superior Tribunal de Justiça. No primeiro grau, a sentença de divórcio determinou a partilha de todos os bens adquiridos pelo casal, na proporção de 50% para cada um, mas negou a meação da indenização obtida em ação trabalhista e o pedido de alimentos formulado pela esposa. Em grau de apelação, a Primeira

---

[349] TJPR AC n. 516/85.

Câmara Cível do Tribunal de Justiça de Santa Catarina, por maioria, reconheceu parcialmente o direito da esposa e aceitou o pedido de meação dos valores relativos à indenização trabalhista.

O ex-marido recorreu ao Superior Tribunal de Justiça, alegando a existência de dissídio jurisprudencial. Sua defesa também sustentou que os frutos civis do trabalho ou da indústria de cada cônjuge são excluídos da comunhão, quando as verbas pleiteadas na ação dizem respeito ao tempo em que não mantinha relacionamento com a recorrida, e o produto só foi recebido após a ruptura conjugal. Segundo o relator, Ministro Luiz Felipe Salomão, o tema foi objeto de divergência entre as turmas que integram a Segunda Seção do Superior Tribunal de Justiça, mas a Corte já pacificou o entendimento de que "integra a comunhão a indenização trabalhista correspondente a direitos adquiridos durante o tempo de casamento sob o regime de comunhão universal".

Para o relator, não restam dúvidas de que os créditos trabalhistas foram adquiridos na constância do casamento. O acórdão recorrido afirma que, embora não se possa vislumbrar com segurança a data efetiva da separação de fato do casal – entre abril de 1997 e março de 1998 –, o fato é que, ainda que os valores relativos aos créditos trabalhistas tenham sido recebidos após a dissolução da sociedade conjugal, é certo que eles foram adquiridos na constância do casamento, realizado em janeiro de 1993, sob o regime de comunhão universal de bens. "Incontroverso, pois, o ponto relativo ao tempo da aquisição dos direitos trabalhistas, tem-se que o decisório combatido não ofendeu o preceito de lei federal invocado pelo recorrente, tampouco dissentiu do entendimento traçado por esta Corte", concluiu o relator em seu voto.[350]

---

350 STJ REsp n. 878516/SC (2006/0101014-5), rel. Min. Luis Felipe Salomão.

No plano do direito sucessório, a orientação é a mesma. Ou seja, morrendo um dos cônjuges, deixando dentre os bens a inventariar valores percebidos a título de indenização, é indiscutível que, sendo o regime o da comunhão universal, o cônjuge supérstite tem direito à metade.

15. Do inventário negativo

Não existe regra prevendo a realização de inventário negativo. O tema vem à tona por conta do artigo 1.641, combinado com o artigo 1.523 do Código Civil. O primeiro estabelece que é obrigatório o regime da separação de bens no casamento: a) do viúvo, ou da viúva, que tenha filhos do cônjuge falecido, salvo se fez inventário e deu partilha aos herdeiros; b) do divorciado que se casar antes de homologar ou decidir a partilha dos bens do casal. Por sua vez, o artigo 1.523 preconiza que não devem casar:

> I — o viúvo ou a viúva que tiver filho do cônjuge falecido, enquanto não fizer inventário dos bens do casal e der partilha aos herdeiros;
>
> II — a viúva, ou a mulher cujo casamento se desfez por ser nulo ou ter sido anulado, até dez meses depois do começo da viuvez, ou da dissolução da sociedade conjugal;
>
> III — o divorciado, enquanto não houver sido homologada ou decidida a partilha dos bens do casal;
>
> IV o tutor ou o curador e os seus descendentes, ascendentes, irmãos, cunhados ou sobrinhos, com a pessoa tutelada ou curatelada, enquanto não cessar a tutela ou curatela, e não estiverem saldadas as respectivas contas.

Assim, para que sejam celebradas novas núpcias no regime da comunhão, é preciso que haja inventário e partilha dos bens do casamento anterior. Do contrário, o novo casamento será celebrado no regime da separação obrigatória. Questiona-se: se não existirem bens do casamento extinto, haverá necessidade de fazer-se inventário? Há quem responda positivamente. Entendemos de forma diversa, sendo suficiente apenas que se faça a prova negativa no processo de habilitação da inexistência de bens, no registro próprio, em nome do nubente que almeja o novo matrimônio. Tratando-se de bens insuscetíveis de registro, o juiz poderá ordenar a diligência que entender pertinente. O importante é evitar o processo de inventário, que poderá ser longo, não só pela burocracia processual, como pelo volume de serviços nas Varas de sucessão.

16. Do bem de família

O Código Civil de 2002 inovou, tratando do bem de família no Livro IV (Do Direito de Família), dedicando-lhe um subtítulo. A matéria está regulada pelos artigos 1.711 a 1.722 do Código Civil, bem ainda pelos artigos 19 a 23 do Decreto-Lei n. 3.200/1941 e os artigos 260 a 265 da Lei n. 6.015, de 31.12.1973 (Lei de Registros Públicos). Antes, era tratada na parte geral do Código Civil de 1916, nos artigos 70 a 73. Sobre a matéria, dispõe o artigo 1.711 do Código Civil:

> Podem os cônjuges, ou a entidade familiar, mediante escritura pública ou testamento, destinar parte de seu patrimônio para instituir bem de família, desde que não ultrapasse 1/3 (um terço) do patrimônio líquido existente ao tempo da instituição, mantidas as regras sobre a impenhorabilidade do imóvel residencial em lei especial.
>
> Parágrafo único — O terceiro poderá igualmente instituir bem de família por testamento ou doação, dependendo a eficácia do ato da aceitação expressa de ambos os cônjuges beneficiados ou da entidade familiar beneficiada.

O bem de família é uma instituição que visa a proteger o cônjuge, a companheira ou o companheiro e os filhos incapazes do instituidor. Não se cinge apenas a imóvel residencial rural ou urbano. Alcança também valores mobiliários, cuja renda deverá destinar-se à conservação do imóvel e ao sustento da família, conforme permissão da parte final do artigo 1.712. Quer seja instituído pelos cônjuges ou por terceiro, o bem de família constitui-se pelo registro de seu título no Cartório de Registro de Imóveis. É isento de execução por dívidas posteriores à sua instituição, salvo as que provierem de tributos relativos ao prédio, ou de despesas de condomínio (arts. 1.714 e 1.715).

Essa isenção durará enquanto viver um dos cônjuges ou companheiros, ou, na falta deles, até que os filhos completem a maioridade (art. 1.716). Não será inventariado quando da morte do instituidor. Extingue-se com a morte de ambos os cônjuges ou companheiros e a maioridade dos filhos, desde que não sujeitos a curatela (art. 1.722). Saliente-se que o bem de família não se confunde com a impenhorabilidade do imóvel residencial prevista na Lei n. 8.009/90.

Recentemente, o Superior Tribunal de Justiça ampliou a proteção sobre o bem de família previsto na Lei n. 8.009/90. A Súmula n. 364, aprovada pela Corte Especial, estende a imunidade aos imóveis pertencentes a solteiros, viúvos ou descasados. Entre os precedentes da referida súmula, estão os Recursos Especiais ns. 139.012, 450.989, 57.606 e 159.851. No Recurso Especial n. 139.012, o relator Ministro Ari Pargendler considerou que o imóvel de uma pessoa ainda solteira, no momento em que a ação de cobrança foi proposta e que veio a casar-se depois, era protegido contra a penhora. O ministro considerou que, no momento da penhora, já haveria uma unidade familiar no imóvel, justamente o alvo da proteção do bem de família.

Já no Recurso Especial n. 450.989, o então Ministro Humberto Gomes de Barros destacou que a Lei n. 8.009 não visa apenas à proteção da entidade familiar, mas de um direito inerente à pessoa humana: o direito à moradia. Nesse processo, uma pessoa residia sozinha no imóvel, não tendo sido considerada protegida pela Lei n. 8.009. No entendimento do ministro relator, entretanto, a proteção deve ser estendida para esses casos.

17. Sucessões irregulares

Situações existem em que não ocorre a transferência do patrimônio do *de cujus* para os herdeiros, na forma dos artigos 1.784 e 1.829 do Código Civil. São as denominadas sucessões irregulares, as quais ocorrem nas seguintes hipóteses: transmissão a estrangeiro *inter vivos* ou *causa mortis* de terras fronteiriças (art. 205 do Dec.-Lei n. 9.760, de 05.09.1946); sucessão em direitos autorais, regulada pela Lei n. 9.610, de 19 de abril de 1998, que alterou a Lei n. 9.609/98, determinando pertencerem ao domínio público as obras de autores falecidos que não tenham deixado sucessores (art. 45, I), acrescendo-se aos dos sobreviventes os direitos do coautor que falecer sem sucessores (art. 42, parágrafo único); sucessão do enfiteuta que falece sem herdeiros (art. 692, III, do Código Civil de 1916, ainda em vigor, por força do artigo 2.038 do Código Civil de 2002); sucessão em seguro de vida, nos termos do Decreto-Lei n. 5.384/43, que determina que, na falta de beneficiário nomeado, pagar-se-á a metade de seguro ao cônjuge sobrevivente, e metade aos herdeiros do segurada, ocorrendo o mesmo quanto aos pecúlios deixados em instituto de previdência.

Há também sucessão irregular nas hipóteses de valores previstos na Lei n. 6.858/80. Essa lei, de importância social muito grande, foi concebida pelo então Ministro da Desburocratização Hélio Beltrão. O objetivo dessa lei é facilitar a vida de familiares de trabalhadores que morrem deixando depósitos de PIS, PASEP ou FGTS. No seu artigo 1º, dispõe:

> Os valores devidos pelos empregadores aos empregados e os montantes das contas individuais do Fundo de Garantia do Tempo de Serviço e do Fundo de Participação PIS-PASEP, não recebidos em vida pelos respectivos titulares, serão pagos, em quotas iguais, aos dependentes habilitados perante a Previdência Social ou na forma da legislação específica dos servidores civis e militares, e, na sua falta, aos sucessores previstos na lei civil, indicados em alvará judicial, independentemente de inventário ou arrolamento.

Como se vê, o pagamento desses valores faz-se prioritariamente aos dependentes habilitados do trabalhador falecido, sem necessidade de qualquer procedimento judicial. Utiliza-se a via administrativa, mediante a apresentação ao banco depositário de uma declaração da Previdência Social de que o portador era habilitado. Esse tipo de sucessão é irregular, porque a ordem da vocação hereditária é alterada, dando-se preferência aos dependentes habilitados do falecido, que precedem aos demais herdeiros. O fundamento da preferência dos habilitados sobre os herdeiros é de caráter social: proteção aos mais necessitados.

Dependentes são as pessoas habilitadas como beneficiárias do falecido perante a Previdência Social. Não se confundem com os sucessores. Estes são os herdeiros legítimos ou testamentários. A viúva do titular da conta, por exemplo, pode ser sua dependente, mas nem sempre é a sua sucessora. Só na hipótese de inexistirem dependentes habilitados é que os sucessores previstos na lei civil terão direito aos valores, que serão levantados em alvará judicial, independentemente de inventário ou arrolamento. A competência, no caso, para a expedição do alvará é da Justiça Estadual, a teor da Súmula n. 161 do STJ:

> É da competência da Justiça Estadual autorizar o levantamento dos valores relativos ao PIS/PASEP e FGTS, em decorrência do falecimento do titular da conta.

Atente-se que as quotas atribuídas a menores ficarão depositadas em caderneta de poupança, rendendo juros e correção monetária, e só serão disponíveis após o menor completar dezoito anos. Excepciona-se apenas a autorização do juiz para aquisição de imóvel destinado à residência do menor e de sua família, ou para dispêndio necessário à subsistência e educação do menor (§ 1º do art. 1º da Lei n. 6.858/80). Essa matéria acha-se regulada atualmente pela Lei n. 8.036, de 11 de maio de 1990, cujo artigo 20 dispõe:

> A conta vinculada do trabalhador no FGTS poderá ser movimentada nas seguintes situações:
> (...)
>
> IV — falecimento do trabalhador, sendo o saldo pago a seus dependentes, para esse fim habilitados perante a Previdência Social, segundo o critério adotado para a concessão de pensões por morte. Na falta de dependentes, farão jus ao recebimento do saldo da conta vinculada os seus sucessores previstos na lei civil, indicados em alvará judicial, expedido a requerimento do interessado, independentemente de inventário ou arrolamento.

Conforme se observa da leitura do dispositivo, o levantamento será feito, em caso de morte do empregado, exclusivamente pelos seus dependentes ou pelos sucessores previstos na lei civil. Em suma, aplicam-se as seguintes regras: a) havendo dependentes habilitados, o FGTS lhes pertence em quotas iguais, sendo a dos incapazes depositadas em caderneta de poupança; b) não havendo dependentes habilitados, o FGTS será levantado pelos herdeiros legítimos, observada a ordem da vocação hereditária prevista no artigo 1.829 do Código Civil.

Aplicam-se essas regras aos casos de PIS/PASEP, bem ainda aos saldos bancários reduzidos (conta corrente, conta de poupança, restituição de imposto de renda etc). Os saldos bancários sujeitam-se ao limite de quinhentas ORTN (Obrigações Reajustáveis do Tesouro Nacional). Como a ORTN foi substituída, sucessivamente, pela OTN (Obrigação do Tesouro Nacional) e pelo BTN (Bônus do Tesouro Nacional), deve-se fazer a atualização do cálculo das quinhentas ORTN. Dessa conversão, trataremos no capítulo seguinte.

CAPÍTULO XXXII

PARTILHA

1. Introdução. 2. Conceito e espécies de partilha. 2.1. Partilha-doação. 2.2. Partilha-testamento. 2.3. Partilha amigável feita pelos herdeiros. 2.4. Partilha judicial. 3. Procedimento da partilha judicial. 4. Outras regras a serem observadas. 5. Sentença. 6. Formal ou certidão de partilha.

1. Introdução

Até a partilha, o direito dos coerdeiros, quanto à propriedade e posse da herança, será indivisível, regulando-se pelas normas relativas ao condomínio (art. 1.791 do CC). Estabelece ainda o Código Civil, no seu artigo 2.013, que o herdeiro pode sempre requerer a partilha, ainda que o testador o proíba, cabendo igual faculdade aos seus cessionários e credores. Existem razões ponderáveis para essa regra: ninguém pode ser obrigado a permanecer em comunhão, não só em homenagem à liberdade individual, como também por motivo de equidade.

Ensina Pacifici-Mazzoni[351], citado por Carvalho Santos, que o interesse da concórdia entre os condôminos é ditado pela experiência de que a comunhão *mater est discordiarum*. Constitui ainda um motivo de utilidade, porque a coisa comum é descuidada pelos seus proprietários, nada produzindo, com prejuízo da economia. Pedir a partilha, portanto, é direito de qualquer herdeiro. Impende ainda assinalar que a partilha é um ato meramente declaratório da propriedade, pois a parte que é atribuída ao herdeiro lhe pertence desde a abertura da sucessão (art. 1.784 do CC).

2. Conceito e espécies de partilha

A partilha é um complemento lógico do inventário, que tem por fim partilhar os bens do falecido. É na partilha que se cinge a indivisibilidade da herança e que se discriminam os quinhões de cada herdeiro, quando houver mais de um. A partilha obedecerá a três critérios básicos: a) a maior igualdade possível, seja quanto ao valor, à natureza e à qualidade dos bens; b) prevenção de litígios futuros; c) a maior comodidade para os herdeiros.

A partilha pode ser deliberada pelo autor da herança, pelos herdeiros ou pelo juiz. No primeiro caso, pode ser feita por doação ou por testamento; no segundo, pode ser amigável ou judicial; no terceiro caso, será sempre judicial, se houver parte incapaz, testamento ou divergência entre os interessados. Há, portanto, quatro espécies de partilha: partilha-doação, partilha-testamento, partilha amigável feita pelos herdeiros e partilha judicial. Examinaremos, a seguir, cada uma dessas espécies.

---

351 Emidio Pacifici-Mazzoni, *Trattado delle successioni*, v. 6, n. 89, apud J. M. de Carvalho Santos, *Código Civil brasileiro interpretado*, v. 24, p. 377.

2.1. Partilha-doação

A partilha-doação acha-se prevista no artigo 2.018 do Código Civil, que repete o 1.776 do Código Civil anterior, apenas com uma alteração: substituiu a palavra "pai" por "ascendente". Trata-se de modificação muito elogiada pela doutrina, dada a abrangência do novo termo empregado, alcançando, agora, a mãe ou outros ascendentes que, pela redação anterior, não podiam outorgar escritura de doação ou de testamento aos seus herdeiros.

A partilha-doação constitui um exemplo de pacto sucessório (art. 426 do CC). Washington de Barros Monteiro[352] assinala que "só mesmo a partilha por ato *inter vivos* constitui verdadeiramente exceção à norma proibitiva do artigo 426, porque corresponde, de fato, a uma sucessão antecipada. Não obstante, revelam-se restritos seus inconvenientes, porquanto, a exemplo do que acontece com as doações, ela só pode abranger bens presentes".

Essa modalidade de partilha importa na transmissão imediata dos bens aos herdeiros, que adquirem, desde logo, a propriedade dos bens móveis, pela tradição, e dos bens imóveis, pelo registro da escritura no registro geral de imóveis. Desde que tenham participado todos os herdeiros necessários e concordado com a divisão dos bens, não haverá colação. Morrendo o doador, não há necessidade de requerer-se inventário, salvo se novos bens foram adquiridos após a doação, ou no caso de exclusão de herdeiros. A esse respeito, leciona Euclides de Oliveira[353]: "Patente a desnecessidade de se proceder a inventário no caso de ter havido partilha em vida, quando utilizada a forma de doação. Com a transmissão dos

---

[352] Washington de Barros Monteiro, *Curso de direito civil*: direito das sucessões, 35. ed., v. 6, p. 14.
[353] Euclides de Oliveira, *Código Civil comentado*, v. 20, p. 211.

bens operada por essa outorga entre vivos, realmente seria despiciendo abrir inventário de bens que já não se continham no patrimônio do autor da herança à data do seu falecimento. Supõe-se que a transferência já tenha sido aceita e operacionalizada, com a consumação da partilha-doação, independentemente de declaração judicial."

Algumas situações embaraçosas podem ocorrer nessa modalidade de partilha:

a) Omissão de algum herdeiro necessário: Zeno Veloso[354] entende que, nessa hipótese, a partilha é nula. Não concordamos com o ilustre civilista. Entendemos que ocorrendo omissão de herdeiro obrigatório, não se considera a partilha feita em vida, mas adiantamento de legítima. Logo, o caso é de colação, para igualar as legítimas (art. 2.002).

b) Superveniência de herdeiro necessário: neste caso, também não há unanimidade na doutrina. Sílvio de Salvo Venosa[355] afirma que devem ser aplicadas as regras de rompimento do testamento. Assim, haveria revogação presumida da disposição testamentária. Mauro Antonini[356] tem opinião contrária, sustentando que não é possível aplicar-se as regras dos artigos 1.973 a 1.975 do Código Civil, "pois o testamento é ato que produz efeitos *causa mortis*, ao passo que a partilha em vida produz efeitos desde logo". E, acertadamente, conclui: "No caso do rompimento do testamento, a doutrina dominante sustenta que, sobrevindo descendente sucessível a quem já tinha algum, o testamento não se rompe. Nesse caso de testamento, o descendente superveniente não será preju-

---

[354] Zeno Veloso, *Comentários ao Código Civil*: parte especial, do direito das sucessões, v. 21, p. 437.

[355] Silvio de Salvo Venosa, *Direito civil*: direito de família, v. 7, p. 389.

[356] Mauro Antonini, *Código Civil comentado*: doutrina e jurisprudência, Coordenação do Ministro Cezar Peluso, 2. ed., p. 2.126.

dicado, porque, sobrevivendo ao testador, terá assegurada sua parte na legítima. No caso da partilha em vida, porém, não é possível aplicar a mesma solução, pois, antecipada a partilha, nada restará a ser partilhado ao herdeiro necessário superveniente. Por causa dessa diferença, a solução mais adequada parece ser considerar que, sobrevindo herdeiro necessário, a partilha em vida não contemplou todos os que teriam direito à partilha e, por conseguinte, o negócio praticado não poderá ser considerado como partilha em vida, mas adiantamento de legítima, nos termos do artigo 544, a impor a colação aos donatários."

c) Partilha-doação feita aos ascendentes: nesta hipótese, não haverá colação, visto que não estão obrigados a colacionar (art. 2.002). Haverá, no entanto, redução das disposições testamentárias, se não foram contemplados todos os ascendentes, salvo se não ocorreu invasão da legítima.

2.2. Partilha-testamento

A partilha-testamento tem seu assento legal no artigo 2.014 do Código Civil, que dispõe:

> Pode o testador indicar os bens e valores que devem compor os quinhões hereditários, deliberando ele próprio a partilha, que prevalecerá, salvo se o valor dos bens não corresponder às quotas estabelecidas.

Ao contrário da partilha-doação, a partilha-testamento não consolida, por si só, a transferência imediata dos bens aos herdeiros. Lembra Zeno Veloso[357] que ela só tem eficácia

---

[357] Zeno Veloso, Código Civil comentado: livro V, do direito das sucessões, arts. 1.784 a 2.027, in Regina Beatriz Tavares (Coord.), *Código Civil comentado*, 6. ed., p. 2.196.

com o falecimento do ascendente, e os bens, então, serão divididos conforme o que estiver disposto no ato de última vontade. Se operasse a transmissão dos bens desde logo, não seria um testamento, mas contrato envolvendo herança de pessoa viva (art. 426). Além disso, a transmissão dos bens de imediato dificultaria a revogação do testamento, quer pela forma do artigo 1.969, quer pela dos artigos 1.973 e 1.974 do Código Civil.

Com relação à igualdade na repartição dos bens, desde que seja respeitada a legítima dos herdeiros necessários, o testador pode distribuir os quinhões de forma desigual, contanto que declare no testamento que as eventuais desigualdades serão imputadas em sua quota disponível. Sendo lícito ao testador dispor livremente de metade de seus bens, nada impede que premie um de seus herdeiros mais do que os outros, embora sejam todos necessários, contanto que lhes não prejudique a legítima. Somente no caso de invasão da legítima é que haverá redução das disposições testamentárias aos limites legais.

Este tipo de partilha assemelha-se a um legado, visto que o testador determina concretamente as quotas dos herdeiros, embora possa também indicar quotas ideais da herança. Mas, conforme o magistério de Zeno Veloso[358], não ocorre a transformação de herdeiro em legatário. "Ele continua herdeiro, embora a situação represente um desvio na distinção entre herdeiro e legatário porque, nesse caso, os bens (móveis e imóveis) que comporão a parte do herdeiro já estão designados."

Ainda sobre a partilha-testamento, controverte-se, na doutrina, se é dispensável o inventário. Entende Carlos Ro-

---

[358] Zeno Veloso, *Comentários ao Código Civil*: parte especial, v. 21, p. 435.

berto Gonçalves[359] que "a partilha em vida constitui, realmente, sucessão ou inventário antecipado, com o objetivo de dispensar os descendentes da feitura do inventário comum ou arrolamento, afastando-se a colação". Cita Arnold Wald, que afirma: "Os bens assim partilhados não estão sujeitos a inventário, pois a partilha em vida é inventário antecipado". Maria Helena Diniz[360] assevera que "essa forma de partilha facilita a fase de liquidação do inventário no processo de partilha, homologando-se a vontade do testador que propôs uma divisão legal e razoável". Em sentido contrário é o entendimento de Euclides de Oliveira[361]: "Na partilha por via testamentária, que está prevista não somente no comentado artigo 2.018, como, também, no artigo 2.014 do Código Civil, considerando tratar-se de ato *mortis causa*, sua eficácia depende da abertura da sucessão do autor da herança e exige, naturalmente, que se instale o processo de inventário dos bens para direcionamento da partilha na forma determinada pelo testador. O cumprimento do testamento, após sua apresentação em Juízo para registro e publicação, faz-se no bojo do processo de inventário, com intervenção obrigatória do testamenteiro e do órgão do Ministério Púbico."

Não temos dúvida de que, aberta a sucessão, a partilha feita por disposição de última vontade afasta a possibilidade de realização de inventário. Assim, morrendo o testador, a partilha-testamento passa a ser inventário e partilha antecipados. Dispensa, portanto, a etapa de apuração de bens e valores deixados pelo *de cujus*, pois já foi cumprida no testamento.

---

359 Carlos Roberto Gonçalves, *Direito civil brasileiro*: direito das sucessões, 2. ed., v. 7, p. 534-535.
360 Maria Helena Diniz, *Curso de direito civil brasileiro*: direito das sucessões, 21. ed., v. 6, p. 409.
361 Euclides de Oliveira, *Código Civil comentado*, v. 20, p. 211.

Dispensa também a partilha dos bens, considerando que foi realizada, em vida, pelo testador.

Haverá, no entanto, processo de inventário nas seguintes hipóteses: a) se a divisão não respeitou a legítima dos herdeiros necessários, salvo se o testador justificou que a desigualdade decorreu da utilização da sua porção disponível; b) se o valor dos bens não corresponder às quotas estabelecidas, conforme estabelece a parte final do artigo 2.014; c) se houver dívidas passivas do espólio, que os herdeiros não quiseram saldar extrajudicialmente.

Por outro lado, o pedido de homologação da partilha-testamento não deve ser simples. Impõe-se que seja motivado e exige a instrução com os seguintes documentos: a) certidão de óbito e guia de pagamento das custas; b) procuração de todos os herdeiros; c) nome do inventariante para ser nomeado e investir-se no cargo, independentemente de termo; d) prova de que a disposição testamentária foi submetida à apreciação judicial, no que respeita às formalidades extrínsecas, nos termos dos artigos 1.125 a 1.141 do Código de Processo Civil; e) comprovante de quitação do imposto de transmissão *causa mortis*, recolhido na forma do artigo 1.034 do Código de Processo Civil, sendo a avaliação, nesse caso, substituída pela estimativa feita pelo inventariante, cabendo à Fazenda Pública apurar possíveis diferenças de imposto, através de processo fiscal; f) certidões negativas das repartições fiscais; g) quitação das dívidas passivas, se houver, com indicação das datas, títulos, origem da obrigação, bem como os nomes dos credores e dos devedores.

Além disso, havendo omissão no testamento, a parte interessada, na petição inicial, deverá informar ao juiz o seguinte: a) a identificação do autor da herança (nome, estado, idade, domicílio, dia e lugar em que faleceu); b) a identificação dos herdeiros (nome, estado civil, idade e residência) e, havendo cônjuge supérstite, o regime de bens do casamento; c) a qualidade dos herdeiros e o grau de seu parentesco com o inventariado. Atendendo a petição inicial aos requisitos indicados, será plenamente possível a homologação da partilha feita em vida através de testamento, independentemente de inventário.

2.3. Partilha amigável feita pelos herdeiros

A partilha amigável é a que resulta de acordo entre os herdeiros, maiores e capazes. Só pode se realizar após a morte do autor da herança. Antes de aberta a sucessão, constituiria pacto sucessório, vedado pelo artigo 426 do Código Civil. A partilha amigável comporta três modalidades: por termo nos autos do inventário; por escrito particular homologado pelo juiz (art. 2.015); por escritura pública. Trata-se, em qualquer das hipóteses, de negócio jurídico que exige transação das partes.

A partilha por termo nos autos do inventário ou arrolamento exige, também, que os herdeiros sejam maiores e capazes. O pedido será formulado por procurador, com poderes especiais, e deverá conter um plano de partilha, a fim de ser homologada pelo juiz. Será juntada aos autos do inventário ou arrolamento, para a devida homologação. A partilha por escritura pública será examinada em capítulo próprio.

2.4. Partilha judicial

A partilha judicial é a realizada no inventário, por determinação do juiz, se os herdeiros divergirem, assim como se algum deles for incapaz (art. 2.016). Esse dispositivo praticamente repete o artigo 1.774 do Código Civil de 1916, verificando-se apenas a substituição da expressão "menor" por "incapaz", termo, aliás, mais apropriado, por ser genérico.

Incapazes são as pessoas arroladas nos artigos 3º e 4º do Código Civil. Estando algum herdeiro nas condições ali previstas, a partilha terá que ser judicial, mesmo que os representantes ou os assistentes dos incapazes concordem com a forma de atribuição dos bens, como se fora amigável. Na partilha judicial é obrigatória a intervenção do juiz, com o auxílio do Ministério Público, sob pena de nulidade (art. 82, I, do CPC).

A intervenção do juiz também pode ocorrer na hipótese de partilha amigável, sempre que depender de homologação judicial[362]. Por esse aspecto de nosso direito positivo, lembra Euclides de Oliveira[363]: "Tem-se, na verdade, que toda e qualquer partilha será sempre judicial. A distinção é feita, no entanto, para que se reserve o procedimento amigável aos casos de interesses dos capazes, enquanto as situações remanescentes ficam ao crivo da decisão do juiz do inventário, por isso se apelidando mais tipicamente como partilha judicial."

3. Procedimento da partilha judicial

O Código de Processo Civil traça regras sobre o procedimento a ser observado na partilha judicial, dispondo no artigo 1.022:

> Cumprido o disposto no artigo 1.017, parágrafo 3º, o juiz facultará às partes que, no prazo comum de 10 (dez) dias, formulem o pedido de quinhão; em seguida proferirá, no prazo de 10 (dez) dias, o despacho de deliberação da partilha, resolvendo os pedidos das partes e designando os bens que devam constituir quinhão de cada herdeiro e legatário.

---

[362] Ressalva-se a hipótese de partilha extrajudicial, celebrada na forma da Lei n. 11.441, de 2007.
[363] Euclides de Oliveira, *Código Civil comentado*, v. 20, p. 197.

Será então elaborado pelo partidor o esboço da partilha, de acordo com a decisão, observando-se nos pagamentos a seguinte ordem: dívidas atendidas; meação do cônjuge; meação disponível; quinhões hereditários, a começar pelo coerdeiro mais velho (art. 1.023 do CPC). Feito o esboço, serão ouvidas as partes no prazo comum de cinco dias. Resolvidas as reclamações, será a partilha lançada nos autos (1.024 do CPC).

De acordo com o artigo 1.025 do Código de Processo Civil, a partilha constará:

I — de um auto de orçamento, que mencionará:

a) os nomes do autor da herança, do inventariante, do cônjuge supérstite, dos herdeiros, dos legatários e dos credores admitidos;

b) o ativo, o passivo e o líquido partível, com as necessárias especificações;

c) o valor de cada quinhão;

II — de uma folha de pagamento para cada parte, declarando a quota a pagar-lhe, a razão do pagamento, a relação dos bens que lhe compõem o quinhão, as características que os individualizam e os ônus que os gravam.

O auto e cada uma das folhas serão assinados pelo juiz e pelo escrivão, conforme dispõe o parágrafo único desse artigo.

Efetuado o pagamento do imposto de transmissão *causa mortis*, e juntada aos autos certidão ou informação negativa de dívida com a Fazenda Pública, o juiz julgará por sentença a partilha (art. 1.026 do CPC).

4. Outras regras a serem observadas

a) Na partilha dos bens, observar-se-á, quanto ao seu valor, natureza e qualidade, a maior igualdade possível (art. 2.017 do CC). A igualdade recomendada pelo Código Civil é a que for possível. Quando for o caso, deve-se atribuir a cada herdeiro o bom e o ruim, o certo e o duvidoso. O retalhamento de prédios não é recomendável, não só pelos prejuízos que pode causar, como pelas rixas que geralmente acontecem. Ensina Pontes de Miranda[364], com a sua notável proficiência: "A igualdade maior possível é a igualdade que não prejudica a algum dos herdeiros; é igualdade que sirva, e não que dessirva; é igualdade que atende às circunstâncias e aos bens do monte, e não igualdade cega; é a igualdade que respeita as regras que recomendam não se fragmentar demasiado a propriedade, nem se darem dois bens em comum a dois herdeiros, se melhor seria dar um a um herdeiro e o outro a outro."

b) Os bens insuscetíveis de divisão cômoda, que não couberem na meação do cônjuge sobrevivente ou no quinhão de um só herdeiro, serão vendidos judicialmente, partilhando-se o valor apurado, a não ser que haja acordo para serem adjudicados a todos (art. 2.019 do CC). O dispositivo tem por objetivo evitar as inconveniências que ocorrem quando um imóvel não cabe na meação ou no quinhão de um herdeiro ou não admite divisão cômoda.

Sendo insuperável o problema, a solução é a venda judicial, dividindo-se o produto da venda entre meeiro e herdeiros. O artigo em exame, no entanto, abre duas exceções: quando há acordo para que seja o bem adjudicado a todos; quando o cônjuge sobrevivente ou um ou mais herdeiros requererem lhes seja adjudicado o bem, repondo aos outros, em dinheiro, a diferença, após avaliação atualizada. Caso a adju-

---

364 Pontes de Miranda, *Tratado de direito privado*: direito das sucessões, § 6.024, v. 60, p. 361.

dicação seja requerida por mais de um herdeiro, observar-se-á o processo da licitação.

c) Os herdeiros na posse dos bens da herança, o cônjuge sobrevivente e o inventariante são obrigados a trazer ao acervo os frutos que perceberam desde a abertura da sucessão; têm direito ao reembolso das despesas necessárias e úteis que fizeram e respondem pelo dano a que, por dolo ou culpa, deram causa (art. 2.020 do CC).

d) Nas hipóteses em que parte da herança for composta de liquidação morosa ou difícil, poderá proceder-se, no prazo legal, à partilha dos outros, reservando-se aqueles para uma ou mais sobrepartilhas, sob a guarda e a administração do mesmo ou de outro inventariante, com o consentimento da maioria dos herdeiros (art. 2.021). A finalidade do dispositivo é evitar o retardamento da partilha dos bens líquidos e presentes, deixando os ilíquidos e remotos para uma sobrepartilha. Também ficam sujeitos à sobrepartilha os bens sonegados e quaisquer outros bens da herança de que se tiver ciência após a partilha (art. 2.022).

5. Sentença

O juiz julgará por sentença a partilha, após o pagamento do imposto de transmissão a título de morte e da juntada aos autos da certidão ou informação negativa de dívida com a Fazenda Pública (art. 1.026 do CPC).

Observe-se que a partilha judicial é julgada por sentença, ao contrário da partilha amigável, que, como já dissemos, é homologada, salvo quando realizada por escritura pública (Lei n. 11.441/2007), que independe de intervenção judicial.

6. Formal ou certidão de partilha

Passada em julgado a sentença, o herdeiro receberá os bens que lhe tocarem e um formal de partilha, do qual constarão, conforme o artigo 1.027 do Código de Processo Civil, as seguintes peças:

I — termo de inventariante e título de herdeiros;

II — avaliação dos bens que constituíram o quinhão do herdeiro;

III — pagamento do quinhão hereditário;

IV — quitação dos impostos;

V — sentença.

O formal de partilha poderá ser substituído por certidão do pagamento do quinhão hereditário, quando não exceder cinco vezes o salário mínimo vigente na sede do Juízo; nesse caso, se transcreverá nela a sentença de partilha transitada em julgado.

Anote-se que a partilha, ainda depois de transitada em julgado a sentença, pode ser emendada nos mesmos autos do inventário, convindo todas as partes, quando tenha havido erro de fato na descrição dos bens. Tratando-se de inexatidões materiais, a correção poderá ser determinada pelo juiz, de ofício, ou a requerimento da parte (art. 1.028 do CPC).

CAPÍTULO XXXIII

DO ARROLAMENTO

1. Conceito. 2. Espécies de arrolamento. 2.1. Arrolamento sumário. 2.2. Arrolamento quando há um só herdeiro. 2.3. Arrolamento pelo valor dos bens. 3. Teto (em reais) para arrolamento.

1. Conceito

Arrolamento é um inventário simples, menos solene e menos dispendioso. Visa a atender a um ideal de rapidez e de economia financeira.

2. Espécies de arrolamento

O Código de Processo Civil prevê as seguintes espécies de arrolamento:

a) Quando os herdeiros capazes celebrarem partilha amigável, nos termos do artigo 2.015 do Código Civil[365] e reque-

---

365 Artigo 2.015 — Se os herdeiros forem capazes, poderão fazer partilha amigável, por escritura pública, termo nos autos do inventário, ou escrito particular, homologado pelo juiz.

rem ao juiz homologação (art. 1.031 do CPC).[366]

b) Quando houver um só herdeiro, seja incapaz ou não (§ 1º do art. 1.031, c.c. o art. 1.032 do CPC).[367]

c) Quando o valor da herança não ultrapassar duas mil OTNs (art. 1.036).

2.1. Arrolamento sumário

A primeira hipótese está prevista nos artigos 1.031 a 1.035 do Código de Processo Civil. O arrolamento sumário exige que todos os herdeiros sejam capazes e queiram fazer a partilha amigavelmente. O procedimento constará de petição dirigida ao juiz, deduzida pelos herdeiros, através de advogado, em que requererão a nomeação do inventariante que designarem. Além disso, declararão os títulos dos herdeiros e dos bens do espólio, observado o disposto no artigo 993 do Código de Processo Civil, e atribuirão o valor dos bens, para fins de partilha (art. 1.032 do CPC). Não serão lavrados termos nem se procederá à avaliação para nenhuma finalidade, ressalvada a hipótese prevista no parágrafo único do artigo 1.035 do Código de Processo Civil.

A rapidez do arrolamento admitida pela lei depende fundamentalmente dos herdeiros e do advogado que constituírem. Há possibilidade de ser a partilha homologada, ou expedida a carta de adjudicação, na mesma data em que o processo aportou em cartório. Basta que o requerimento dos herdeiros formulado ao juiz esteja instruído com os seguintes documen-

---

366 Artigo 1.031 — A partilha amigável, celebrada entre partes capazes, nos termos do artigo 1.773 do Código Civil, será homologada de plano pelo juiz, mediante a prova da quitação dos tributos relativos aos bens do espólio e às suas rendas, com observância dos artigos 1.032 a 1.035 desta Lei.

367 Parágrafo 1º — O disposto neste artigo aplica-se, também, ao pedido de adjudicação, quando houver herdeiro único.

tos: a) certidão de óbito e guia de pagamento das custas; b) procuração de todos os herdeiros; c) nome do inventariante para ser nomeado e investir-se no cargo, independentemente de termo; d) declaração contendo o nome do cônjuge, regime de bens, nomes dos herdeiros devidamente qualificados, relação dos bens, com o valor de cada um; e) partilha amigável, ou pedido de adjudicação, caso exista um só herdeiro; f) certidões negativas das repartições fiscais; g) prova do recolhimento do imposto de transmissão *causa mortis*. Cumpridos esses requisitos, restará ao escrivão, tão só, fazer a autuação e a conclusão dos autos, cabendo ao juiz lavrar a sentença homologatória.

Nessa forma de arrolamento, não serão conhecidas ou apreciadas questões relativas ao lançamento, ao pagamento ou à quitação de taxas judiciárias e de tributos incidentes sobre a transmissão da propriedade dos bens do espólio (art. 1.034 do CPC). A taxa judiciária, se devida, será calculada com base no valor atribuído pelos herdeiros, cabendo ao fisco, se apurar em processo administrativo valor diverso do estimado, exigir a eventual diferença pelos meios adequados ao lançamento de créditos tributários em geral.

Já o imposto de transmissão *causa mortis* será objeto de lançamento administrativo, conforme dispuser a legislação tributária, porquanto as autoridades fazendárias não estão adstritas aos valores dos bens do espólio atribuídos pelos herdeiros (§§ 1º e 2º).

A Fazenda Pública, contudo, não pode intervir no processo judicial para discutir essa matéria. É importante que os interessados removam administrativamente com o fisco qualquer dúvida que houver sobre o valor dos bens, de forma a possibilitar o recolhimento do imposto de transmissão *causa mortis* antes do ajuizamento do pedido de arrolamento. Não sendo possível, a discussão será objeto de lançamento em processo próprio.

Este tipo de arrolamento está quase sem utilidade. É que o modelo previsto na Lei n. 11.441/2007, por ser mais célere, tornou-se o preferido dos herdeiros. Ajusta-se, todavia, aos casos em que os herdeiros, embora sejam maiores e capazes, não possam fazer a partilha nos termos da referida Lei, por existir testamento.

2.2. Arrolamento quando há um só herdeiro

Há divergências sobre se há incidência do parágrafo 1º do artigo 1.031, no caso de o herdeiro único ser incapaz. A doutrina majoritária entende que a regra deve ser aplicada, por duas razões: a) a lei não distinguiu, pois falou em herdeiro único; b) havendo herdeiro único, não há que se falar em partilha.

2.3. Arrolamento pelo valor dos bens

Este tipo de arrolamento acha-se previsto no artigo 1.036 do Código de Processo Civil, que dispõe:

> Quando o valor dos bens do espólio for igual ou inferior a 2.000 (duas mil) Obrigações Reajustáveis do Tesouro Nacional (ORTN), o inventário processar-se-á na forma de arrolamento, cabendo ao inventariante nomeado, independentemente da assinatura de termo de compromisso, apresentar, com suas declarações, a atribuição do valor dos bens do espólio e o plano da partilha.

Leva-se em consideração, portanto, o valor dos bens, e não a capacidade dos herdeiros.

O procedimento previsto na lei processual civil é mais demorado do que o do arrolamento sumário. A petição inicial será instruída com os seguintes documentos: a) certidão de óbito, guia do pagamento das custas e procurações; b) declaração de herdeiros; c) declaração de bens, com estimativa de valor; d) plano de partilha ou pedido de adjudicação; e) certidões negativas das repartições fiscais. Os herdeiros deduzirão pedido de nomeação de um inventariante, que assumirá independentemente de termo de compromisso, bem ainda de citação dos herdeiros não representados e do Ministério Público, se houver incapaz.

Feita a nomeação do inventariante, serão ordenadas as citações porventura necessárias. Havendo impugnação formulada pelas partes ou pelo órgão ministerial sobre a estimativa dos bens, o juiz nomeará um avaliador, que oferecerá laudo em dez dias. Como se observa, nessa modalidade de arrolamento, há oportunidade de discutir o valor dos bens e, portanto, de fazer avaliação judicial, ou porque houve discordância da estimativa, ou porque existem incapazes. A discussão, contudo, cingir-se-á às partes e ao Ministério Público. Não alcança a Fazenda Pública, pois ela, se não concordar com os valores apurados, poderá utilizar o processo de lançamento fiscal.

Existe também a previsão de uma audiência de deliberação de partilha. O parágrafo 2º do artigo 1.036 do Código de Processo Civil dispõe que, apresentado o laudo, o juiz, em audiência que designar, deliberará sobre a partilha, na qual decidirá de plano todas as reclamações e mandará pagar as dívidas não impugnadas, lavrando-se de tudo um só termo, assinado por ele e pelas partes presentes. Provada a quitação dos tributos relativos aos bens do espólio e às suas rendas, o juiz julgará a partilha (§ 5º).

3. Teto (em reais) para arrolamento

O ponto mais cruciante deste tipo de arrolamento diz respeito ao teto, em reais. Como vimos, o artigo 1.036 do Código de Processo Civil fixou o valor máximo dos bens do espólio em duas mil ORTNs, para efeito de arrolamento pelo valor dos bens. Esse índice, entretanto, foi extinto e substituído, sucessivamente, pela OTN (Obrigação do Tesouro Nacional) e pelo BTN (Bônus do Tesouro Nacional), que também não mais existem. Assim, não é mais possível corrigir os valores dos bens do espólio com base nessas Obrigações do Tesouro.

Como proceder então, considerando-se que não houve modificação no artigo 1.036 do Código de Processo Civil? Fazendo-se um levantamento dos diversos indexadores da economia brasileira, de 1964 até 1994, tem-se o seguinte quadro: a ORTN vigorou de outubro de 1964 a fevereiro de 1986, quando foi extinta e substituída pela Obrigação do Tesouro Nacional (OTN). A Lei n. 7.730/89 extinguiu a OTN e instituiu, em substituição, o Bônus do Tesouro Nacional (BTN), que tinha como variação o Índice de Preços ao Consumidor (IPC), do Instituto Brasileiro de Geografia e Estatística (IBGE). A esse índice foi atrelado o BTNF, que tinha variação diária. Em 1991, a Lei n. 8.177, de 1º de março, criou um novo indexador: a TR (taxa referencial) e, como variante, a TRD (taxa referencial diária), extinguindo, portanto, o BTN. Seu último valor, em fevereiro daquele ano, foi 126,8621.

Em janeiro de 1994, foi criado um novo índice de correção, a URV (Unidade Real de Valor), que vigorou até a edição da Medida Provisória n. 542, de 30 de junho de 1984, transformada na Lei n. 9.069, de 29 de junho de 1995, que criou um novo padrão monetário brasileiro, o cruzeiro real, que limitou os reajustes para períodos de um ano pelo IPC-R (Índice de Preços ao Consumidor — Real). Ressurgiu também o INPC (Índice Nacional de Preços ao Consumidor), utilizado para correção de contratos e de outras prestações econômicas.

O Tribunal de Justiça de São Paulo organizou uma tabela de índices que resume bem o assunto:

Outubro/64 a fevereiro/86: ORTN; março/86 a janeiro/89: OTN; jan/89: IPC de 42,72 (antes: 70,28); fevereiro/89 a fevereiro/91: IPC do IBGE; março/91 a junho/94: INPC;

julho/94 a junho/95: IPC-R do IBGE; julho/95 em diante: INPC do IBGE.

Diante de uma parafernália como essa, resta afinal saber o resultado da atualização das 2.000 ORTN em real, depois de substituída por vários outros índices: OTN, BTN, TR e URV. Desenvolvemos uma tabela de conversão, utilizando os fatores de conversão e os diversos índices que surgiram ao longo dos anos, e chegamos a uma conclusão. Seguem duas tabelas: uma de conversão das 2.000 ORTNs até 1º de julho de 1994, sem correção monetária, importando em R$ 7.520,91; outra, com esse valor corrigido pelo INPC, até 30 de agosto de 2008, no importe de R$ 24.628,87.

Data do título: 01.02.1986			Valor original Cr$ 186.078.800,00	
Data da correção	Valor a corrigir	Fator de conversão	Índice	Valor corrigido
28.02.1986	NCr$ 186.078.800,00	2000	ORTN 93.039,,4000	Cr$ 186.078.800,00
31.01.1989	Cr$ 186.078.800,00	2000	OTN 6.170,1900	Cz$ 12.340.380,00/1.000
01.02.1991	Cz$ 12.340,38	12.340,38	BTN 126,8621	NCz$ 1.565.526,52
31/7/1993	NCz$ 1.565.526,52	338,454113	INPC	Cr$ 529.858.889,70/1.000
30.06.1994	Cr$ 529858,88	39,034021	INPC	CR$ 20.682.522,64. /2750
01.07.1994	R$ 7.520,91		INPC	R$ 7.520,91
Valor do título em 01.07.1994				R$ 7.520,91

Data do título: 01.02.1986			Valor original Cr$ 186.078.800,00	
Data da correção	Valor a corrigir	Fator de conversão	Índice	Valor corrigido
28.02.1986	NCr$ 186078800,00	2.000	ORTN 93.039,4000	Cr$ 186.078.800,00
31.01.1989	Cr$ 186.078.800,00	2.000	OTN 6.170,1900	Cz$ 12.340.380,00/1.000
01.02.1991	Cz$ 12.340,38	12.340,38	BTN 126,8621	NCz$ 1.565.526,52
31.07.1993	NCz$ 1.565.526,52	338,454113	INPC	Cr$ 529.858.889,70/1.000
30.06.1994	Cr$ 529.858,88	39,034021	INPC	CR$ 20.682.522,64/2.750
01.04.2004	R$ 7.520,91	2,70425	INPC	R$ 20.338,42
30.08.2008	C$ 7.520,91	3,27420	INPC	C$ 24.628,87
Valor do título em 01.08.2008				R$ 24.628,87

Como se observa, tem pertinência a crítica feita por Sebastião Amorim e Euclides Oliveira[368]: "Salta aos olhos a inadequação do defasado sistema ainda constante da lei processual, quando é praticamente impossível saber o valor exato a que corresponderiam as tais 2.000 ORTN, para utilização do procedimento correto, se inventário ou arrolamento. A mesma perplexidade se colhe no exame do limite de valor para fins de levantamento pelos dependentes do falecido (500 ORTN, segundo a Lei n. 6.858/80). Seria muito mais adequado e simples retornar à indexação pelo salário mínimo. Era como constava do Código de Processo Civil, antes das alterações feitas pela Lei n. 7.019/82, cujos propósitos de racionalização do sistema resultaram desvirtuados. Adotava-se o rito de arrolamento para valores de até 200 salários mínimos. Talvez fosse pouco. Sugere-se a adoção de 500 salários mínimos para o arrolamento do artigo 1.036 do Código de Processo Civil, e de 50 salários mínimos para os depósitos bancários de que trata a Lei n. 6.858/80. Não há óbice constitucional ou legal para adotar semelhante padrão evolutivo, pois o critério já vem servindo a outros fins processuais, como para a fixação do rito sumário (art. 275, I, do CPC) e da competência do Juizado Especial (Lei n. 9.099/95)."

---

368 Luiz Sebastião Amorim; Euclides Benedito de Oliveira, *Inventários e partilhas*, 21. ed., p. 523.

CAPÍTULO XXXIV

INVENTÁRIO E PARTILHA POR ESCRITURA PÚBLICA

1. Introdução. 2. Pressupostos. 2.1. Serem as partes capazes. 2.2. Concordância entre as partes. 2.3. Não haver testamento. 2.4. Presença de advogado. 2.5. Quitação dos tributos. 3. Forma opcional da via extrajudicial do inventário e da partilha. 4. Competência funcional do tabelião. 5. Documentos necessários. 6. Representante do espólio. 7. Comparecimento das partes. 8. Gratuidade dos atos notariais. 9. Dívidas do espólio. 10. Cessão de direitos hereditários. 11. Renúncia de herança. 12. Colação. 13. União estável. 14. Retificação de partilha. 15. Inventário e partilha de posse. 16. Sucessão aberta antes da vigência da Lei n. 11.441/2007. 17. Inventário e partilha extrajudiciais, quando a viúva estiver grávida do autor da herança. 18. Homologação. 19. Inventário e partilha conjuntos. 20. Resistência ao cumprimento da Lei n. 11.441/2007.

1. Introdução

A normatização do inventário e da partilha por escritura pública encontra-se no Código de Processo Civil (arts. 982 e

983). Esses artigos, com as modificações introduzidas pela Lei n. 11.441, de 2007, passaram a ter a seguinte redação:

> Artigo 982 — Havendo testamento ou interessado incapaz, proceder-se-á ao inventário judicial; se todos forem capazes e concordes, poderá fazer-se o inventário e a partilha por escritura pública, a qual constituirá título hábil para o registro imobiliário.
>
> Parágrafo único — O tabelião somente lavrará a escritura pública se todas as partes interessadas estiverem assistidas por advogado comum ou advogados de cada uma delas, cuja qualificação e assinatura constarão do ato notarial.
>
> Artigo 983 — O processo de inventário e partilha deve ser aberto dentro de 60 (sessenta) dias a contar da abertura da sucessão, ultimando-se nos 12 (doze) meses subsequentes, podendo o juiz prorrogar tais prazos, de ofício ou a requerimento de parte.

O artigo 982 prevê a forma de inventário e partilha por meio de escritura pública (extrajudicial ou administrativo); já o artigo 983 estabelece os prazos de abertura e de encerramento do processo de inventário, os quais, com o advento da Lei n. 11.441/2007, passaram a ser de sessenta dias e de doze meses, respectivamente.

2. Pressupostos

O artigo 983 do Código de Processo Civil exige alguns pressupostos para que se possa fazer o inventário e a partilha por escritura pública.

2.1. *Serem as partes capazes*

É preciso que as partes tenham capacidade civil, ou seja, tenham aptidão para exercer seus direitos. Os casos de incapacidade são os previstos nos artigos 3º e 4º do Código Civil, que prescrevem:

Artigo 3º — São absolutamente incapazes de exercer pessoalmente os atos da vida civil:

I — os menores de dezesseis anos;

II — os que, por enfermidade ou deficiência mental, não tiverem o necessário discernimento para a prática desses atos;

III — os que, mesmo por causa transitória, não puderem exprimir sua vontade.

Artigo 4º — São incapazes, relativamente a certos atos, ou à maneira de os exercer:

I — os maiores de dezesseis e menores de dezoito anos;

II — os ébrios habituais, os viciados em tóxicos, e os que, por deficiência mental, tenham o discernimento reduzido;

III — os excepcionais, sem desenvolvimento mental completo;

IV — os pródigos.

Por conseguinte, havendo herdeiro menor de dezoito anos, interditado, embora de maioridade, ou ausente, não pode haver inventário e partilha por escritura pública. A incapacidade, no caso, não é a do momento da abertura da sucessão, mas a da lavratura do ato. As regras estabelecidas nos referidos artigos não se aplicam aos herdeiros emancipados. É que, de acordo com o parágrafo único do artigo 5º do Código Civil, cessa, para os menores, a incapacidade:

I — pela concessão dos pais, ou de um deles na falta do outro, mediante instrumento público, independentemente de homologação judicial, ou por sentença do juiz, ouvido o tutor, se o menor tiver dezesseis anos completos;

II — pelo casamento;

III — pelo exercício de emprego público efetivo;

IV — pela colação de grau em curso de ensino superior;

V — pelo estabelecimento civil ou comercial, ou pela existência de relação de emprego, desde que, em função deles, o menor com dezesseis anos completos tenha economia própria.

2.2. Concordância entre as partes

Não basta a capacidade civil. É necessário ainda que todos os herdeiros estejam de acordo em fazer o inventário e a partilha amigavelmente. Havendo divergência, mesmo que seja de um só interessado, não será possível praticar-se o ato.

2.3. Não haver testamento

A doutrina considera polêmica esta hipótese. Não é qualquer testamento que tem força para impedir a realização de inventário e partilha pela via extrajudicial, mas somente o que tenha conteúdo patrimonial.

Assim, não impede o inventário e a partilha por escritura pública o testamento que tem por objeto disposições pessoais, como reconhecer filho havido fora do casamento, emancipar filho, criar fundação, estabelecer a indivisibilidade de um bem divisível de seu patrimônio por um determinado prazo (art.

1.320, § 2º, do CC), instituir os direitos reais de usufruto, uso ou habitação sobre um determinado bem, sem modificar a destinação da propriedade para os herdeiros.

Christiano Cassettari[369] assinala que não haveria mal em permitir o inventário e a partilha por escritura pública, havendo três filhos capazes, sendo dois maiores de dezoito anos e um emancipado por testamento pelo pai ou pela mãe, que exerça o poder familiar de forma exclusiva. Nesse caso, o testamento foi celebrado com o único objetivo de dar capacidade ao filho menor, cuja eficácia dependerá somente da sua averbação no Registro Civil, nos moldes do artigo 9º, II, do Código Civil. E acrescenta: "Há, ainda, notícias de pessoas que utilizam o testamento com o intuito exclusivo de tornar públicos determinados fatos que não tiveram coragem de dizer em vida, como pedir perdão a um ente querido por alguma briga que afastou a convivência entre ambos, motivo pelo qual não se poderiam apenar os herdeiros capazes e concordes com a obrigatoriedade de realizar o inventário judicial."

Além disso, mesmo que o testamento tenha conteúdo patrimonial, não vemos razão para impedir a realização do inventário e partilha através de escritura pública, se os herdeiros, legítimos e testamentários, forem capazes e estiverem concordes em fazer a partilha amigavelmente. Apenas exige-se que previamente o testamento seja cumprido, na forma estabelecida pelo Código de Processo Civil. Nenhum prejuízo haveria. O argumento de que cabe ao juiz, no curso do inventário, fiscalizar o cumprimento da vontade do testador não tem valia. Essa tarefa pode muito bem ser exercida pelo herdeiro testamentário. Se tem aptidão para recusar a herança testamentária, por que não a tem para transacionar com os

---

[369] Christiano Cassettari, *Separação, divórcio e inventário por escritura pública*: teoria e prática, 3. ed., p. 107.

herdeiros legítimos? O Superior Tribunal de Justiça vem reconhecendo como legítima a transação realizada pelas partes em inventário, mesmo havendo testamento, conforme demonstra o seguinte julgado:

> Ação declaratória de reconhecimento de união estável cumulada com nulidade de testamento. Casamento posterior. Acordo entre a autora e os herdeiros. Partilha dos bens. Perda do objeto. 1. Pleiteando a autora o reconhecimento da meação dos bens deixados em inventário pelo falecido companheiro e marido, tem-se que o recurso perdeu o seu objeto ante a celebração de acordo, homologado, entre as partes no inventário sobre a divisão dos bens, estabelecendo critérios para a partilha. 2. Acolhimento da preliminar de perda do objeto, por maioria.[370]

Não temos dúvida em afirmar que, diante de um caso concreto, como o mencionado, os juízes e tribunais vão se encaminhar nesse sentido.

2.4. Presença de advogado

A exigência de presença de advogado, tanto nos casos de inventário e partilha como de separação ou divórcio realizados pela via administrativa, foi resultado de uma emenda apresentada ao projeto de lei do qual resultou a Lei n. 11.441/2007. Acrescentou-se, em consequência, no Código de Processo Civil, o artigo 1.124-A, com três parágrafos.

§ 1º A escritura não depende de homologação judicial e constitui título hábil para o registro civil e o registro de imóveis. (Incluído pela Lei nº 11.441, de 2007).

---

[370] STJ — REsp n. 167.349/SP, 3ª Turma, rel. Ministro Ari Pargendler, *DJU*, de 01.10.2001.

§ 2° O tabelião somente lavrará a escritura se os contratantes estiverem assistidos por advogado comum ou advogados de cada um deles ou por defensor público, cuja qualificação e assinatura constarão do ato notarial. (Redação dada pela Lei n° 11.965, de 2009).

§ 3° A escritura e demais atos notariais serão gratuitos àqueles que se declararem pobres sob as penas da lei. (Incluído pela Lei n° 11.441, de 2007).

Assinale-se que a função do advogado é dar assistência às partes, sendo a escolha privativa delas, não podendo o tabelião fazer indicação aos interessados ou manter um de plantão. Caso não possam pagar honorários, deverão se socorrer da Defensoria Pública. O advogado assistente não precisa de outorga de poderes, através de instrumento procuratório. É que não formula qualquer pedido ao tabelião, restringindo a sua atuação à esfera extrajudicial, através da elaboração do negócio jurídico, atendendo aos interesses dos herdeiros.

Veja-se que o artigo 37 do Código de Processo Civil somente exige procuração para o advogado quando ele vier a "procurar em juízo", não abrangendo, a toda evidência, os atos extrajudiciais, como, por exemplo, a elaboração de contratos e a lavratura de escritura pública. Confirmando o entendimento aqui esposado, o Conselho Nacional de Justiça decidiu que é necessária a presença do advogado, dispensada a procuração, ou do defensor público, na lavratura das escrituras decorrentes da Lei n. 11.441/2007, nelas constando seu nome e registro na OAB (art. 8° da Resolução n. 35/2007).

Já o advogado que representa herdeiros deverá estar munido de procuração formalizada por instrumento público com poderes especiais. Anote-se, por oportuno, que as funções do assistente e do mandatário não podem ser acumuladas (art. 12 da Resolução n. 35/2007). Ou seja, o advogado que assiste às partes não pode representar um herdeiro ou herdeiros.

2.5. Quitação dos tributos

Não poderá ser lavrada escritura pública de inventário e de partilha sem a prova do pagamento do imposto de transmissão *causa mortis* (ITCM). Havendo dívida fiscal, seja federal, estadual ou municipal – comprovada com as certidões apresentadas —, não será possível a lavratura do ato notarial, sob pena de responsabilidade do tabelião. Em regra, nesses casos, há necessidade de alienação de bens, a fim de se obterem fundos necessários ao pagamento do débito fiscal. Essa situação torna inviável a escritura pública.

3. Forma opcional da via extrajudicial do inventário e da partilha

O artigo 982 do Código de Processo Civil não deixa dúvida quanto ao caráter opcional da via administrativa ou extrajudicial do inventário e partilha, ao dispor:

> Se todos forem capazes e concordes, poderá fazer-se o inventário e a partilha por escritura pública.

Portanto, trata-se de uma faculdade. A matéria, aliás, acha-se definida pela Resolução n. 35 do Conselho Nacional de Justiça.

4. Competência funcional do tabelião

As partes são livres para a escolha do tabelião de notas que lavrará a escritura de inventário e partilha. Por conseguinte, não se aplicam, ao caso, as regras de competência do Código de Processo Civil. Saliente-se, contudo, que essa opção concedida aos interessados não desloca a competência para o recebimento do imposto de transmissão *causa mortis* e do registro do formal ou da certidão de partilha.

Acerca do imposto, cabe esclarecer o seguinte: a) relativamente a bens imóveis e respectivos direitos, o tributo é devido ao Estado da situação do bem, ou ao Distrito Federal; b) relativamente a bens móveis, títulos e créditos, é devido ao Estado onde se processar o inventário ou arrolamento, ou tiver domicílio o doador, ou ao Distrito Federal (art. 155, § 1º, I e II, da CF). Sendo assim, quando o falecido tiver deixado bens imóveis em outros Estados, os herdeiros terão que quitar todos os tributos para obter a declaração de quitação da respectiva Fazenda Estadual. Depois, escolherão o cartório de notas onde a escritura deve ser lavrada.

5. Documentos necessários

O Conselho Nacional de Justiça, no artigo 22 da Resolução n. 35, listou os documentos a serem apresentados, sem os quais não é possível a lavratura da escritura pública de inventário e partilha. São eles:

a) certidão de óbito do autor da herança;

b) documento de identidade oficial e CPF das partes e do autor da herança;

c) certidão comprobatória do vínculo de parentesco dos herdeiros;

d) certidão de casamento do cônjuge sobrevivente e dos herdeiros casados e pacto antenupcial, se houver;

e) certidão de propriedade de bens imóveis e direitos a eles relativos;

f) documentos necessários à comprovação da titularidade dos bens móveis e direitos, se houver;

g) certidão negativa de tributos;

h) certificado de Cadastro de Imóvel Rural — CCIR, se houver imóvel rural a ser partilhado.

Além desses documentos, outros são exigidos pelas Corregedorias Gerais da Justiça dos Estados, observando-se as peculiaridades de cada um dos entes federativos. Os documentos apresentados no ato da lavratura da escritura devem ser originais ou cópias autenticadas, salvo os de identidade das partes, que sempre serão originais, devendo ser mencionados no ato notarial.

6. Representante do espólio

Um dos herdeiros será indicado ao tabelião para representar o espólio, com poderes de inventariante, no cumprimento de obrigações ativas ou passivas pendentes, sem necessidade de seguir a ordem prevista no artigo 990 do Código de Processo Civil.

7. Comparecimento das partes

As partes não estão obrigadas a comparecer ao cartório para assistirem à lavratura da escritura. Naturalmente, como em qualquer outro ato congênere, as partes podem declarar a sua vontade pessoalmente ou por procurador munido de poderes específicos para o ato. A exigência de comparecimento pessoal ao ato notarial é apenas do advogado ou dos advogados que representarem ou assistirem aos contratantes (art. 8º da Resolução n. 35 do CNJ), até porque os únicos atos notariais que não podem ser praticados por mandato são o testamento público e a aprovação do testamento cerrado, nos quais a presença do testador é indispensável.

Também é dispensável o comparecimento dos cônjuges dos herdeiros. É que não são sucessores. São meeiros, se o regime de bem o permitir. Há, contudo, uma ressalva que obriga a presença dos cônjuges: quando houver renúncia ou algum tipo de partilha que importe em transmissão de bens, exceto se o casamento foi celebrado no regime da separação absoluta. Ou, ainda, se, no pacto antenupcial que adotar o regime de participação final nos aquestos, houver cláusula convencionando a livre disposição dos bens imóveis, desde que particulares (arts. 1.647 e 1.656 do CC e 17 da Resolução n. 35 do CNJ).

8. Gratuidade dos atos notariais

Para a obtenção da gratuidade de que trata a Lei n. 11.441/2007, basta a simples declaração dos interessados de que não possuem condições de arcar com os emolumentos, ainda que as partes estejam assistidas por advogado constituído (art. 7º da Resolução n. 35/2007). Embora o artigo 1.124-A esteja na parte do Código de Processo Civil que trata da separação judicial e do divórcio, por duas razões aplica-se ao caso de inventário extrajudicial: a) por extensão, tendo em vista que no inventário judicial, os herdeiros podem se valer dos benefícios da Lei n. 1.060/50; b) porque o artigo 1.124-A não indica se a norma se refere somente à separação judicial e ao divórcio.

9. Dívidas do espólio

Sustenta-se não ser possível lavrar escrituras de inventário e partilha quando existem dívidas deixadas pelo *de cujus*. Não é correto esse entendimento. Na Lei n. 11.441/2007, não existe qualquer vedação a respeito. Aliás, o Conselho Nacional de Justiça decidiu que a existência de credores do espólio não impedirá a realização do inventário e partilha, ou adjudicação por escritura pública (art. 27 da Resolução n. 35/2007).

Note-se que a operacionalização do pagamento das dívidas não encontra dificuldade. É a mesma que se faz no inventário judicial. Em seguida, os bens são separados para posteriormente serem dados em pagamento aos credores por outra escritura pública ou por adjudicação em processo judicial. O ideal seria a presença dos credores no cartório, como intervenientes da escritura. Outra solução apontada seria a inclusão de bens suficientes ao atendimento das dívidas no pagamento de um dos herdeiros, de preferência o que foi designado para representar o espólio, com a obrigação de somente utilizá-los nos pagamentos das dívidas.

10. Cessão de direitos hereditários

É possível cumular-se a escritura de inventário e partilha com a de cessão de direitos hereditários. Sendo a cessão onerosa, será observada a regra do artigo 1.794 do Código Civil. Quanto ao imposto, três situações podem ocorrer:

a) Na cessão onerosa, incidem dois impostos: o *causa mortis* (ITCM), por ter havido aceitação da herança, e o *inter vivos* (ITBI), pela transmissão da herança a terceiro.

b) Na cessão gratuita, incidem também dois impostos: o de transmissão *causa mortis* e o de doação. Um pela transmissão da herança; o outro pela cessão gratuita.

c) Na cessão gratuita feita a todos os herdeiros – que corresponde a uma renúncia — há um único imposto: o de transmissão *causa mortis*, a ser pago pelos coerdeiros, visto que essa modalidade de renúncia importa em renúncia da herança (§ 2º do art. 1.805 do CC).

11. Renúncia de herança

É também possível cumular-se escritura de inventário e

partilha com renúncia de herança. Aplicam-se aqui, no que couber, as mesmas regras expostas acima com relação aos impostos, conforme se trate de renúncia pura e simples ou renúncia translativa.

12. Colação

Os descendentes que concorrerem à sucessão do ascendente comum são obrigados, para igualar as legítimas, a conferir o valor das doações que dele em vida receberam, sob pena de sonegação. Não haverá, no entanto, colação quando o doador determinar que os valores saiam da sua parte disponível, contanto que não a excedam (art. 2.005).

A existência de valores a serem colacionados não encontra óbice no inventário e partilha pela via extrajudicial. Basta que se faça a conta referida no artigo 1.847 do Código Civil:

> Calcula-se a legítima sobre o valor dos bens existentes na abertura da sucessão, abatidas as dívidas e as despesas do funeral, adicionando-se, em seguida, o valor dos bens sujeitos a colação.

Obtido o valor da quota hereditária de cada herdeiro, subtrai-se do herdeiro donatário o valor recebido em vida. O que sobejar, será a sua herança.

Um exemplo esclarece melhor o caso: o autor da herança deixou cinco filhos: A, B, C, D e E. B foi contemplado pelo pai com uma doação, no valor de 100. No inventário, apurou-se que o monte líquido importava em 900. A esse total adicionou-se o valor 100, referente à doação feita a B. A herança passou então a ser 1.000 (900+100). Dividindo-se esse valor por cinco, cada herdeiro receberá uma quota de 200. Como o herdeiro B já recebeu 100, caber-lhe-ão, na partilha, apenas 100, ou seja, 200-100.

13. União estável

Havendo união estável, é plenamente possível fazer-se o inventário e a partilha por escritura pública, desde que haja consenso dos herdeiros e do companheiro sobrevivente. O primeiro passo é o reconhecimento da relação familiar. Depois, faz-se a repartição dos bens. É essa a posição do Superior Tribunal de Justiça:

> Desde que haja consenso dos herdeiros, inclusive ao reconhecimento da união estável, é possível fazer-se a partilha através de escritura pública.

14. Retificação de partilha

A retificação de partilha, em caso de erro material relativo à área do imóvel (art. 1.028 do CPC), independe de ação especial. Se o inventário foi efetuado no tabelionato por escritura pública, poderá ser feita escritura pública de retificação. Se foi processado sob a forma judicial, entendemos que o Juízo onde tramitou o inventário é que terá elementos para proceder à retificação da partilha.

15. Inventário e partilha de posse

A posse não pode ser inventariada e partilhada, ante a exigência contida no artigo 993, IV, alínea "a", do Código de Processo Civil:

> IV — a relação completa e individuada de todos os bens do espólio e dos alheios que nele forem encontrados, descrevendo-se:
>
> a) os imóveis, com as suas especificações, nomeadamente local em que se encontram, extensão da área, limites, confrontações, benfeitorias, origem dos títulos, números das transcrições aquisitivas e ônus que os gravam.

No mesmo sentido, é o artigo 22 da Resolução n. 35/2007 do Conselho Nacional de Justiça, que exige certidão de propriedade de bens imóveis e direitos a eles relativos, e documentos necessários à comprovação da titularidade dos bens móveis e direitos, se houver.

Qual seria então a solução para se inventariar e partilhar uma posse deixada pelo autor da herança? Por uma questão de segurança jurídica, não existe outra, senão o espólio requerer usucapião. Julgado procedente o pedido e transitada em julgado a sentença, será feito o respectivo registro no Cartório de Registro Geral de Imóveis, quando então pode haver o inventário e a partilha, judicial ou extrajudicialmente.

16. Sucessão aberta antes da vigência da Lei n. 11.441/20070

Já vimos que, com a morte do autor da herança, os bens se transferem, instantaneamente, aos seus herdeiros, legítimos e testamentários, por força do princípio da *saisine*. A transferência, no entanto, é de uma massa indivisível denominada de espólio ou herança, que somente será fracionada com a partilha, quando então cada herdeiro receberá o seu quinhão. Sendo assim, mesmo que a abertura da sucessão tenha ocorrido anteriormente à vigência da Lei n 11.441/2007, nada impede que o inventário e a partilha façam-se por escritura pública. Nesse sentido é a orientação do Conselho Nacional de Justiça, inserida no artigo 30 da Resolução n. 35.

17. Inventário e partilha extrajudiciais, quando a viúva estiver grávida do autor da herança

A Lei n. 11.441/2007 proíbe a realização da escritura de inventário e partilha quando existir interessado incapaz na sucessão. É que, nessa hipótese, exige-se a intervenção do Ministério Público, conforme preceitua o artigo 82, I, do Código de Processo Civil. Nesse caso, o inventário e a partilha devem ser necessariamente realizados pela via judicial.

Diante disso, e considerando também o que dispõe o artigo 2º do Código Civil, surge a indagação: estando a viúva grávida do autor da herança, pode fazer-se inventário e partilha por meio de escritura pública? A resposta deve ser negativa. Se a lei põe a salvo, desde a concepção, os direitos do nascituro, como estabelece o aludido dispositivo, é evidente a impossibilidade da via extrajudicial. O impedimento ocorre em virtude da presença de um ser incapaz, como interessado, que exigiria não só a presença do Ministério Público, como a nomeação de um curador especial, segundo estabelece o artigo 1.779 do Código Civil. A respeito da matéria, ensina Christiano Cassettari[371]: "Há muito tempo se discute se o nascituro é pessoa ou não, mas, atualmente, de forma majoritária, entende-se que sim, dado que ele possui os direitos da personalidade, como o direito à vida, aos alimentos, à imagem, entre outros. Assim, como o nascituro teria, neste caso, direito sucessório, caso venha a nascer com vida, por ser ele incapaz, impossível seria adotar o procedimento extrajudicial, sendo necessário, obrigatoriamente, o inventário judicial."

18. Homologação

O artigo 2.015 do Código Civil dispõe que se os herdeiros forem capazes, poderão fazer partilha amigável, por escritura pública, através de termo nos autos do inventário, ou por escrito particular homologado pelo juiz. Esse artigo tem aplicação, tão só, nos casos de partilhas amigáveis feitas em processos de inventário ou de arrolamento, quando não se puder aplicar a Lei n. 11.441/2007. Exigir-se homologação de par-

---

[371] Christiano Cassettari. Separação, divórcio e inventário por escritura pública, 3. ed., p. 112.

tilha realizada em inventário extrajudicial seria um contrassenso, tendo em vista que o objetivo da Lei n. 11.441/2007 foi justamente evitar a intervenção judicial. Tanto assim que deu nova redação ao artigo 982 do Código de Processo Civil, estabelecendo que se todos os herdeiros forem maiores e concordes, poderá fazer-se o inventário e a partilha por escritura pública, a qual constituirá título hábil para o registro imobiliário.

19. Inventário e partilha conjuntos

O Código de Processo Civil, no artigo 1.043, estabelece que, falecendo o cônjuge meeiro supérstite antes da partilha dos bens do premorto, as duas heranças serão cumulativamente inventariadas e partilhadas, se os herdeiros de ambos forem os mesmos. No caso, haverá um só inventariante para os dois inventários, sendo o segundo inventário distribuído por dependência, processando-se em apenso ao primeiro. O mesmo acontece quando morrem os dois cônjuges sem que tenha se iniciado o inventário do que faleceu primeiro. Nessa hipótese, é plenamente possível o inventário e a partilha conjuntos, tanto judicial como extrajudicialmente, desde que incida sobre cada herança o imposto de transmissão *causa mortis*.

20. Resistência ao cumprimento da Lei n. 11.441/2007

Já ocorreram casos de resistência ao cumprimento da Lei n. 11.441/2007, pelas instituições financeiras, repartições de trânsito, juntas comerciais, cartórios de registro de títulos e documentos, empresas de telefonia, sociedades por quotas, clubes etc. Não há razões plausíveis para tal comportamento. A escritura pública é documento hábil a comprovar a aquisição dos direitos pelos contemplados nas partilhas, sejam herdeiros, meeiros, cessionários, ex-cônjuges separados ou divorciados. O Conselho Nacional de Justiça regulou a matéria, ao estabelecer no artigo 3º da Resolução n. 35/2007:

> As escrituras públicas de inventário e partilha, separação e divórcio consensuais não dependem de homologação judicial e são títulos hábeis para o registro civil e o registro imobiliário, para a transferência de bens e direitos, bem como para promoção de todos os atos necessários à materialização das transferências de bens e levantamento de valores (Detran, Junta Comercial, registro civil de pessoas jurídicas, instituições financeiras, companhias telefônicas, etc.).

Aliás, a resistência ao cumprimento da Lei n. 11.441/2007 pelas repartições citadas não difere do que ocorreu com a Lei n. 6.858/80, que findou esvaziada. Essa lei criou um tipo de sucessão irregular, ao estabelecer, no seu artigo 1º:

> Os valores devidos pelos empregadores aos empregados e os montantes das contas individuais do Fundo de Garantia do Tempo de Serviço e do Fundo de Participação PIS-PASEP, não recebidos em vida pelos respectivos titulares, serão pagos, em quotas iguais, aos dependentes habilitados perante a Previdência Social ou na forma da legislação específica dos servidores civis e militares, e, na sua falta, aos sucessores previstos na lei civil, indicados em alvará judicial, independentemente de inventário ou arrolamento.

CAPÍTULO XXXV

DA COLAÇÃO

1. Noções. 2. Pressupostos da colação. 3. Finalidade da colação. 4. Valor da colação dos bens doados. 5. Bens dispensados da colação. 6. Outras regras. 7. Redução das doações inoficiosas.

1. Noções

Colação é o ato pelo qual o herdeiro é obrigado a trazer ou juntar à herança todo e qualquer bem que tenha recebido, em vida, do *de cujus*, a título de liberalidade, a fim de com eles concorrer à partilha. O instituto tem suas origens na *collatio bonorum* e na *collatio dotis* dos romanos. Assinala Carvalho Santos[372] que a colação foi concebida originariamente como um benefício estabelecido em favor dos filhos que haviam permanecido sob o poder familiar, quando concorriam com os filhos emancipados. Determinou-a a equidade porque, sendo admitidos à sucessão os emancipados, que pri-

---

[372] J. M. de Carvalho Santos, *Código Civil brasileiro interpretado*, v. 25, p. 2.

mitivamente não o eram, tinham a propriedade dos seus pecúlios profetícios e adventícios.

Os bens adquiridos pelos filhos sob o poder familiar pertenciam ao pai, de acordo com o princípio *quod acquirit filius pro patre fit*. O direito pretoriano impôs aos emancipados, e depois à filha que recebera dote nupcial, a obrigação de trazerem ao monte partível esses bens, desde que pretendessem suceder ao pai. Abolindo a distinção entre os filhos emancipados e não emancipados, Justiniano impôs a todos a obrigação de trazer ao monte partível todas as liberalidades paternas, consideradas como prelegados.

O Código Civil prevê a colação no artigo 2.002, dispondo que os descendentes que concorrerem à sucessão do ascendente comum são obrigados, para igualar as legítimas, a conferir o valor das doações que dele em vida receberam, sob pena de sonegação. O fundamento da colação está na vontade presumida do autor da herança. Presume-se que o seu desejo, ao fazer aquela liberalidade, foi o de apenas antecipar a herança, e não estabelecer uma desigualdade.

2. Pressupostos da colação

A colação tem os seguintes pressupostos: a) que a sucessão seja legítima; b) que haja coerdeiros necessários; c) que, em vida, tenha ocorrido uma liberalidade (doação). Pelo enunciado, verifica-se que o Código Civil só exige colação na sucessão legítima. Na sucessão testamentária, poderá haver redução das disposições testamentárias (art. 1.966), que não se confunde com colação. É preciso também que haja coerdeiros necessários. Existindo um só descendente, não haverá colação, pois, nesse caso, faltará com quem estabelecer igualdade.

Impõe-se ainda que tenha havido adiantamento de legítima, não só nas doações de ascendentes para descendentes, mas ainda nas doações de um cônjuge ao outro (arts. 544 e 2.003). Nessa parte, cometeu o legislador uma falha lamentável, quando não obriga o cônjuge a colacionar os bens recebidos por doação nas hipóteses em que herda concorrentemente (art. 2.002). Caberá no entanto ao juiz suprir a falha, conjugando os artigos 544, 2.002 e 2.003 do Código Civil, pois a intenção do legislador foi obrigar o cônjuge a fazer a colação dos bens recebidos como adiantamento de legítima.

Vale ressaltar que o termo "doação" deve ser entendido em sentido amplo, para incluir as doações indiretas. Pontes de Miranda, discorrendo sobre a matéria, afirma[373]: "Diz-se doação direta a que é feita a alguém em cumprimento exclusivo de prestação de liberalidade. Na doação indireta, quando se consegue prestar o que seria doável, através de outro ato, inclusive ato-fato-jurídico. Por exemplo: o doador renuncia algum direito, ou paga a dívida do beneficiado. A doação dissimulada (ou mascarada) é a doação que se fez como se fosse outro negócio jurídico (*e.g.*, compra e venda)."

Já os ascendentes não têm obrigação de colacionar bens recebidos em doação pelos filhos. Zeno Veloso[374] elucida muito bem esse assunto: "Não só na brasileira, como em muitas legislações estrangeiras, os ascendentes estão dispensados da colação. No direito português, Pires de Lima e Antunes Varela dão a explicação que, universalmente, é utilizada: 'Não há, de facto, segundo a ordem natural da vida e das coisas, na doação que o filho excepcionalmente faça ao pai ou a um dos avós, nenhuma razão para presumir que a liberalidade seja

---

373 Pontes de Miranda, *Tratado de direito privado*: direito das sucessões, 1973, § 5.640, v. 55, p. 350.
374 Zeno Veloso, Código Civil comentado: livro V, do direito das sucessões, arts. 1.784 a 2.027, in Regina Beatriz Tavares (Coord.), *Código Civil comentado*, 6. ed., p. 409.

feita com a ideia de efetuar um simples adiantamento por conta da quota hereditária que, em regime de igualdade com a mãe ou com os outros avós do doador, será mais tarde devida ao beneficiário'. Realmente, se a colação toma por base presunção de que o doador, nos casos gerais, quer apenas adiantar (antecipar) a herança do herdeiro, e não colocá-lo em situação mais vantajosa que a dos outros, não é razoável imaginar que o descendente que doa algo ao pai ou à mãe tenha em mente adiantar a herança dos genitores, pois o normal é que os pais morram antes do filho. Entretanto, o artigo 843 do Código Civil francês exige a colação de todo herdeiro *ab intestato*; o artigo 1.035 do Código Civil espanhol afirma que o herdeiro necessário (forçoso) que concorra com outros que também o sejam deve trazer à massa hereditária os bens ou valores que tiver recebido, por doação, do autor da herança; o artigo 3.477 do Código Civil argentino determina que os ascendentes e descendentes devem conferir ao espólio os valores doados em vida pelo defunto."

Note-se que o Código Civil brasileiro colocou o cônjuge na condição de herdeiro necessário, e criou, ademais, o direito de herança concorrente com os descendentes e com os ascendentes. Assim, é possível que o cônjuge supérstite, disputando a herança com ascendentes que tenham recebido doação em vida do autor da herança, venha a questionar a matéria, na busca da igualdade preconizada pelo Código.

3. Finalidade da colação

A colação tem por fim igualar, na proporção estabelecida no Código Civil, as legítimas dos descendentes e do cônjuge sobrevivente, obrigando também os donatários que, ao tempo do falecimento do doador, já não possuíam os bens doados (art. 2.003). Dispõe o parágrafo único do mesmo artigo:

Se, computados os valores das doações feitas em adiantamento de legítima, não houver no acervo bens suficientes para igualar as legítimas dos descendentes e do cônjuge, os bens assim doados serão conferidos em espécie, ou, quando deles já não disponha o donatário, pelo seu valor ao tempo da liberalidade.

4. Valor da colação dos bens doados

O artigo 1.792 do Código Civil de 1916 estabelecia:

Os bens doados, ou dotados, imóveis ou móveis, serão conferidos pelo valor certo, ou pela estimação que deles houver sido feita na data da doação.

Washington de Barros Monteiro[375], comentando a matéria, assinala: "Na sistemática do Código Civil de 1916, a conferência se fazia em substância, e só por exceção pelo valor dos bens doados, para recomposição da massa hereditária e oportuna partilha". Ou seja, trazia-se ao acervo partível o próprio bem doado; na impossibilidade de fazê-lo, trazia-se o seu valor.

Em 1973, entrou em vigor o novo Código de Processo Civil, que passou a dispor, no parágrafo único do artigo 1.014:

Os bens que devem ser conferidos na partilha, assim como as acessões e benfeitorias que o donatário fez, calcular-se-ão pelo valor que tiverem ao tempo da abertura da sucessão.

O novo sistema que passou a vigorar permitia o controle de abusos perpetrados por parte do doador que, no intuito de fraudar o direito dos outros herdeiros, atribuía valor irrisório

---

[375] Washington de Barros Monteiro, *Curso de direito civil*: direito das sucessões, 35. ed., v. 6, p. 311.

ao bem. Adotando-se a estimativa da época da abertura da sucessão, conjurava-se esse perigo.

O Código Civil de 2002, no seu artigo 2004, preceitua que:

> O valor de colação dos bens doados será aquele, certo ou estimativo, que lhes atribuir o ato de liberalidade.

Restaurou, assim, o sistema de colação pelo valor do bem à época da liberalidade, prevalecendo o critério de adotar como referência o valor de estimativa dos bens pelo valor certo, ou pela estimação que deles houvesse sido feita na data da doação. Como se observa, a colação será feita, agora, com base no valor certo ou estimado constante do instrumento. Não existindo esses elementos no contrato, "os bens serão conferidos na partilha pelo que então se calcular valessem ao tempo da liberalidade" (§ 1º do art. 2.004). Além disso, só o valor dos bens doados entrará na colação. As benfeitorias acrescidas pertencerão ao herdeiro donatário, correndo também à conta deste os rendimentos ou lucros, assim como os danos e perdas que eles sofrerem (§ 2º do art. 2.004).

5. Bens dispensados da colação

Dispõe o artigo 2.005 do Código Civil que são dispensadas da colação as doações que o doador determinar saiam da parte disponível, contanto que não a excedam, computado o seu valor ao tempo da doação. Portanto, a obrigação de colacionar não é cogente. Pode o doador dispensá-la mediante declaração expressa, a exemplo do que ocorria no direito romano: *cessat collatio si parens hoc in ducit expressim*. A liberalidade dispensada de vir à colação fica fora da herança. A regra tem sua justificação na liberdade absoluta do doador, quanto à disposição da sua metade disponível, que pode deixar para um descendente ou para um estranho. Só não pode prejudicar as legítimas dos herdeiros necessários.

Pode ocorrer que a doação seja para um descendente que, ao tempo do ato, não seria chamado à sucessão na qualidade de herdeiro necessário. Nesse caso, presume-se imputada na parte disponível do doador (parágrafo único do art. 2.005). Assim, o neto, estando vivo seu pai no momento da doação, não está obrigado a colacionar o bem que lhe doou o avô.

6. Outras regras

a) O artigo 2.008 do Código Civil obriga à colação aquele que renunciou a herança ou dela foi excluído. O objetivo é conferir as doações recebidas, para o fim de repor o que exceder o disponível. A exemplo do Código anterior, equiparou o renunciante ao indigno. João Alves[376], em comentário ao artigo 1.790 Código de 1916, fez velada censura a essa posição. Para ele, se o excluído pode guardar bens que valham a legítima e a porção disponível, é claro que não perde a legítima, o que quer dizer que não é excluído. Fica, assim, numa situação mais favorável em relação aos que não foram excluídos, o que não é justo, nem de acordo com os efeitos da exclusão. Clóvis Beviláqua[377] tem opinião contrária: "A liberalidade feita ao herdeiro presuntivo, que depois se tornou indigno de suceder, produziu seus efeitos em vida do testador; e o indigno é um estranho à sucessão, como o que renuncia; o conceito da inoficiosidade nas legislações estrangeiras, a que alude aquele autor, não é idêntico ao do direito pátrio, mas a indignidade e a renúncia são identificadas em face da

---

376 João Luiz Alves, *Código Civil anotado*, comentários ao artigo 1.790.
377 Clóvis Beviláqua, *Código Civil dos Estados Unidos do Brasil*, Edição histórica, v. 2, 1.020.

obrigação de conferir as liberalidades. A colação é estabelecida para os descendentes que concorrem à sucessão do ascendente comum. O indigno não concorre, como estranho que é."

Saliente-se que o artigo 2008 do Código Civil de 2002 reproduz a imprecisão técnica do Código anterior, quando usa a expressão "conferir as doações recebidas". Não há, na verdade, colação, pois ela será feita pelos herdeiros que concorrem à herança. O renunciante ou o indigno apenas oferecem os bens havidos do autor da herança, a fim de serem reduzidos, se houver excesso, à soma da legítima com a porção disponível. Ao indigno deve ser equiparado o deserdado.[378]

b) Os netos, representando os pais na sucessão dos avós, serão obrigados a trazer à colação os bens que os pais teriam de conferir (art. 2.009 do CC). Ou seja, o pai faz doação a um filho que vem a falecer. Os filhos, chamados a herdar do avô, representando o pai premorto, estão obrigados a colacionar os bens que o pai teria de conferir se vivo estivesse, ainda que não tenham herdado aquele bem. O mesmo não acontece, como demonstramos atrás, quando os netos recebem doação dos avós, estando vivos os seus pais. Nesse caso, não estão obrigados a trazer à colação os bens recebidos em doação, se forem chamados à sucessão do avô. É que, na época da doação, o herdeiro necessário era o filho do doador, e não o neto.

c) Os gastos ordinários do ascendente com o descendente, enquanto menor, na sua educação, sustento, vestuário, tratamento nas enfermidades, enxoval, assim como as despesas de casamento, ou as feitas no interesse de sua defesa em processo-crime, não virão à colação (art. 2.010 do CC). Significa que, atingida a maioridade, esses gastos, em vez de

---

378 Zeno Veloso, *Comentários ao Código Civil*: parte especial, do direito das sucessões, v. 21, p. 426-427; Maria Helena Diniz, *Código Civil anotado*, 6. ed., p. 1.359.

serem o cumprimento de um dever jurídico, assumem o caráter de liberalidade.

Gastos ordinários são as despesas realizadas de conformidade com o padrão social e a situação econômica de cada um. Caberá ao juiz, em cada caso, apurar se os gastos efetuados foram ou não ordinários. Nesse passo, convém anotar a lição de Clóvis Beviláqua[379]: "Não constituem liberalidade e não vêm, pois, à colação os alimentos prestados como obrigação ao descendente maior, porque a pessoa a quem se prestam não tem haveres, nem pode prover, por seu trabalho, a própria mantença."

d) Não estão sujeitas à colação as doações remuneratórias de serviços feitos ao ascendente (art. 2.011). Doações remuneratórias não são liberalidades. Revestem-se de feição de pagamento. Assim, se o filho, cumprindo dever filial, presta serviços ao pai, este pode gratificá-lo, mediante doação que suponha compensadora do auxílio que recebeu. No caso, não há liberalidade. "Os herdeiros não poderão alegar prejuízo na doação apontada, da mesma forma que não poderiam impugnar o pagamento feito pelo pai a estranho, em retribuição de serviços recebidos."[380]

e) Finalmente, sendo feita a doação por ambos os cônjuges, no inventário de cada um se conferirá por metade. Na espécie, trata-se de duas doações antecipatórias de herança: uma paterna e outra materna.

7. Redução das doações inoficiosas

Não se deve confundir redução de doação inoficiosa com colação de bens doados. Segundo o magistério de Sílvio de

---

379 Clóvis Beviláqua, *Código Civil dos Estados Unidos do Brasil*, Edição histórica, v. 2, p. 1.027.
380 J. M. de Carvalho Santos, *Código Civil brasileiro interpretado*, v. 25, p. 48.

Salvo Venosa[381], "a redução de doação inoficiosa ou deixa testamentária excessiva tem por fito defender a porção legítima do herdeiro necessário e só se possibilita quando um desses atos atinge essa porção. Já a colação ocorre mesmo que a legítima não tenha sido afetada, visando tão só a manter a igualdade entre os vários herdeiros". Colhe-se ainda da lição do mestre o seguinte: "A redução da parte inoficiosa ocorre mesmo contra a vontade do disponente, porque o herdeiro forçoso não pode ser privado de sua legítima, enquanto a colação pode ser dispensada pelo doador (...). Por outro lado, enquanto com a redução se traz para o monte o bem ou o valor excedente, com a colação não se traz bem algum: apenas se confere um valor que integrará a porção do donatário, preferentemente."

A doação inoficiosa está prevista no artigo 549 do Código Civil, que estabelece:

> Nula é também a doação quanto à parte que exceder à de que o doador, no momento da liberalidade, poderia dispor em testamento.

Para Clóvis Beviláqua, o Código Civil brasileiro tomou caminho diferente para desfazer a dificuldade, e adotou uma providência radical. A doação inoficiosa é nula no excesso da legítima; mas esse excesso se aprecia no momento da doação, como se o doador falecesse nesse mesmo dia. O doador sabe que não pode dar mais do que a metade de seus bens, se tiver herdeiros necessários, se tiver descendentes ou ascendentes; sabe que a parte excedente é nula. O donatário também não pode alegar surpresa, se lhe impugnam o excessivo da doação[382].

---

381 Silvio de Salvo Venosa, *Direito civil*: direito de família, v. 7, p. 362.
382 Clóvis Beviláqua, Código Civil dos Estados Unidos do Brasil - Edição histórica, Editora Rio, 3ª Tiragem, p. 278.

Aplica-se à doação inoficiosa o artigo 2.007 do Código Civil. O excesso será apurado com base no valor que os bens doados tinham no momento da liberalidade (§ 1º). A redução da liberalidade far-se-á pela restituição ao monte do excesso assim apurado (§ 2º).

De início, a restituição será em espécie. Se não mais existir o bem em poder do donatário, a redução será em dinheiro, segundo o seu valor ao tempo da abertura da sucessão. Em todos os casos, prevê a lei que devem ser observadas, no que forem aplicáveis, as regras previstas na codificação para a redução das disposições testamentárias.

Observe-se que estará sujeita a redução a parte da doação feita a herdeiros necessários que exceder a legítima, mais a quota disponível (§ 3º do artigo 2.007). Dessa forma, um herdeiro necessário que recebeu doação não excedente à legítima mais a porção disponível, por óbvio, não será atingido pela redução. Exemplo: o doador tem um patrimônio de 100 e possui dois filhos. Porção disponível: 50; legítima dos filhos: 25. Doou a um filho 40. Não haverá excesso, pois a doação não ultrapassa a legítima do filho (25), mais 40 (quota disponível dos bens do doador). Note-se que o filho-donatário, no exemplo dado, está apto a receber até 75 (50 da porção disponível e 25 da sua legítima).

Na dicção de Sílvio De Salvo Venosa[383] a doação ao descendente será considerada inoficiosa quando for superior a sua parte legítima, mais a parte disponível. A invalidade não é total. Só no que suplantar esse cálculo aritmético. Nesse caso, é feita a redução até caber nesse limite. Os sucessores nomeados no testamento só recebem se sobrar patrimônio após tais reduções.

---

383 Sílvio De Salvo Venosa, "Direito Civil, *Direito das Sucessões*, 7 v. , 3ª ed., São Paulo: Atlas Ed., 2003.

Havendo várias doações a herdeiros necessários, feitas em diferentes datas, serão elas reduzidas a partir da última, até a eliminação do excesso. Se forem realizadas em um só ato, ou em atos distintos, mas na mesma data, a redução será feita de forma simultânea e proporcional (§ 4°).

O mesmo ocorre no testamento, quando o testador dispôs além de sua porção disponível.

CAPÍTULO XXXVI

DOS BENS SONEGADOS

1. Introdução. 2. Elementos. 3. Pena para o caso de sonegação de bens. 4. Jurisprudência selecionada.

1. Introdução

Sonegar vem do latim *subnegare*. Significa ocultar dolosamente os bens alheios que alguém possui e tem o dever de apresentar, ou negar a existência desses bens em seu poder. Segundo o magistério de De Plácido e Silva[384], sonegar é ocultar ou deixar de declarar a existência de certa coisa, para a subtrair ou livrar do destino que deve ser dado, ou deixar de cumprir dever, a que não é lícito se furtar, pela entrega de determinada coisa. No processo de inventário, sonegados são os bens que foram, por qualquer dessas maneiras, ocultados na descrição feita pelo inventariante. A ocultação deve ser dolosa, exigindo-se a prova de que foi intencional, muito embora existam autores entendendo que a sonegação traz em si o elemento doloso.

---

384 De Plácido e Silva, *Vocabulário jurídico*, p. 1.326.

2. Elementos

A sonegação de bens se dá mediante o concurso dos seguintes elementos: a) serem os bens pertencentes ao inventário; b) existirem em poder do herdeiro acusado de sonegá-los; c) haver conhecimento, por parte dele, de que os bens pertencem ao inventário; d) haver omissão na descrição dos bens do inventário, com a intenção de prejudicar os demais interessados.[385]

Dessa forma, não se consideram sonegados os bens, ainda que não descritos: a) se o herdeiro ignora a sua existência, ou o fato de pertencerem ao espólio, ou não os tem em seu poder; b) quando o suposto autor da sonegação se julga dono exclusivo deles, ou sabe que pertencem a terceiros; c) quando a ocultação se faz de comum acordo entre os herdeiros, no sentido de lesar o fisco; d) quando a omissão não resultou da descrição; e) quando a omissão é involuntária.[386]

3. Pena para o caso de sonegação de bens

A pena para o caso de sonegação de bens é a perda do direito que o sonegador tinha sobre eles. Está prevista no artigo 1.992 do Código Civil, que dispõe:

> O herdeiro que sonegar bens da herança, não os descrevendo no inventário quando estejam em seu poder, ou, com o seu conhecimento, no de outrem, ou que os omitir na colação, a que os deva levar, ou que deixar de restituí-los, perderá o direito que sobre eles lhe cabia.

---

385 Luiz da Cunha Gonçalves, *Tratado de direito civil*, v. 10, n. 1.580, J. M. de Carvalho Santos, *Código Civil brasileiro interpretado*, v. 25, p. 6.
386 Luiz da Cunha Gonçalves, *Tratado de direito civil*, v. 10, n. 1.580, apud J. M. de Carvalho Santos, *Código Civil brasileiro interpretado*, v. 25, p. 6.

Se o sonegador for o próprio inventariante, será removido, em se provando a sonegação, ou negando ele a existência dos bens, quando indicados (art. 1.993). Não restituindo os bens sonegados, por já não os ter em seu poder, pagará ele a importância dos valores que ocultou, mais as perdas e danos (art. 1.995).

A pena não pode ser aplicada de ofício pelo juiz. Depende de ação própria, requerida pelos herdeiros ou pelos credores da herança contra o inventariante ou o herdeiro que omitiu na colação bens que deveria colacionar ou deixou de os restituir. A ação, contudo, somente pode ser proposta depois de encerrada a descrição dos bens, com a declaração do inventariante de não existirem outros por inventariar e partir. Quanto ao herdeiro, a ação será proposta após declarar no inventário que não possui os bens (art. 1.996). A sentença que se proferir aproveita aos demais interessados.

4. Jurisprudência selecionada

Direito civil. Ação de sonegados. Últimas declarações. Inventariante. Declaração de não haver outros bens a inventariar. Inexistência. Condição da ação. Interesse processual. Falta de necessidade. Artigo 1.784 do Código Civil de 1916, artigo 1.996 do Código Civil de 2002 e artigo 994 do Código de Processo Civil. Doutrina. Recurso desacolhido. I — A ação de sonegados deve ser intentada após as últimas declarações prestadas no inventário, no sentido de não haver mais bens a inventariar. II — Sem haver a declaração, no inventário, de não constar outros bens a inventariar, falta à ação de sonegados uma das condições, o interesse processual, em face da desnecessidade de utilização do procedimento.[387]

---

[387] STJ — REsp n. 265.859/SP (2000/0066577-0), rel. Min. Sálvio de Figueiredo Teixeira, *DJU*, de 07.04.2003, p. 290; *RJADCOAS*, v. 46, p. 64; *RNDJ*, v. 42, p. 110.

Sonegados. Sobrepartilha. Interpelação do herdeiro. Prova do dolo. A ação de sonegados não tem como pressuposto a prévia interpelação do herdeiro, nos autos do inventário. Se houver a arguição, a omissão ou a negativa do herdeiro caracterizará o dolo, admitida prova em contrário. Inexistindo arguição nos autos do inventário, a prova do dolo deverá ser apurada durante a instrução. Admitido o desvio de bens, mas negado o dolo, não é aplicável a pena de sonegados, mas os bens devem ser sobrepartilhados. Ação parcialmente procedente. Recurso conhecido e provido em parte.[388]

Ação de sonegados (legitimidade). Sociedade de fato (matéria de fato). Partilha. Prescrição da ação. Assembleia de sociedade anônima. Irregularidade. Reclamação contra a distribuição: matéria não apreciável em recurso especial, por não ter sido prequestionada no momento apropriado, além de versar sobre regra regimental. Inexistência do alegado cerceamento de defesa e de nulidade pelo julgamento conjunto da ação cautelar e da principal. Legitimidade para propor a ação de sonegados reservada aos herdeiros ou credores da herança.[389]

---

[388] STJ — REsp n. 163.195/SP (1998/0007421-0), rel. Min. Ruy Rosado de Aguiar, *DJU*, de 29.06.1998, p. 217; RDR v. 13, p. 352.
[389] STJ — REsp n. 74.683/SP (1995/0047350-0), rel. Min. Ruy Rosado de Aguiar, *DJU*, de 15.04.1996, p. 11.541.

CAPÍTULO XXXVII

DA GARANTIA DOS QUINHÕES HEREDITÁRIOS

1. Generalidades. 2. Da responsabilidade dos herdeiros em caso de evicção.

1. Generalidades

Os bens da herança, enquanto não for efetuada a partilha, permanecem em condomínio. Nessa fase, cada herdeiro é titular de uma parte ideal. Uma das finalidades da partilha é extinguir a indivisão. A partir da sua concretização, fica o direito de cada um dos herdeiros circunscrito aos bens do seu quinhão (art. 2.023 do CC). Transitada em julgado a sentença da partilha, o herdeiro receberá os bens que lhe tocarem, podendo extrair formal de partilha, segundo o artigo 1.027 do Código de Processo Civil.

O formal ou a certidão de partilha serão registrados no Cartório de Registro de Imóveis, para assegurar a continuidade das transcrições referentes ao imóvel. Nesse caso, o registro tem efeito meramente declaratório. Não transmite, portanto, a propriedade da quota hereditária ao herdeiro, pois a transferência já ocorreu com a abertura da sucessão (artigo 1.784 do Código Civil), não se aplicando assim o artigo 1.245.

2. Da responsabilidade dos herdeiros em caso de evicção

Os coerdeiros são reciprocamente obrigados a indenizar-se no caso de evicção dos bens aquinhoados (art. 2.024). Cessa a obrigação mútua havendo convenção em contrário, ou dando-se a evicção por culpa do evicto, ou por fato posterior à partilha (art. 2.025). O evicto será indenizado pelos coerdeiros na proporção de suas quotas hereditárias. Mas, se algum deles se achar insolvente, responderão os demais na mesma proporção, menos a quota que corresponderia ao indenizado (art. 2.026 do CC).

CAPÍTULO XXXVIII
DA NULIDADE DA PARTILHA

1. Generalidades. 2. Sistema atual. 3. Emendas da partilha por incorreções materiais.

1. Generalidades

A nulidade da partilha sempre se constituiu em tema muito polêmico no Brasil. No Código Civil de 1916, era tratada de forma abrangente no Livro IV, Título IV, Capítulo VII, sem distinguir a nulidade absoluta da relativa, embora o artigo 1.805 só se referisse à segunda. O Código Civil de 2002 corrigiu o defeito, estabelecendo, no artigo 2.027, que a partilha, uma vez feita e julgada, só é anulável pelos vícios e defeitos que invalidam em geral os negócios jurídicos. A dificuldade de interpretação, a nosso ver, continua.

Na vigência do Código Civil de 1916, três situações eram concebidas pela doutrina e pela jurisprudência: a) caso de simples anulabilidade (vício de vontade: erro, dolo, simulação, violência), em que o prazo para a propositura da ação era de um ano (art. 1.805 c.c. o art. 178, § 6º, V, do CC); b) caso de violação de direito expresso (decisão proferida por juiz peitado, impedido ou incompetente *ratione materiae*, com ofensa à coisa julgada ou contra literal disposição de lei, ou ainda fundada em prova cuja falsidade tenha sido apurada no juízo criminal), em que o prazo da rescisória era de cinco anos (art. 178, § 10, VIII), prazo que foi reduzido para dois anos, por força do artigo 495 do Código de Processo Civil; c) caso de nulidade absoluta (partilha que inclui como herdeiro quem não o era e exclui quem era, abrangendo bens não pertencentes ao espólio, partilha amigável feita com incapaz etc.), em que o prazo era de vinte anos (art. 177 do CC, modificado pela Lei n. 2.437, de 07.03.1955). Para a aplicação desses prazos, não se distinguia a partilha amigável da judicial.

O Código de Processo Civil de 1973 alterou esse sistema, ao prever apenas dois prazos: a) o de um ano para a anulação da partilha amigável lavrada em instrumento público, reduzida a termo nos autos do inventário ou constante de escrito particular homologado pelo juiz, desde que ocorresse dolo, coação, erro essencial ou intervenção de incapaz (art. 1.029, parágrafo único); b) o de dois anos para rescindir a sentença que julgou a partilha (art. 1.030), nos casos de descumprimento a formalidades legais, preterição de herdeiro ou inclusão de quem não o seja.

2. Sistema atual

O Código Civil de 2002, no artigo 2.027, como vimos, estabelece que a partilha, uma vez feita e julgada, só é anulável pelos vícios e defeitos que invalidam em geral os negócios jurídicos. Explicita o parágrafo único que o direito de anular a partilha extingue-se em um ano. O termo inicial do prazo é o previsto em cada caso pelo legislador, conforme a natureza do vício: a) no caso de coação, do dia em que ela cessou; b) no caso de erro ou dolo, do dia em que se realizou o ato; c) tratando-se de incapaz, do dia em que cessar a incapacidade (art. 178 do CC).

Maria Helena Diniz[390] entende que atualmente existem dois prazos de decadência para invalidar a partilha: a) o de um ano, previsto no artigo 2.027 do Código Civil e no artigo 1.029 do Código de Processo Civil, para partilhas amigáveis; b) o de dois anos, previsto no artigo 1.030 do Código de Processo Civil para ação rescisória de partilha judicial, contado do trânsito em julgado da respectiva sentença.

Ao lado dessas duas ações, outras se assomam: a ordinária de nulidade de partilha e a de petição de herança, próprias para o herdeiro que foi excluído da partilha. Nesse caso, tratando-se de nulidade absoluta, o prejudicado não estará sujeito a prazo prescricional ou decadencial, nos termos do artigo 169 do Código Civil. Mas, para quem não entende assim, o prazo prescricional seria de dez anos (art. 205 do CC).

A ação anulatória da partilha segue o rito ordinário. Processa-se no mesmo juízo do inventário de origem. Já a ação de rescisão da partilha (art. 1.030 do CPC) processa-se perante o tribunal de justiça, nos termos dos artigos 485 e seguintes do Código de Processo Civil.

Alertam, contudo, Sebastião Amorim e Euclides de Oliveira[391], que é preciso distinguir situações de sentença meramente homologatória, ainda que não decorrente de partilha amigável, isto é, quando a sentença limita-se a julgar os termos do esboço organizado, inocorrendo litigiosidade entre os sucessores. "Nesse caso, a rescisão a que alude o artigo 1.030 do Código de Processo Civil nada tem a ver com a rescisória propriamente dita, mas diz respeito à anulação do ato homologado, regrando-se de forma símile às hipóteses do precitado artigo 1.029, ou seja, no

---

390 Maria Helena Diniz, *Curso de direito civil brasileiro*: direito das sucessões, 21. ed., v. 6, p. 415-416.
391 Luiz Sebastião Amorim; Euclides Benedito de Oliveira, *Inventários e partilhas*, 21. ed., p. 464.

mesmo prazo e perante o mesmo juízo". No mesmo sentido é o magistério de José Carlos Barbosa Moreira[392]. Comentando o artigo 486 do Código de Processo Civil, assinala: "O artigo 486, que reproduz quase *ipsis litteris* o dispositivo do artigo 800, parágrafo único, do diploma de 1939, na verdade não se refere à ação rescisória de sentença. Trata, sim, de casos em que, independentemente da rescisória, pode promover-se a desconstituição de 'atos judiciais'. A palavra 'rescindidos' está aí por 'anulados': a impropriedade terminológica já fora apontada pela doutrina, em relação ao Código anterior, e tem outros antecedentes, como o texto do artigo 255 do Regulamento n. 737, que falava em 'ação rescisória do contrato'. A ação a que alude o dispositivo comentado visa à anulação de atos praticados no processo, aos quais ou não precisa seguir-se decisão alguma, ou se segue decisão homologatória, que lhes imprime eficácia sentencial, que os equipara, nos efeitos, ao julgamento da lide. Não obstante chame 'judiciais' a esses atos, quer a lei referir-se a atos processuais emanados das partes (...). A ação dirige-se ao conteúdo (ato homologado), como que atravessando, sem precisar desfazê-lo antes, o continente (sentença de homologação)."

3. Emendas da partilha por incorreções materiais

A partilha, ainda depois de passar em julgado a sentença, pode ser emendada nos mesmos autos do inventário, convindo todas as partes, quando tenha havido erro de fato na descrição dos bens. O juiz, de ofício ou a requerimento da parte, poderá, a qualquer tempo, corrigir-lhe as inexatidões materiais (art. 1.028 do CPC).

---

392 José Carlos Barbosa Moreira, *Comentários ao Código de Processo Civil*, v. 5, p. 137-138.

REFERÊNCIAS

ALMEIDA, José Luiz Gavião de. *Código Civil comentado*: direito das sucessões, sucessão em geral, sucessão legítima. São Paulo: Atlas, 2003. v. 18.
ALVES, João. *Código Civil anotado*. Rio de Janeiro: F. Briquiet, 1917.
ALVES, Jones Figueirêdo; Delgado, Mário Luiz. *Código Civil anotado*: inovações comentadas, artigo por artigo. São Paulo: Método, 2005.
AMORIM, Sebastião Luiz; OLIVEIRA, Euclides Benedito de. *Inventários e partilhas*: direito das sucessões: teoria e prática. 21. ed. rev. e atual. São Paulo: Leud, 2008.
ANTONINI, Mauro. *Código Civil comentado*: doutrina e jurisprudência. Coordenação do Ministro Cezar Peluso. 2. ed. rev. e atual. Barueri, SP: Manole, 2008.
AZEVEDO, Álvaro Villaça. *Estatuto da família de fato*: de acordo com o novo Código civil, Lei n. 10.406, de 10/01/2002. 2. ed. São Paulo: Atlas, 2002.
BARBOSA MOREIRA, José Carlos. *Comentários ao Código de Processo Civil*: arts. 476 a 565. Rio de Janeiro: Forense, 1974, v. 5.
BARROS, Hamilton de Morais e. *Comentários ao Código de Processo Civil*: arts. 946 a 1.102. Rio de Janeiro: Forense, v. 9.

BARROS, Hermenegildo de. *Manual do Código Civil Brasileiro*. 2. tiragem. Rio de Janeiro: Jacintho Ribeiro dos Santos, 1929. v. 18.

BEVILÁQUA, Clóvis. *Código Civil dos Estados Unidos do Brasil*. Edição histórica. Rio de Janeiro: Editora Rio, 1975. v. 2.

_____. *Direito das sucessões*. 2. ed. rev. e accresc. Rio de Janeiro: Freitas Bastos, 1932.

BIRCHAL, Alice de Souza. Ordem de vocação hereditária no novo Código Civil: os direitos sucessórios do cônjuge. *Revista Brasileira de Direito de Família*, Porto Alegre, Síntese, IBDFAM, v. 5, n. 17, p. 149-163, abr./maio 2003.

CAHALI, Francisco José; HIRONAKA, Giselda Maria Fernandes. *Curso avançado de direito civil*: direito das sucessões, arts. 1.572 a 1.805. Coordenação de Everaldo Augusto Cambler. 2. ed. São Paulo: Revista dos Tribunais, 2003. v. 6.

CARVALHO FILHO, Milton Paulo. *Código Civil comentado*. Coordenação do ministro Cezar Peluso. São Paulo: Manole, 2007.

CARVALHO SANTOS, J. M. de. *Código Civil brasileiro interpretado*: principalmente sob o ponto de vista prático. 7. ed. Rio de Janeiro: Freitas Bastos, 1956-1958. v. 22-25.

CASSETTARI, Christiano. *Separação, divórcio e inventário por escritura pública*: teoria e prática. 3. ed. São Paulo: Método, 2008.

CHIARINI JÚNIOR, Enéas Castilho. O ponto-e-vírgula do art. 1829, I, do CC. *Jus Navigandi*, Teresina, ano 7, n. 66, jun. 2003. Disponível em: http://jus2.uol.com.br/doutrina/texto.asp?id=4178. Acesso em: maio 2009.

CHINELATO, Silmara Juny Abreu. *Tutela jurídica do nascituro*. São Paulo: Saraiva, 2000.

DELGADO, Mário Luiz. Controvérsias na sucessão do cônjuge e do convivente: uma proposta de harmonização do sistema. In: DELGADO, Mário Luiz; ALVES, Jones Figueirêdo (Coords.). *Novo código civil*: questões controvertidas no direito de família e das sucessões. São Paulo: Método, 2005. p. 417-446. (Grandes Temas de Direito Privado, v. 3).

DE PLÁCIDO E SILVA, Oscar José. *Vocabulário jurídico*. 27. ed. atual. por Nagib Slaibi Filho e Gláucia Carvalho. Rio de Janeiro: Forense, 2006.
DIAS, Maria Berenice. *Ponto-e-vírgula*. Disponível em: http://www.flaviotartuce.adv.br/secoes/artigosc/Berenice_ponto.doc. Acesso em: 21 jul. 2009.
DINIZ, Maria Helena. *Código Civil anotado*. 6. ed. atual. São Paulo: Saraiva, 2000.
_____. *Código Civil comentado*. Coordenação de Regina Beatriz Tavares da Silva. 6. ed. atual. São Paulo: Saraiva, 2008.
_____. *Curso de direito civil brasileiro*: direito das sucessões. 21. ed. rev. e atual. São Paulo: Saraiva; 2007. v. 6.
_____. *Dicionário jurídico*. São Paulo: Saraiva, 1998. v. 4.
FARIAS, Cristiano Chaves de; ROSENVALD, Nelson. *Direito civil*: teoria geral. 6. ed. Rio de Janeiro: Lumem Juris, 2007.
FERREIRA, Fernando Luis Vieira. Testamento. Direito de acrescer. Vínculo. *Revista dos Tribunais*, São Paulo, v. 163, p. 489-495, out. 1946.
FERREIRA, Waldemar Martins. *Compêndio de sociedades mercantis*: Sociedades de pessoas. 3. ed. rev. e aum. Rio de Janeiro: Freitas Bastos, 1949. v. 1.
FIORE, Pasquale. *De la irretroactividad é interpretación de las leyes*: estudio crítico y de legislación comparada por Pasquale Fiore; traducido del italiano por Enrique Aguilera de Paz. 2. ed. Madrid: Revista de legislación y jurisprudência, 1900.
FRANÇA, Rubens Limongi. *Formas e aplicação do direito positivo*. São Paulo: Revista dos Tribunais, 1969.
FREITAS, Augusto Teixeira de. *Consolidação das leis civis*. Prefácio de Ruy Rosado de Aguiar. Ed. fac-sim. Brasília: Senado Federal, Conselho Editorial, 2003. 2 v. (Coleção História do Direito Brasileiro. Direito Civil, 1).
FUSTEL DE COULANGES, Numa Denis. *A cidade antiga*. São Paulo: Martin Claret, 2001.
GAMA, Guilherme Calmon Nogueira da. *O companheirismo*: uma espécie de família. 2. ed. São Paulo: Revista dos Tribunais, 2001.

GARCÍA MAYNEZ, Eduardo. *Introducción al estudio del derecho*. 3. ed., reimpr. Mexico: Porrua, 1995.

GÉNY, François. Méthode d'interprétation et sources en droit privé positif. Paris: LGDJ, 1995. 2 v.

GOMES, Orlando. *Sucessões*. 12. ed. rev., atual. e aum. de acordo com o Código Civil de 2002 por Mário Roberto Carvalho de Faria. Rio de Janeiro: Forense, 2004.

GONÇALVES, Carlos Roberto. *Direito civil Brasileiro*: direito das sucessões. 2. ed. rev. e atual. São Paulo: Saraiva, 2008. v. 7.

HIRONAKA, Giselda Maria Fernandes Novaes. *Comentários ao Código Civil*: parte especial, Do direito das sucessões: da sucessão em geral; da sucessão legítima, artigos 1.784 a 1.856. Coordenação de Antônio Junqueira de Azevedo. São Paulo: Saraiva, 2003. v. 20.

MADALENO, Rolf. *Direito de família em pauta*. Porto Alegre: Livraria do Advogado, 2004.

MALHEIROS FILHO, Fernando. *A união estável*: sua configuração e efeitos. Porto Alegre: Síntese, 1996.

MEIRELLES, Jussara Maria Leal de. *A vida humana embrionária e sua proteção jurídica*. Rio de Janeiro: Renovar, 2000. (Biblioteca de Teses).

MESQUITA, Roberto Melo. *Gramática da língua portuguesa*. 3. ed. São Paulo: Saraiva, 1995.

MONTEIRO, Washington de Barros. *Curso de direito civil*: direito de família. 38. ed. rev. e atual. por Regina Beatriz Tavares da Silva. São Paulo: Saraiva, 2007. v. 2.

_____. *Curso de direito civil*: direito das sucessões. 35. ed. rev.e atual. por Ana Cristina de Barros Monteiro França Pinto, de acordo com novo Código civil, Lei n. 10-1-2002. São Paulo: Saraiva, 2003. v. 6.

NEVES, Márcia Cristina Ananias. *Vademecum do direito de família e sucessões*. São Paulo: Jurídica Brasileira, 2006.

NICOLAU, Gustavo René. Verdadeiras modificações do novo Código Civil. *Jus Navigandi*, Teresina, ano 7, n. 65, maio 2003. Disponível em: http://jus2.uol.com.br/doutrina/texto.asp?id=4041. Acesso em: maio 2009.

OLIVEIRA, Antônio José Tibúrcio de. *Direito das sucessões*. Belo Horizonte: Del Rey, 2005.

OLIVEIRA, Arthur Vasco Itabaiana de. *Tratado de direito das sucessões*. 5. ed. rev. e atual. por Décio Itabaiana Gomes da Silva, Paulo Dourado de Gusmão e Paulo Pinto. Rio de Janeiro: Freitas Bastos, 1987.

OLIVEIRA, Euclides Benedito de. *Código civil comentado*: direito das sucessões, inventário, partilha, artigos 1.991 a 2.027. Coordenação de Álvaro Villaça Azevedo. São Paulo: Atlas, 2004. v. 20.

_____. *União estável*: do concubinato ao casamento: antes e depois do novo Código Civil. 6. ed. atual. e ampl. São Paulo: Método, 2003.

OLIVEIRA FILHO, Francisco Assis Fidélis de. *Interpretação do artigo 1.790 do Código Civil brasileiro*. Monografia — Centro Universitário de João Pessoa (UNIPÊ), 2008.

PACHECO, José da Silva. Inventários e partilhas na sucessão legítima e testamentária. Rio de Janeiro: Forense, 1980.

PEREIRA, Caio Mário da Silva. *Instituições de direito civil*: direitos das sucessões. 17. ed. rev. e atual. por Carlos Roberto Barbosa Moreira. Rio de Janeiro: Forense, 2009. v. 6.

PEREIRA, Sérgio Gischkow. O direito de família e o novo Código Civil: principais alterações. *Revista dos Tribunais*, São Paulo, v. 91, n. 804, p. 43-53, out. 2002.

PONTES DE MIRANDA, Francisco Cavalcanti. *Tratado de direito privado*: direito das sucessões. Rio de Janeiro: Borsoi, 1973. v. 55 e 60.

_____. *Tratado dos testamentos*. Atualizado por Vilson Rodrigues Alves. Leme, SP: BH Editora, 2005. v. 1-5.

QUEIROGA, Antônio Elias de. *Curso de direito civil*: direito de família. Rio de Janeiro: Renovar, 2004.

_____. *Curso de direito civil*: parte geral. Rio de Janeiro: Renovar, 2007.

_____. *Responsabilidade Civil e o Código Civil de 2002*. 3. ed. Rio de Janeiro: Renovar, 2007.

RODRIGUES, Sílvio. *Direito civil*: direito das sucessões. 25. ed. atual. por Zeno Veloso, de acordo com o novo Código Civil, Lei n. 10.406, de 10-1-2002. São Paulo: Saraiva, 2002. v. 7.

ROSAS, Roberto. *Direito sumular*: comentários às súmulas do Supremo Tribunal Federal e do Superior Tribunal de Justiça. 13. ed. rev. e atual. São Paulo: Malheiros, 2006.

ROSENVALD, Nelson. *Código Civil comentado*: doutrina e jurisprudência. Coordenação do Ministro Cezar Peluso. 2. ed. rev. e atual. Barueri, SP: Manole, 2008.

RUGGIERO, Roberto de. *Instituições de direito civil*. Tradução da 6. ed. italiana, com notas remissivas aos códigos civis brasileiros e português por Ary dos Santos. São Paulo: Saraiva, 1957-1958. v. 1-3.

SILVA, Regina Beatriz Tavares da (Coord.). *Código Civil comentado*. 6. ed. rev. e atual. Coordenador até a 5. ed. Ricardo Fiúza. São Paulo: Saraiva, 2008.

SIMÃO, José Fernando. *Direito civil*: contratos. São Paulo: Método, 2005. v. 5.

SOUZA, Orlando de. *Inventários e partilhas*: família. 2. ed. Belo Horizonte: Bernardo Álvares, 1965.

TARTUCE, Flávio; SIMÃO, José Fernando. *Direito civil*: direito das sucessões. São Paulo: Método, 2007. v. 6.

VELOSO, Zeno. *Código Civil comentado*: direito de família, alimentos, bem de família, união estável, tutela e curatela, artigos 1.694 a 1.783. Coordenação de Álvaro Villaça Azevedo. São Paulo: Atlas, 2003. v. 17.

_____. *Código Civil comentado*: livro V, do direito das sucessões, arts. 1.784 a 2.027. Coordenação de Regina Beatriz Tavares da Silva. 6. ed. São Paulo: Saraiva, 2008.

_____. *Comentários ao Código Civil*: parte especial, do direito das sucessões, arts. 1.857 a 2.027. Coordenação de Antônio Junqueira de Azevedo. São Paulo: Saraiva, 2003. v. 21.

_____. Sucessão do cônjuge no novo Código Civil. *Revista Brasileira de Direito de Família*, Porto Alegre, Síntese, v. 5, n. 17, p. 142-148, abr./maio 2003.

_____. *Testamentos*. Belém, PA: Cejup, 1983.

VENOSA, Sílvio de Salvo. *Direito civil*: direito das sucessões. 2. ed. São Paulo: Atlas, .v. 6-7.

WALD, Arnoldo. *Direito das sucessões*. 12. ed. rev., ampl. e atual. de acordo com a legislação vigente, a jurisprudência dos tribunais e o novo Código civil, com a colaboração de Roberto Rosas e Débora Gozzo. São Paulo: Saraiva, 2002. (Curso de Direito Civil brasileiro).

Impresso nas oficinas da
SERMOGRAF - ARTES GRÁFICAS E EDITORA LTDA.
Rua São Sebastião, 199 - Petrópolis - RJ
Tel.: (24)2237-3769